Jochen Roose

Vergesellschaftung an Europas Binnengrenzen

Jochen Roose

Vergesellschaftung an Europas Binnengrenzen

Eine vergleichende Studie zu den Bedingungen sozialer Integration

```
WISSENSCHAFTLICHER
DIENST    3451-826
DEUTSCHER BUNDESTAG
SCHNUPHASE,J.  DFG 30
```

VS VERLAG FÜR SOZIALWISSENSCHAFTEN

Bibliografische Information der Deutschen Nationalbibliothek
Die Deutsche Nationalbibliothek verzeichnet diese Publikation in der
Deutschen Nationalbibliografie; detaillierte bibliografische Daten sind im Internet über
<http://dnb.d-nb.de> abrufbar.

Zugl.: Berlin, Habilitationsschrift der Freien Universität Berlin, 2009

1. Auflage 2010

Alle Rechte vorbehalten
© VS Verlag für Sozialwissenschaften | GWV Fachverlage GmbH, Wiesbaden 2010

Lektorat: Frank Engelhardt

VS Verlag für Sozialwissenschaften ist Teil der Fachverlagsgruppe Springer Science+Business Media.
www.vs-verlag.de

Das Werk einschließlich aller seiner Teile ist urheberrechtlich geschützt. Jede Verwertung außerhalb der engen Grenzen des Urheberrechtsgesetzes ist ohne Zustimmung des Verlags unzulässig und strafbar. Das gilt insbesondere für Vervielfältigungen, Übersetzungen, Mikroverfilmungen und die Einspeicherung und Verarbeitung in elektronischen Systemen.

Die Wiedergabe von Gebrauchsnamen, Handelsnamen, Warenbezeichnungen usw. in diesem Werk berechtigt auch ohne besondere Kennzeichnung nicht zu der Annahme, dass solche Namen im Sinne der Warenzeichen- und Markenschutz-Gesetzgebung als frei zu betrachten wären und daher von jedermann benutzt werden dürften.

Umschlaggestaltung: KünkelLopka Medienentwicklung, Heidelberg
Druck und buchbinderische Verarbeitung: Rosch-Buch, Scheßlitz
Gedruckt auf säurefreiem und chlorfrei gebleichtem Papier
Printed in Germany

ISBN 978-3-531-17108-1

Inhalt

1. Einleitung 11

2. Vergesellschaftung und Gesellschaft 17

3. Bedingungen grenzübergreifender Vergesellschaftung 25
   3.1 Integration und ihre Bedingungen: drei Modelle 26
      3.1.1 Das Wertekonsensmodell 27
      3.1.2 Das Minimalkonsensmodell 30
      3.1.3 Das Systemintegrationsmodell 32
      3.1.4 Erklärung durch Wertekonsens-, Minimalkonsens- und
             Systemintegrationsmodell 33
   3.2 Die Bedeutung von Nationalstaatsgrenzen 34
      3.2.1 Perspektiven auf Grenzen 35
      3.2.2 Aspekte von Nationalstaatsgrenzen 38
      3.2.3 Anreizgrenzen 42
      3.2.4 Wertegrenzen 43
      3.2.5 Räumliche Differenzen an Nationalstaatsgrenzen 47
   3.3 Tendenzen der Grenzauflösung 47
      3.3.1 Globalisierung 47
      3.3.2 Europäisierung 50
   3.4 Modelle und Kontextbedingungen 53
      3.4.1 Wahrnehmung und Integrationsmodelle 54
      3.4.2 Interaktionsarten und Integrationsmodelle 55
      3.4.3 Identifikation und Integrationsmodelle 60
   3.5 Hypothesen zu grenzübergreifender Vergesellschaftung –
        Zusammenfassung 62

4. Empirisches Vorgehen 69
   4.1 Das Eurobarometer als Grenzbewohner-Befragung 70
   4.2 Umfrage in drei deutschen Grenzregionen 72
   4.3 Daten zu Arbeitspendlern 72
   4.4 Makrodaten 74
   4.5 Analysestrategie 74

5. Grenzkonstellationen 77
5.1 Rechtssituation an der Grenze (Europäisierungsthese) 77
5.2 Anreize und Kosten des Grenzübertritts (Systemintegrationsmodell) 79
5.3 Vertrauensgrenze 86
5.3.1 Vertrauensdifferenzen in Europas Grenzregionen 86
5.3.2 Vertrauensdifferenzen in drei deutschen Grenzregionen 89
5.4 Wertegrenze 91
5.4.1 Auswahl relevanter Werte 92
5.4.2 Index der Werteähnlichkeit an Europas Grenzen 100
5.4.3 Wertepassung in drei deutschen Grenzregionen 104

6. Grenzübergreifende Wahrnehmung 113
6.1 Interesse und Kenntnis 113
6.1.1 Hypothesen und vorliegende Befunde zu Interesse am und Kenntnis des Nachbarlandes 113
6.1.2 Interesse am Nachbarland in drei deutschen Grenzregionen 116
6.1.3 Kenntnis des Nachbarlandes in drei deutschen Grenzregionen.... 120
6.2 Erlernen der Nachbarsprache 123
6.2.1 Hypothesen und vorliegende Befunde zum Erwerb von Fremdsprachen 123
6.2.2 Anmerkung zu den Daten für Sprachkenntnisse in den europäischen Grenzregionen 128
6.2.3 Kenntnis der Nachbarsprache in Europas Grenzregionen 129
6.2.4 Kenntnis der Nachbarsprache in zwei deutschen Grenzregionen 136
6.3 Zusammenhang von Fremdsprachkenntnis und Interesse 140
6.4 Grenzübergreifende Wahrnehmung – Zusammenfassung 141

7. Grenzübergreifende Interaktion 143
7.1 Grenzübergreifende Einkäufe 143
7.1.1 Hypothesen und vorliegende Befunde zu Kaufentscheidungen ... 143
7.1.2 Grenzüberschreitendes Einkaufen in Europas Grenzregionen 146
7.1.3 Grenzübergreifender Einkauf von Gütern in drei deutschen Grenzregionen 155
7.2 Grenzübergreifende Nutzung von Dienstleistungen 164
7.2.1 Hypothesen und vorliegende Befunde zu Dienstleistungen 164
7.2.2 Grenzübergreifende Nutzung von Dienstleistungen in drei deutschen Grenzregionen 166
7.3 Arbeitspendler 176
7.3.1 Einflüsse auf einen grenzenübergreifenden Arbeitsmarkt und vorliegende Befunde 176
7.3.2 Arbeitspendler in Westeuropas Grenzregionen 181

  7.3.3 Motivationen und perzipierte Barrieren beim Arbeitspendeln
    an deutschen Außengrenzen 184
 7.4 Begegnungen und Freundschaften... 191
  7.4.1 Einflüsse auf grenzübergreifende Freundschaften und
    vorliegende Befunde 192
  7.4.2 Freundschaften in Europas Grenzregionen 194
  7.4.3 Grenzübergreifende Freundschaften in drei deutschen
    Grenzregionen 198
 7.5 Grenzübergreifende Interaktion – Zusammenfassung............................ 202

8. Grenzübergreifende Identifikation 205
 8.1 Einflüsse auf transnationale Identifikation und vorliegende Befunde... 205
 8.2 Europäische Identifikation in europäischen Grenzregionen 210
 8.3 Transnationale Identifikation in drei deutschen Grenzregionen 218
 8.4 Transnationale Identifikation in Grenzregionen – Zusammenfassung.. 226

9. Grenzübergreifende Vergesellschaftung an den Binnengrenzen der EU..... 229
 9.1 Vergesellschaftung an den Binnengrenzen der EU im Vergleich 229
 9.2 Erklärungsmodelle im Vergleich 233
 9.3 Grenzübergreifende Vergesellschaftung in drei dt. Grenzregionen....... 241

10. Fazit.. 247

Literatur 253

Anhang 277
 A.1 Dimensionierung der ESS-Wertefragen nach Schwartz 277
 A.2 Interesse am Nachbarland (Pfadmodell) 278
 A.3 Kenntnis der benachbarten Grenzregion (Pfadmodell) 279
 A.4 Tanken im Nachbarland (Strukturgleichungsmodell)........................... 280
 A.5 Kleidungskauf im Nachbarland (Strukturgleichungsmodell)................ 281
 A.6 Vorstellbarkeit eines Gebrauchtwagenkaufs im Nachbarland.............. 282
 A.7 Friseurbesuch im Nachbarland (Strukturgleichungsmodell) 283
 A.8 Restaurantbesuch im Nachbarland (Strukturgleichungsmodell) 284
 A.9 Vorstellbarkeit von Handwerkerauftrag im Nachbarland 285
 A.10 Grenzübergreifende Vergesellschaftung in drei deutschen Grenz-
  regionen mit Kontrollvariablen (Strukturgleichungsmodell) 286
 A.11 Regionalisierungsmöglichkeit in Eurobarometerumfragen 287

Abbildungsverzeichnis

Abbildung 5.1: Passung grundlegende Werte Frankfurt/O. 111
Abbildung 5.2: Passung grundlegende Werte Saarbrücken 112
Abbildung 5.3: Passung grundlegende Werte Passau 112
Abbildung 6.1: Interesse am Nachbarland in drei deutschen Grenzregionen 117
Abbildung 6.2: Kenntnis des Nachbarlandes in drei deutschen Grenzregionen 121
Abbildung 6.3: Kenntnisse der Nachbarsprache in Frankfurt/O.
  und Saarbrücken 137
Abbildung 7.1: Tanken in drei deutschen Grenzregionen 156
Abbildung 7.2: Einkauf von Kleidung in drei deutschen Grenzregionen 156
Abbildung 7.3: Einstellung zu Gebrauchtwagenkauf in drei dt. Grenzregionen 157
Abbildung 7.4: Gebrauchtwagenkauf in drei deutschen Grenzregionen 157
Abbildung 7.5: Friseurbesuche in drei deutschen Grenzregionen 167
Abbildung 7.6: Restaurantbesuche in drei deutschen Grenzregionen 168
Abbildung 7.7: Einstellung zu Handwerkeraufträgen in drei dt. Grenzregionen 169
Abbildung 7.8: Handwerkeraufträge in drei deutschen Grenzregionen 169
Abbildung 7.9: Arbeitspendler in westeuropäischen Grenzregionen 183
Abbildung 7.10: Gründe für Arbeit im Nachbarland 186
Abbildung 7.11: Erwartete Probleme bei Auslandsarbeit 187
Abbildung 7.12: Wertepassung von Arbeitspendlern 190
Abbildung 7.13: Vorstellbarkeit von grenzübergreifenden Freundschaften
  in drei deutschen Grenzregionen 198
Abbildung 7.14: Besuch von Freunden in drei deutschen Grenzregionen 199
Abbildung 8.1: Verbundenheit mit Europa in drei deutschen Grenzregionen 219
Abbildung 8.2: Identifikation mit der Grenzregion im Nachbarland in
  drei deutschen Grenzregionen 220
Abbildung 9.1: Zusammenhang der erklärenden Modelle und der
  Vergesellschaftungsaspekte - theoretisches Modell 242
Abbildung 9.2: Grenzübergreifende Vergesellschaftung in drei deutschen
  Grenzregionen (Strukturgleichungsmodell) 244

Tabellenverzeichnis

Tabelle 3.1: Erklärungsmodelle nach Kontextbedingungen 58
Tabelle 3.2: Indikatoren für grenzübergreifende Interaktion 60
Tabelle 3.3: Vergesellschaftungsaspekte, Indikatoren und Hypothesen 64
Tabelle 5.1: Politische Grenze für europäische Grenzregionen 78
Tabelle 5.2 Markt- und Wohlstandsgrenze für europäische Grenzregionen 80
Tabelle 5.3: Preisunterschiede in drei deutschen Grenzregionen 85
(Einschätzung durch Befragte) 85
Tabelle 5.4: Qualitätsunterschiede in drei deutschen Grenzregionen 85
(Einschätzung durch Befragte) 85
Tabelle 5.5: Vertrauen in europäischen Grenzregionen 88
Tabelle 5.6: Vertrauensunterschiede in drei deutschen Grenzregionen
    (in % der Befragten) 90
Tabelle 5.7: Definitionen von Wertetypen in Bezug auf ihre Ziele und die
    Einzelwerte, die sie darstellen (nach Schwartz) 94
Tabelle 5.8: Index der Werteähnlichkeit für europäische Grenzregionen 103
Tabelle 5.9: Dimensionierung der ESS-Wertefragen nach Schwartz 107
Tabelle 6.1: Hypothesen zu Interesse am Nachbarland und Kenntnis
    des Nachbarlandes 115
Tabelle 6.2: Interesse am Nachbarland 118
Tabelle 6.3: Kenntnis des Nachbarlandes 122
Tabelle 6.4: Hypothesen zum Erlernen der Sprache des Nachbarlandes 127
Tabelle 6.5: Sprachkenntnisse Inland und Grenzregion im Vergleich 130
Tabelle 6.6: Kenntnis des Sprache des Nachbarlandes 134
Tabelle 6.7: Sprachkenntnisse in Saarbrücken 139
Tabelle 7.1: Hypothesen zum Erwerb von Produkten im Nachbarland 146
Tabelle 7.2: Grenzüberschreitendes Einkaufen in Europas Grenzregionen 148
Tabelle 7.3: Einkauf im benachbarten Ausland 153
Tabelle 7.4: Tanken im Nachbarland 159
Tabelle 7.5: Kleidungskauf im Nachbarland 161
Tabelle 7.6: Vorstellbarkeit eines Gebrauchtwagenkaufs im Nachbarlan 163
Tabelle 7.7: Hypothesen zur Nutzung von Dienstleistungen im Nachbarland 166
Tabelle 7.8: Friseurbesuch im Nachbarland 171
Tabelle 7.9: Restaurantbesuch im Nachbarland 173
Tabelle 7.10: Auftrag an Handwerker im Nachbarland 174

Tabelle 7.11: Vorstellbarkeit eines Auftrags an Handwerker im Nachbarland 175
Tabelle 7.12: Hypothesen zur Wahrscheinlichkeit/Häufigkeit, im
   Nachbarland eine Arbeitsstelle anzunehmen 181
Tabelle 7.13: Arbeitspendler (ln) in westeuropäischen Grenzregionen 184
Tabelle 7.14: Hypothesen zu Freundschaften mit Menschen im Nachbarland 194
Tabelle 7.15: Grenzübergreifende Freundschaft in Grenzregion – Binnenland 195
Tabelle 7.16: Erklärung von Freundschaften über Grenzen in Europa 197
Tabelle 7.17: Grenzübergreifende Freundschaften in drei deutschen
   Grenzregionen 200
Tabelle 7.18: Vorstellbarkeit grenzübergreifender Freundschaften 201
Tabelle 8.1: Hypothesen zur Erklärung von transnationaler Identifikation 209
Tabelle 8.2: Identifikation mit Europa in Europas Grenzregionen 211
Tabelle 8.3: Identifikation mit Europa in europäischen Grenzregionen 216
Tabelle 8.4: Identifikation mit Europa in drei deutschen Grenzregionen 222
Tabelle 8.5: Identifikation mit der benachbarten Grenzregion 224
Tabelle 9.1: Intensivste und schwächste grenzübergreifende
   Vergesellschaftung an EU-Binnengrenzen 230
Tabelle 9.2: Grenzübergreifende Vergesellschaftung in drei deutschen
   Grenzregionen - Übersicht 233
Tabelle 9.3: Erklärung grenzübergreifender Vergesellschaftung - Übersicht 234

1. Einleitung

In dieser Untersuchung sollen zwei zentrale Themen behandelt werden: 1. Was sind die Bedingung für die soziale Integration einer Gesellschaft? 2. Was sind die Bedingungen für die gesellschaftliche Integration der Europäischen Union? Bei näherer Betrachtung handelt es sich um nur eine Frage, die sich allgemein oder konkret mit Bezug auf die Europäische Union (EU) stellen lässt. Zwei getrennte Fragen sind es aber in der Disziplin, denn beide wurden bisher weitgehend getrennt voneinander und ohne systematische Aufnahme der jeweils anderen Perspektive diskutiert.

In der soziologischen Theorie haben Überlegungen zu den Voraussetzungen der sozialen Integration von Gesellschaften eine lange Tradition. Dabei waren die Fragen zentral, ob Gesellschaften ein gemeinsames Wertefundament brauchen und wie dieses Fundament aussehen muss. Parsons mit seiner These eines Wertekonsens als Bedingung für Gesellschaft und als Gegenspieler die Konflikttheorie sind zu Eckpunkten einer ausdifferenzierten Debatte geworden (vgl. u.a. Friedrichs/ Jagodzinski 1999, Münch 1997). Die Diskussion wurde vor allem theoretisch geführt. Der Grund dafür liegt auf der Hand. Gesellschaften sind uns immer schon als integrierte Gesellschaften gegeben. Es ist sogar nicht eindeutig klar, was eine nicht-integrierte Gesellschaft empirisch bedeutet und ob es sie geben kann.

Versteht man die Integrationsfrage aber räumlich, so lässt sich die Theoriedebatte empirisch übersetzen. Die Frage wäre dann nicht, ob Menschen überhaupt sozial integriert sind, sondern in welches Kollektiv sie integriert sind und wo Grenzen verlaufen. Betrachtet man dazu nicht allein die Möglichkeit von Integration, sondern geht von einem graduellen Verständnis mit mehr oder weniger Integration aus, wird eine empirische Umsetzung möglich.

Mit der Anwendung der Integrationsfrage auf den Fall der EU ordnet sich diese Studie in die soziologische Erforschung der Europäischen Integration als eines gesellschaftlichen Großprojekts ein (Münch 1993; 2008). In einem geplanten Prozess sollen die Nationalstaaten und ihre Bevölkerungen zusammengeführt werden. Dieser Prozess betrifft nicht allein Absprachen auf der Ebene von nationalen Regierungen oder den Aufbau einer Bürokratie auf supranationaler Ebene, sondern es geht um ein Zusammenwachsen in allen Lebensbereichen. In der Präambel des derzeit verbindlichen konsolidierten Vertrages zur Gründung der Europäischen Gemeinschaft ist die erste Zieldefinition, „die Grundlagen für einen immer engeren Zusammenschluss der Völker Europas zu schaffen". Ein Schritt dabei ist aus Sicht der EU die Auflösung der nationalstaatlichen Binnengrenzen.[1]

Mit Blick auf die Menschen in den Grenzregionen der EU stellt sich nun die Frage, in welchem Maße diese angestrebte soziale Integration über Nationalstaatsgrenzen hinweg bereits Realität ist, und wovon es abhängt, ob sich die Grenzen tatsächlich auflösen. Es geht also um das Ausmaß und die Erklärung der grenzübergreifenden Vergesellschaftung an den Binnengrenzen der EU.

Die zentralen Untersuchungsfragen sind:
1. *Welches Ausmaß hat grenzübergreifende Vergesellschaftung an den Binnengrenzen der EU?*
2. *Lässt sich grenzübergreifende Vergesellschaftung (bzw. ihr Ausbleiben) durch räumlich gegliederte Unterschiede an den EU-Binnengrenzen erklären?*

Diese Untersuchungsfragen schließen an die Forschung zur europäischen Integration und einer möglichen europäischen Gesellschaft an (Roose 2009). Dabei geht es aber nicht um die Prozesse der politischen, rechtlichen oder ökonomischen Integration auf der Makroebene (vgl. dazu u.a. Axt u.a. 2007; Loth/Wessels 2001; Schuppert u.a. 2005). Stattdessen steht die lebensweltliche europäische Integration im Vordergrund. Es soll die Frage geklärt werden, ob, wie und unter welchen Bedingungen sich grenzübergreifende Vergesellschaftung im Denken und Handeln der Menschen findet (Delhey 2004a; Immerfall 2000). Eine ähnliche Perspektive wurde in der Transnationalisierungsforschung vorgeschlagen. Anstelle der Untersuchung von Aggregatdaten, die Transnationalisierung (oder Globalisierung) als Makrophänomen beschreiben (Beisheim u.a. 1999; Held/McGrew 2000; Held u.a. 1999; Gerhards/Rössel 1999), wird eine Untersuchung der Transnationalisierung „von unten" vorgeschlagen (Smith/Guarnizo 1998; Mau 2007; Mau/Mewes 2007; Swaan 1995). Damit ist der Gegenstand „das Alltagshandeln und die Lebenswelt von Individuen, die ja selbst durch ihr Akteurshandeln transnationale Zusammenhänge herstellen" (Mau 2007: 53; vgl. auch Pries 1999; 2001; 2002).

Die empirische Umsetzung einer solchen Forschungsperspektive gestaltet sich gleichwohl schwierig. In den meisten Fällen ist die nationale Handlungsorientierung von Menschen national aus einem trivialen Grund: die geographische Nähe ist einflussreich und durch die Flächenausdehnung der Nationalstaaten liegt der Handlungsraum innerhalb eines Nationalstaats. Unsere täglichen Einkäufe tätigen wir innerhalb des Nationalstaates, weil wir in der unmittelbaren Umgebung einkaufen und diese Umgebung innerhalb des Nationalstaates liegt. Eine dominant

---

[1] In der konsolidierten Fassung des Vertrages über die Europäische Union (kVEU) heißt es in Artikel 2: „Die Union setzt sich folgende Ziele: die Förderung des wirtschaftlichen und sozialen Fortschritts und eines hohen Beschäftigungsniveaus sowie die Herbeiführung einer ausgewogenen und nachhaltigen Entwicklung, insbesondere durch Schaffung eines Raumes ohne Binnengrenzen (...)."

nationale Handlungsorientierung kommt in vielen Fällen schlicht durch räumliche Nähe zustande. Die Bedeutung des Nationalstaates als politischer, rechtlicher oder identifikativer Einheit bleibt dann unklar. Ähnliches gilt für kognitive Prozesse der Wahrnehmung oder Identifikation. Wenn Nähe eine Rolle spielt, kann die nationale Beschränkung des Handelns und Denkens ein Forschungsartefakt sein.

Die Forschung zu Transnationalisierung auf Individualebene hat sich vor allem mit Migranten beschäftigt, weil für sie die grenzübergreifende Orientierung besonders plausibel ist (Portes u.a. 1999; Pries 2001; Smith/Guarnizo 1998). Zwingend ist diese Engführung auf Migranten keineswegs. Die Untersuchungen von Mau gehen von der These aus, dass der Raum aufgrund von technologischem Wandel und Perspektivveränderungen an Bedeutung verloren hat (Mau 2007; Mau/Mewes 2007). Deshalb betrachtet er einen Querschnitt der deutschen Bevölkerung, fokussiert dann aber auf Aktivitäten, die eine Überwindung größerer Distanzen zumindest plausibel nahe legen, wie die Mobilität von Studierenden, Urlaubsreisen oder der persönliche Kontakt zu einzelnen Menschen im Ausland, ggf. unter Nutzung von modernen Kommunikationsmitteln. Für die vorliegende Studie wird ein anderer Weg gewählt. Im Vordergrund stehen Aktivitäten, die tendenziell raumgebunden sind, die also vermutlich in der unmittelbaren Lebensumgebung häufiger ausgeführt werden. Auch für Interesse und Identifikation ist ein Raumbezug plausibel. Hier ist aber nicht ein Bevölkerungsquerschnitt die Untersuchungsgruppe, sondern es geht um Menschen, die in Grenzregionen, also nahe an einer Nationalstaatsgrenze, leben.[2] Für diese Menschen gehört zur unmittelbaren räumlichen Nähe auch Ausland, nämlich der angrenzende Nachbarstaat. Wenn nun also bei dieser Gruppe die Perspektive auf den nationalen Raum beschränkt bliebe, dann würde die Nähe von innerstaatlichem Territorium als Erklärung nicht befriedigen. Ein nationaler oder transnationaler Handlungs- und Wahrnehmungsraum muss in Grenznähe auf andere Weise erklärt werden, und ein Einfluss der Nationalstaatsgrenze wäre mindestens naheliegend.

Die Untersuchung von Transnationalität bei Menschen in Grenzregionen hat zwei weitere, forschungspraktische Vorteile. Zunächst gibt es mit dem Nachbarland ein klar definiertes Referenzland. Damit ist nicht nur deutlich, *für* welches Ausland sich eine Person bei transnationalen Aktivitäten entschieden hat, sondern es ist auch deutlich, *gegen* welches Ausland sich eine Person entschieden hat, die

---

2 Der Regionen-Begriff und damit auch der Begriff der Grenzregion wird hier in dem einfachen Sinne einer Raumbestimmung benutzt, die vom Forscher (also mir) gesetzt ist. Der Begriff Region wird in anderen Kontexten mit anspruchsvolleren Konzepten verbunden, wie etwa Region als von den Bewohnern (und/oder von außen) wahrgenommene Einheit, als handlungsfähige Einheit und ähnliches (vgl. Schmitt-Egner 2005). All diese Konnotationen sind hier und im Folgenden explizit *nicht* gemeint.

im nationalen Raum verbleibt. Bei Migrationsstudien beispielsweise besteht diese Möglichkeit nicht. Hier ist nur für die tatsächlichen Migranten bestimmbar, welches Zielland sie gewählt haben. Bei allen, die sich gegen eine Migration entschieden haben, ist aber unklar, in Bezug auf welches Land oder welche Länder sie gegebenenfalls eine mögliche Migration erwogen und verworfen haben.

Zusätzlich lässt sich die Transnationalisierung für einzelne Aktivitäten isoliert von anderen untersuchen. Während Migranten nach der Migration Aktivitäten in fast allen Lebensbereichen im Zielland durchführen müssen, können Menschen in Grenznähe differenzieren. Sie können beispielsweise im Nachbarland arbeiten, ohne dass diese Entscheidung einen Einfluss darauf hätte, in welchem Land ihre Kinder zur Schule gehen. Menschen in Grenzregionen können die eine Aktivität von anderen trennen. Wiederum ergibt sich für die Untersuchung daraus ein Vorteil. Migrationsentscheidungen liegt eine gleichzeitige und stark verwobene Abwägung vieler Aspekte zugrunde, die ganz unterschiedliche Lebensbereiche betreffen. Die Entscheidung von Menschen in Grenzregionen, beispielsweise im Nachbarland einzukaufen, wird aufgrund von Faktoren getroffen, die mit dem Einkauf zu tun haben und nicht (zumindest nicht stark) überlagert werden von ganz anderen Einflüssen.

Im Gegensatz zur Transnationalisierungsforschung ist diese Studie begrenzt auf die EU und ihre Binnengrenzen. Angesichts der oben angeführten Zielsetzung der EU liegt diese Fokussierung nahe.[3] Wie die Transnationalisierungsforschung zeigt, ist aber der europäische Raum besonders stark transnational vernetzt. Zum Teil innerhalb der EU, zum Teil in Europa insgesamt und zum Teil in Europa gemeinsam mit Nordamerika finden sich besonders intensive transnationale Vernetzungen (Beisheim u.a. 1999; Gerhards/Rössel 1999; Mau 2007). Die EU und ihre Grenzregionen sind also nicht nur Räume, für die transnationale Vernetzung politisch angestrebt ist, sondern dazu lässt sich transnationale Vernetzung hier mit höherer Wahrscheinlichkeit erwarten.

In jüngster Zeit hat sich die Soziologie dem Thema Grenze näher gewidmet (vgl. Kap. 3.2.1). Dabei dominieren zwei Strömungen, in die sich die vorliegende Studie nicht bruchlos einordnet. Zum einen wird die Praxis und der Wandel bei der Institutionalisierung von politischer Grenzziehung und Grenzkontrolle untersucht (vgl. u.a. Becker/Komlosy 2004; Eigmüller 2006; 2007; Eigmüller/Vobruba 2006b; Horn 2002; Kaufmann 2006; Schwenken 2007; Vobruba 2005a). Zum anderen gibt es eine Reihe von qualitativen Studien zur Wahrnehmung von Grenze und der geographischen Identifikation in Grenzräumen (Meinhof 2002; 2003a; Riedel 1993; Rösler

---

3 Hier wird nicht eine Evaluation der europäischen Integrationspolitik angestrebt. Dazu müssten die konkreten Ziele und Maßnahmen detaillierter betrachtet und als Ursache eines Wandels aufgezeigt werden (vgl. Kromrey 2001; Stockmann 2000). Die EU bildet den Rahmen (vgl. Kap. 3.2.3).

1999; Schmitt-Egner 2005; Weigl/Zöhrer 2005; Wilson/ Donnan 1998a). Für die vorliegende Studie wird ein Zugang gewählt, der in zweierlei Weisen von den genannten Forschungen abweicht. Zum einen ist die Studie quantitativ ausgerichtet. Damit kommt ein anderes empirisches Instrumentarium zur Anwendung, das eine andere Art von Ergebnissen erwarten lässt. Quantitativ und qualitativ gewonnene Befunde können sich ergänzen, gehen aber in unterschiedliche Richtungen. Zum anderen ist hier der Zugang zum Phänomen Grenze ein anderer als in den oben angeführten Studien. Die Grenze wird hier nicht selbst zum Gegenstand, sondern an ihr kristallisieren sich die zentralen erklärenden Variablen. Die Grenze wird aufgelöst in ihre soziologisch relevanten Dimensionen. Die politische Aufteilung von Raum als zugehörig zu dem einen oder anderen Nationalstaat ist nur ein Aspekt von mehreren. Nicht die Grenze selbst ist also als erklärende Variable hier entscheidend, sondern es geht um die sozialen Unterschiede, die räumlich mit der Nationalstaatsgrenze zusammenfallen. Die oben genannten Richtungen der soziologischen Grenzforschung und Erkenntnisse aus anderen Disziplinen, vornehmlich der Geographie, werden natürlich genutzt, sind aber von ihrer Stoßrichtung anders angelegt.

Die Arbeit gliedert sich in drei große Abschnitte zu Theorie, Untersuchungsanlage und empirischen Ergebnissen. Zunächst wird das Konzept der Vergesellschaftung als Untersuchungsgegenstand konkretisiert (Kap. 2). Dazu greife ich kurz auf die Diskussion um eine europäische Gesellschaft zurück, um die dort diskutierten Kriterien für eine solche Gesellschaft herauszuarbeiten und davon ausgehend das hier genutzte Konzept der grenzübergreifenden Vergesellschaftung mit den drei Grundaspekten Wahrnehmung, Interaktion und Identifikation zu entwickeln und abzugrenzen. Im Theoriekapitel (Kap. 3) geht es um allgemeine Überlegungen zu den Voraussetzungen gesellschaftlicher Integration, die für alle Aspekte von Vergesellschaftung Gültigkeit beanspruchen. Das Ergebnis der Theoriedebatte verdichtet sich in drei pointierten Modellen: das Systemintegrationsmodell, das Wertekonsensmodell und das Minimalkonsensmodell. Dazu ist zu klären, warum die von den Modellen unterstellten Erklärungsvariablen genau an der Nationalstaatsgrenze nennenswerte Differenzen aufweisen, die Grenzkonstellation also erklärungskräftig sein kann. Schließlich müssen die Kontextbedingungen für die drei Modelle näher betrachtet werden. Grundsätzlich haben die Modelle zwar einen generellen Geltungsanspruch, ihre Gültigkeit ist aber in Abhängigkeit von dem konkret betrachteten Vergesellschaftungsaspekt aus einigen Gründen unterschiedlich plausibel. Für die Schlüsse, die sich aus den konkreten Indikatoren ziehen lassen, sind diese Überlegungen ausgesprochen wichtig. Entlang der drei Grundaspekte von Vergesellschaftung wird diskutiert, in welchen Kontexten eine Erklärung nach einem bestimmten Modell wahrscheinlicher oder weniger wahrscheinlich ist. Ausgehend davon werden die konkreten Indikatoren so ausgewählt, dass sie eine angemessene Varianz abdecken.

Die Untersuchungsanlage handelt zunächst die technischen Fragen der Datengrundlage ab (Kap. 4), bevor die Operationalisierung der erklärenden Variablen entlang der drei Modelle vorgestellt wird (Kap. 5). Insbesondere die Vermessung der Werte für das Wertekonsensmodell bedarf einiger Erläuterungen. Zusätzlich enthält das Kapitel einen deskriptiven Überblick über die Verteilung der erklärenden Variablen.

Der letzte Teil präsentiert die Analyseergebnisse. Dabei werden zunächst die Indikatoren für die drei Grundaspekte der Vergesellschaftung, also Wahrnehmung, Interaktion und Identifikation, nacheinander analysiert. Insbesondere der Interaktionsaspekt ist nach unterschiedlichen Kontexten differenziert. Die Analyse folgt in der Regel einem wiederkehrenden Raster: Die theoretischen Annahmen aus dem Theoriekapitel werden kurz für den Indikator konkretisiert und um plausible Überlegungen zu möglichen intervenierenden Variablen, die es zu kontrollieren gilt, ergänzt. Die erste Analyse betrachtet in einer Sekundäranalyse alle Binnengrenzen der EU und vergleicht die Erklärungskraft der drei Modelle. Die zweite Analyse beruht auf einer Primärerhebung und bezieht sich nur auf drei deutsche Grenzregionen. Hier können die Annahmen noch einmal mit etwas günstigeren und differenzierteren Messungen, allerdings für weniger Grenzregionen, geprüft werden. Am Ende werden die Ergebnisse der Einzelkapitel zusammengezogen. Für die Primärdaten erfolgt in einem Strukturgleichungsmodell die Prüfung der drei Erklärungsmodelle simultan mit ihren Beziehungen untereinander. Die Arbeit schließt mit einem Fazit, das die Befunde mit Blick auf die beiden Hauptfragen, die Bedingungen einer europäischen Integration und die empirische Prüfung der Theorien sozialer Integration, diskutiert.

2. Vergesellschaftung und Gesellschaft

Vergesellschaft ist ein allgemeiner Referenzpunkt für Integration und Ausgangspunkt dieser Studie. Entsprechend gilt es zu klären, was mit Vergesellschaftung gemeint ist und in welchem Verhältnis grenzübergreifende Vergesellschaftung zu der Frage nach einer europäischen Gesellschaft steht.

Vergesellschaftung ist auf der Mikroebene angesiedelt, entsprechend der Perspektive einer Transnationalisierung bzw. europäischen Integration „von unten" (Mau 2007; Smith/Guarnizo 1998). Vergesellschaftung bezeichnet hier, ganz in Simmels Sinne, eine kleinste soziale Einheit (Simmel 1989b: 129). Konkret kann Vergesellschaftung sehr Unterschiedliches sein, was Menschen zueinander in Beziehung setzt. Wichtig ist in diesem Zusammenhang vor allem zweierlei. Zum einen ist Vergesellschaftung nicht beschränkt auf Interaktion. Das konkrete Zusammentreffen von Menschen als face-to-face-Begegnung oder vermittelt über Kommunikationsmedien und das aufeinander abgestimmte Handeln oder Kommunizieren ist zweifelsfrei eine Form der Vergesellschaftung. Doch der Vergesellschaftungsbegriff beschränkt sich nicht auf Aktivitäten, sondern bereits Kognitionen können Vergesellschaftungen sein. Beispielsweise fällt ein Zusammengehörigkeitsgefühl, Solidarität oder auch einfach Interesse an Informationen über andere ebenso unter die Globalkategorie der Vergesellschaftung. Zum anderen wird Vergesellschaftung hier zunächst als einseitiger und nicht zwingend reziproker Begriff verstanden. Anders als bei der sozialen Beziehung, die von anderen (Mau/Mewes 2007) als Grundkategorie vorgeschlagen wurde, geht es eben nicht um wechselseitig aufeinander abgestimmtes Verhalten, sondern die Ausrichtung von Ego auf Alter soll hier bereits als eine Vergesellschaftung verstanden werden.[1]

---

1 Dies widerspricht auf den ersten Blick Simmels Verständnis, der von einer Wechselwirkung augeht. Für Simmel ist Vergesellschaftung die soziale Variante einer Wechselwirkung (Simmel 1989b: 129). Unklar ist aber bei Simmel, wie viel Wechselseitigkeit erforderlich ist. Mit Bezug auf das Thomas-Theorem (Thomas/Thomas 1932: 572), nach dem Menschen nicht aufgrund der wahren Situation, sondern aufgrund der von ihnen für wahr gehaltenen Situation handeln (und denken), ließe sich argumentieren, dass allein der Bezug von Ego auf Alter mit der Unterstellung einer Relevanz von Alter die kleinste Einheit der Wechselwirkung wäre. Max Webers Begriff von sozialem Handeln als auf andere ausgerichtetes inneres oder äußeres Tun entspricht diesem Verständnis (Weber 1980: 1ff.). Allerdings entwickelt Weber keinen Begriff von Gesellschaft (Schwinn 2001; Tyrell 1994). Webers Begriff der Vergesellschaftung ist deutlich anders als hier dargelegt, denn Weber stellt Vergesellschaftung als rational motiviertes Handeln der emotionalen Vergemeinschaftung gegen-

Der Vorteil einer solchen Begriffsfassung ist zunächst ein forschungspraktischer, denn auf diese Weise lässt sich Vergesellschaftung bei einzelnen erheben, ohne dass eine Netzwerkerhebung zwingend wäre.

Vergesellschaftung steht bei Simmel in direktem Zusammenhang zu Gesellschaft:[2] „Gesellschaft ist nur der Name für die Summe dieser Wechselwirkungen, der nur in dem Maße der Festgestelltheit dieser anwendbar ist" (Simmel 1989b: 131; ebenso Simmel 1984: 12).[3] Damit ergibt sich Gesellschaft nicht als fest umgrenzte Einheit, sondern als Kontinuum (Simmel 1989b: 131; 1984: 13f.). Gesellschaften sind Zusammenhänge besonders häufiger und besonders intensiver Vergesellschaftung. Die Grenzen der Gesellschaft ergeben sich entsprechend dort, wo Vergesellschaftung seltener und weniger intensiv ist oder ganz ausbleibt. Das Ergebnis ist keine fest umrissene Einheit, sondern ein soziales Gefüge von engmaschigen Bezügen, das unscharfe, gewissermaßen ‚ausgefranste' Ränder hat.

Bei Simmels Gesellschaftsbegriff ergibt sich ein Widerspruch zum Alltagsverständnis (und wohl auch zum soziologischen Verständnis) von Gesellschaft. Der Widerspruch ist mit der breiten Fassung von Vergesellschaftung angelegt, weil alle Arten von sozialen Bezügen eingeschlossen sind, also auch Gewalt. „Man scheint freilich nach dieser Definition der Gesellschaft auch zwei kämpfende Staaten etwa für eine Gesellschaft erklären zu müssen, da unter ihnen doch zweifellos Wechselwirkung stattfindet" (Simmel 1989b: 132). Simmel zieht aus diesem Problem keine definitorischen Konsequenzen, sondern sieht zwei Staaten im Krieg als „Ausnahme" an. Diese Lösung scheint mir unbefriedigend, daher soll hier unter Vergesellschaftung ein solcher sozialer Bezug verstanden werden, der nicht auf die Verletzung oder Vernichtung des anderen gerichtet ist. Vergesellschaftung wird hier definiert als gewaltloser sozialer Bezug.[4] Damit sind Konflikte oder Interessen-

---

über, während in Anlehnung an Simmel hier eine übergreifende Kategorie gemeint ist. (Vgl. zu Webers Begriff der Vergesellschaftung in Anlehnung an Tönnies (1979) Kap. 3.4.2.) Der Begriff des Handelns würde die Assoziation mit konkreten Aktivitäten und Interaktionen nahelegen, während Vergesellschaftung die hier gemeinte, breite Fassung besser abbildet.

2 Georg Simmel hat sein Verständnis von Gesellschaft ausführlich in dem Buch „Über sociale Differenzierung" (1989b, Orig. 1890) diskutiert. Sein Verständnis hat sich in der Folgezeit nicht mehr wesentlich verändert, in seinen programmatischen Einführungskapiteln zur „Soziologie" (Simmel 1992, Orig. 1908) und den „Grundfragen der Soziologie" (Simmel 1984, Orig. 1917) stellt er seine Gesellschaftsdefinition weniger ausführlich, aber in der Stoßrichtung identisch dar (vgl. Frisby 1984: 45ff.).

3 Vgl. dazu auch Bechers Untersuchung von Simmels Gesellschaftsbegriff (1971: 37ff.) mit gleichem Ergebnis.

4 Die Spezifikation der Gewaltlosigkeit ist freilich ebenfalls nicht problemlos. Der Gewaltbegriff hat wie kaum ein anderer Umdeutungen und inhaltliche Ausweitungen erfahren (vgl. z.B. Neidhardt

gegensätze keineswegs ausgeschlossen und Simmel hat sich eingehend mit Konflikten und ihrem vergesellschaftenden Charakter beschäftigt (Simmel 1992: 284ff., vgl. auch Kap. 3.1.2). Die Abgrenzung gegen eine auf Verletzung oder Vernichtung ausgelegte Art des Umgangs scheint aber für einen sinnvollen Vergesellschaftungsbegriff notwendig.

In der Soziologie wurde die Frage, ob und unter welchen Bedingungen von einer europäischen Gesellschaft die Rede sein könne, bisher ohne Bezug auf Simmel diskutiert. Die Vorstellung selbst aber, die Vernetzung von Vergesellschaftungen auf der Mikroebene zum Kriterium für die Abgrenzung von Gesellschaften zu machen, findet sich durchaus. Für Karl W. Deutsch (1962) sind Gesellschaften Räume kommunikativer Verdichtung, wobei Kommunikation oder Austausch bei ihm sehr breit gefasst ist. Grenzen zwischen Gesellschaften ergeben sich dort, wo die kommunikative Verflechtung ausdünnt. Das Gesellschaftskonzept von Deutsch deckt sich mit Simmels Vorstellung, auch wenn bei Deutsch die Breite des Kommunikationsbegriffs nicht so deutlich geklärt wird wie bei Simmels Vergesellschaftung. Deutsch hat sein Konzept mit Bezug auf die Integration von Nationalstaaten und von Europa formuliert. Seine Entscheidung, Kommunikation und Grade kommunikativer Verdichtung als Ausgangspunkt für Integration zu nehmen, wurde in der Transnationalisierungsforschung (Gerhards/Rössel 1999) und auch in der soziologischen Forschung zur europäischen Integration (Delhey 2004a; 2005) aufgenommen.

Delhey hat mit Bezug auf Deutsch einen Vorschlag entwickelt, wie die kommunikative Verdichtung genauer spezifiziert werden kann und nähert sich dabei der Breite von Simmels Vorstellung. Dabei unterscheidet Delhey zwei Dimensionen von Integration, eine quantitative und eine qualitative. Die qualitative Dimension versteht er, mit Bezug auf Deutsch und Weber, als eine Kohäsion im Sinne einer Solidarität zwischen den Mitgliedern. Die quantitative Dimension von europäischer Integration ist die gegenseitige Relevanz der Akteure für einander (Delhey 2004a: 15). Diese quantitative Dimension ist von Delhey breit gefasst, was sich insbesondere an seinem Argument gegen Austausch als Kriterium, wie es Deutsch (1962) vorgeschlagen hatte, zeigt. „Relevance is preferable [to transactions, J.R.] because it is a broader concept, embracing not only several kinds of directly observable transactions, but also cognitive ‚transactions' such as mutual attention, comparisons, and references" (Delhey 2004a: 15). Damit sind in seiner quantitativen Dimension Aufmerksamkeit und Wissen übereinander, Interesse aneinander, aber auch soziale Vergleichsprozesse, bei denen die jeweils anderen als Maßstab herangezogen werden, mit enthalten (Delhey 2004a: 18). Delheys Unterscheidung

---

1986). Hier soll Gewalt einer verbreiteten Auffassung oder zumindest einer verbreiteten Fokussierung folgend (Nedelmann 1997: 61) als körperliche Gewalt verstanden werden.

ist noch sehr grob und die von ihm vorgenommene Zuordnung der Beispiele nicht in jedem Fall überzeugend.[5] Fruchtbar ist aber der Hinweis auf die Breite der relevanten Aspekte, die für die Frage nach dem Ausmaß der Vergesellschaftung eine Rolle spielen.

Die empirische Untersuchung all dieser Dimensionen in einer Studie ist natürlich unrealistisch. Gleichwohl bleibt es instruktiv, die Breite des relevanten Feldes im Blick zu behalten, aus dem dann Ausschnitte gewählt werden. Zunächst gilt es, die grundsätzliche Richtung für konkrete Vergesellschaftungsaspekte, also Grundaspekte von Vergesellschaftung, zu bestimmen, die dann in einem zweiten Schritt (vgl. Kap. 3.4) näher konkretisiert werden. Einer solchen Auswahlentscheidung für bestimmte Grundaspekte haftet unweigerlich eine gewisse Willkür an. Die weitere Debatte über den Gesellschaftscharakter Europas kann aber Hinweise auf solche Grundaspekte geben.

Nimmt man nicht Vergesellschaftung und Integration „von unten" als Ausgangspunkt der Überlegungen, sondern Gesellschaft, dann geht der Blick auf die Strukturen einer Gesellschaft, die den Rahmen bilden für die Mikroprozesse des Handelns und Denkens. Von daher ist es nicht verwunderlich, dass in der Diskussion um eine europäische Gesellschaft Makrokriterien aufgenommen werden, wie zum Beispiel ein einheitliches Staatswesen, insbesondere einen Wohlfahrtsstaat (Kohli/Novak 2001; Müller 2007; Müller/Hettlage 2006; Offe 2001) oder festgelegte Grenzen (Bach 2000a; 2003; Mau 2006a). In einer ganzen Reihe von Positionen wird aber auch auf Mikrokriterien verwiesen, auf Ausschnitte der hier diskutierten Vergesellschaftung. In der eher zeitdiagnostisch angelegten Debatte wird nicht immer ganz deutlich, ob die angeführten Vergesellschaftungsaspekte Definitionskriterien darstellen oder Indikatoren für das (Nicht-)Vorhandensein einer europäischen Gesellschaft sein sollen. Für diese Studie ist aber aufschlussreich, welche Aspekte aus dem breiten, hier skizzierten Feld der Vergesellschaftung in dieser Diskussion als besonders relevant angesehen werden.

Bereits sehr früh und mit klar explizierten Kriterien hat sich der Historiker Hartmut Kaelble der Frage gewidmet, ob es eine europäische Gesellschaft gibt (Kaelble 1987; 1997; 2001; 2005; Kaelble/Schriewer 1998). Auch wenn Kaelble rein

---

5 So gehört beispielsweise zur qualitativen Dimension Solidarität, Vertrauen und Unterstellung gemeinsamer Interessen. Freundschaften und Heiraten werden aber der quantitativen Dimension zugeordnet, obwohl für diese Sozialbeziehungen Solidarität, Vertrauen und gemeinsame Interessen von großer Wichtigkeit sein dürften. Andersherum könnten gegenseitige Aufmerksamkeit, Interesse und Wissen nicht nur der quantitativen Relevanz-Dimension zugeordnet werden, sondern passen ebenso gut in die qualitative Kohäsionsdimension (Delhey 2004a: 18). Die Überschneidungen und Unklarheiten ergeben sich, weil die von Delhey unterschiedenen Dimensionen einander nicht ausschließen, sondern konkrete Aktivitäten können in beide Dimensionen fallen.

2. Vergesellschaftung und Gesellschaft

nominalistisch vorgeht und seine Kriterien für den Gesellschaftscharakter Europas ohne Bezüge auf die soziologische Theorietradition aufstellt, eignen sich seine präzisen Kriterien gut als Ausgangspunkt. Nach seiner Definition müssen fünf Aspekte gegeben sein (1987: 11-13):
1. Besonderheiten europäischer Länder gegenüber anderen (modernen, industrialisierten) Ländern
2. Konvergenzen
3. Austauschbeziehungen
4. Entstehung von formellen und informellen, politischen, sozialen und wirtschaftlichen Organisationen unterhalb der Ebene der eigentlichen europäischen Institutionen
5. Einstellungen zu Europa.

Die Kriterien von Kaelble verbinden Bedingungen auf der Makro-, der Meso- und der Mikroebene. So bleibt sein Gesellschaftsverständnis nicht bei einer Potenzialität verhaftet, wie dies bei einer reinen Makrostruktur der Fall wäre, sondern er macht den Gesellschaftscharakter an der Umsetzung von strukturellen Möglichkeiten fest. Die ersten beiden Kriterien, Besonderheiten und Konvergenzen, lassen sich nur in der Makrobetrachtung ausmachen und sind Eigenschaften der (potenziellen) Gesellschaft insgesamt. Das vierte Kriterium stellt auf die Organisationsstruktur ab, also die Mesoebene. Hier interessieren nur die Kriterien drei und fünf, die auf der Mikroebene angesiedelt sind und in das hier skizzierte Konzept einer Vergesellschaftung von unten gehören.

Austauschbeziehungen sind wohl der naheliegendste Aspekt, der sich auch bei zahlreichen anderen Autoren findet. So schreibt beispielsweise Eder: „Die in diesem Modell zentral gestellten Dimensionen von Vergesellschaftung sind zunehmende Interaktionsdichte (oder Kommunikationsdichte) in einem europäischen Sozialraum und dessen diskursive Schließung als eines besonderen Kommunikationsraumes (...)" (Eder 2007: 37). Für Beck und Grande spielen solche Verflechtungen zur Beschreibung der horizontalen Europäisierung eine große Rolle, wenn sie als Indikatoren Mobilität von Studierenden und Wirtschaftsverflechtung anführen (Beck/Grande 2004: 168ff.). Bach (2006: 176) sieht ebenfalls Interaktionen als einen konstitutiven Aspekt von Gesellschaft an. Für ihn folgt allerdings aus einer Intensivierung grenzüberschreitender, vor allem wirtschaftlicher, Transaktionen ein Abschied vom soziologischen Gesellschaftskonzept, weil die institutionelle politische Ordnung mit ihrer sozialen Basis der Identifikation und Solidarität dieser transnationalen Austauschverflechtung nicht folgen kann. Immerfall lehnt für Europa zwar den Gesellschaftsbegriff ab, macht aber seinen soziologischen Integrationsbegriff neben Gemeinschaftsbildung und Solidarität an Prozessen der Verflechtung und gegenseitiger Abhängigkeit fest (Immerfall 2000: 487). Die Interaktion ist ein wiederkehrendes Argument bei der Diagnose einer europäischen Gesellschaft, als explizites Kriterium oder als Indikator für das Vorhandensein einer gemeinsamen Makrostruktur, die Interaktion ermöglicht. Bei einer Untersuchung von grenzübergreifender Vergesellschaftung darf entsprechend der Grundaspekt Interaktion nicht fehlen.

Das andere Kriterium der Mikroebene nach Kaelble, die Einstellungen zu Europa, umfasst zwei Aspekte: das Selbstverständnis der Europäer und den räumlichen Erfahrungshorizont (Kaelble 1998: 349f.). Der räumliche Erfahrungshorizont zielt auf die grenzübergreifende Wahrnehmung. Dieser Aspekt wurde vor allem im Zusammenhang mit der politischen Integration Europas und einer europäischen Öffentlichkeit angeführt. Die Überlegungen von Eder und Mitarbeitern (Eder 2000; Eder u.a. 1998; Eder/Kantner 2000) zu einem europaweit geführten Diskurs über gemeinsame Anliegen und der Entstehung einer „großen Gemeinschaft" im Sinne Deweys (Dewey 1996; Kantner 1997) setzen grenzübergreifende Wahrnehmung voraus. Eder führt, wie oben genannt, als Kriterium die Etablierung eines eigenen Kommunikationsraumes an (Eder 2007: 37; Eder 2006). Die Ausbildung einer europäischen Zivilgesellschaft als Bedingung für Gesellschaftlichkeit, wie sie Beck und Grande (2004: 192ff.) formulieren (auch Kaelble 1987; 2004; 2005; Trenz 2005), fußt wesentlich auf Wahrnehmung und solidarischem Umgang mit der Situation anderer im Gemeinwesen. Die gegenseitige Beachtung über Nationalstaatsgrenzen hinweg ist in der Diskussion um europäische Öffentlichkeit meist auf den politischen Bereich beschränkt (Brüggemann u.a. 2006; Gerhards 1993; 2000; Koopmans/Erbe 2004; Machill u.a. 2004). Fragt man aber nicht nur nach politischer, sondern nach gesellschaftlicher Integration insgesamt, liegt die Erweiterung des Kriteriums auf eine breitere Wahrnehmung über Politik hinaus nahe (Klaus 2006).

Zusätzlich gewinnt die Wahrnehmung aus einer weiteren Überlegung an Bedeutung. Wahrnehmung ist Voraussetzung für andere Aspekte von Vergesellschaftung. Interaktion ist von Wahrnehmung abhängig. Erst wenn wir von etwas wissen, kann es für unsere Handlungen relevant werden. Während dieser Zusammenhang trivial ist, wird er etwas erweitert zu einem wesentlichen Argument. Unsere Kenntnis bezieht sich in der Regel nicht allein auf die konkrete Handlungsoption, die später gewählt wird. Der Raum unserer alltäglichen Aktivitäten wird von uns intensiver wahrgenommen, wir bekommen Ideen für weitere Handlungsmöglichkeiten, weitere Opportunitäten. Wir entdecken ein neu eröffnetes Geschäft und sehen Sonderangebote; wir entdecken im Vorbeifahren, wie hübsch eine Gegend ist oder wie attraktiv ein Restaurant wirkt. Der Umweltpsychologie ist der Zusammenhang von Raumkenntnis und Handlungsraum schon lange bekannt (Russell/Ward 1982). Holahan und Dobrowolny (1978) zeigten bereits vor 30 Jahren in ihrer klassischen Studie den engen Zusammenhang von bekannten Örtlichkeiten und Handlungsraum auf. In dem bekannten geographischen Gebiet sind

Aktivitäten wahrscheinlicher – schlicht, weil die Opportunitäten dort bekannter sind. Wahrnehmung ist eine Bedingung für Interaktion. Wahrnehmung ist der zweite Grundaspekt von Vergesellschaftung, der hier untersucht wird.

Der zweite Aspekt der Einstellungen zu Europa bei Kaelble ist die Selbstbeschreibung als Einheit. Er fragt „ob die Europäer einen besonderen europäischen gesellschaftlichen Entwicklungsweg und einen eigenen europäischen Modernisierungspfad *sahen*" (Kaelble 1998: 350f., Herv. von mir; ebenso Kaelble 1997: 27). Auch für Eder gehören zur europäischen Gesellschaft „kognitive und narrative Konstruktionen von Gemeinsamkeiten" (2007: 39). Demnach wäre das Wissen um eine Einheit das Kriterium. Gleichzeitig ist die Vorstellung einer Einheit unabhängig von tatsächlichen Unterschieden zu anderen Einheiten ausreichend.

Die Forderung nach Identifikation geht einen Schritt weiter.[6] Sie unterstellt nicht nur das Bewusstsein um eine Einheit, sondern zudem eine affektive Bindung an diese Einheit. Die europäische Identifikation wird ebenfalls dominant in Bezug auf die politische Integration diskutiert, wobei Identifikation als diffuse Unterstützung für das politische System eine wichtige Rolle spielt (Fuchs 1999). Löst man die Identifikationsfrage aus der Bindung an die Politik (z. B. Mühler/Opp 2006), gehört sie in den Bereich der Vergesellschaftung insgesamt.[7] Der affektive Aspekt, der mit der Identifikation abgedeckt wird, nimmt Delheys Dimension der Kohäsion auf. „Cohesion means that the elements behave in a way that at least prevents negative consequences (negative solidarity) or, at best, causes positive consequences (positive solidarity) either for other actors or for the system as a whole" (Delhey 2004a: 15). Als Indikatoren für diese Dimension nennt er unter anderem Vertrauen, eine europäische Identität und die Wahrnehmung gemeinsamer Interessen (18). Diese Beispiele machen die Nähe seines Konzepts mit der Dimension Identifikation deutlich, aus der sich unterstützendes Verhalten tendenziell ergibt (vgl. Mühler/Opp 2006; Roose 2007).

Identifikation spielt für zahlreiche Autoren eine wichtige Rolle. Bach (2003; 2006) bezieht die Identifikation direkt auf eine Verbundenheit mit den europäischen Institutionen. Lepsius vertraut auf eine Identitätsbildung, die der Institutionenbildung nachfolgt (Lepsius 1999). Müller (2007; Müller/Hettlage 2006) dagegen löst sich von der Orientierung an einem existierenden Institutionensystem und

---

6 Die Literatur zum Thema der europäischen Identifikation ist mittlerweile ausgesprochen umfangreich. Vgl. unter den neueren Veröffentlichungen, durchweg mit Fokus auf die politische Rolle der Identifikation, u.a. Bruter (2006), Herrmann u.a. (2004), Karolewski/Kaina (2006), Meyer (2004), Mokre (2003), Nida-Rümelin/Weidenfeld (2007), Robyn (2005), Viehoff/Segers (1999) und Walkenhorst (1999).

7 Natürlich ist politische Identifikation ebenfalls eine Form der Vergesellschaftung, macht aber nur einen Ausschnitt dieses Grundaspekts aus.

sieht die Identifikation als Europäer einer möglichen politischen Integration vorgelagert (vgl. auch Kohli/Novak 2001: 7f.). Für Beck und Grande (2004: 159) ist die Identifikation ein Aspekt der horizontalen Europäisierung, also einer Integration unabhängig von einem politischen System. Mau (2006b; 2007: 217ff.) vermutet in einer transnationalen Identifikation die Folge von transnationaler Vergesellschaftung. Er konzentriert seinen Vergesellschaftungsbegriff allein auf Interaktionen oder Beziehungen, schreibt der Identifikation aber dennoch eine wichtige Rolle zu.

Identifikation soll hier als dritter Grundaspekt von Vergesellschaftung betrachtet werden. Diese Dimension zielt am stärksten auf die affektive Bindung an eine grenzübergreifende Gemeinschaft. Dass es sich hierbei um eine Folge der anderen grenzübergreifenden Vergesellschaftungsaspekte handeln könnte, wie es Mau (2006b) in Bezug auf Interaktion vermutet oder Eder (2007) in Bezug auf Wahrnehmung, wird in der empirischen Untersuchung zu berücksichtigen sein.[8]

Mit Wahrnehmung, Interaktion und Identifikation sind drei Grundaspekte von Vergesellschaftung bestimmt, die in der empirischen Untersuchung verfolgt werden sollen. Es handelt sich dabei um Vergesellschaftungsaspekte, die in der Diskussion um eine europäische Gesellschaft als relevant angesehen werden, was ihre Auswahl rechtfertigt.[9] Das Ausmaß von grenzübergreifender Vergesellschaftung für diese Aspekte leistet somit auch einen empirischen Beitrag zur Frage nach der Entstehung einer europäischen Gesellschaft. Die drei Grundaspekte sind nicht unabhängig voneinander. Wahrnehmung ist der grundlegendste Aspekt mit Wirkung auf die anderen beiden; Interaktion müsste Identifikation wahrscheinlicher machen.[10]

---

8 In der Identifikationsforschung wurde vermutet, dass individuelle Vorteile, die mit einer Region verbunden sind, die Wahrscheinlichkeit einer Identifikation erhöhen. Dies bestätigen Mühler und Opp für die Identifikation mit Sachsen (2004: 106ff.). Sieht man Interaktion als das Nutzen von günstigen Opportunitäten, dann würde sich so ein Einfluss von Interaktion auf die Wahrscheinlichkeit von Identifikation ergeben.

9 Hier sei noch mal betont, dass es keineswegs die einzig möglichen oder einzig wichtigen Vergesellschaftungsaspekte sind. So wären etwa Solidarität oder das Zugestehen von Rechten an die Bürger anderer EU-Mitgliedsländer ebenfalls interessante Untersuchungsgegenstände gewesen, die hier aber nicht weiter verfolgt werden (vgl. Gerhards 2006; Gerhards u.a. 2007).

10 Diese kausale Richtung ist allerdings nicht alternativlos. Rückwirkungen, etwa von Identifikation auf Interaktion oder von Interaktion auf Wahrnehmung sind ebenfalls plausibel. Eine Querschnittsstudie kann diese Rückwirkungen allerdings nicht empirisch fassen, daher konzentriere ich mich hier auf die vermutlich dominante Einflussrichtung.

3. Bedingungen grenzübergreifender Vergesellschaftung

Die Grundaspekte von Vergesellschaftung, wie sie oben (Kap. 2) erarbeitet wurden, lassen sich zunächst raumunabhängig denken. So können wir enge Interaktionsbeziehungen pflegen mit Menschen auf einem anderen Kontinent und gleichzeitig keinerlei Kontakt haben zu unseren direkten Nachbarn. Gleichzeitig werden Gesellschaften üblicherweise gedacht als räumlich zusammenhängende Gebilde, die entsprechend von eindeutig definierten, meist nationalstaatlichen Grenzen im Raum umfasst werden (vgl. Bach 2003; Beck/Grande 2004: 147; Mau 2006a: 116).[1] Angesichts dieser Widersprüchlichkeit könnte man versucht sein, den Begriff der Gesellschaft völlig unabhängig vom Raum zu denken oder den kompletten Raum mit einzuschließen und eine Weltgesellschaft anzusetzen (so Heintz u.a. 2005; Luhmann 1975; 1997; Stichweh 1995; 2000).

Damit würde bereits konzeptionell eine Entscheidung getroffen werden gegen die Bedeutung des Raumes. Dagegen wurden verschiedentlich Einwände erhoben, weil das Handeln beispielsweise Bedingungen unterliegt, die raumabhängig sind (Guarnizo/Smith 1998: 7ff.), oder weil die Studien zur Globalisierung schlicht beobachtet haben, dass die Vergesellschaftungsaspekte sich keineswegs gleichmäßig über den Raum erstrecken (z.B. Beisheim u.a. 1999; Gerhards/Rössel 1999; Held u.a. 1999; Mau 2007). Raum und territoriale Grenzen, insbesondere Nationalstaatsgrenzen, scheinen durchaus eine strukturierende Bedeutung für die Aspekte von Vergesellschaftung zu haben.

Warum aber sollten Nationalstaatsgrenzen bedeutsam sein für die genannten Vergesellschaftungsaspekte? Wie lässt sich die Bedeutung von Nationalstaatsgrenzen näher bestimmen? Die Antwort auf diese Fragen soll in zwei Schritten erfolgen. Die Soziologie hat sich ausführlich mit den Voraussetzungen einer Integration von Gesellschaften befasst. Dabei wird Gesellschaft in der Regel unthematisiert als nationalstaatliche Gesellschaft verstanden (bzw. räumlich nicht spezifiziert), die Konzepte lassen sich aber auch für die Frage nach grenzübergreifender Vergesellschaftung nutzen (Kap. 3.1). Sind diese Voraussetzungen auf der theoretischen Ebene geklärt, dann kommt die Nationalstaatsgrenze ins Spiel. Es gilt zu untersuchen, warum für die erarbeiteten Voraussetzungen gerade die Nationalstaats-

---

1 Allerdings werden auch für die modernen Nationalstaaten so genannte „Parallelgesellschaften" diskutiert, wenn die Segregation von Migrantengruppen beschrieben wird (kritisch dazu für Deutschland Halm/Sauer 2006).

grenze und die mit der Grenze zusammenhängenden Unterschiede relevant sind (Kap. 3.2). Dieser Diskussion der trennenden bzw. abgrenzenden Rolle von Nationalstaatsgrenzen schließt sich ein kurzer Blick auf die Globalisierungs- und Europäisierungsdiskussion an, in der eine abnehmende bis verschwindende Bedeutung von Nationalstaatsgrenzen behauptet wird (Kap. 3.3). Vor dem Hintergrund der Integrationsbedingungen einerseits und der verschiedenen Aspekte von Nationalstaatsgrenzen andererseits ergibt sich das theoretische Grundmodell, das spezifiziert, warum grenzübergreifende Vergesellschaftung in ihrer Wahrscheinlichkeit von Vergesellschaftung innerhalb des Nationalstaates abweichen müsste und welche Eigenschaften der Nationalstaatsgrenze dies vermutlich erklären können. Auf dieser Basis können dann die zu untersuchenden Aspekte von Vergesellschaftung genauer spezifiziert (Kap. 3.4) werden. Die gewählten Indikatoren für Wahrnehmung, Interaktion und Identifikation sollen möglichst gut geeignet sein, die theoretischen Annahmen angemessen zu prüfen ohne durch die Selektivität der Indikatoren eines der Erklärungsmodelle zu bevorzugen. Das Kapitel schließt mit einer Zusammenfassung der erarbeiteten Hypothesen (Kap. 3.5).

3.1 Integration und ihre Bedingungen: drei Modelle

Die soziologische Debatte um die Integrationsvoraussetzungen von Gesellschaften ist eine der ältesten. Bereits Hobbes (1966, Orig. 1651) hatte diese Frage mit seiner These eines Kampfes aller gegen alle als menschlichem Urzustand aufgeworfen und damit Sozialtheoretiker der nächsten Jahrhunderte beschäftigt.[2] Die lange, bis heute kontrovers und politisch durchaus folgenreiche Debatte dreht sich vor allem um die Frage, welche kulturellen Voraussetzungen, welche Wertebasis eine Gesellschaft benötigt.

An dieser Stelle kann es nicht das Ziel sein, die soziologische Theoriedebatte zu gesellschaftlicher Integration auch nur annähernd aufzuarbeiten. Diese Aufgabe haben andere bereits geleistet (Beck/Sopp 1997; Friedrichs/Jagodzinski 1999; Heitmeyer 1997a; 1997b; Münch 1997). Das Ziel ist hier mit Blick auf die empirische Untersuchung ein anderes. Es geht darum, die theoretisch unterstellten Integrationsbedingungen möglichst pointiert herauszuarbeiten, um sie dann empirisch für den Fall grenzübergreifender Vergesellschaftung prüfen zu können. Daher steht hier nicht im Vordergrund, die Autoren in jeder Schattierung und Einschränkung ihrer Position aufzuarbeiten, sondern die drei Modelle einander möglichst trennscharf gegenüberzustellen.

---

2 Es soll an dieser Stelle dahingestellt bleiben, ob so ein hypothetischer, quasi „vorgesellschaftlicher" Urzustand ein sinnvoller Referenzpunkt der Diskussion ist.

3. Bedingungen grenzübergreifender Vergesellschaftung

Als Ausgangspunkt wähle ich das Integrationsmodell von Parsons, das ich hier als Wertekonsensmodell einführe, um dann auf zwei Varianten einzugehen, die in Abgrenzung zu Parsons und ihrerseits mit Bezug auf Klassiker begründet werden: das Minimalkonsensmodell und das Systemintegrationsmodell.

3.1.1 Das Wertekonsensmodell

Nach Parsons ist die Integration von Gesellschaft notwendige Voraussetzung für die Möglichkeit von sozialer Handlung.[3] Eine Theorie der Interaktion muss erklären, warum Menschen ihre Handlungen aufeinander abstimmen können, ohne dass sie ihr Gegenüber vollständig steuern können oder aufgrund von eindeutiger Triebsteuerung allgemein wissen könnten, wie das Gegenüber handelt. Von dem Handeln des Gegenübers, des Alters, hängt aber das eigene Handeln von Ego ab und umgekehrt, von Egos Handeln hängt Alters Handeln ab. Das Problem dieser doppelten Kontingenz stellt die Interaktion vor fundamentale Probleme (Parsons 1952: 10f.).

In der Frühphase seiner Theorie ist Parsons' Antwort auf diese Frage die Werteordnung.[4]

> The problem of order, and thus of the nature of the integration of stable systems of social interaction, that is, of social structure, thus focuses on the integration of the motivation of the actors with the normative cultural standards which integrate the action system (…). These standards are (…) patterns of value orientation, and as such are a particularly crucial part of the cultural tradition of the social system" (Parsons 1952: 36f.; ebenso Parsons 1961: 89, Orig. 1937; Parsons/Shils 1951).

Erst die konsensuell verbreiteten Werthaltungen mit den damit verbundenen Normen und Rollenerwartungen ermöglichen Interaktion, weil so das Verhalten bzw. die Reaktion des jeweils Anderen vorhersehbar wird.[5] Fehlt diese durch

---

3 Obwohl Parsons' Theorie auf einer begrifflichen Ebene einen möglichst allgemeinen Rahmen zur Analyse von Gesellschaften entwerfen soll, gehen bereits empirische Annahmen in seine Theorie ein (Balog 2001: 59ff.). Zu diesen empirischen Annahmen gehört die Notwendigkeit von Integration für das Überleben sozialer Systeme, also auch Gesellschaften.

4 In der Spätphase seiner Theorie hat Parsons diese Vorstellung modifiziert (Wenzel 2002a). Da hier möglichst trennscharfe, pointierte Positionen gewonnen werden, gehe ich auf diese Veränderungen nicht weiter ein.

5 Parsons trennt hier nicht systematisch zwischen Werten und Normen. Ich verstehe Normen als Konkretisierungen von allgemeineren Werten. Unter Werten verstehe ich in Anschluss an

Rollennormierung abgesicherte Erwartbarkeit, so wird Interaktion für Parsons unmöglich bzw. verfällt nach der Hobbes'schen These in den Kampf aller gegen alle.

Das Erfordernis des Wertekonsenses erweitert sich von der Interaktionssituation auf Gesellschaften insgesamt. Im berühmten AGIL-Schema, mit dem Parsons die vier Grunderfordernisse von Gesellschaften und die zugehörigen Subsysteme benennt, steht das I für Integration.[6] Integration findet durch das Gemeinschaftssystem (societal community) statt. Hier werden die konkreten Handlungen und Interaktionen auf der Basis von gemeinsam geteilten Werten koordiniert. Das Treuhandsystem (fiduciary system) bzw. das sozial-kulturelle System[7] erhält diese Normen aufrecht.

Werte und Normen spielen, so zeigen diese kurzen Hinweise, in Parsons' Theorie eine fundamentale Rolle. In der gesellschaftlichen Gemeinschaft werden die Individuen gewissermaßen in die Systemfunktionen eingepasst (Parsons 1966: 16ff.; 1971: 12ff.). Die Werte, Normen und ihre Kombination in Rollen garantieren die subsystemkonformen Handlungen, die letztlich zu einer erfolgreichen Funktionserfüllung der Subsysteme führen. Nicht alle Handlungen entsprechen diesen Normen. Kontrolliert und in engen Grenzen gehalten werden die Abweichungen durch die im politischen System angesiedelten Sanktionsmöglichkeiten, die wiederum als legitim angesehen werden müssen. Nach Parsons ist die Gesellschaft abhängig davon, dass „the institutions of a society have been *legitimized* by the consencual value commitments of ist members" (Parsons 1971: 9, Herv. i. Orig.). Ähnlich werden in der gesellschaftlichen Gemeinschaft die Motivationen der Akteure bereit gestellt, im Wirtschaftssystem zu arbeiten. „Commitment to the labour force involves an obligation to work effectively within the legitimate conditions of employment As Weber noted, there is a crucial moral element in this obligation" (Parsons 1971: 17). Die gesellschaftliche Gemeinschaft integriert den Menschen in die Funktionssysteme (Parsons 1966: 11ff.), und sie leistet dies durch einen Konsens von Normen und Werten.

Wertekonsens gilt als Bedingung zunächst für die Handlungssituation, also für Interaktionen. Der Konsens befördert aber nach Parsons' Vorstellung auch die Identifikation, die wiederum zur gesellschaftlichen Systemerhaltung beiträgt. „To survive and develop, the social community must maintain the integrity of a com-

---

Kluckhohn ein allgemeines, generalisiertes Konzept von etwas normativ Wünschenswertem (Kluckhohn 1951: 395). Zum Wertebegriff vgl. van Deth (1995), Hitlin (2004) und Spates (1983).

6 Zu den Details von Parsons' Theorie insgesamt sei auf die Sekundärliteratur verwiesen (für andere Alexander 1983; Münch 1982: 17ff.; 2004: 41ff.) und natürlich das umfangreiche Werk von Parsons selbst.

7 Münch schlägt in Abweichung zu Parsons diesen treffenderen Begriff vor (Münch 2004: 87).

mon cultural orientation, broadly (though not necessarily uniformly or unanimously) shared by its membership, as the basis of its societal identity" (Parsons 1966: 10).[8]

Parsons' These, dass moderne Gesellschaften für ihren Bestand einen Wertekonsens benötigen, ist auf harsche Kritik gestoßen (vgl. zur Parsons-Diskussion u.a. Alexander 1983; Dahrendorf 1961; Gouldner 1970; Münch 1982; Warner 1978; Wenzel 2002a; Wilson 1973). Aus der Kritik vor allem an Parsons' Position ergeben sich nicht zuletzt die Alternativen zum Wertekonsensmodell, die im Folgenden diskutiert werden. Damit ist die These des Wertekonsenses allerdings keineswegs obsolet. Eine ganze Reihe von sozialwissenschaftlichen Spezialtheorien für einzelne Gegenstandsbereiche argumentiert ganz selbstverständlich mit der Bedeutung einheitlicher Werte. Die betriebswirtschaftliche Organisationsforschung hat sich unter dem Stichwort Unternehmenskultur mit Normen und Werten in Unternehmen beschäftigt (Alvesson/Berg 1992; Dierkes u.a. 1993; Kadritzke 1997; May 1997). Eine konsensuelle Unternehmenskultur (auch „starke Unternehmenskultur"), bestehend aus einheitlichen Werten (Schein 1991), steigert demnach die Effizienz eines Unternehmens, weil sie unter anderem für reibungslose Kommunikation, rasche Entscheidungsfindung, zügige Implementation und geringen Kontrollaufwand sorge (Schreyögg 1996: 452; Alvesson 1993: 39ff.). Die Migrationsforschung befasst sich mit der Integration von Migranten in die Aufnahmegesellschaft. Dabei spielt das Konzept der Assimilation der Migranten an die Aufnahmegesellschaft eine große Rolle und ein Aspekt dieser Assimilation ist die Übernahme der Werte, die in der Aufnahmegesellschaft gelten (vgl. Alba/Nee 2004; Gans 1997; Han 2005: 41ff.; Treibel 2003: 84ff.). Auch wenn diese Ansätze nicht unwidersprochen blieben, weder in der Organisations- noch in der Migrationssoziologie, so belegen sie doch die fortwährende Bedeutung der Wertekonsens-These.

Wir können also für das Wertekonsensmodell festhalten: Ein Konsens über allgemeine, grundlegende Werte ist nach diesem Modell die Bedingung für Integration. Eine Ähnlichkeit bei grundlegenden Werthaltungen müsste eine Vergesellschaftung ermöglichen, mindestens wahrscheinlicher machen.

---

8 Mit Blick auf das Verhältnis von politischem System und Gemeinschaftssystem schreibt Parsons: „^Constitutional norms articulate with the societal community and involve the component of societal loyalty in the form of valued association" (Parsons 1971. 18).

3.1.2 Das Minimalkonsensmodell

Die Einwände gegen Parsons' Sichtweise sind älter als Parsons' Theorie selbst. Simmel hatte in seinem berühmten Aufsatz über den Streit (Simmel 1992: 284ff., Orig. 1908) bereits deutlich gemacht, dass Uneinigkeit und Konflikt nicht allein trennend, also desintegrierend, wirken (vgl. auch Coser 1956; Dubiel 1999; Stark 2005). Zunächst stellt Simmel heraus, dass Konflikte nicht aus Gesellschaften wegzudenken sind, sondern einen integralen Bestandteil von Beziehungen ausmachen (Simmel 1992: 287f.). Auch können Auseinandersetzungen produktiv sein, weil sie für Veränderungen unabdingbar sind. „Eine Gruppe, die schlechthin zentripetal und harmonisch (...) wäre, ist nicht nur empirisch unwirklich, sondern sie würde auch keinen eigentlichen Lebensprozess aufweisen" (285). Doch nicht nur im Ergebnis tragen Konflikte für Gruppen und Gesellschaften zum Erhalt und zur Fortentwicklung bei. Vielmehr hat der Konflikt selbst vereinende und die Einheit erhaltende Funktionen. Dies gilt für die Konfliktparteien untereinander, es gilt aber auch zwischen den Konfliktparteien. Nach Simmel beruht der Konflikt auf gemeinsamen Interessen und wird geführt auf der Basis von gemeinsam akzeptierten Regeln (304ff.). Der Konflikt selbst macht diese geteilten Interessen deutlich und bewusst.

Die Überlegungen von Simmel waren einflussreich, um die konsensorientierten Ansätze zu kritisieren und ihnen eine Alternative entgegenzustellen (insbesondere Coser 1956). Dahrendorf formuliert seinen Ansatz ohne Bezug auf Simmel, aber er argumentiert in die gleiche Richtung. Dahrendorf versteht sich in grundsätzlicher Opposition zu Parsons (Dahrendorf 1965; 1967; 1972; Lamla 2005):

> „Das von der strukturell-funktionalen Theorie implizierte Modell der Gesellschaft postuliert ein relativ stabiles System von Teilen, deren Funktion im Bezug auf das System bestimmt ist. Um dynamische Probleme auf der Ebene der systematischen Soziologie zu lösen, ist es jedoch nötig, ein Modell der Gesellschaft vorauszusetzen, in dem Konflikt über die Prinzipien einer je bestehenden (...) Struktur als Regel postuliert und die Position der Einzelphänomene nicht nur im Bezug auf das System, sondern auch in dem auf den umfassenden Prozess der geschichtlichen Entwicklung bestimmt wird. Gemäß diesem Modell sind nicht Konflikt und Wandel, sondern Stabilität und Ordnung der pathologische Sonderfall des sozialen Lebens" (Dahrendorf 1961: 80f.).

Ausgehend von diesem Perspektivwechsel fragt Dahrendorf nach Bedingungen, unter denen die bestehenden und notwendig auch weiterhin bestehenden Interessengegensätze auf eine gewaltfreie Weise bearbeitet werden. Die Antwort sieht Dahrendorf im „geregelten Konflikt". Er geht nicht davon aus, dass eine Lösung der Konflikte möglich wäre, sondern es geht allein um ihre temporäre Befriedung. Diese Befriedung löst zwar den Konflikt nicht im Grundsatz, führt aber zumindest

3. Bedingungen grenzübergreifender Vergesellschaftung

befristet zu einem friedvollen Umgang, wobei dieser immer wieder neu ausgehandelt werden muss. Dahrendorf (1972: 43) unterscheidet nach der Freiwilligkeit einer Teilnahme und der Freiwilligkeit einer Annahme des Ergebnisses zwischen Verhandlung, Vermittlung, Schlichtung und Zwangsschlichtung. Als konkrete Beispiele beschäftigt sich Dahrendorf mit der Demokratie und Tarifverhandlungen als Institutionen der Konfliktlösung. In seiner Argumentationslogik, wie auch bei Simmel, gehören in die geregelten Konflikte genauso Gerichtsverfahren und freiwillige Übereinkünfte zwischen Personen bei einem Interessengegensatz.

Die Ansätze von Simmel und Dahrendorf betonen gemeinsame Normen der Konfliktregelung (Dubiel 1999). In diesem Sinne gehen sie aus von einem Konsens, allerdings von einem bestimmten Konsens. Die Menschen müssen, damit gewaltfreier Umgang möglich ist, nicht in den inhaltlichen Werten übereinstimmen, sondern allein bei den Entscheidungsfindungsregeln und beim Umgang mit gegensätzlichen Positionen. Dieses Integrationsmodell durch Konflikt ist damit ein Modell des Minimalkonsenses.

Für die Konfliktparteien ist die Akzeptanz von Regeln des Konfliktumgangs durch die andere Seiten zunächst unklar und lässt sich nur ex post feststellen. Erst nach der Konfliktregelung ist klar, ob sich tatsächlich die jeweils andere Seite an die Regeln gehalten hat. Für die Entscheidung, eine Interaktion einzugehen oder auch nur grundsätzlich zu erwägen, spielt also nicht die Tatsache der Regelakzeptanz selbst eine Rolle, sondern die *Unterstellung* der Beteiligten, dass das Gegenüber die Regeln einhalten wird. Bei der Entscheidung für oder gegen eine Interaktion und auch die vorgelagerten Entscheidungen, sich überhaupt über Potenzielles zu informieren, ist demnach die unterstellte Regelakzeptanz entscheidend. Dies entspricht dem Vertrauen, das anderen entgegen gebracht wird.[9] Dieses Vertrauen kann sich einmal auf das direkte Gegenüber der potenziellen Interaktion richten oder auf die Institutionen, die im Konfliktfall eine angemessene Regelung garantieren.

Nach dem Minimalkonsensmodell ist also ein unterstellter Konsens über Regeln des Konfliktumgangs Bedingung für Vergesellschaftung. Dies bedeutet Vertrauen in das Gegenüber oder in Institutionen der Konfliktregelung. Ein darüber hinausgehender Wertekonsens ist nach diesem Modell verzichtbar.

---

9 Zur Vertrauensforschung vgl. u. a. Delhey (2004b), Delhey/Newton (2003), Gambetta (1990), Lahno (2002), Seligman (1997), Sztompka (1999), Warren (1999) und Wenzel (2002b).

3.1.3 Das Systemintegrationsmodell

Bereits aus logischen Gründen ergibt sich gegenüber dem Wertekonsens- und dem Minimalkonsensmodell ein Gegenmodell, das gemeinsame Werte als Voraussetzung von Integration bestreitet. Ein Nullmodell muss von der Irrelevanz der Werte für Integration ausgehen. Diese Vorstellung wird aber auch argumentativ in der Soziologie vertreten, am prominentesten von Niklas Luhmann. Für Luhmann ist es eine „alteuropäische" Vorstellung, Gesellschaften als kulturelle Einheit mit einheitlichen Werten zu verstehen (Habermas/Luhmann 1971).

Luhmann spricht auf der theoretischen Ebene Werten ihre Steuerungsfähigkeit ab. „Es kann keine Rede davon sein, dass Werte in der Lage wären, Handlungen zu selegieren" (Luhmann 1997: 341, auch 344). Grund dafür ist, dass Werte sich oftmals widersprechen. Werte sind „stets in der Form des Wertkonfliktes gegeben" (341). Sie sind so abstrakt, dass sie notwendig widersprüchlich werden, wenn man sie auf konkrete Handlungen bezieht.

> „Da sich alles Handeln unter positive und unter negative Wertgesichtspunkte bringen lässt, folgt aus der Wertung nichts für die Richtigkeit des Handelns. (...) Wollte man aus Wertungen Informationen über richtiges Handeln gewinnen, müsste man eine logische Rangordnung, zum Beispiel Transitivität des Verhältnisses einer Vielzahl von Werten, voraussetzen" (Luhmann 1984: 433).

Da eine solche Wertehierarchie aber durchweg nicht vorliegt und auch nicht über alle Situationen hinweg erreichbar ist, sind Werte für konkrete Handlungsvorgaben ungeeignet. Es gelingt ihnen damit nicht, die Handlungen in einer konkreten Situation vorhersagbar zu machen und auf diese Weise das Problem der doppelten Kontingenz in der Interaktionssituation zu lösen oder die Integration der Gesamtgesellschaft zu gewährleisten.

Diese Koordinierungsaufgabe, gesellschaftsweit und in der konkreten Interaktion, wird in Luhmanns Theorie durch die symbolisch generalisierten Kommunikationsmedien gelöst (Luhmann 1984: 222ff.; 1997: 316ff.). Symbolisch generalisierte Kommunikationsmedien zeichnen sich dadurch aus, dass sie „die Selektion der Kommunikation so (...) konditionieren, dass sie zugleich als Motivationsmittel wirken, also die Befolgung des Selektionsvorschlages hinreichend sicherstellen" (Luhmann 1984: 222). Ein unmittelbar einleuchtendes Beispiel ist Macht. Macht ist hier ganz in Webers Sinne „die Chance, (...) den eigenen Willen auch gegen Widerstreben durchzusetzen" (Weber 1980: 28) oder eben, in Luhmanns Worten, die Befolgung des Selektionsvorschlages sicherzustellen. Andere Beispiele sind Wahrheit oder Geld. Die symbolisch generalisierten Kommunikationsmedien sind aber bei Luhmann durchweg bezogen auf bestimmte, funktional spezialisierte Subsysteme der Gesellschaft. Geld ist an das Subsystem Wirtschaft gebunden, Wahrheit an die Wissenschaft. Die Integration der Gesellschaft erfolgt demnach als Inklusion in gesellschaftliche Subsysteme und dann nach der Logik dieser Subsysteme. Das wirtschaftliche Handeln richtet sich demnach allein nach der Logik des Wirtschaftssystems, in dem Preis und Leistung, Angebot und Nachfrage entscheidend sind. Die Bedeutung dieser Faktoren wird von den beiden anderen Modellen, dem Konsensmodell und dem Minimalkonsensmodell, nicht bestritten. Entscheidend für Luhmanns Position ist vielmehr, dass nach seinem Ansatz ein zusätzlicher Konsens über Werte, gleich welcher Art, nicht erforderlich ist. Seine Theorie geht demnach von der Nullhypothese aus, wonach eine Übereinstimmung bei Werten irrelevant ist für Integration. Sie wird hier als Systemintegrationsmodell den anderen beiden Modellen gegenübergestellt.

3.1.4 Erklärung durch Wertekonsens-, Minimalkonsens- und Systemintegrationsmodell

Das Wertekonsensmodell, das Minimalkonsensmodell und das Systemintegrationsmodell wurden entsprechend der Diskussionslinien in der Theoriedebatte als konkurrierende Erklärungen für den Umfang von Vergesellschaftung eingeführt. Empirisch gilt es also, die Erklärungsleistung der Modelle gegeneinander zu testen und das beste Modell zu bestimmen.

Die empirische Prüfung wird aber durch zwei Probleme erschwert. Das erste Problem ergibt sich aus der Bestimmung der Kausalrichtung. Wie oftmals in den Sozialwissenschaften lassen sich bei einem Zusammenhang Ursache und Wirkung nur schwer bestimmen. Plausibel ist vielfach auch eine Rückwirkung aufeinander. So wäre denkbar, dass Werteähnlichkeit nicht nur die Identifikation mit einer gemeinsamen geographischen Einheit als ein Aspekt der Vergesellschaftung wahrscheinlicher macht, sondern vorstellbar wäre auch, dass die Identifikation zu einer Übernahme der Werte führt. Ähnliche Wechselwirkungen sind bei anderen Vergesellschaftungsaspekten und Modellen denkbar. Einen Königsweg aus diesem Dilemma gibt es – sofern man bei der Analyse von Querschnittdaten verbleiben muss – nicht. Diese Arbeit geht von einer konzeptionellen Grundentscheidung aus, die angeführten Modelle als Erklärung zu behandeln, also von einer (potenziellen) Wirkung der Werteeinstellungen auf die Vergesellschaftung auszugehen. Grund dafür ist die erläuterte Theorielandschaft, die in diese Kausalrichtung argumentiert. Damit ist das Problem natürlich keineswegs gelöst, sondern es wird lediglich eine pragmatische Vorgehensweise festgelegt. Bei der Betrachtung der einzelnen Indikatoren und Erklärungen wird die Frage der Kausalitätsrichtung gegebenenfalls noch einmal aufgenommen, um zumindest zu klären, in welchen Fällen die Kausalitätsrichtung recht eindeutig und in welchen sie problematisch ist.

Das zweite Problem bezieht sich auf das Verhältnis der Modelle zueinander. Auch wenn die Modelle hier als konkurrierende eingeführt wurden, so sind sie keineswegs unabhängig voneinander. Zunächst teilen sie Annahmen über die Bedeutung von konkreten Anreizen. Vergesellschaftung wird dann wahrscheinlich, wenn sie für die Akteure möglich und attraktiv ist. Die Modelle unterscheiden sich in der Frage, ob darüber hinaus noch ein Wertekonsens oder ein Minimalkonsens nötig bzw. förderlich ist. Die geteilten Annahmen stellen prinzipiell kein Problem dar. Für die Analyse problematisch wird erst die Möglichkeit, dass die erklärenden Konzepte voneinander abhängig sind. Betrachtet man die Attraktivität einer Vergesellschaftung als subjektiv erwarteten Nutzen, dann könnte diese subjektive Nutzeneinschätzung durchaus abhängig sein vom generellen Vertrauen, vielleicht auch von einer empfundenen kulturellen Nähe im Sinne einer Werteähnlichkeit. Dieses Problem bedarf allerdings keiner theoretischen oder pragmatischen Auflösung. Vielmehr müssen wir diese Möglichkeit in der empirischen Analyse berücksichtigen.

3.2 Die Bedeutung von Nationalstaatsgrenzen

Die Erklärung von Vergesellschaftung hat bislang auf das Konzept der Grenze, konkret der Nationalstaatsgrenze, verzichtet. Werteähnlichkeit und Vertrauen sind, wenn man sich wie diese Arbeit auf die Individualebene konzentriert, in der Beziehung zwischen zwei Menschen zu klären und Grenzen spielen dafür scheinbar keine Rolle. Dieser Eindruck soll hier genauer unter die Lupe genommen und damit revidiert werden. Bei Nationalstaatsgrenzen lässt sich durchaus unterstellen, dass sie zusammenfallen mit (wahrgenommenen) Grenzen anderer Art.

Im Folgenden wird zunächst kurz ein Blick auf den Begriff der Grenze und die Untersuchung von Grenzen in den Sozialwissenschaften geworfen (Kap. 3.2.1). Anschließend werden mehrere direkte und indirekte Folgen von Nationalstaatsgrenzen beleuchtet, die mit dem Charakter einer politischen Grenze zusammenhängen, in ihrer Wirkung aber darüber hinaus gehen (Kap. 3.2.2). Mit diesen Überlegungen lässt sich dann spezifizieren, wie Staatsgrenzen mit Differenzen von systemspezifischen Anreizen im Sinne des Systemintegrationsmodells (Kap. 3.2.3) und Differenzen in (zugerechneten) Werthaltungen im Sinne des Minimalkonsens- und Wertekonsensmodells (Kap. 3.2.4) zusammenhängen. Abschließend werden die Überlegungen kurz zusammengefasst (Kap. 3.2.5).

3.2.1 Perspektiven auf Grenzen

Unter Grenzen sollen „territoriale Differenzierungen zwischen hier und dort" verstanden werden, die „somit Differenzen im Raum" konstituieren (Eigmüller/ Vobruba 2006a: 9).[10] Als Wissenschaft, die sich mit Raum befasst, hat die Geographie ausführlich zu Grenzen geforscht.[11] In der geographischen Grenz- und Grenzraumforschung finden sich drei Forschungsstränge (Houtum 2000; Kowalke 1996; Wust 2001). Große Aufmerksamkeit erhielten politische Kooperationen an den Binnengrenzen der EU. Dabei handelt es sich durchweg um Beschreibungen, zum Teil mit dem Anspruch, eine „best practice" vorzustellen.

> „Although seldom manifested as such, the underlying assumption in many of the policy-oriented studies (...) is that borders *can* be overcome, and what is more, they *should* be overcome in the seemingly ‚borderless' space of the European Union" (Houtum 2000: 64, Herv. i. Orig.).

Diese Forschung ist weitgehend theoriearm und fokussiert auf Organisations- und Managementfragen (u. a. Cappellin/Batey 1993; Conzelmann/Knodt 2002; Eckart/ Kowalke 1997; Kramsch/Hooper 2004; Miosga 1999; Ratti/Reichmann 1993; Velde/ Houtum 2000: 85ff.). Systematische Vergleiche zwischen verschiedenen Grenzregionen gibt es in dieser Forschung nicht.

Eine zweite starke Strömung in der Geographie, zum Teil auch der Soziologie oder Ethnologie angesiedelt, konzentriert sich auf die Wahrnehmung der Grenze und Identitätskonzeptionen bei den Menschen, die in Grenzregionen leben (u. a. Anderson/Bort 1998; Bucken-Knapp/Schack 2001; Meinhof 2002; 2003a; O'Dowd 2001; Riedel 1993; Velde/Houtum 2000: 151ff.; Wilson/Donnan 1998a). Diese Richtung ist beschreibend und verstehend ausgerichtet, systematische Erklärungsansätze finden sich kaum und vergleichende Studien sind die Ausnahme (z. B. aber Meinhof 2002; 2003a; Weigl/Zöhrer 2005). Auch beschäftigt sich diese Richtung nur mit einer der drei hier fokussierten Grundaspekte von Vergesellschaftung. Die Forschung wird unten wieder aufgegriffen (Kap. 8.1), bietet aber keine generellen Hypothesen zur Erklärung von grenzübergreifender Vergesellschaftung an.

Schließlich erforscht die Geographie die Intensität von grenzübergreifenden Aktivitäten, wie Handel oder Verkehr (Coccossis/Nijkamp 1995; Eskelinen u.a. 1999; Nijkamp 1993; Riedel 1993; Velde/Houtum 2000: 13ff.; Waack 2000). Dieser Forschungszweig ist unmittelbar einschlägig für Interaktionen. Allerdings gilt

---

10 Zur Begriffsgeschichte vgl. Banse (2004), Eigmüller (2006), Jones (1959), Medick (2006) oder Osterhammel (1995).

11 Daneben sind Grenzen auch in den Geisteswissenschaften ein viel diskutierter Gegenstand (vgl. u.a. Görner/ Kirkbright 1999; Huget u.a. 2005; Jordan 1995).

auch hier, dass die geographische Literatur die Fragen weitgehend deskriptiv behandelt und allenfalls pauschale Erklärungen anbietet.[12] Der Ertrag aus der geographischen Forschung ist demnach punktuell und nicht in eine allgemeinere Theorie zur Erklärung der Effekte von Grenzen oder eine Differenzierung von Grenztypen eingebettet.

In der Soziologie finden sich deutlich andere Zugänge zum Thema Grenze (als Überblick Lamont/Molnár 2002; Strassoldo 1982). Ein seit Beginn der Disziplin intensiv verfolgtes Thema ist die symbolische Abgrenzung der Menschen voneinander (Lamont 1992; Lamont/ Fournier 1992).[13] Dieses Thema setzt sich beispielsweise fort in der Lebensstilforschung (vgl. u.a. Konietzka 1995; Otte 2004; 2005; Rössel 2005) oder der Forschung zu Segregation in Städten (Dangschat 1994; Faßmann 2002; Häußermann/Oswald 1997). In dieser Forschungstradition geht es vor allem um symbolische Abgrenzungsstrategien, die gleichwohl im Fall der Segregation ihren räumlichen Niederschlag finden.

Die Auseinandersetzung mit Nationalstaatsgrenzen erfolgte vor allem im Zusammenhang mit der EU. Vobruba beschäftigt sich mit dem Zusammenhang von Sicherung der EU-Außengrenzen und der Erweiterung (1997; 2005a; 2005b). Bartolini (2005) diskutiert in Anschluss an Rokkan (2000) die Bedeutung von Grenzausbildung für die interne Konfliktstruktur. Untersucht wurden außerdem die Maßnahmen zur Verhinderung von Flüchtlingsströmen und die europäische Grenzsicherungspolitik (u.a. Eigmüller 2007; Kaufmann 2006; Schwenken 2007), wobei es vor allem um die EU-Außengrenzen geht.

Eine andere, sehr einflussreiche soziologische Perspektive auf Grenzen ergibt sich in Form ihrer Nicht-Thematisierung in der Folge des methodologischen Nationalismus. Der methodologische Nationalismus geht unhinterfragt davon aus, dass Nationalstaatsgrenzen das Soziale in sinnvolle Einheiten unterteilen. So werden mit größter Selbstverständlichkeit Aussagen gemacht über die „deutsche Gesellschaft" (z. B. Schäfers/Zapf 1998) und Erhebungen zu den unterschiedlichsten Themen nehmen als eine sinnvolle Grundgesamtheit die Bevölkerung eines Nationalstaates. Bemerkenswert ist daran nicht so sehr die Tatsache als solche, denn es mag inhaltliche oder forschungspraktische Gründe für eine solche Auswahl geben. Bemerkenswert und ein deutlicher Beleg für den nach wie vor einflussreichen

---

12 So werden beispielsweise komplexe mathematische Diffusionsmodelle berechnet, mit denen sich aber zunächst auch nur zeigen lässt, dass grenzübergreifender Handel hinter dem Niveau zurückbleibt, das aufgrund von Diffusion und Distanz zu erwarten wäre (McCallum 1995; Ratti 1993; Ratti/Reichman 1993).

13 Vgl. etwa Simmel zur Lebensstilisierung (Simmel 1989a; 1998a), Weber zur sozialen Schließung der Schichten (Weber 1980; Parkin 1983) und Bourdieus feine Unterschiede (1994), um nur die bekanntesten zu nennen.

methodologischen Nationalismus ist die Tatsache, dass für diesen Zuschnitt keinerlei Begründung erforderlich ist.[14] Der methodologische Nationalismus wurde vielfach kritisiert (Smith 1979; vgl. auch Luhmann 1975: 67; Taylor 1994; Tenbruck 1989), bleibt in der Forschungspraxis aber dominant.

Für die soziologische Perspektive auf Nationalstaatsgrenzen resultiert aus dieser Praxis eine besondere Hypothek. Die Nationalstaatsgrenze wird aus definitorischen oder praktischen Gründen als relevant gesetzt für ganz verschiedene soziale Phänomene und Prozesse. Diese Setzung verstellt aber den Blick für die Frage, bei welchen Phänomenen die Nationalstaatsgrenze tatsächlich eine wesentliche Differenz räumlich markiert, also eine Grenze im oben definierten Sinne ist.

Auf einem Kontinuum der möglichen Positionen vertritt Luhmann mit seinem differenzierungstheoretischen Konzept eine recht radikale Ansicht. Nach seiner Theorie hat jedes gesellschaftliche Subsystem seine eigenen Grenzen, die nicht unbedingt räumlich sind und unabhängig bleiben von den Grenzen anderer Systeme (vgl. Schroer 2006: 132ff.). Entsprechend sind Nationalstaatsgrenzen allein Grenzen eines politischen Systems. „[Political] borders affect [other] functional sectors only to the extent to which politics can effect them and to which they cannot organize their own ways-out" (Luhmann 1982: 241). Macht man sich diese Position zu eigen, so erübrigt sich die Suche nach anderen Grenzarten, die mit der Nationalstaatsgrenze zusammenfallen. Hahn (1993) und Schimank (2005) vertreten dagegen eine ganz andere Position. Für sie ist die funktionale Differenzierung moderner Gesellschaften ohne territoriale Differenzierung und Abgrenzung undenkbar. „Die modernen ausdifferenzierten Systeme können sich offenbar nur in Parallelumwelten auskristallisieren, um Bestand zu haben" (Hahn 1993: 195) und diese Parallelumwelten ergeben sich durch die territoriale Aufteilung in Nationalstaaten.[15] Die Nationalstaatsgrenzen leisten eine notwendige Komplexitätsreduktion, die für das Prozessieren der Organisationen und Akteure unerlässlich scheint (Schimank 2005). Für Hahn und Schimank sind dementsprechend die Nationalstaatsgrenzen

---

14 Genauso nimmt die vergleichende Forschung in aller Regel Vergleiche zwischen den Bevölkerungen von Nationalstaaten vor (z. B. Crouch 1999; Immerfall 1995). Wohlgemerkt, dies mag sinnvoll sein (Breen/Rottmann 1998; Taylor 1994), die Selbstverständlichkeit dieser Praxis ist das Bemerkenswerte.

15 Schimank folgt dieser Annahme und kommt angesichts der Globalisierung zu einer Krisendiagnose: „So wie der Aufstieg funktionaler Differenzierung aufs innigste mit dem Nationalstaat verbunden gewesen ist, könnte der durch weiter voranschreitende funktionale Differenzierung bewirkte Niedergang des Nationalstaats auch die funktionale Differenzierung mit sich reißen" (Schimank 2005: 410). Es ist freilich offen, ob die Globalisierung bereits so weit vorangeschritten ist, dass Nationalstaatsgrenzen ihre komplexitätsreduzierende Wirkung verloren haben oder demnächst verlieren werden, und man sollte auch die Entwicklungsmöglichkeit funktionaler Äquivalente (Luhmann 1991) nicht unterschätzen.

für alle oder zumindest sehr viele Handlungsbezüge und Perspektiven der Individuen in den unterschiedlichen funktionalen Subsystembezügen bedeutsam.

Die Positionen von Luhmann einerseits und Hahn sowie Schimank andererseits sind generelle Einschätzungen zur Bedeutung der Nationalstaatsgrenze. Hier gilt es konkreter zu prüfen, ob die in den Erklärungsmodellen herangezogenen Werteübereinstimmungen im allgemeinen (Wertekonsensmodell) oder bezogen auf Regeln des Konfliktumgangs (Minimalkonsensmodell) und die systembezogenen Anreize (Systemintegrationsmodell) entlang von Nationalstaatsgrenzen deutlich differieren. Nur wenn Staatsgrenzen auch eine Differenz der Werteübereinstimmung und eine Differenz von Systemanreizen im Raum beschreiben, sind die Modelle für die Untersuchung von grenzübergreifender Vergesellschaftung informativ.

3.2.2 Aspekte von Nationalstaatsgrenzen

Wenn von Grenzen im Alltag gesprochen wird, sind meist politische Grenzen gemeint und in dieser Gruppe wiederum Nationalstaatsgrenzen. Nationalstaatsgrenzen haben zwei Funktionen. Zum einen sind sie der Referenzpunkt für die staatliche Kontrolle von eingehenden und ausgehenden Gütern und Menschen. Rokkan (2000) hatte diese Bemühungen staatlicher Grenzkontrolle in den Vordergrund gestellt. Konkret schlägt sich dies in Zöllen auf Waren nieder oder der Reglementierung des Grenzübertritts von Personen. In dieser Funktion wird die Nationalstaatsgrenze für grenzübergreifende Vergesellschaftung insoweit relevant, wie sie grenzübergreifende Interaktion verhindert bzw. erschwert oder solche Reglementierungen in der Vergangenheit weiterhin nachwirken. Die andere Funktion der Staatsgrenze bezieht sich auf die Abgrenzung eines Rechts- und Regulierungsraumes. Die Gesetze eines Landes gelten für alle, die sich in dem Land aufhalten. Steuerhebesätze sind ortsabhängig, Verträge werden nach dem örtlichen Recht geschlossen, Strafverfolgung erfolgt nach den am Ort geltenden Gesetzen. Genauso sind Produktstandardisierungen oder eine einheitliche Währung Ergebnis nationalstaatlicher Regulierung und damit an die politischen Grenzen gebunden.[16] In dem Maße, wie rechtliche Regelungen eine Rolle spielen, können Staatsgrenzen als Grenzen zwischen Rechtsräumen relevant sein.

Neben diesen zwei Funktionen von Staatsgrenzen kommen zwei indirekte Einflüsse von Staatsgrenzen hinzu, die sich aus der Abgrenzung eines politischen Systems ableiten. Die politische Grenze führt die Gruppe, die gemeinsam allge-

---

16 Dieses Grundprinzip wird durch mancherlei Besonderheiten durchbrochen, etwa der Aufteilung der Menschen nach Staatsangehörigkeit. Rokkan hatte neben den territorialen Grenzen auf die Bedeutung der Mitgliedschaftsgrenze hingewiesen (Rokkan 2000: 134; vgl. auch Mau 2006a). Dennoch bleibt die territoriale Bindung des Rechts fundamental.

3. Bedingungen grenzübergreifender Vergesellschaftung

mein verbindlichen Regeln unterliegt, in eine gemeinsame (potenzielle) Konfliktkonstellation, welche die Mitglieder aufeinander verweist. In Demokratien konkurrieren Interessen und Parteien um Einfluss auf die Gesetzgebung und die Verwendung öffentlicher Haushalte. Diese Konkurrenzsituation betrifft alle, die durch politische Grenzen zusammengefasst sind und schließt alle aus, die nicht innerhalb der Grenzen leben. Die Wähler können genauso wenig abwandern, wie die Parteien und Interessenorganisationen. Selbst die Nicht-Wähler, also etwa Menschen ohne Staatsbürgerstatus und damit ohne Wahlrecht, bleiben auf die Arena innerhalb der politischen Grenzen verwiesen, um ihre Anliegen durchzusetzen.[17] Mit der gemeinsamen, aber nach außen abgegrenzten politischen Arena erhält die Nationalstaatsgrenze den Charakter einer Relevanzgrenze. Für die Artikulation und Durchsetzung politischer Anliegen ist das Inland relevant, während dies im Ausland nur mittelbar geschehen kann.[18]

Der zweite Einfluss der politischen Nationalstaatsgrenze ergibt sich historisch mit erheblichen Folgen für die Gegenwart. Regierungen haben sich als Initiatoren von Integrations- und Homogenisierungsmaßnahmen hervorgetan. Gut dokumentiert sind diese Aktivitäten für die Nationalstaatsentstehung (Hobsbawm 1991; Hobsbawm/Ranger 1983; Tilly 1975; 1985). Eugen Weber hat in seiner umfangreichen Studie zur Nationalstaatsentstehung in Frankreich nachgezeichnet, wie die Zentralregierung mit zahlreichen Maßnahmen eine Homogenisierung der Bevölkerung und die Entstehung einer gemeinsamen Identität verfolgte (E. Weber 1976). Dazu gehörte der Ausbau eines nationalen Straßen- und Schienennetzes, die nationale Vereinheitlichung des Bildungssystems oder die Verschickung von Wehrpflichtigen durch das ganze Land. Auch andere Regierungen haben sich intensiv um eine Identifikation ihrer Bevölkerung mit dem Nationalstaat bemüht. Die Maßnahmen, um dieses Ziel zu erreichen, waren unterschiedlich. Allerdings gehören vielfach die Betonung einer gemeinsamen Geschichte und gemeinsamer kultureller Grundlagen, die Vereinheitlichung einer gemeinsamen Hochsprache und die Förderung von gegenseitiger Begegnung zum Maßnahmenkatalog. Die politischen Regierungen waren und sind auch heute an einer Gemeinschaftsbildung interes-

---

17 Koopmans und andere (2005) zeigen dies mit der Analyse von politischen Forderungen von Migranten eindrücklich. Die Migranten orientieren sich nicht nur in ihren Forderungen, sondern bereits in ihrer Organisationsweise an der Aufnahmegesellschaft.

18 Für viele politische Anliegen ist das Ausland nicht relevant (etwa Rechtssetzung mit Gültigkeit am eigenen Wohnort, sozialstaatliche Umverteilung etc.), in den anderen Fällen kann vor allem durch Außenpolitik des eigenen Landes im Nachbarland etwas erreicht werden, während der unmittelbare politische Einfluss im Nachbarland mangels Wahlmöglichkeit gering sein wird.

siert, um die politische Konsensfähigkeit aufrecht zu erhalten.[19] Dieses strukturell bedingte Interesse bezieht sich jeweils auf eine Gemeinschaftsbildung innerhalb der politischen Grenzen. Die politischen Grenzen sind gewissermaßen die Grenzen, an denen das Gemeinschaftsbildungsinteresse der Regierungen endet. Das Ergebnis dieser historischen, aber bis heute zu beobachtenden Aktivitäten sind symbolische Abgrenzungen und tatsächliche prägnante Unterschiede an Nationalstaatsgrenzen. Am deutlichsten gilt dies für die Sprache, die Homogenisierungsbemühungen gelten aber auch anderen Bereichen.

Ein weiteres Charakteristikum der politischen Grenze bezieht sich nicht auf mit der Grenze zusammenhängende Funktionen und Einflüsse, sondern unmittelbar auf die Grenze selbst, genauer gesagt: auf die Darstellung und Symbolisierung der Grenze selbst. Die politische Grenze ist wie keine andere Grenze institutionalisiert. Eigmüller (2006; 2007: 37ff.) und Rodriguez (2006) verstehen politische Grenzen als Institutionen, „die zwar aus der Interaktion von Akteuren hervorgehen, zugleich jedoch eigenständige Einheiten bilden, die schließlich von diesen Akteuren, deren Handlungen und Interessen unabhängig agieren und so selbst soziale Ordnungen strukturieren" (Eigmüller 2006: 72f.).

Die politische Grenze gewinnt als Institution einen wichtigen Einfluss, weil sie ausgesprochen sichtbar und in der Vorstellung der Akteure sehr präsent ist.

> „Diese internationalen Grenzziehungen werden durch feierliche Verträge formalisiert, die soziale Konstruktion von Grenzen findet jedoch durch die alltägliche Reproduktion von Vorstellungen und Mythen statt. Eine dieser Vorstellungen ist, dass internationale Grenzen unverzichtbare Trennlinien zwischen Gebieten unterschiedlicher sozialer Qualität bilden" (Rodriguez 2006: 89).

Das Politische an der politischen Grenze wird dargestellt, wenn Grenzpfähle und Fahnen den Übertritt sichtbar machen, „strenge" Grenzkontrollen die Kontrolle des Staates über sein Territorium erfahrbar machen.[20] Die soziale Institutionalisierung von politischen Grenzen wird deutlich, wenn wir im Alltag Karten betrachten. Sei es die Verdeutlichung in einer Tageszeitung, wo ein Erdbeben stattgefunden hat oder die Wetterkarte. In all diesen Fällen werden neben der Küstenlinie nicht etwa Gebirgszüge, Wasserscheiden oder Flussläufe in die Karten eingetragen,

---

19 Die räumliche Begrenzung von politischen Systemen ist nach Luhmann eine Voraussetzung, um den in Demokratien erforderlichen Konsens herstellen zu können (Luhmann 1982: 240; 2000: 222ff.). Nur gegeneinander abgegrenzte, in sich homogenere Einheiten können Konsens erzielen.

20 Dass es sich dabei womöglich um symbolische Politik (Edelman 1964) handelt, die das gestellte Problem der wirksamen Kontrolle und Reglementierung von Grenzübertritten nicht leisten kann, spielt dabei keine Rolle (Eigmüller/Schmidt 2005). Die Grenze ist in der Vorstellung der Menschen sichtbar als Institution.

sondern in aller Regel politische Grenzen. Die Einteilung von Räumen anhand politischer Grenzen ist fest etabliert und eine unhinterfragte Selbstverständlichkeit.

Durch die Institutionalisierung bietet sich die nationalstaatliche Grenze an, um sie mit anderen Arten von Grenzen zusammen zu *denken* – gerade wenn diese anderen Grenzen weniger klar räumlich zu verorten sind. Wenn Unterschiede sich räumlich festmachen lassen, wobei aber die exakte räumliche Verortung Schwierigkeiten bereitet, so werden mit hoher Wahrscheinlichkeit politische Grenzen herangezogen, um die räumliche Verteilung zu bezeichnen und vorstellbar zu machen. Die Identifikation von unterschiedlichen Wohnmilieus in einer Stadt mit bestimmten Stadtbezirken ist genauso ein Beispiel wie die Zuordnung von Dialekten zu Bundesländern. Weder die soziale Struktur der Bewohner ändert sich unbedingt schlagartig mit den Grenzen der politischen Stadtbezirke, noch sprechen die Menschen unmittelbar an der Bundeslandgrenze unterschiedlich. Sozialstrukturen und Dialekte haben meist fließende Übergänge, Ähnlichkeiten nehmen kontinuierlich ab, vermischen sich oder wir finden Enklaven hier und dort. Die Gleichsetzung der Dialektgrenze mit der Bundeslandgrenze trifft nur tendenziell zu und stellt den kleinräumigen Unterschied überpointiert dar. Dass ausgerechnet die politische Grenze herangezogen wird, um die unklaren oder kontinuierlichen Übergänge mit einer durchgängigen, klaren Linie zu identifizieren, ist kein Zufall. Die politischen Grenzen ziehen aufgrund ihrer Sichtbarkeit, ihrer fest etablierten Institutionalisierung, vermeintlich ähnlich verlaufende Grenzen wie ein Magnet an. So erscheinen sie dann als Grenzen zwischen „Gebieten unterschiedlicher Qualität" (Rodriguez 2006: 89; ebenso O'Dowd 2001), wobei die Qualität sich möglicherweise tatsächlich nur annähernd, vielleicht auch gar nicht, an der politischen Grenze festmachen lässt.

Mit den Nationalstaatsgrenzen hängen nach diesen Überlegungen fünf Aspekte zusammen, die ihrem Charakter nach sehr unterschiedlich, aber alle für die Wahrscheinlichkeit grenzübergreifender Vergesellschaftung bedeutsam sind:
1. die staatliche Kontrolle von Grenzübertritten,
2. die Abgrenzung von Rechtssystemen,
3. die Abgrenzung von relevanten Anderen in Bezug auf politische Willensbildung,
4. die Abgrenzung von Einheiten, auf die sich staatliche Homogenisierungsbemühungen beziehen und
5. die soziale Institutionalisierung von räumlichen Grenzen, die eine Verortung von Unterschieden an Nationalstaatsgrenzen wahrscheinlicher macht.

Wir müssen diese fünf Aspekte von Nationalstaatsgrenzen im Blick behalten für die Frage, in welchem Maße Anreizgrenzen, Wertegrenzen und Nationalstaatsgrenzen tendenziell zusammenfallen.

3.2.3 Anreizgrenzen

Welche Arten von Anreizen bedeutsam sind, variiert naheliegender Weise stark nach den Arten der Vergesellschaftung. Dennoch lassen sich auch auf dieser allgemeinen Ebene einige Argumente festhalten, warum an Nationalstaatsgrenzen in ganz verschiedenen Bereichen relevante Anreizunterschiede zu vermuten sind.[21]

Am naheliegendsten ist die Bedeutung von staatlichen Beschränkungen der Grenzübertritte. Dies ist potenziell für Interaktionen unterschiedlichster Art bedeutsam. Im Einzelfall wäre dann zu prüfen, welche Beschränkungen konkret gelten bzw. noch gelten. Da hier die Binnengrenzen der Europäischen Union im Vordergrund stehen und die EU sich um den Abbau von Grenzbarrieren bemüht hat, sind viele Beschränkungen nicht mehr relevant. Dennoch könnten sie, auch nach ihrer Abschaffung, aufgrund von habitualisiertem Verhalten noch Wirkungen zeigen. Damit ist nicht nur das Vorhandensein einer rechtlichen Regelung von Interessen, sondern auch die Dauer, seit dem eine Beschränkung aufgehoben ist.

Unterschiedliche Rechtssysteme können Anreize bedeuten, wenn in einem Land erlaubt ist, was im anderen unter ein Verbot fällt. In der Regel führen aber unterschiedliche Rechtssysteme zunächst einmal zu einer Komplexitätssteigerung und damit zu höheren Transaktionskosten bei einer Grenzüberschreitung (allgemein dazu Luhmann 1984: 36; Schimank 2005). Die Komplexitätssteigerung gilt für tatsächlich relevante Rechtsunterschiede, sie gilt aber auch für potenzielle Rechtsunterschiede. Selbst wenn sich am Ende einer Prüfung herausstellt, dass die Rechtssysteme gut kompatibel oder im konkreten Fall Unterschiede irrelevant sind, erhöht die Prüfung allein die Komplexität des Austauschs.

Die Relevanzgrenze bezog sich in der obigen Diskussion zunächst auf die Politik. Daraus abgeleitet entsteht ein abgestufter Anreiz zur Wahrnehmung. Menschen, mit denen ich gemeinsame Anliegen aushandeln muss, müssten ein höheres Interesse auf sich ziehen.

Die Homogenisierungsbemühungen der Nationalstaaten schlagen sich in mehrfacher Weise als Anreizdifferenzen an den Grenzen nieder. Ein Sprachunterschied erhöht offensichtlich die Transaktionskosten für fast jede Art der Interaktion und für die Rezeption von Informationen, also die Wahrnehmung. Die nationale Ausrichtung der Verkehrsinfrastruktur führt zu Verbindungslücken in Grenzregionen, wobei diese natürlich unterschiedlich groß sein können (vgl. für die umfangreiche Forschung Coccossis/Nijkamp 1995; Eskelinen u.a. 1999; Nijkamp 1993; Nijkamp u.a. 1990; Rietveld 1993). Im ökonomischen Bereich sind Währungsunterschiede relevant, mit denen die Transaktionskosten erhöht werden – durch Umtauschkos-

---

21 Zu wirtschaftlich bedeutsamen Anreizunterschieden vgl. Batten und Nijkamp (1990), Nijkamp und andere (1990) sowie Ratti und Reichman (1993), klassisch auch Lösch (1944: 141f.).

ten, aber auch schlicht die Unannehmlichkeit, mit mehreren Währungen umgehen zu müssen.

Schließlich lassen sich aufgrund der Homogenisierungsbemühungen des Staates, der innerstaatlichen Organisation anderer Akteure und durch Folgen staatlicher Grenzbarrieren tendenziell voneinander getrennte Märkte erwarten. Diese These mag angesichts der Globalisierungsdiskussion (vgl. Kap. 3.3.1) zunächst überraschen, doch eine Reihe von Faktoren wirken zusammen, dass an Nationalstaatsgrenzen markante Unterschiede des Marktangebots bezogen auf Qualität und vor allem Preis zu erwarten sind. Zunächst führen die bereits angeführten Hindernisse (Rechtsunterschiede, Währungsunterschiede etc.) zu Hürden bei grenzübergreifenden wirtschaftlichen Transaktionen, was tendenziell getrennte Märkte unterstützt. Dabei kann es sich um aktuell bestehende Hürden handeln, aber auch um Hürden der Vergangenheit, die sich in fortbestehenden Marktbeziehungen niederschlagen können. Zudem haben die staatliche Umverteilung, die sich auf die eigene Bevölkerung innerhalb der politischen Grenzen bezieht, und die rechtlichen Bedingungen der Marktaushandlungen, insbesondere der entlang nationaler Grenzen organisierten Tarifverhandlungen, Folgen für Preise innerhalb des Nationalstaates. Im Effekt führen diese Faktoren zu potenziell unterschiedlichen Marktbedingungen auf beiden Seiten der Grenze, was Interaktion wahrscheinlicher oder unwahrscheinlicher machen kann.

3.2.4 Wertegrenzen

Während die Anreizgrenzen durchweg eng kausal zusammenhängen mit rechtlichen Regelungen, ist ein Zusammenhang von Nationalstaatsgrenze und Werthaltungen der Menschen weniger offensichtlich. Doch ein genauer Blick auf kombinierte Wirkungen der oben (Kap. 3.2.1) angeführten Aspekte macht deutlich, dass wir an Nationalstaatsgrenzen sehr wohl ausgehen können von (wahrgenommenen) Werteunterschieden, sowohl in Bezug auf den Minimalkonsens als auch den allgemeineren Wertekonsens.

Recht klar auf der Hand liegt ein Einfluss der unterschiedlichen Rechtssysteme auf die Möglichkeiten der Konfliktregelung, die aus Sicht des Minimalkonsensmodells relevant sind. Die Konfliktregelung vor Gericht ist abhängig von den Rechtsnormen. Neben dem Recht selbst ist das Vertrauen in die Durchsetzbarkeit der Normen, also das Vertrauen in die Gerichte, relevant.

In den meisten Fällen von Interessengegensätzen kommt es aber nicht gleich zu gerichtlichen Auseinandersetzungen, sondern die Kontrahenten einigen sich im Vorfeld. Für die unterstellte Möglichkeit einer solchen Einigung ist Vertrauen entscheidend. Die Bereitschaft, anderen Menschen Vertrauen zu schenken, kann durch Konstellationen an der Nationalstaatsgrenze durchaus beeinflusst werden. Ursache dafür ist der Zusammenhang von Nationalstaatsgrenzen und Wohlstandsgrenzen. Wir hatten oben (Kap 3.2.3) gesehen, dass aus einer kombinierten Wirkung von Grenzkontrollen (in der Vergangenheit), unterschiedlichen Rechtssystemen, national ausgerichteter Koalitionsbildung und den innerstaatlichen Homogenisierungsbemühungen eine tendenzielle Trennung der Märkte an Nationalstaatsgrenzen resultiert. Diese getrennten Märkte können zu Wohlstandsunterschieden führen, weil die Märkte unterschiedlichen Bedingungen unterliegen, was möglicherweise zu unterschiedlicher Produktivität führt. Zudem gehören zu den staatlichen Homogenisierungsbemühungen umfangreiche Umverteilungen. Beides kann prägnante Wohlstandsunterschiede an nationalstaatlichen Grenzen zur Folge haben. Die Vertrauensforschung hat nun einen Zusammenhang feststellen können zwischen dem Wohlstandsniveau eines Landes und dem Vertrauen, das den Menschen des Landes entgegen gebracht wird (Delhey 2004b: 27). Damit richtet sich die Bereitschaft, Vertrauen zu schenken, auch an der Nationalstaatsgrenze aus, wenn diese mit Wohlstandsunterschieden zusammenfällt.

Die Wohlstandsunterschiede sind aber nicht nur für Vertrauen relevant. Georg Vobruba (1997) hat argumentiert, dass bei unterschiedlichen Wohlstandsniveaus die Werte der Menschen in den aneinander grenzenden Ländern und ihre Perspektiven auf die Situation unterschiedlich sind. Für dieses Argument greift Vobruba (1997: 205) auf Ingleharts (1977) Konzept der materialistischen und postmaterialistischen Werte zurück.[22] Die Differenz von materialistischen und postmaterialistischen Werten zugrundegelegt, erwartet Vobruba (1997: 205) bei der Bevölkerung im armen Land dominant materialistische Ziele, während für die postmaterialistischen Ziele wenig Verständnis aufgebracht wird. Die Bevölkerung im reichen Land hat die entgegengesetzte Perspektive. Aus der Wohlstandsdifferenz entstehen also nicht nur Interessengegensätze, sondern auch fundamentale Werteunterschiede.

Ein zweiter Grund für die Vermutung, an Nationalstaatsgrenzen Werteunterschiede zu finden, hängt zusammen mit einer Kompetenz, die der Staat zwar

---

22 Demnach sind Wertepräferenzen abhängig von der wirtschaftlichen Situation, in der ein Mensch aufwächst. Ist die Lebenssituation in den formativen Jahren wirtschaftlich stabil und wächst er in einer sicheren Umgebung auf, so sind die Werte auf Selbstverwirklichung und soziale Anerkennung ausgerichtet. Freiheiten und politische Beteiligungsmöglichkeiten sind typische Ziele dieser postmaterialistischen Werteausrichtung. Ist die Lebenssituation in den formativen Jahren dagegen wirtschaftlich prekär und durch starke Unsicherheiten geprägt, etwa in Kriegssituationen, so wird die Werteorientierung materialistisch mit einem starken Interesse an materiellem Wohlstand und Sicherheit. Inglehart vermutet, dass diese Werteorientierung nicht nur abhängig ist von der aktuellen Situation, sondern nach einer Prägung in der Jugend ein Leben lang stabil bleibt.

schon lange verloren hat, die aber bis heute nachwirkt: die Festlegung der Religion. Die europäischen Nationalstaaten sind zwar nicht religions- oder konfessionshomogen, doch der Augsburger Religionsfrieden von 1555 führte mit der Regelung, dass die Landesherren die Konfession bestimmen dürfen, zu einer zumindest kleinräumigen religiösen Homogenisierung (Gotthard 2004: 100ff.).[23] Gebunden durch den Augsburger Religionsfrieden war zwar nur das deutsche Reich der damaligen Zeit, doch auch in anderen europäischen Ländern wurden Staatsreligionen durchgesetzt.

> „Mit der Territorialisierung, ja ‚Verlandung' der Bekenntnisse (...) leitete die Raumordnung der europäischen Moderne zugleich massenhafte ‚religiöse Säuberungen' ein. Sie provozierte Völkerwanderungen, vor allem protestantischer Christenmenschen: von Deutschland nach Osten, von Frankreich nach Norden, aus Europa gen Westen, in die Neue Welt" (Kallscheuer 1996: 22).

Das Ergebnis dieser Prozesse waren räumlich klar umgrenzte Gebiete mit weitgehend einheitlicher Religion und Konfession, die entweder einen Staat mit Staatskirche bildeten oder – in den selteneren Fällen – in föderativen Staaten mit in sich religiös homogenen Regionen zusammengefasst waren (Kallscheuer 1996: 22).[24] Damit kommen an den Nationalstaatsgrenzen heute vielfach unterschiedlich organisierte Bekenntnisse zusammen. Zum Teil handelt es sich um unterschiedliche Religionen oder Konfessionen, zum Teil um unterschiedliche Prägungen der gleichen Konfession. Unterschiedliche Religionen und Konfessionen schlagen sich nach einschlägigen Ergebnissen in unterschiedlichen Werthaltungen nieder (für andere Gerhards/Hölscher 2005; Inglehart 1997). Die Nachwirkung der territorialen Homogenisierung von Konfessionen und Bekenntnissen auch entlang von Nationalstaatsgrenzen dürfte zu Werteunterschieden an Nationalstaatsgrenzen beitragen.

Eine dritte Ursache für Wertedifferenzen an Staatsgrenzen sind die Sozialisationsagenten Schule und Massenmedien. Werte werden vor allem im Sozialisationsprozess vermittelt (Nunner-Winkler 2006; Hurrelmann 1999). Entscheidend sind in

---

23 Der Augsburger Religionsfriede legte fest, dass der Landesherr die Konfession bestimmt. Die Bewohner des Landes durften aber nicht zur Übernahme der Konfession des Landesherrn gezwungen werden, sondern hatten das Recht, gegebenenfalls in ein anderes Land auszuwandern (Gotthard 2004: 118). Wie wenig stabil diese Lösung war, machen die nur kurze Zeit später wieder aufflammenden Religionskriege deutlich. Im Westfälischen Frieden von 1648 wurde das Prinzip daher noch einmal bestätigt (Klueting 1989).

24 Schulze (1994: 43ff.) vermutet in der religiösen Homogenität eine Vorbedingung der Nationalstaatsbildung, Smith (1991: 6ff.) beschreibt die enge Verflechtung von organisierter Religion und nationaler Identität, ähnlich Hobsbawm (1991: 67ff.).

dieser Phase zunächst Eltern und die peer group. Hinzu kommen aber als Sozialisationsagenten Bildungseinrichtungen und Massenmedien. Bei den Schulsystemen schlägt sich die Rechtshoheit des Staates direkt nieder in Lehrplänen und ähnlichem. Eine unterschiedliche Wertesozialisation in den Schulen ist durchaus denkbar. Ähnliches gilt für die Massenmedien, in denen ebenfalls Werte vermittelt werden. Zwar können sich Massenmedien potentiell über die politischen Grenzen hinweg verbreiten, die Homogenisierungsbemühungen der Nationalstaaten in Hinblick auf Sprache verhinderern aber in vielen Fällen eine breite Rezeption jenseits der Grenze.

Am einflussreichsten dürfte schließlich die soziale Institutionalisierung der Grenze und damit die Zurechnung von Wertunterschieden nach Nationalität sein. Die europäischen Nationalstaaten haben sich nicht allein als politische Zusammenschlüsse definiert, sondern als Gemeinschaften kulturell Ähnlicher. Demnach erwarten die Menschen einen kulturellen Unterschied an der Grenze. Diese Erwartung führt zu einer Selbstverstärkung der wahrgenommenen Unterschiede. Im Umgang mit anderen Menschen werden wir auch mit anderen Werthaltungen konfrontiert. Diese festgestellte Wertedifferenz können wir nun auf unterschiedliche Gründe zurückführen. So kann ein Geschlechtsunterschied, ein Altersunterschied, ein Milieuunterschied nach meiner Ansicht verantwortlich sein für die unterschiedlichen Werte, oder ich rechne die Differenzen individuellen Zufälligkeiten zu. Ich könnte aber auch Werteunterschiede aufgrund von einem kulturellen Unterschied zusammenhängend mit verschiedener Staatsangehörigkeit unterstellen. Für Begegnungen in Grenzregionen liegt diese Zurechnung auf unterschiedliche Staatsangehörigkeit aufgrund der (vermeintlich) damit zusammenhängenden kulturellen Andersartigkeit besonders nahe. Die starke Institutionalisierung von politischen Grenzen (vgl. Kap. 3.2.2) führt zu einer wahrgenommenen Identität mit Wertegrenzen. Damit bestätigen dann wahrgenommene Werteunterschiede jeweils die unterstellte kulturelle Unterschiedlichkeit entlang der Nationalstaatsgrenze.

Wir können also neben der Bedeutung der Rechtssysteme für das Vertrauen in Gerichte drei Ursachen für mögliche Wertedifferenzen an Nationalstaatsgrenzen ausmachen: Wohlstandsniveauunterschiede, Religions- und Bekenntnisunterschiede sowie Unterschiede bei den Sozialisationsagenten Massenmedien und Bildungseinrichtungen. In Kombination mit der recht wahrscheinlichen Zurechnung von erlebten Werteunterschieden auf Nationalität kann man von tatsächlichen, mindestens aber unterstellten Wertedifferenzen an Nationalstaatsgrenzen ausgehen.

3. Bedingungen grenzübergreifender Vergesellschaftung

3.2.5 Räumliche Differenzen an Nationalstaatsgrenzen

Die Diskussion der Aspekte von Nationalstaatsgrenzen und ihren Folgen hat deutlich gemacht, dass es sich nicht allein um politische Grenzen handelt. Zusätzlich sind an den staatlichen Grenzen eine Reihe weiterer bedeutsamer Differenzen zu erwarten. Auch wenn die konkreten Anreizunterschiede abhängig von der Art der Vergesellschaftung sind, lassen sich einige allgemein relevante Differenzen bereits benennen. So fallen Nationalstaatsgrenzen oftmals zusammen mit Grenzen der (insbesondere politischen) Relevanz für einander, Währungsgrenzen, Sprachgrenzen, ausgedünnter Infrastruktur sowie Marktgrenzen mit Unterschieden bei Preisen und Qualitäten. Dazu sind Unterschiede in der Zuerkennung von Vertrauen und bei Werten zu erwarten. Für Differenzen beim Vertrauen in Konfliktregelung dürften unterschiedliche Rechtssysteme, Wohlstandsdifferenzen und Werteunterschiede verantwortlich sein. Die Werteunterschiede lassen sich wiederum erwarten aufgrund von Wohlstandsunterschieden, unterschiedlichen Religionen oder Konfessionen sowie unterschiedlichen Sozialisationsinstanzen. Hinzu kommt die plausible Annahme, dass erlebte Wertedifferenzen primär der Nationalität zugerechnet werden und somit die Unterstellung von unterschiedlichen Werthaltungen entlang der Grenze sich selbst bestätigt.

Die Nationalstaatsgrenze ist demnach deutlich mehr als nur eine politisch-rechtliche Grenze. Vielmehr können wir an den Staatsgrenzen in Europa mit erhöhter Wahrscheinlichkeit eine Reihe weiterer Differenzen im Raum unterstellen und zwar nicht als graduelle, sondern als deutliche Differenzen auf kleiner Entfernung.

3.3 Tendenzen der Grenzauflösung

Bisher wurde die Nationalstaatsgrenze als gegeben und vor allem relevant angenommen. Diese These ist aber nicht unumstritten, zumindest wird zum Teil von einer erheblich abgeschwächten Bedeutung nationalstaatlicher Grenzen ausgegangen. Diese Thesen werden in zwei Zusammenhängen diskutiert: der Globalisierung (Kap. 3.3.1) und der Europäisierung (Kap. 3.3.2).

3.3.1 Globalisierung

Die Globalisierungsdiskussion nahm ihren Ausgangspunkt von der Beobachtung, dass seit etwa den 1970er Jahren die globale Verflechtung deutlich zugenommen habe (Beisheim u.a. 1999: 16).[25] In der Folge wurde die These in verschiedene Richtungen modifiziert. Begrifflich wurde vorgeschlagen, von Denationalisierung (Beisheim u.a. 1999) bzw. Transnationalisierung (Gerhards/Rössel 1999) zu sprechen, um nicht die räumliche Reichweite der Prozesse begrifflich zu präjudizieren. Empirisch konnten tatsächlich Veränderungen hin zu einer intensiveren transnationalen Vernetzung (Beisheim u.a. 1999; Held u.a. 1999), auch zu einer Intensivierung von transnationalem relativ zu innernationalem Austausch (Gerhards/Rössel 1999) festgestellt werden. Die betroffenen zeitlichen Horizonte sind dabei etwas unterschiedlich (insbes. Held u.a. 1999), auch trifft die Transnationalisierung unterschiedliche gesellschaftliche Bereiche in unterschiedlicher Intensität (Beisheim u.a. 1999; Gerhards/Rössel 1999).

Hier sind vor allem die Ursachen dieser Transnationalisierung interessant, die zur tendenziellen Auflösung von Grenzen führen (sollen). Drei Ursachenbündel lassen sich in der Literatur finden: technische Innovationen, politische Entscheidungen und eine weltweite kulturelle Anpassung.

Dominiert wird die Diskussion durch den Verweis auf technische Innovationen. In seinem Überblick verweist Garrett (2000) auf den Ansatz des technischem Determinismus zur Erklärung vor allem ökonomischer Globalisierung. Weltweite Kommunikation hat sich in den vergangenen Jahrzehnten massiv vereinfacht und verbilligt. Dazu wurde auch der Transport von Menschen und Gütern schneller und billiger. Die zunehmende internationale Kommunikation und Mobilität lässt sich als Ergebnis dieser Veränderungen interpretieren. Diese Veränderungen verweisen auf die abnehmende Bedeutung von geographischen Räumen durch ihre vereinfachte Überwindbarkeit (vgl. für andere Giddens 1997: 84ff.). Für die Untersuchung der Grenzregionen sind diese Überlegungen allerdings nur von sehr eingeschränkter Bedeutung, denn hier werden ja gerade die großen Distanzen aus der Untersuchung ausgeklammert, indem kleinräumige Gebiete an nationalstaatlichen Grenzen betrachtet werden.

Als einen weiteren wesentlichen Grund für (ökonomische) Globalisierung verweist Garrett auf politische Veränderungen, konkret die Auflösung des Ost-West-Gegensatzes.[26] Die Transformation der Planwirtschaften im Osten Europas hin zur

---

25 Die Literatur zu Globalisierung insgesamt ist ausgesprochen umfangreich und erstreckt sich auf ganz unterschiedliche Aspekte wie wirtschaftliche Globalisierung (u.a. Flörkemeier 2001; Schirm 2007), kulturelle Globalisierung (u. a. Appadurai 1996; Gerhards 2003a, Hannerz 1996; Lash 2007), politische Globalisierung (u.a. Willke 2006; Zürn 1998). Zu all diesen Aspekten vgl. u.a. Beck (1997; 1998a; 1998b), Giddens (1997) und Waters (1996). Weil es schon eine Reihe von Überblicken zur Globalisierungsdebatte gibt (u.a. Albrow 1993; Dürrschmidt 2002; Müller 2002), beziehe ich mich hier sehr ausschnitthaft auf die konkret für diese Studie relevanten Argumente und Befunde.

26 Garrett spricht von einer Änderung der Ideologie, was den gemeinten Wandel nur indirekt trifft.

Marktwirtschaft sowie gleichzeitig der Diktaturen zu Demokratien hatte eine grundlegende Angleichung der Wirtschaftslogiken, der politischen Logiken und zahlreicher daran angelehnter Prozesse zur Folge. Auch wenn daraus keine augenblickliche und vollständige Angleichung folgt, müssten sich die Unterschiede verringert haben. In den westlichen Ländern fand parallel ein Prozess zunehmender globaler Marktöffnung statt. Mayntz und Scharpf (2005) verweisen auf die bewussten politischen Entscheidungen, die eine Globalisierung vor allem der Märkte begünstigen.

John W. Meyer beschreibt mit seiner neo-institutionalistischen Theorie der Weltkultur einen Prozess der kulturellen Angleichung (Meyer 2001). Nach seiner Theorie folgen die Menschen weltweit in zunehmendem Maße globalen normativen Vorgaben, sogenannten Skripten, die festlegen, was legitimer Weise behauptet und politisch durchgeführt werden kann. So fordert das weltkulturelle Skript von den Nationalstaaten Rationalität, Fortschritt und Gerechtigkeit. Diese allgemeinen Forderungen schlagen sich dann konkretisiert nieder beispielsweise in der globalen Durchsetzung des Frauenwahlrechts (Ramirez u.a. 1997; Ramirez 2001) oder einem rechtlichen Schutz von Kindheit (Boli-Bennett/Meyer 1978). Nicht zuletzt sind die möglichen Akteure selbst durch globale Skripte festgelegt. Nur Individuen, Organisationen und Nationalstaaten können als Akteure auftreten (Meyer/Jepperson 2000).

Die Skripte werden nach Meyer auf internationaler Ebene zwischen Institutionen und Interessenvertretern in einem nicht näher spezifizierten Prozess ausgehandelt. Entscheidend ist aber die These, dass es zu einer Angleichung von gesellschaftlichen Zielvorstellungen, also von Werten, kommt. Diese Entwicklung bezieht sich, soweit es Meyers Theorie zu entnehmen ist, vor allem auf Bereiche, die politiknah oder zumindest durch Politik reguliert sind. Auf die zwischenmenschlich geltenden Normen nimmt dieser Angleichungsprozess nur mittelbar Einfluss. Hinzu kommt das Phänomen des „decoupling", wonach auf formaler Ebene zwar die Normen übernommen werden, es aber nicht unbedingt zu einer gesellschaftsweiten Anerkennung und Durchsetzung kommt. Damit ist die Bedeutung des Ansatzes auf zweifache Weise eingeschränkt: in seiner thematischen Reichweite und im Durchgriff auf die hier untersuchten Bevölkerungen. Eine Auflösung von kulturellen Grenzen lässt sich mit diesem Ansatz nicht begründen.

Damit finden sich in der Globalisierungsdiskussion zwar Hinweise auf Entwicklungen, die nationalstaatliche Grenzen im globalen oder zumindest transnationalen Maßstab durchlässiger machen. Ein Verschwinden der nationalstaatlichen Grenzen und der mit ihnen zusammenfallenden Phänomene ist aber ausgehend von diesen Argumenten nicht plausibel.

3.3.2 Europäisierung

Die Europäische Union hat sich zum Ziel gesetzt, einen „Raum ohne Binnengrenzen" zu schaffen (konsolidierter Vertrag über die Europäische Union, Artikel 2, vgl. auch Kap. 1). Dazu hat die EU bereits seit geraumer Zeit Maßnahmen ergriffen, die einerseits auf einen gemeinsamen Markt zielen und andererseits soziale Beziehungen zwischen den Europäern wahrscheinlicher machen sollen. Beides soll hier kurz, mit besonderem Blick auf Grenzregionen, skizziert werden.

Bereits 1968 wurden Zölle und Mengenbeschränkungen an den Binnengrenzen weitgehend aufgehoben, zum Teil wurde der Prozess durch Übergangsregelungen verzögert.[27] Damit waren die Barrieren für ökonomischen Austausch allerdings keineswegs beseitigt, denn nationale Standards und Regulierungen wirkten oftmals ähnlich effektiv wie Zölle und Einfuhrbeschränkungen. In einem zweiten Schritt bemühte sich die EU daher um eine Harmonisierung von Produktstandards. Einen wesentlichen Fortschritt für die Marktintegration und die Basis für eine Politikwende bedeutete der berühmte Cassis de Dijon-Fall vor dem Europäischen Gerichtshof 1979. Mit diesem Urteil legte der Gerichtshof fest, dass Produkte, die in einem Mitgliedsland zugelassen sind, auch in allen übrigen Mitgliedsländern zugelassen sind, sofern nicht gesundheitliche Gründe, Umweltschutz, Sicherheit oder ein öffentliches Interesse nachweislich dagegen sprechen. Die EU änderte daraufhin ihre Politik weg von einer grundsätzlichen Harmonisierung hin zur Festlegung von Mindeststandards in Hinblick auf Konsumentensicherheit, Umweltschutz und ähnliches.

Die Aufhebung der marktrelevanten Hindernisse intensivierte sich deutlich ab Mitte der 1980er Jahre. In der Einheitlichen Europäischen Akte, die 1987 in Kraft trat, wurde die Verwirklichung des einheitlichen Binnenmarktes bis 1992 zum Ziel erklärt (Artikel 8a). Bereits vorher war die Verwirklichung des gemeinsamen Marktes angestrebt worden, nun entstand aber eine neue Dynamik. Neben der Vereinheitlichung von Produktstandards wurden auch zunehmend Hürden auf dem gemeinsamen Kapital- und Arbeitsmarkt abgebaut mit Maßgaben zur Anerkennung von Bildungsabschlüssen und ähnlichem.

Mit diesen Maßnahmen wurden die traditionell an den nationalstaatlichen Grenzen vorfindbaren Hürden für Austausch abgebaut. Die Veränderung der Kontextbedingungen führt vermutlich nicht unmittelbar zur Veränderung von Handlungsroutinen, sondern eine Umstellung erfolgt erst nach einiger Zeit. Neben der Tatsache des Abbaus von Zöllen, Handelsbeschränkungen und unterschiedli-

---

27 Die Literatur zur Beschreibung und Analyse des Binnenmarktes und seiner Entstehung ist sehr umfangreich. Vgl. u.a. Calingaert (1999), Fligstein (1996), Fligstein/Stone Sweet (2002), Grin (2003), Lucarelli (1999), Münch (1993: 105ff.) und Scharpf (1999).

chen rechtlichen Standards müsste demnach die Zeit eine Rolle spielen, seit der diese Hürden verschwunden sind.

Die EU hat sich nicht auf die Beseitigung rechtlicher Hürden beschränkt, sondern auch verschiedene Versuche unternommen, die europäische Integration aktiv zu stärken. Zunächst bietet die EU verschiedene Mobilitätsprogramme an, um die Menschen in Europa einander näherzubringen. Dazu gehören Programme für Studenten und Universitätslehrkräfte (Erasmus mundus und Tempus), Jugendliche (Solidarity Fund for Youth Mobility), Auszubildende (Leonardo da Vinci), Lehrer (Comenius) und Dozenten in der Erwachsenenbildung (Grundtvig). Das Forschungsprogramm der EU macht länderübergreifende Kooperationsprojekte zur Bedingung einer Bewilligung und bringt so die Forscher Europas zusammen. Die Förderung von Städtepartnerschaften (interreg, Teil C) dient der Begegnung von Bürgern insgesamt. Zusätzlich bemüht sich die EU seit 1993 mit dem EURES-Programm um mehr Arbeitskraftmobilität. Dafür werden spezielle Berater finanziert, die über Stellen im europäischen Ausland informieren, aber auch bei Fragen rund um internationale Arbeitskraftmobilität behilflich sind. Speziell in Grenzregionen sollen die EURES-Berater auch potenzielle Grenzpendler beraten. Mit dem EURES-Programm wird, anders als bei den übrigen genannten Programmen, Mobilität nicht finanziert, aber durch Beratung unterstützt.

Das Programm der Transeuropäischen Netze soll die Infrastruktur der Europäischen Union verbessern. Ein Schwerpunkt liegt dabei in der Schließung von Infrastrukturlücken an nationalstaatlichen Grenzen, insbesondere bei den Verkehrswegen. Das Programm wurde 1996 aufgelegt und finanziert vor allem den Bau von Eisenbahnlinien, Straßen und Binnenwasserstraßen (Karl 1997). Um eine Verminderung der Wohlstandsgrenzen bemüht sich die EU durch Umverteilungsmaßnahmen mittels des Europäischen Strukturfonds (Bachtler 1997; Evans 1999; Mau 2004; Peterson/Bomberg 1999: 146). Zudem streicht die EU mit verschiedenen Maßnahmen die gemeinsame europäische Kultur heraus. Die Benennung von europäischen Kulturhauptstädten dient dieser Markierung von Gemeinsamkeiten (Quenzel 2005; Sassatelli 2002). Mit verschiedenen Symbolen, wie einer europäischen Hymne, dem Europatag und natürlich der EU-Flagge, soll zudem die gemeinsame Identität gestärkt werden.

Neben diesen Maßnahmen, die sich auf die EU insgesamt beziehen, hat die EU ein Förderprogramm speziell für Grenzregionen aufgelegt. Im Interreg-Programm erhalten in der Förderlinie A Grenzregionen innerhalb der EU Mittel aus dem Europäischen Fonds für Regionale Entwicklung (EFRE). Ziel der Maßnahmen ist zum einen, die strukturschwachen Grenzregionen zu fördern, gleichzeitig soll aber eine grenzübergreifende Integration erreicht werden (Europäische Kommission 2004b). Unmittelbar nach der Wende von 1989 hat die EU das PHARE-Programm aufgelegt, um die Anrainer-Staaten Polen und Ungarn wirtschaftlich zu unterstützen. Zu diesem Programm gehört auch die Förderung grenzübergreifender Zusammenarbeit. 1994 wurde dieses Programm auf alle Beitrittskandidatenländer ausgedehnt. Damit hat die EU schon frühzeitig und deutlich vor dem Beitritt der mittelosteuropäischen Länder von 2004 die Kooperation auch an diesen Grenzen unterstützt (Eckart/Kowalke 1997; Feix 1999; Schwab 1998).

Organisatorisches Rückgrat der Förderung sind in den meisten Fällen die so genannten Euroregionen oder Euregios.[28] Ziel dieser politischen Kooperationen lokaler Akteure ist, die Nachteile der national gesehen peripheren Lage durch Kooperationen und strategische Nutzung spezifischer Vorteile der Grenzlage zu verringern (Cappellin/Batey 1993; Gabbe u.a. 2000; Groß/Schmitt-Egner 1994; Ratti/Reichmann 1993). Daneben wird durchweg die Ausbildung eines Gemeinschaftsgefühls angestrebt. Die Euroregionen vergeben die europäischen Fördermittel an Projekte, die in grenzübergreifender Partnerschaft durchgeführt werden müssen. Die Kooperation von Partnern beiderseits der Grenze ist eine notwendige Bedingung für eine Bewilligung. Die Projektorganisation und die Projektinhalte dienen dazu, die Menschen grenzübergreifend einander näherzubringen. Besonders offensichtlich gilt dies für die People-to-People-Projekte, bei denen Begegnungsmaßnahmen gefördert werden, es gilt aber durchweg auch für die übrigen Strukturförderungsprojekte.

Die Maßnahmen der EU, so macht diese kurze Übersicht deutlich, zielen auf verschiedene Weise auf eine Integration Europas im Sinne der oben (Kap. 2.) eingeführten Vergesellschaftungsaspekte. Die Programme für die EU insgesamt und die speziell auf die Grenzregionen zugeschnittenen Förderinstrumente sollen die Regionen strukturell unterstützen und die Menschen grenzübergreifend in Kontakt bringen. Diese Maßnahmen können aber ihre Wirkung nur allmählich entfalten, weil zum einen sich die rechtlichen, infrastrukturellen Veränderungen oder Bewusstseinsveränderungen über lange Zeiträume entwickeln und allmählich verstärken. Zum anderen ist auch von den Menschen selbst eine nur allmähliche Anpassung an neue Opportunitäten zu erwarten, wenn habituelles Handeln sich Schritt für Schritt verändert. Dieser allmähliche Anpassungsprozess, der durch den Abbau von Barrieren und die Förderung von grenzübergreifender Vergesellschaftung von der EU in ganz unterschiedlichen Bereichen initiiert wird, ziehe ich hier als Europäisierungshypothese zusammen. Nach der Europäisierungshypothese kommt es zu einem allmählichen Gewöhnungsprozess der Bevölkerung an

---

28 Die (Selbst-)Bezeichnungen sind uneinheitlich. Grund dafür ist, dass die erste grenzübergreifende Region, die sich 1958 an der deutsch-niederländischen Grenze gründete, den Namen Euregio für sich in Anspruch nahm und zunächst gegen eine weitere Nutzung des Namens rechtlich vorging. Spätere Gründungen nannten sich daher Euroregionen. Später wurde diese Strategie aufgegeben und die Verwendung des Euregio-Begiffs auch an anderen Grenzen akzeptiert.

sich (allmählich) öffnende Grenzen. Im Vergleich der Grenzregionen müsste sich dies niederschlagen als eine umso intensivere grenzübergreifende Vergesellschaftung, je länger in der Grenzregion bereits die Bedingungen der Grenzöffnung und des Abbaus von Differenzen und Barrieren bzw. den Programmen zur Integration der Bevölkerungen an der Grenze wirken. Je länger eine Grenze also Binnengrenze der EU ist, desto stärker müsste dort die grenzübergreifende Vergesellschaftung sein.[29]

3.4 Modelle und Kontextbedingungen

Bisher beziehen sich die theoretischen Überlegungen auf die sehr breite Kategorie der Vergesellschaftung mit den Grundaspekten Wahrnehmung, Interaktion und Identifikation. Dies hat recht allgemeine Überlegungen zur Folge, die für messbare soziale Phänomene noch konkretisiert werden müssen. Gleichzeitig liegt auf der Hand, dass die Auswahl von Vergesellschaftungsaspekten für die empirische Untersuchung von erheblicher Bedeutung ist. Die Deskription des Ausmaßes grenzübergreifender Vergesellschaftung wird je nach Indikatoren sehr unterschiedlich ausfallen. Die Erklärungsmodelle, das Systemintegrationsmodell, das Minimalkonsensmodell und das Wertekonsensmodell, beanspruchen generelle Geltung und müssten daher auf jeden Aspekt von Vergesellschaftung anwendbar sein. Doch bei näherer Betrachtung ließe sich für die Erklärungskraft der Modelle vermuten, dass sie abhängig von den gewählten Indikatoren unterschiedlich ausfällt.

Eine repräsentative Auswahl der Indikatoren, also in irgendeiner Weise eine strukturtreue Abbildung der Gesamtheit von Vergesellschaftung, ist kaum ein realistisches Ziel. Stattdessen sollen hier die Indikatoren so gewählt werden, dass sie zum einen unterschiedlich voraussetzungsvoll sind, also mit unterschiedlich hohen Kosten für die Akteure verbunden sind, und zum anderen sollen die Indikatoren nach plausiblen Überlegungen die Geltung der Erklärungsmodelle unterschiedlich wahrscheinlich machen.

---

29 Diese These wird für die Indikatoren bezogen auf die Zeit seit der konkreten, für den jeweiligen Indikator relevanten Maßnahme. Geprüft wird also nicht in jedem Fall ein Einfluss der Dauer der gemeinsamen EU-Zugehörigkeit, sondern die Dauer bezieht sich auf konkrete Maßnahmen, wie zum Beispiel die Durchsetzung der Arbeitnehmerfreizügigkeit etc. Vgl. dazu Kap. 5.

3.4.1 Wahrnehmung und Integrationsmodelle

Die Wahrnehmung ist der niederschwelligste Vergesellschaftungsaspekt. Auf den ersten Blick scheint Wahrnehmung keine besonderen Anforderungen zu stellen, außer eben ein Interesse am anderen zu entwickeln. Doch die Wahrnehmungsintensität und der mit Wahrnehmung verbundene Aufwand kann durchaus unterschiedlich sein.

Wahrnehmung soll hier mit drei Indikatoren gemessen werden:
1. Interesse an der benachbarten Region,
2. Kenntnis der benachbarten Region,
3. Kenntnis der Sprache des Nachbarlandes.

Der erste Indikator bildet nicht die Wahrnehmung als solche, sondern die Präferenz für eine Wahrnehmung ab. Mit diesem Indikator wird die Schwelle sehr niedrig, vermutlich zu niedrig gelegt. Gleichzeitig wird dieser Indikator aber durch keine zusätzlichen Einflüsse überlagert. Interesse erfordert kein Geld und keine Zeit. Der zweite Indikator repräsentiert das Ergebnis der Wahrnehmung und misst die Wahrnehmung wohl am direktesten. Andererseits wird dieser Indikator im Gegensatz zum ersten überlagert durch Gelegenheiten, die benachbarte Region kennen zu lernen (beispielsweise durch den Besitz eines Autos).

Als Drittes wird ein besonders voraussetzungsvoller Indikator gewählt, der die Wahrnehmung des Nachbarlandes indirekt abbildet. Spracherwerb ist mit großem Aufwand über viele Jahre verbunden und erfordert entsprechend sehr viel mehr Einsatz als gelegentliche Informationssammlung. Weil für das Erlernen einer Sprache die Absicht unterstellt werden kann, das Nachbarland wahrzunehmen und sich im Nachbarland zu bewegen, ist es ein geeigneter Indikator für die Wahrnehmung. Die Indikatoren stellen zunehmend höhere Anforderungen an die Befragten, sie sind also mit immer mehr Kosten verbunden.

Ausgehend von Wahrnehmung als am wenigsten anspruchsvollem Vergesellschaftungsaspekt, der nur kognitive Anstrengungen verlangt, wäre hier am ehesten ein Einfluss des Modells mit den geringsten Anforderungen, also des Systemintegrationsmodells, zu vermuten. Demnach würde sich die Wahrnehmung auf die grundsätzlich relevante Umgebung richten, die abhängig von Nutzenvorteilen auch im Nachbarland liegen kann. Die geringen Anforderungen gelten aber nur zum Teil. So ist der konkrete Indikator Spracherwerb mit erheblichem Aufwand verbunden, der sich nur bei erheblichen Nutzenvorteilen auszahlen wird. Dementsprechend werden für diesen Indikator zusätzliche Motive eine Rolle spielen, wie eine emotionale Verbundenheit mit dem Land, dessen Sprache erlernt wird. Damit kommt eine emotionale Komponente in den Blick, die eher auf eine Geltung des anspruchsvolleren Wertekonsensmodells verweist.

3.4.2 Interaktionsarten und Integrationsmodelle

Interaktion kann ausgesprochen vielfältig sein und erfordert daher eine größere Bandbreite von Indikatoren als Wahrnehmung oder Identifikation. Gleichzeitig ist hier eine systematische Variation nach unterschiedlichen Kriterien gezielt möglich.

Sinnvoller Weise werden hier nur solche Aktivitäten betrachtet, die ortsgebunden und nicht auf einen sehr engen (z.B. Kirchbesuch) oder sehr weiten (z.B. Urlaubsreise) Handlungsraum ausgerichtet sind (vgl. Kap. 1). Bei Aktivitäten mit einem „mittleren Handlungsradius" kann das Nachbarland für Menschen in Grenzregionen als Handlungsraum in Frage kommen, die grenznahe Lage kann sich hier besonders deutlich niederschlagen. Gleichzeitig kommt auch nur das Nachbarland in Frage und nicht beliebiges In- und Ausland. Dennoch steht eine Vielzahl von Aktivitäten zur Auswahl.

Die für die Studie ausgewählten Aktivitäten sollen nach zwei Dimensionen variieren, die in engem Zusammenhang mit den Erklärungsmodellen stehen. Die erste Dimension unterscheidet die Art der Interaktion nach zielgerichteter Interaktion und geselliger Interaktion, die zweite Dimension unterscheidet die Kontrollierbarkeit der Interaktion und damit den Vertrauensbedarf.

Bei zielgerichteter Interaktion steht der Nutzen durch das Ergebnis der Interaktion im Vordergrund. Die Interaktion kommt zustande, um ein Ergebnis zu erreichen. Bei der geselligen Interaktion steht dagegen die Interaktion selbst im Vordergrund.[30]

Nur auf den ersten Blick hat man es bei den beiden Interaktionsarten mit einander ausschließenden Kategorien zu tun. Eine genauere Betrachtung macht deutlich, dass es zu einer Überlagerung von zielgerichteter und geselliger Interaktion kommen kann. Erfordert eine zielgerichtete Interaktion den intensiven Umgang der Interaktionspartner miteinander, möglicherweise auch über einen längeren Zeitraum, nimmt der Aspekt der geselligen Interaktion zu. In diesen Fällen müsste nicht nur das Ergebnis wichtig sein, sondern auch die Situation selbst, in der das Ziel erreicht wird. Diese Überschneidung spricht allerdings nicht gegen eine

---

30 Simmel hat sich mit dieser Form der Vergesellschaftung intensiver beschäftigt. Er geht von einem „Geselligkeitstrieb" aus (Simmel 1998b, Orig. 1911: 192). „Sicherlich ist es der Erfolg spezieller Notwendigkeiten und Interessen, wenn die Menschen sich in Wirtschaftsvereinigungen oder Blutsbrüderschaften (...) zusammentun. Allein jenseits dieser besonderen Inhalte werden alle diese Vergesellschaftungen von einem Gefühl dafür, von einer Befriedigung daran begleitet, dass man eben vergesellschaftet ist, dass die Einsamkeit des Individuums in ein Zusammen, eine Vereinigung mit anderen aufgehoben ist. (...) Typischerweise (...) verwebt sich in alle realen Veranlassungen zur Gesellschaftsbildung ein Gefühl für den Wert der Gesellschaftsbildung als solcher" (Simmel 1998b: 192).

Unterscheidung, sondern weist nur auf einen Überschneidungsbereich hin. Wenn die Dauer der Interaktion erheblich und die Intensität groß ist, wie zum Beispiel bei einem Arbeitsverhältnis (vgl. Kap. 7.3), ist nicht mehr nur das Ergebnis (in diesem Beispiel die Lohnzahlung) relevant, sondern die Interaktion selbst muss in ihrem Verlauf auch den Ansprüchen der Interaktionspartner genügen. Die Interaktion wird wahrscheinlicher, wenn sich die Interaktionspartner in der Interaktion selbst einigermaßen wohl fühlen. Damit nimmt sie den Charakter einer geselligen Interaktion an, obwohl im Sinne der zielgerichteten Interaktion das Ergebnis weiter eine wichtige Rolle spielt.

Zielgerichtete und gesellige Interaktion lehnt sich an die klassische Unterscheidung von Vergemeinschaftung und Vergesellschaftung durch Ferdinand Tönnies und Max Weber an.[31] Mit den beiden Typen verbanden Tönnies und Weber unterschiedliche Handlungsrationalitäten, nämlich (ökonomische) Rationalität einerseits und emotionale Motivation andererseits. Diese unterschiedlichen Motivationen legen unterschiedliche Erklärungsmodelle nahe. Die Rationalitätsannahme entspricht dem Systemintegrationsmodell, das von den Nutzenvorteilen und der Bedeutung entsprechender Anreize ausgeht. Die gesellige Interaktion mit der stark emotionalen Komponente verweist auf das Wertekonsensmodell.[32] Im Hintergrund steht dabei die These der Homophilie, nach der in Interaktionen solche Personen bevorzugt werden, die ähnlich sind. Für soziale Netzwerke und Heiraten ist die Homophilie-These gut belegt (McPherson u.a. 2001; Jackson 1977; Kalmijn 1991; 1998; Klein 2001; Verbrugge 1977; Wirth/Lüttinger 1998). Lazarsfeld und Merton (1954) hatten eine Trennung von sozialstruktureller Statushomophilie und kultureller Wertehomophilie vorgeschlagen. In den empirischen, meist deskriptiven Studien dominiert die sozialstrukturelle Ähnlichkeit, vor allem die Bildungsähnlichkeit und ethnische Ähnlichkeit. Belege für kulturelle Ähnlichkeit von Ehepartnern oder in Freundschaftsnetzwerken finden sich seltener (Haan/Uunk 2001; McPherson u.a. 2001: 428f.). Doch auch für die kulturelle Ähnlichkeit lässt sich zeigen, dass ihr eine entsprechende Selektion zugrunde liegt und nicht oder nur in geringem Maße eine gegenseitige Beeinflussung im Laufe der Interaktion. Die empfundene Attraktivität von ähnlichen Werten und Einstellungen konnte expe-

---

[31] Der Vergesellschaftungsbegriff von Tönnies und Weber stimmt nicht mit dem oben eingeführten Vergesellschaftungsbegriff dieser Studie überein. Daher wird in der weiteren Argumentation Webers Begriff der Vergesellschaftung gemieden (stattdessen ist von zielgerichteter Interaktion die Rede) und mit Vergesellschaftung ist der anfänglich eingeführte Begriff gemeint (Kap. 2).

[32] So auch bei Simmel (1998b).

rimentell nachgewiesen werden (Huston/Levinger 1978).[33] Die Wahl von Interaktionspartnern, die ähnliche Werthaltungen haben, ist demnach wahrscheinlicher. Das Wertekonsensmodell hat hier seine Geltung. Dies müsste insbesondere dann gelten, wenn die Interaktion selbst eine wichtige Rolle spielt, es sich also um eine gesellige Interaktion handelt.

Die zweite Dimension, die Kontrollierbarkeit einer Interaktion, bezieht sich direkt auf die Geltung des Minimalkonsensmodells. Dabei kommt Vertrauen auf zwei Ebenen ins Spiel. Zunächst muss es ein allgemeines Vertrauen in die Redlichkeit des Gegenübers geben. Die Bedeutung eines allgemeinen Vertrauens kann für die gesellige Interaktion unterstellt werden. Im Fall der zielgerichteten Interaktion variiert die Bedeutung des Vertrauens je nach dem Ziel der Interaktion. Generell steigt die subjektive Wahrscheinlichkeit, einen Nutzen aus einer zielgerichteten Interaktion zu erhalten, mit der Annahme, nicht bewusst vom Gegenüber betrogen zu werden. Es geht also bei der zielgerichteten Interaktion um ein generelles Vertrauen in die Interaktionspartner. Dazu stellt sich die Frage, was passiert, wenn es zu Unstimmigkeiten kommt, und zwar unabhängig davon, ob diese Unstimmigkeiten auf ein Versehen oder bewusste Benachteiligung des Gegenübers zurückgehen. Nach dem Minimalkonsensmodell muss es für diesen Fall ein Vertrauen in das Gegenüber und/oder in externe Dritte geben, im Streitfall eine angemessene und gerechte Lösung zu finden. Der Bedarf an Vertrauen ist aber davon abhängig, wie gut die Interaktion kontrollierbar ist (klassisch dazu die Transaktionskostentheorie, vgl. Williamson 1975). Lässt sich eine Interaktion vollständig oder zumindest annähernd vollständig kontrollieren, geht der Vertrauensbedarf gegen Null. Ist eine Kontrolle dagegen praktisch unmöglich, müsste das Vertrauen einen starken Einfluss auf die Wahl des Interaktionspartners haben und damit nimmt die Erklärungskraft des Minimalkonsensmodells zu. Tabelle 3.1 fasst die Annahmen zur Erklärungskraft der Modelle nach den beiden Dimensionen zusammen.

Als Indikatoren für Vergesellschaftung sind nun eine Spannbreite von Interaktionen auszuwählen, mit denen die beiden Dimensionen Art der Interaktion und Vertrauensbedarf variieren. Für den Fall der rein geselligen Interaktion legt die Homophilie-Forschung zwei Indikatoren nahe: Eheschließung und Freundschaftsnetzwerke. Da grenzübergreifende Eheschließungen ausgesprochen selten und daher forschungspraktisch schwierig zu untersuchen sind, wird hier auf Freundschaften als Indikator zurückgegriffen.

---

33 Mit entscheidend für die unterstellte Wertehomogenität von Netzwerken ist aber auch eine selektive Wahrnehmung. Der Konsens mit Freunden wird tendenziell überschätzt. Kontroverse Themen werden gemieden und dann als konsensuell wahrgenommen (Hahn 1983; McPherson u.a. 2001: 429).

Tabelle 3.1: Erklärungsmodelle nach Kontextbedingungen

Art der Interaktion Vertrauensbedarf	zielgerichtete Interaktion	gemischt	Gesellige Interaktion
Gering (Kontrollierbarkeit hoch)	Erklärung durch Systemintegrationsmodell		– a)
Mittel			
Hoch (Kontrollierbarkeit gering)	Erklärung durch Minimalkonsensmodell		Erklärung durch Wertekonsensmodell und Minimalkonsensmodell

a) Interaktionen als soziale Interaktionen bei geringem Vertrauensbedarf sind schwer vorstellbar (ev. Small Talk?) und werden hier nicht untersucht. Entsprechend wird auch kein Modell dafür benannt.

Als Indikatoren für zielgerichtete Interaktionen und die Mischtypen kämen nun die unterschiedlichsten Aktivitäten in Frage. Hier werden wirtschaftliche Aktivitäten ausgewählt. Bei wirtschaftlichem Austausch, einer ganz klassischen Form der zielgerichteten Interaktion (die auch Weber und Tönnies bei ihrer Unterscheidung vorschwebte), lässt sich die Bedeutung des Vertrauens systematisch variieren. Ist die Qualität eines zu kaufenden Produktes bereits vor dem Kauf leicht einschätzbar oder offensichtlich, so ist der Bedarf an Vertrauen gering. Vertrauen ist dann verzichtbar, wenn die Kontrollmöglichkeiten vor der Transaktion gut sind. Ist dagegen das Produkt oder die Dienstleistung in der Qualität schwer einzuschätzen, gewinnt das Vertrauen an Bedeutung. Gibt es nach dem Kauf eine Möglichkeit der Kontrolle, so kann zumindest im Wiederholungsfall diese Erkenntnis genutzt werden. Fehlt auch diese Möglichkeit, bleiben die Konsumenten vollständig auf Vertrauen angewiesen. Ausgehend von diesen Überlegungen ergibt sich das informationsökonomische Dreieck für Kaufentscheidungen, das in der Konsumforschung entwickelt wurde: Suchkäufe zeichnen sich durch die Möglichkeit aus, vor dem Kauf die Eigenschaften zu beurteilen; Erfahrungskäufe erlauben zumindest im Nachhinein eine Beurteilung; Vertrauenskäufe lassen sich weder vor noch nach dem Kauf beurteilen (Nelson 1970; Darby/Karni 1973; zusammenfassend Kuß/ Tomczak 2004: 109ff.).[34]

---

34 Beispiel für einen Suchkauf wäre der Kauf von Schuhen, die anprobiert werden, bis ein passendes Paar gefunden ist. Der Friseur wäre Beispiel für einen Erfahrungskauf: Das Ergebnis lässt sich erst im Nachhinein beurteilen. Der Arztbesuch dagegen ist ein Vertrauenskauf, weil sich auch im

Dienstleistungen unterscheiden sich zunächst nicht prinzipiell von Produkten. Auch hier wird für eine Leistung bezahlt, es geht also wiederum um Preis und Qualität. Allerdings gibt es zwei Unterschiede zum Einkauf von Produkten, die zusätzliche Aspekte einbringen (vgl. Fryar 1991). Zum einen sind Dienstleistungen keine Suchkäufe, sondern die Qualität der erbrachten Leistung lässt sich immer erst im Nachhinein beurteilen – wenn überhaupt. Dienstleistungen sind grundsätzlich Erfahrungs- oder Vertrauenskäufe (Meffert/Bruhn 1997: 30ff., 74) und selbst im Fall der Erfahrungskäufe ist die Sicherheit, eine gleichwertige Leistung wie beim letzten Mal zu erhalten, nicht so eindeutig gegeben, wie bei Produkten.[35] Entsprechend müsste bei Dienstleistungen das Vertrauen unter sonst gleichen Bedingungen eine größere Rolle spielen (Fryar 1991).

Die wirtschaftlichen Aktivitäten unterscheiden sich zudem in der ersten Dimension. Bei Produktkäufen handelt es sich durchweg um zielgerichtete Interaktionen in Reinform. Beim Kauf eines Produktes kann sich diese Interaktion in den üblichen Selbstbedienungsläden auf den Kassiervorgang beschränken, weshalb hier je nach Vertrauensbedarf das Systemintegrationsmodell oder das Minimalkonsensmodell gute Erklärungen bringen müssten. Bei Dienstleistungen ist dagegen die Interaktion zwischen Anbieter und Kunde umfangreicher. Dienstleistungen haben damit durchweg, wenn auch in unterschiedlichem Ausmaß, zusätzlich den Charakter einer geselligen Interaktion, womit das Wertekonsensmodell zusätzlich relevant wird. Noch intensiver ist die Interaktion bei Arbeitsverhältnissen, wie schon oben erläutert. Es handelt sich um eine zielgerichtete Interaktion, bei der Arbeitskraft gegen Lohn getauscht wird, aber durch die typischerweise langfristige Bindung mit vergleichsweise intensiver Interaktion kommt hier die gesellige Interaktion wesentlich hinzu.

Welche Indikatoren ausgehend von diesen Überlegungen ausgewählt werden, ist nicht determiniert, sondern es bleibt ein Spielraum. Dieser Spielraum wird aber zumindest partiell eingeschränkt durch forschungspraktische Erwägungen. So sollten die Aktivitäten nach Möglichkeit häufig genug vorkommen, dass in einer Bevölkerungsumfrage ein mehr als marginaler Anteil der Befragten die Aktivität überhaupt und nach Möglichkeit auch im Nachbarland ausübt (vgl. dazu auch Portes u.a. 1999: 218f.). Nur so gibt es in den Daten Varianz, die statistisch aufgeklärt werden kann. Aus diesem Grund wurde bei eher seltenen Aktivitäten neben

---

Nachhinein nicht beurteilen lässt, ob ein anderer (oder kein) Arzt tatsächlich einen besseren Heilungsverlauf hätte erzielen können.

35 Es gibt zwar durchaus Produkte, deren Eigenschaften nicht konstant gehalten werden bzw. konstant gehalten werden können, bei der großen Mehrheit kann aber weitgehend von konstanten Eigenschaften beim Wiederkauf ausgegangen werden.

der konkreten Handlung auch untersucht, ob die Befragten sich die Aktivität im Nachbarland vorstellen könnten.

Zum Teil werden auch Daten zur Sekundäranalyse herangezogen. In diesen Fällen ist die Indikatorenwahl durch die Verfügbarkeit von Daten noch stärker eingeschränkt. Um die Abhängigkeit der Ergebnisse von den gewählten Indikatoren zumindest in der Primärerhebung (vgl. dazu Kap. 4) kontrollieren zu können, wurden zum Teil zwei Indikatoren für eine Kombination der Dimensionen gewählt. Tabelle 3.2 fasst die gewählten Indikatoren zusammen.

Tabelle 3.2: Indikatoren für grenzübergreifende Interaktion

Art der Interaktion Vertrauensbedarf	zielgerichtete Interaktion	gemischt	gesellige Interaktion
Gering (Kontrollierbarkeit hoch)	Kleidung (D) Tanken (D)		
mittel	Einkauf generell (EU)	Restaurantbesuch (D) Friseurbesuch (D)	
Hoch (Kontrollierbarkeit gering)	Gebrauchtwagenkauf (D) Vorstellbarkeit eines Gebrauchtwagenkaufs (D)	Handwerkerauftrag (D) Vorstellbarkeit eines Handwerkerauftrags (D) Arbeitsstelle (D, EU)	Freundschaft (D, EU)

D – nur in drei deutschen Grenzregionen erhoben, EU – an den EU-Binnengrenzen erhoben (Sekundäranalyse), vgl. Kap. 4.

3.4.3 Identifikation und Integrationsmodelle

Die Identifikation schließlich zielt auf eine emotionale Dimension der Vergesellschaftung. Die meisten Vertreter, die dem Systemintegrationsmodell nahe stehen, machen keine substanziellen Annahmen über Identifikation. Nach Luhmanns An-

3. Bedingungen grenzübergreifender Vergesellschaftung

sicht beispielsweise braucht es zwar eine Identität als Zurechnungsmöglichkeit, wie diese aber bestimmt ist, muss offen bleiben. Welche Identität sich jemand aussucht, womit er oder sie sich identifiziert, ist in Luhmanns Sinne kontingent und für die Gesellschaft nicht entscheidend (Luhmann 1979; 1993; 1997: 46ff.).[36] Eine Identifikation mit einem gesellschaftlichen Ganzen ist danach nicht ausgeschlossen, aber auch nicht notwendig und die Bedingungen, wann es zu einer solchen Identifikation kommt, sind unbestimmt.

Etwas anders argumentieren Mühler und Opp (2006; Mühler u.a. 2004) aus der Rational Choice-Richtung. In ihrer „Hypothese der Lebensqualität" gehen sie davon aus, „dass man relativ starke Bindungen an eine Region entwickelt, wenn man die Lebensqualität in einer Region positiv einschätzt" (2004: 24). Hintergrund ihrer Annahme ist die Theorie von Aijzen und Fishbein (1980), wonach Menschen dazu neigen, positive Einstellungen zu einem Objekt zu entwickeln, wenn dieses Vorteile bringt. Wird nun eine Region als positiv für die eigene Lebensqualität wahrgenommen, so steigt auch die Wahrscheinlichkeit einer Identifikation mit dieser Region. Diese Vorteilhaftigkeit verweist auf das Systemintegrationsmodell und würde eine Erklärung der Identifikation durch die Vorteilhaftigkeit einer Region nahe legen.

Von Theorien, die dem Wertekonsensmodell nahe stehen, wird aber Identifikation sehr viel häufiger thematisiert und als Teil einer vollständigen Integration angesehen (vgl. Kap. 3.1.1). Ähnlich wird in der Migrationssoziologie von Esser ein Stufenmodell der Integration vertreten, das nach einer kulturellen Assimilation, der Integration in die Sozialstruktur der Aufnahmegesellschaft und der Einbindung in soziale Netzwerke die Identifikation mit der Aufnahmegesellschaft als letzte Stufe einer vollständigen Integration ansieht (Esser 1980: 72-80, 231; 2001b; 2001a; 2004). Auch in diesem Modell ist der Wertekonsens der Ausgangspunkt und notwendige Bedingung, der schließlich eine Identifikation mit dem Gemeinwesen erlaubt. Das Wertekonsensmodell müsste demnach die beste Erklärung für Identifikation leisten. Zur Erklärung von Identifikation konkurrieren demnach das Systemintegrationsmodell und das Wertekonsensmodell. Eine unterschiedliche Messung von Identifikation und damit eine unterschiedliche Nähe von Indikatoren zu einem der beiden Modelle lässt sich daraus aber nicht ableiten.

---

36 Luhmann schreibt: „Das In-dividuum wird durch Teilbarkeit definiert. Es benötigt ein musikalisches Selbst für die Oper, ein strebsames Selbst für den Beruf, ein geduldiges Selbst für die Familie. Was ihm für sich selbst bleibt, ist das Problem seiner Identität. (...) Die Gesellschaft zeichnet nicht mehr die Lösungsrichtung vor, sondern nur noch das Problem; sie tritt dem Menschen nicht mehr als Anspruch an moralische Lebensführung gegenüber, sondern nur als Komplexität, zu der man sich auf je individuelle Weise kontingent und selektiv verhalten kann" (Luhmann 1993: 223ff.).

Die Messung der Identifikation mit einer Region ist auf vielfältige Weise möglich und gerade mit Bezug auf die Identifikation mit der EU wurden eine ganze Reihe von Operationalisierungen vorgeschlagen (vgl. Duchesne/Frognier 1995). Dabei zielt allerdings die Identifikation immer auf Europa (bzw. die EU) als ganzes. Für unsere Frage der grenzübergreifenden Vergesellschaftung kann auch Europa insgesamt der Referenzpunkt sein. Es wäre aber eine zweite Möglichkeit denkbar. Grenzübergreifende Vergesellschaftung in Bezug auf Identifikation ist auch auf regionaler Ebene denkbar als gefühlte Verbundenheit mit einer Region, die zwar nicht die Ausdehnung eines ganzen Nationalstaates oder gar von mehreren Nationalstaaten hat, aber dennoch die Grenze übergreift. Auch eine substaatliche, regionale Identifikation kann also grenzübergreifenden Charakter haben. Entsprechend wird hier der Grundaspekt Identifikation auf zwei Weisen gemessen: als Identifikation mit Europa insgesamt und als Identifikation mit einer substaatlichen Region, die über die Nationalstaatsgrenze hinaus greift.

3.5 Hypothesen zu grenzübergreifender Vergesellschaftung – Zusammenfassung

Nationalstaatsgrenzen sind nicht allein politisch-rechtliche Grenzen. Sie fallen zusammen mit anderen Grenzen und sind gleichzeitig Entwicklungen und Programmen unterworfen, die ihre Bedeutung (vermeintlich) aushöhlen. Insbesondere die EU bemüht sich, die mit Nationalstaatsgrenzen verbundenen Hindernisse abzubauen. Es ist also eine interessante Frage, ob und in welchem Ausmaß die Nationalstaatsgrenzen relevant sind für Vergesellschaftung. Zudem gilt es zu klären, welche Eigenschaften der Nationalstaatsgrenze einen Einfluss haben.

Die Maßnahmen der EU zur Auflösung der Binnengrenzen gemeinsam mit der Unterstellung von eingewöhntem Verhalten, das sich nur allmählich anpasst, sind hier zusammengezogen in der Europäisierungsthese, nach der die Geltungsdauer von Regelungen, die Grenzbeschränkungen aufheben, einen Einfluss auf die grenzübergreifende Vergesellschaftung hat. Aus der Diskussion um die Integration von Gesellschaften wurden dazu drei Erklärungsmodelle entwickelt, die unterschiedliche kulturelle Voraussetzungen für die Integration benennen. Das Systemintegrationsmodell geht davon aus, dass systemspezifische Anreize zur Erklärung von grenzübergreifender Vergesellschaftung allein ausreichen. Bestimmte Werthaltungen sind in diesem Modell nicht erforderlich. Das Minimalkonsensmodell unterstellt für Vergesellschaftung zumindest in Bezug auf Regelungswege bei Konflikten einen Konsens als notwendige Bedingung. Das Wertekonsensmodell schließlich geht von einem Einfluss grundlegender Werte aus. Die Übereinstimmung in Bezug auf grundlegende Werte macht nach diesem Modell Vergesellschaftung möglich, zumindest wahrscheinlicher.

3. Bedingungen grenzübergreifender Vergesellschaftung

Ein Blick auf die verschiedenen mit Nationalstaatsgrenzen zusammenhängenden Aspekte, wie staatliche Grenzkontrollen, Rechtssysteme, Betroffenengruppen für politische Entscheidungen, Homogenisierungsbemühungen der Staaten und die soziale Institutionalisierung der Grenze, eröffnet den Blick auf die ganz unterschiedlichen Differenzen, die mit Nationalstaatsgrenzen tendenziell räumlich zusammenfallen. Die Nationalstaatsgrenzen bezeichnen nach diesen Überlegungen räumliche Linien, an denen für die Erklärungsmodelle relevante Differenzen zu erwarten sind.

Ausgehend von den Erklärungsmodellen wurden schließlich Indikatoren für die Vergesellschaftungsaspekte Wahrnehmung, Interaktion und Identifikation danach beleuchtet, ob sie, ausgehend von zusätzlichen Überlegungen und Befunden, die Gültigkeit des einen oder des anderen Modells wahrscheinlicher machen.

Tabelle 3.3 fasst die Vergesellschaftungsaspekte mit ihren Indikatoren und die als einflussreich vermuteten Erklärungsmodelle zusammen. Dazu sind für die Erklärungsmodelle jeweils die als einflussreich vermuteten Indikatoren aufgeführt. Im Vorgriff auf das folgende Kapitel ist bereits angegeben, ob ein Indikator für alle europäischen Grenzregionen, nur für drei deutsche Grenzregionen oder für beide verfügbar ist. Was es mit dieser Unterscheidung auf sich hat, ist Gegenstand des nächsten Kapitels.

Tabelle 3.3: Vergesellschaftungsaspekte, Indikatoren und Hypothesen

Vergesellschaftungsaspekt	Indikator	vermutlich relevantes Erklärungsmodell	erklärende Indikatoren
Alle		Europäisierungsthese	Dauer der rechtlichen Aufhebung von Grenzbeschränkungen Dauer gemeinsamer EU-Mitgliedschaft
Wahrnehmung	Interesse am Nachbarland (D)	Systemintegrationsmodell	Individuelle Vorteile im Nachbarland
Wahrnehmung	Kenntnis des Nachbarlandes (D)	Systemintegrationsmodell	Individuelle Vorteile im Nachbarland
Wahrnehmung	Kenntnis der Sprache des Nachbarlandes (D, EU)	Systemintegrationsmodell *oder* Wertekonsensmodell	Individuelle Vorteile im Nachbarland Werteähnlichkeit

Vergesellschaftungsaspekt	Indikator	vermutlich relevantes Erklärungsmodell	erklärende Indikatoren
Interaktion	zielgerichtete Interaktion, geringer Vertrauensbedarf	Tanken (D) Kleidungskauf (D)	Systemintegrationsmodell	Preis- und Qualitätsvergleich Sprachkenntnisse Erreichbarkeit des Nachbarlandes Währungsunterschied
Interaktion	zielgerichtete Interaktion, mittlerer Vertrauensbedarf	Einkauf generell (EU)	Systemintegrationsmodell mit Minimalkonsensmodell (geringer Einfluss)	Preis- und Qualitätsvergleich Sprachkenntnisse Erreichbarkeit des Nachbarlandes Währungsunterschied Vertrauen

Vergesellschaf-tungsaspekt	Indikator	vermutlich relevantes Erklärungsmodell	erklärende Indikatoren
Interaktion	zielgerichtete Interaktion, hoher Vertrauens-bedarf	Systemintegrations-modell	Preis- und Qualitätsvergleich Sprachkenntnisse Erreichbarkeit des Nachbarlandes Währungsunterschied
	Gebrauchtwagen-kauf (D)	mit Minimalkonsens-modell (starker Einfluss)	Vertrauen
Interaktion	zielgerichtete und gesellige Interaktion, mittlerer Vertrauens-bedarf	Systemintegrations-modell	Preis- und Qualitätsvergleich Sprachkenntnisse Erreichbarkeit des Nachbarlandes Währungsunterschied
	Restaurant-besuch (D) Friseurbesuch (D)	mit Wertekonsens-modell (geringer Einfluss)	Werteähnlichkeit

Vergesellschaftungsaspekt		Indikator	vermutlich relevantes Erklärungsmodell	erklärende Indikatoren
Interaktion	zielgerichtete mit geringerem Anteil geselliger Interaktion, hoher Vertrauensbedarf	Handwerkerauftrag (D)	Systemintegrationsmodell	Preis- und Qualitätsvergleich Sprachkenntnisse Erreichbarkeit des Nachbarlandes Währungsunterschied
			mit Minimalkonsensmodell (starker Einfluss) und Wertekonsensmodell (geringer Einfluss)	Vertrauen Werteähnlichkeit
Interaktion	zielgerichtete mit hohem Anteil geselliger Interaktion, hoher Vertrauensbedarf	Arbeitsstelle (D, EU)	Systemintegrationsmodell	Lohndifferenz Arbeitslosigkeitsdifferenz Sprachkenntnisse Erreichbarkeit des Nachbarlandes
			mit Wertekonsensmodell (starker Einfluss)	Werteähnlichkeit

Vergesellschaf-tungsaspekt	Indikator	vermutlich relevantes Erklärungsmodell	erklärende Indikatoren
Interaktion	gesellige Interaktion	Freundschaft (D, EU)	Wertekonsensmodell	Werteähnlichkeit
Identifikation	Identifikation mit Europa (D, EU)	Systemintegrations-modell *oder* Wertekonsensmodell	Individuelle Vorteile im Nachbarland Werteähnlichkeit
Identifikation	Identifikation mit einer grenzüber-greifenden sub-staatlichen Region (D)	Systemintegrations-modell *oder* Wertekonsensmodell	Individuelle Vorteile im Nachbarland Werteähnlichkeit

D: nur in drei deutschen Grenzregionen erhoben, EU: an den EU-Binnengrenzen erhoben (Sekundäranalyse), vgl. Kap. 4.

4. Empirisches Vorgehen

Geographischer Bezugspunkt dieser vergleichenden Studie sind Räume in der Nähe von Grenzen, also Grenzregionen.[1] Die entwickelten Hypothesen gehen aus von einer systematischen Varianz der Vergesellschaftung abhängig von der Konstellation an der Grenze. Die Hypothesen beziehen sich aber letztlich nicht auf die Makroebene von Regionen, sondern wurden mit Bezug auf die Interaktionssituation begründet und zielen damit auf die Mikroebene. Allerdings können wir von einer systematischen Variation der Ausprägungen relevanter Variablen bei den Individuen je nach Region ausgehen. So ist zwar zum Beispiel die individuelle Einschätzung von Preisvorteilen jenseits der Grenze wichtig für die Entscheidung, wo eingekauft wird, doch die Einschätzung des Preisvorteils wird über die Regionen davon abhängen, wie sich die Preisniveaus tatsächlich unterscheiden. Diese Verbindung von subjektiver Einschätzung und objektiven Bedingungen macht es möglich, für fehlende Messungen auf Individualebene von Fall zu Fall Makromessungen als Hilfsvariable (proxy) zu benutzen.

Die Untersuchungsfrage auf der Mikroebene zu untersuchen, hätte eine EU-weite Primärerhebung erfordert, die nicht realisierbar war. Für den EU-weiten Vergleich stehen aber mit dem Eurobarometer einschlägige Daten für eine Reihe von Aspekten für Sekundäranalysen zur Verfügung. Der Eurobarometer hat den Vorteil, vergleichbare Messungen für die ganze EU zur Verfügung zu stellen, teils für die alten 15 EU-Länder, überwiegend für die 25 Mitgliedsländer ab 2004.[2]

Wie oft bei Sekundäranalysen lassen sich aber aus den erhobenen Daten nicht alle relevanten Variablen operationalisieren. Die notwendige Ergänzung erfolgt durch Makromessungen aus anderen Datenquellen. Die gemeinsame Analyse der Mikrodaten aus dem Eurobarometer mit Makrodaten bezogen auf die Konstellation an der jeweiligen Grenze dürfte demnach eine gute Annäherung darstellen. Vor ökologischen Fehlschlüssen ist eine solche Untersuchung allerdings nicht ge-

---

1 Nochmals sei kurz erinnert, dass mit Grenzregion nur der vom Forscher festgelegte Raum an einer Grenze gemeint ist, nicht eine Region „für sich" oder andere anspruchsvollere Konzepte von Region (vgl. Kap. 1). Mit Grenzregion ist hier jeweils die Region an der Grenze in *einem* Nationalstaat gemeint, während die Zusammenfassung eines Gebietes über die Nationalstaatsgrenze hinweg als *grenzübergreifende* Region bezeichnet wird.

2 Die 2007 neu beigetretenen Länder Bulgarien und Rumänien waren in den verfügbaren Umfragen in der Regel nicht enthalten und bleiben hier außen vor.

feit.[3] Zudem weisen einige Operationalisierungen die für Sekundäranalysen typischen Ungenauigkeiten auf. Deshalb wird die EU-weite Sekundäranalyse ergänzt durch eine zweite, eigene Befragung in drei deutschen Grenzstädten. Bei dieser Befragung wurden die relevanten Variablen gemeinsam und jeweils auf der Mikroebene gemessen. Damit erlaubt die Befragung eine Überprüfung der Zusammenhänge auf der Mikroebene. Dem Vorteil der Mikromessung bei günstigerer Operationalisierung steht als Nachteil die Beschränkung auf nur drei deutsche Grenzregionen und eine relativ geringe Fallzahl der Umfrage gegenüber. In der Kombination beider empirischer Zugänge lassen sich aber gut abgesicherte Ergebnisse erwarten.

Für die Untersuchung von Arbeitnehmern, die zu ihrer Arbeitsstelle ins Nachbarland pendeln, sind allgemeine Bevölkerungsumfragen mit den üblicherweise realisierbaren Fallzahlen kein geeignetes Mittel, weil Arbeitspendler ausgesprochen selten sind. Um dennoch Aussagen über diesen interessanten Indikator machen zu können, greife ich auf Makrodaten und auf eine nicht-repräsentative Online-Umfrage unter Grenzpendlern zurück.

Im Folgenden findet sich eine kurze Erläuterung der verwendeten Datenquellen. Anschließend wird die Analysestrategie kurz diskutiert.

4.1 Das Eurobarometer als Grenzbewohner-Befragung

Eurobarometer sind die regelmäßigen Bevölkerungsumfragen der EU (Inglehart/ Reif 1991; Reif 1991). In den Mitgliedsländern der EU, zum Teil auch Beitrittskandidatenländern, werden mindestens 1000 Personen ab 15 Jahren befragt.[4] Die Datensätze sind beim Zentralarchiv Köln erhältlich.[5]

Der Eurobarometer (EB) gibt für die Befragten nicht allein das Land an, wo der Befragte angetroffen wurde, sondern dazu subnationalstaatliche Regionen. Bis 2004 (EB 61.0) folgten die angegeben Regionen keiner einheitlichen Systematik. Nach einer Änderung entsprechen die Regionen ab EB 62.0 weitgehend der NUTS-

---

3 Ein ökologischer Fehlschluss ergibt sich, wenn von Zusammenhängen auf der Makroebene geschlossen wird auf Zusammenhänge der Mikroebene. Dieser Schluss ist möglicherweise richtig, gegebenenfalls auch plausibel, aber eben nicht zwingend korrekt. Vgl. die klassische Argumentation von Robinson (1950; auch Alkers 1969; Welzel 2003).

4 In Luxemburg, Malta, Süd-Zypern und Nord-Zypern werden jeweils nur 500 Menschen befragt. Hinzu kommen getrennte Stichproben für Deutschland (1000 Westdeutschland, bis 2004: 1000 Ostdeutschland, danach 500) sowie das Vereinigte Königreich (1000 Großbritannien, 300 Nord-Irland).

5 In dieser Studie wurden die Eurobarometer EB 65.1 (ZA-Nr. 4505), EB 64.3 (ZA-Nr. 4415) und EB 62.0 (ZA-Nr. 4229) genutzt. Zusätzlich geht zur Ermittlung des Vertrauens EB 47.0 (ZA-Nr. 2935) ein (vgl. Kap. 4.4 und 5.3).

Kategorisierung, die EU-Statistiken allgemein zugrunde gelegt wird.[6] Mit einer Ausnahme werden hier Umfragen nach dieser Umstellung benutzt. Uneinheitlich ist allerdings weiterhin, ob NUTS 1-Regionen, NUTS 2-Regionen oder NUTS 3-Regionen vermerkt sind. Der Unterschied liegt in der Größe der jeweils zusammengefassten Gebiete. In Deutschland entsprechen die Bundesländer NUTS 1-Regionen, wobei die größeren Bundesländer nochmals in NUTS 2-Regionen unterteilt sind, die sich zum Teil an Regierungsbezirken oder anderen Untergliederungen orientieren. NUTS 3-Regionen sind noch mal kleinere Einheiten. In zahlreichen kleineren EU-Ländern sind NUTS 1-Regionen nicht vorgesehen, sondern das Land insgesamt entspricht einer NUTS 1-Region. In den meisten Ländern sind für die Befragten die NUTS 2-Regionen vermerkt, zum Teil sogar die NUTS 3-Regionen, nur in zwei Ländern bleibt die Unterteilung auf gröbsten Ebene der NUTS 1-Regionen.[7] Wie diese Hinweise bereits andeuten, ist die Regionalisierbarkeit der Umfragedaten für die europäischen Länder unterschiedlich präzise.

Ausgehend von diesen Regionen wurden Bewohner in Grenznähe identifiziert. Die vorgegebenen Regionen erlauben eine solche Identifikation in unterschiedlicher Genauigkeit, weil ihre geographische Lage die Zuordnung zu einer Grenze in unterschiedlicher Weise zulässt. Hier wurden Grenzregionen einer Grenze zugeordnet, wenn ein Viertel der Außengrenze an ein bestimmtes Nachbarland grenzt. Grenzt diese Region gleichzeitig mit mindestens einem Viertel der Grenze an ein weiteres Nachbarland, so wurde diese Grenze zusätzlich festgehalten. In den deskriptiven Analysen werden die Befragten in solchen Fällen zwei Grenzregionen zu den beiden Nachbarländern zugerechnet. Bei den Kausalanalysen ist eine Festlegung auf nur ein Nachbarland erforderlich. Dann wird die Grenzregion nach der längeren Grenze zugeordnet.

Neben der unterschiedlichen Genauigkeit, die auf den Zuschnitt der Regionen zurückgeht, kommt für die einzelnen Befragten eine weitere Ungenauigkeit hinzu. Zwar lässt sich für die Regionen bestimmen, ob sie an einer Grenze liegen, es lässt sich aber für die einzelnen Befragten nicht ermitteln, ob sie tatsächlich in unmittelbarer Nähe zur Grenze leben. Dieses Problem verschärft sich für große Erhebungsregionen. Hier können die Befragten in erheblicher Entfernung zur Grenze leben, obwohl die Region insgesamt als eine Grenzregion identifiziert wurde. Diese Unzulänglichkeiten der Daten müssten sich in den Ergebnissen als Unschärfen und nicht erklärte Varianz wiederfinden – eine Schwierigkeit, die bei der Interpretation und Ansetzung von Signifikanzniveaus zu beachten ist.

---

6 NUTS steht für „Nomenclature des unités territoriales statistiques".
7 Für eine Übersicht, in welchen Ländern die regionalen Angaben zu den Befragten wie genau sind, vgl. Anhang A.11.

4.2 Umfrage in drei deutschen Grenzregionen

Ergänzt wird die Sekundäranalyse des EB mit einer schriftlichen Umfrage, die in drei grenznah gelegenen Städten durchgeführt wurde. In Frankfurt/Oder an der Grenze zu Polen, Passau an der Grenze zu Österreich und Saarbrücken an der Grenze zu Frankreich wurden je 500 Fragebögen nach dem Random Route-Verfahren ausgegeben.[8] Die Auswahl von drei Grenzregionen ist schwierig, weil die Anzahl der für die Grenzkonstellation relevanten Variablen die Zahl von drei Grenzregionen weit übersteigt. Das Ziel war schließlich, ein Land mit gleicher Sprache (Österreich) und ein Land mit deutlichem Wohlstandsgefälle (Polen) in die Analyse aufzunehmen. Als Vergleich für diese beiden Dimensionen bot sich ein Nachbarland mit unterschiedlicher Sprache und vergleichbarem Wohlstandsniveau an (Frankreich). Damit variiert auch die Dauer der Mitgliedschaft in der EU. Für die Auswahl der Städte war ihre unmittelbare Nähe zur Grenze ausschlaggebend. Alle drei ausgewählten Städte haben eine Stadtgrenze, die gleichzeitig Nationalstaatsgrenze ist.

Insgesamt gingen 437 Fragebögen mit verwertbaren Antworten ein.[9] Da zum Teil zu einzelnen Fragen Antworten fehlen, liegt bei den Analysen die Gesamtzahl jeweils etwas niedriger.

4.3 Daten zu Arbeitspendlern

Arbeitspendler und Arbeitsmigranten sind als Zielgruppe von Befragungen schwer zu erreichen. Sie machen einen vergleichsweise geringen Teil der Bevölkerung aus, weshalb sie bei allgemeinen Zufallsstichproben nur in kleinen Zahlen enthalten sind.

Für die Untersuchung von Arbeitspendlern wird daher auf zwei Datenquellen zurückgegriffen. Zum einen gibt es Makrodaten über die Stärke von Arbeitspendlerströmen. Hitzelsberger (2001) hat Zahlen für Westeuropa zusammengetragen. Die Zahlen beziehen sich auf das Jahr 1999 und sind damit etwas aktueller und vollständiger als die Zahlen von Jansen (2000b). Der Vergleich beider Quellen zeigt aber, dass trotz erheblicher Schwierigkeit bei der Ermittlung der Zahlen die Werte

---

8 Das Vorgehen orientiert sich an der Taylored Design Method von Dillman (2000; vgl. auch Klein/Porst 2000; Porst 2001).

9 Rechnerisch ergibt sich so ein Rücklauf von 29 %. Der Rücklauf für Frankfurt/Oder liegt bei 27 %, für Saarbrücken bei 26 % und für Passau bei 34 %. Der tatsächliche Rücklauf dürfte allerdings etwas höher sein, weil nicht alle Fragebögen bewohnte Haushalte erreichten. Die Verteilung in Briefkästen geht dann fehl, wenn die zugehörige Wohnung unbewohnt ist. Insbesondere in Frankfurt/Oder mit starkem Wegzug in der jüngeren Vergangenheit stellt dies ein Problem dar.

4. Empirisches Vorgehen

nicht stark voneinander abweichen. Die Begrenzung allein auf Westeuropa ist bedauerlich, allerdings fehlt es an zuverlässigen Angaben oder Schätzungen für die mittelosteuropäischen Länder.

Um zusätzlich Informationen auf der Mikroebene zu sammeln, wurde eine Online-Befragung mit Selbstrekrutierung durchgeführt. Ziel der Befragung waren Menschen, die im Ausland arbeiten oder Arbeit suchen. Darunter fallen sowohl Arbeitspendler als auch Arbeitsmigranten, jeweils bereits mit einer Anstellung oder auf der Suche nach einer Anstellung im Ausland. Auf einer Webseite stand ein Fragebogen im Internet, der sich in ca. 15 Minuten ausfüllen ließ. Auf die Befragung wurde auf verschiedenen Seiten zur Beratung von Arbeitspendlern hingewiesen, dazu auf Seiten zur Arbeitssuche im Ausland und zur Information über Steuererklärungen bei einer Beschäftigung im Ausland. Der Rücklauf war recht schleppend, was nochmals die Schwierigkeit bei der Erreichung dieser Zielgruppe verdeutlicht. Insgesamt gingen zwischen Juni 2005 und April 2008 376 Antworten ein, was sowohl Pendler als auch Arbeitsmigranten in die unterschiedlichsten Länder umfasst. Für die Untersuchung sind nur die 86 Arbeitspendler in EU-Mitgliedsländer (also ohne Schweiz) berücksichtigt, von denen 18 (21 %) auf Arbeitsuche im Nachbarland sind und 68 (79 %) im Nachbarland arbeiten.

Die zentrale Schwierigkeit von Online-Befragungen ist die mangelnde Repräsentativität. Dies gilt fraglos auch für diese Befragung. Wie gut die Zielgruppe abgebildet wird, lässt sich nicht einschätzen, weil über die Grundgesamtheit kaum etwas bekannt ist. Die Verteilung in Bezug auf die Nachbarländer zeigt eine deutliche Verzerrung. Es dominieren die Niederlande (48 %) und Dänemark (22 %), während beispielsweise Pendler nach Luxemburg nur 7 % ausmachen. Der Abgleich mit den Arbeitspendlerzahlen von 1999 (Kap. 7.3.2) macht die Verzerrung deutlich. Sie entsteht, weil auf Internetseiten zur Information von Arbeitspendlern an der dänischen und der niederländischen Grenze auf die Befragung hingewiesen wurde, während an anderen Grenzen ähnliche einschlägige Internetseiten fehlen oder der Hinweis auf die Befragung nicht (prominent) veröffentlicht wurde. Trotz dieser Verzerrungen bleibt die Online-Befragung eine hilfreiche Quelle zu einer sonst kaum befragten Zielgruppe.[10] Die Ergebnisse werden in Kapitel 7.3.3 illustrierend und plausibilisierend genutzt.

---

10 Insbesondere die Frage einer kulturellen Passung mit dem Nachbarland wurde bisher, jenseits von Sprachkenntnissen, in keiner Befragung thematisiert. Vgl. Kap. 7.3.1.

4.4 Makrodaten

Für den europäischen Vergleich müssen neben den genannten Quellen Makrodaten verwendet werden, um die Hypothesen zu testen. Die amtliche Statistik, insbesondere Eurostat, stellt eine Vielzahl von Indikatoren zur Verfügung, die europäisch harmonisiert sind. Zwei für die Untersuchung zentrale Informationen lassen sich aus der amtlichen Statistik aber nicht als Makroindikatoren gewinnen: Das Vertrauen in Menschen, die im Nachbarland leben, und die Werteähnlichkeit.

Zum Vertrauen in Menschen eines anderen Landes wurden im EB 47.0 (1997) Fragen bezogen auf Westeuropa gestellt. Diese Umfrageergebnisse gehen als Makrodatum in weitere Analysen ein (vgl. zu den Details Kap. 5.3.1). Die Einschränkung allein auf westeuropäische Grenzregionen schränkt aber die Belastbarkeit der Ergebnisse ein.

Zur Bestimmung der Werteähnlichkeit wird auf Ergebnisse des European Social Survey (ESS) zurückgegriffen. Das Vorgehen zur Ermittlung eines Makrowerts für die pauschale Werteähnlichkeit von zwei Ländern wird unten (Kap. 5.4) erläutert. Das ESS ist eine europaweit vergleichende Umfrage zu wechselnden sozialwissenschaftlichen Themen.[11] Die Studie wird von der EU finanziert, dient aber nicht, wie das Eurobarometer, der Ermittlung von politischen Stimmungslagen in der Bevölkerung, sondern primär wissenschaftlichen Zwecken. Das ESS wurde 2002 erstmalig durchgeführt, die hier in der Analyse zugrundegelegte zweite Umfrage stammt von 2004 und war zum Analysezeitpunkt die aktuellste Studie mit der umfassendsten Länderabdeckung.[12] Im ESS gibt es zwar ebenfalls Angaben zur Region, in der ein Befragter angetroffen wurde, die Unterteilung ist hier aber weniger präzise als beim EB und wird daher nicht in der Untersuchung berücksichtigt.

4.5 Analysestrategie

Die Analyse der Daten beruht im Wesentlichen auf multiplen Regressionen, dem klassischen Instrument theoriegesteuerter Kausalanalyse. Dabei wird eine streng theoriegeleitete Strategie verfolgt, weshalb auch insignifikante Regressoren im Modell verbleiben. Ziel ist hier nicht ein induktiv möglichst passgenaues Modell für

---

11 Das ESS ist im Internet sehr ausführlich dokumentiert: http://www.europeansocialsurvey.org.

12 Befragt wurden Personen ab 15 Jahren in den Untersuchungsländern. Bei der Befragung 2004 waren Daten für folgende, für diese Studie relevanten Länder enthalten: Belgien (Response-Rate: 61,2 %), Dänemark (64,2 %), Deutschland (51,0 %), Frankreich (43,6 %), Großbritannien (50,6 %), Irland (62,5 %), Italien (59,3 %), Luxemburg (50,1 %), Niederlande (64,3 %), Österreich (62,4 %), Polen (73,7 %), Portugal (71,2 %), Slowakei (62,7 %), Slowenien (70,2 %), Spanien (54,9 %), Tschechische Republik (55,3 %) und Ungarn (65,9 %).

die Daten zu finden, sondern die theoretischen Überlegungen zu prüfen. Zeigen sich dabei insignifikante unabhängige Variablen, dann ist dies eine für die Theorieprüfung relevante Information. Je nach dem Skalenniveau der abhängigen Variablen kommt die lineare oder die binär-logistische Regression zum Einsatz.

Die Regressionsanalyse muss mit zwei Schwierigkeiten umgehen. Zum einen stammen die untersuchten Daten nicht aus einer einfachen Zufallsauswahl. Die Befragten sind bei der Sekundäranalyse des EB und der Umfrage in den drei deutschen Grenzregionen jeweils in bestimmten Regionen gruppiert. Zusätzlich werden bei den EU-weiten Analysen Makrovariablen auf Regionenebene berücksichtigt. Beides führt zu einer Verzerrung der geschätzten Standardfehler mit Einfluss auf das Signifikanzniveau (Snijders/Bosker 1999). Beheben lässt sich dieses Problem recht einfach durch die Verwendung von robusten Schätzern für die Standardfehler. Bei allen Regressionsanalysen werden Standardfehler zugrunde gelegt, die nach dem Huber-White-Verfahren korrigiert wurden (Huber 1967).[13]

Die zweite Schwierigkeit lässt sich nicht so einfach beheben. Die Regressionsanalyse unterstellt die Unabhängigkeit der erklärenden Variablen untereinander. Ist diese nicht gegeben, können die Regressoren verzerrt sein, das heißt ihre Stärke, möglicherweise sogar die Richtung werden nicht korrekt ausgewiesen. Selbst wenn noch nicht Multikollinearität in einem Ausmaß vorliegt, das die Gültigkeit des Modells insgesamt in Frage stellt, können Zusammenhänge zwischen Variablen dennoch theoretisch relevante Einflüsse verdecken. Bei der Befragung in den drei deutschen Grenzregionen, in der die theoretischen Modelle genau und deshalb zum Teil mit mehreren Indikatoren gemessen wurden, sind solche Zusammenhänge zu vermuten. Auf zwei Weisen wird im Folgenden diesem Problem begegnet. Zum einen wurden vielfältige Kontrollrechnungen gemacht, um mögliche Zusammenhänge zwischen unabhängigen Variablen und deren Effekt auf das Modell aufzudecken. Diese Tests werden selektiv berichtet, wenn sie für die Interpretation relevant sind. Eine konsequente Behandlung dieses Problems ist die Anwendung von Pfadmodellen und Strukturgleichungsmodellen. In diesen Modellen besteht die Möglichkeit, nicht nur wie bei der Regression die Einflüsse von mehreren unabhängigen auf eine abhängige Variable zu modellieren, sondern es können komplexere Zusammenhänge zwischen Variablen berücksichtigt werden, sodass Variablen im Modell durch unabhängige Variablen erklärt werden und gleichzeitig Einfluss auf andere Variablen haben können.[14] Während Pfadmodelle ausschließ-

---

13 Zur Mehrebenenanalyse vgl. auch Hans (2006), Langer (2004), Rabe-Hesketh und Skrondal (2005) sowie Snijders und Bosker (1999).

14 Weil unter diesen Umständen Variablen gleichzeitig abhängige und unabhängige Variablen sein können, wird bei Strukturgleichungsmodellen zwischen endogenen Variablen (die *auch* abhängige

lich diese komplexeren Zusammenhänge gemessener Variablen aufnehmen, arbeiten Strukturgleichungsmodelle zusätzlich mit latenten Variablen, für die es verschiedene Indikatoren gibt, die aber selbst nicht gemessen wurden.[15]

Damit ist ein Strukturgleichungsmodell grundsätzlich ein sehr flexibles Analyseinstrument. Den Vorteilen stehen allerdings auch erhebliche Nachteile gegenüber. Strukturgleichungsmodelle erfordern vom Anwender eine vollständige Vorgabe der kausalen Abhängigkeiten. Dabei stehen entsprechend der Interpretationsmöglichkeiten von Korrelationen drei Möglichkeiten offen. Eine Variable A kann einen kausalen Einfluss auf Variable B haben, Variable B kann einen kausalen Einfluss auf Variable A haben oder die Variablen A und B werden von einer dritten Variable gemeinsam beeinflusst. Welcher dieser drei Einflüsse vorliegt, ist nur aus theoretischen Überlegungen zu entscheiden. Die eigentliche Problematik des Verfahrens ergibt sich nun aber aus der Tatsache, dass vorhandene, aber nicht modellierte Abhängigkeiten zwischen Variablen zu einer Ablehnung des Modells führen – und zwar auch dann, wenn die meisten hypothetisch unterstellten Abhängigkeiten der Realität entsprechen. Die Strukturgleichungsmodelle erfordern eine sehr weitgehend korrekte Vorgabe von Abhängigkeiten, weil ansonsten die globalen Fit-Maße, aus denen auf die Gültigkeit des Modells geschlossen wird, eine Ablehnung empfehlen. Das bedeutet, nicht nur die theoretisch interessanten Abhängigkeiten müssen in das hypothetische Modell eingehen, sondern beispielsweise auch ähnlich gerichtete Messfehler, die einzelne Indikatoren in die gleiche Richtung beeinflusst haben. In diesem Sinne ein vollständiges Modell der kausalen Abhängigkeiten theoretisch vorzugeben, gelingt nur in Ausnahmefällen. Das Ergebnis wäre die Ablehnung einer Großzahl der Modelle. Die Alternative einer permanenten Ablehnung liegt in der induktiven Modifikation der vorgegebenen Modelle (MacCallum 1995). Dieser Weg lässt sich freilich immer so weit fortsetzen, bis ein Modell als gültig ausgewiesen wird. Damit wird das Analyseverfahren uninformativ.

Für die hier vorgenommenen Analysen sind daher die Regressionsrechnung mit den genannten Kontrollen vorzuziehen. Allerdings finden sich im Anhang für alle Indikatoren der Vergesellschaftung, die für die drei deutschen Grenzregionen untersucht wurden, Pfad- bzw. Strukturgleichungsmodelle. Diese Modelle untermauern Argumente, die auf Zusammenhängen zwischen unabhängigen Variablen beruhen. Zusätzlich werden die Analysen für die drei deutschen Grenzregionen am Schluss (Kap. 9.3) in einem Strukturgleichungsmodell zusammengefasst.

Variablen sind) und exogenen Variablen (die ausschließlich unabhängige Variablen sind) unterschieden.

15 Vgl. allgemein zu Strukturgleichungsmodellen Reinecke (2005) und Hoyle (1995).

5. Grenzkonstellationen

Bevor wir uns mit der Beschreibung und Erklärung der Vergesellschaftungsaspekte beschäftigen, soll hier zunächst dargestellt werden, wie die unterschiedlichen Grenzen ausgeprägt sind, d. h. in welchem Ausmaß Differenzen im Raum an den Nationalstaatsgrenzen zu finden sind. Im Folgenden werden jeweils die Operationalisierungen für die Erklärungsmodelle erläutert und die Ausprägungen der Differenzen für die Grenzregionen präsentiert.

5.1 Rechtssituation an der Grenze (Europäisierungsthese)

Der basalste Einfluss auf die Kosten des Grenzübertritts ist die legale Möglichkeit, Aktivitäten auch im Nachbarland zu verfolgen. Zum Untersuchungszeitpunkt besteht diese Möglichkeit innerhalb der EU in Bezug auf alle Indikatoren. Da für Arbeitspendler nur die westeuropäischen EU-Binnengrenzen in die Untersuchung eingehen, gilt auch hier die rechtliche Möglichkeit an allen Grenzen. Wenn aber die Umstellung der Handlungsroutinen einer Trägheit unterliegt, so kommt die Dauer der Grenzöffnung als relevanter Einfluss in Betracht.

Tabelle 5.1 fasst die Dauer der rechtlichen Offenheit der Binnengrenzen in Bezug auf Warenverkehr und Arbeitnehmerfreizügigkeit zusammen, dazu ist die Dauer der gemeinsamen EU-Mitgliedschaft der beiden aneinandergrenzenden Länder ausgewiesen, die für die gemeinsame Betroffenheit durch EU-Politik relevant ist und als Einfluss auf Wahrnehmung und Identifikation in die Analyse eingeht. Die Dauer bestimmt sich als Zeitraum zwischen der Rechtssetzung und dem Jahr der Datenerhebung für die abhängige Variable (in der Tabelle 5.1 jeweils in Klammern angegeben).

Streng genommen ist allerdings die Dauer der Rechtssituation kein optimaler Indikator, sondern wir bräuchten auf Individualebene eine Information, wie lange eine Person mit der Grenzkonstellation konfrontiert ist. Dabei spielen Alter und Wohndauer an der Grenze eine Rolle. Die Umfrage in den drei Grenzregionen setzt dies mit einer Frage nach der Wohndauer an der Grenze um.

Tabelle 5.1: Politische Grenze für europäische Grenzregionen

Grenzregion	EU-Mitgliedschaft in Jahren (2006)	Freier Güter- und Warenverkehr in Jahren (2005)	Arbeitnehmerfreizügigkeit in Jahren (1999)
Belgien – Deutschland	49	26	31
Belgien – Frankreich	49	26	31
Belgien – Luxemburg	49	26	31
Belgien – Niederlande	49	26	31
Dänemark – Deutschland	33	26	26
Dänemark – Schweden	11	10	15
Deutschland – Frankreich	49	26	31
Deutschland – Luxemburg	49	26	31
Deutschland – Österreich	11	10	15
Deutschland – Polen	2	1	0
Deutschland – Tschechien	2	1	0
Deutschland – Niederlande	49	26	31
Finnland – Schweden	11	10	15
Frankreich – Italien	49	26	31
Frankreich – Spanien	20	13	6
Frankreich – Luxemburg	49	26	31
Irland – Großbritannien	33	26	31
Italien – Österreich	11	10	15
Italien – Slowenien	2	1	0
Österreich – Ungarn	2	1	0
Österreich – Slowakei	2	1	0
Österreich – Slowenien	2	1	0
Österreich – Tschechien	2	1	0
Polen – Slowakei	2	1	0
Polen – Tschechien	2	1	0
Portugal – Spanien	20	13	6
Slowakei – Tschechien	2	1	0
Slowakei – Ungarn	2	1	0

Weil die Relation jeweils symmetrisch ist, also in beide Richtungen der Grenzbeziehung identisch, ist hier jede grenzübergreifende Region nur einmal aufgeführt. Für den freien Güter- und Warenverkehr wurde das Cassis-de-Dijon-Urteil angesetzt (1979). Für Spanien und Portugal sind im Beitrittsvertrag Übergangsfristen vorgesehen. Arbeitnehmerfreizügigkeit in der EU wurde 1968 eingeführt (Pfetsch 1997: 294). Auch hier wurden für Spanien und Portugal sowie die acht mittelosteuropäischen Länder (Beitritt 2004) Übergangsfristen vereinbart.

5.2 Anreize und Kosten des Grenzübertritts (Systemintegrationsmodell)

Vereinfacht werden grenzübergreifende Interaktionen fast jeglicher Art durch eine gemeinsame Währung und eine ausgebaute Infrastruktur. Die Kenntnis der jeweiligen Nachbarsprache ist ein weiterer genereller Einfluss auf grenzübergreifende Vergesellschaftung. Die Sprachkenntnis ist als Indikator für Wahrnehmung an späterer Stelle Thema (Kap. 6.2) und wird hier nicht betrachtet. Für die wirtschaftsbezogenen Interaktionen, also Einkäufe und die Nutzung von Dienstleistungen, sind zudem die Preisniveaudifferenz und die Unterschiede im Qualitätsniveau einflussreich. In Bezug auf die Arbeitspendler sind die Lohnniveaudifferenz und die Differenz der Arbeitslosenquoten die entscheidenden Anreizunterschiede.

Betrachten wir zunächst europaweit die Makroindikatoren für die Anreizdifferenzen. Die erste Spalte in Tabelle 5.2 zeigt den Indikator für die Dichte der grenzübergreifenden Infrastruktur. Angegeben ist die Anzahl von Verkehrswegen über die Grenze pro 100 Kilometer Grenzlänge. Dabei wurden Autobahnen, Hauptverkehrsstraßen und Eisenbahnlinien gezählt, weitere größere Straßen gehen mit halbem Gewicht ein.[1] Zusätzlich ist ausgewiesen, ob beiderseits einer Grenze 2005 die gleiche Währung benutzt wurde. Das Referenzjahr aller Indikatoren ist jeweils das Jahr, für das die Indikatoren der Vergesellschaftung verfügbar sind.

Die Wohlstandsniveaudifferenz müsste sich nach der obigen Argumentation (Kap. 3.2.4) in Wertedifferenzen niederschlagen und ist hier ebenfalls ausgewiesen. Die wirtschaftlichen Indikatoren gehen nicht als absolute Differenz ein, sondern als Differenz in Prozent des Inlandniveaus. Diese Relationierung repräsentiert den relativen eigenen Vorteil. Zum Beispiel ergibt sich die Differenz der Arbeitslosenquote relativ zum Inlandsniveau für die belgische Grenzregion zu Deutschland also aus der belgischen Arbeitslosenquote von 12,4 % und der deutschen von 6,7 %. Der Differenzbetrag von 5,7 entspricht 46,19 % des belgischen Niveaus, was den Wert -46,19 ergibt. Für das Preisniveau und das Lohnniveau stehen nur nationale Angaben zur Verfügung, die Arbeitslosigkeit ist aber auch als regionale Angabe (NUTS 3) verfügbar und wird hier entsprechend als um Bevölkerung gewichtetes Mittel der NUTS 3-Regionen an der Grenze angegeben.[2]

---

1 Der Unterscheidung zwischen Hauptverkehrsstraße und weiterer Straße liegt die Unterscheidung der Quelle (Meyers Großer Weltatlas. Mannheim: Bibliographisches Institut & F. A. Brockhaus AG) zugrunde. Für die Analyse der Grenzpendlerströme im Jahr 1999 wird zur Bestimmung der Infrastruktur ein Atlas aus dem Jahr 2002 genutzt (Internationaler Atlas. Die Welt in Karten. Stuttgart: RV-Atlas, 2002). Hier ist die Unterscheidung von Autobahnen und größeren Straßen möglich. Der Indikator wurde mit den Gewichten Autobahnen=4, Eisenbahnlinie=2 und Fernstraße=1 gebildet.

2 In einzelnen Fällen waren Daten nicht auf NUTS 3-Ebene verfügbar und mussten mit Daten der höheren Ebene ergänzt werden.

Tabelle 5.2 Markt- und Wohlstandsgrenze für europäische Grenzregionen

	Infrastruktur	Euro 2005	BIP-Differenz 2005	Preisniveaudifferenz 2005	Lohnniveaudifferenz 2002	Arbeitslosenquotendiff. 1999
Belgien – Deutschland	2,395	x	11,89	-1,13	12,80	-46,19
Belgien – Frankreich	2,097	x	25,93	0,00	-5,06	42,12
Belgien – Luxemburg	4,054	x	216,97	4,82	24,14	-65,22
Belgien – Niederlande	3,111	x	-15,01	-2,65	9,74	-19,62
Dänemark – Deutschland	5,882	x	-39,09	-25,29	-17,04	37,50
Dänemark – Schweden	8,889	x	-24,64	-16,00	-23,19	55,36
Deutschland – Luxemburg	2,899	x	187,00	6,02	10,05	-63,75
Deutschland – Belgien	2,395	x	-10,63	1,15	-11,35	85,83
Deutschland – Dänemark	5,882	-	64,18	33,84	20,55	-27,27
Deutschland – Frankreich	3,104	x	-10,55	1,15	-15,84	38,38
Deutschland – Niederlande	3,640	x	25,38	1,53	-2,71	52,52
Deutschland – Österreich	2,934	x	23,61	-2,39	-6,32	-51,25
Deutschland – Polen	3,728	-	-68,19	-48,09	-79,59	2,20
Deutschland – Tschechien	5,689	-	-59,00	-49,04	-79,17	13,04
Estland – Lettland	3,870	-	-40,90	-12,63	-16,46	-2,52
Finnland – Schweden	0,326	-	32,16	-3,13	3,52	-20,22

5. Grenzkonstellationen

	Infra-struktur	Euro 2005	BIP-Differenz 2005	Preisniveau-differenz 2005	Lohnniveau-differenz 2002	Arbeitslosen-quotendiff. 1999
Frankreich – Belgien	2,097	x	-20,59	0,00	-0,88	-29,64
Frankreich – Deutschland	3,104	x	11,79	-1,13	11,81	-26,68
Frankreich – Italien	2,664	x	19,58	-1,32	-11,43	-48,20
Frankreich – Luxembourg	6,849	x	143,88	-4,82	30,76	-80,77
Frankreich – Spanien	2,568	x	-8,37	-16,16	-27,72	8,33
Irland – Grpßbritannien	1,944	-	-28,97	-10,53	17,09	-11,87
Italien – Frankreich	2,664	x	-16,38	1,34	12,91	93,04
Italien – Österreich	2,093	x	3,97	-2,20	25,67	-47,44
Italien – Slowenien	3,879	-	-47,86	-29,41	-48,40	18,31
Lettland – Estland	0,885	-	69,23	14,46	36,46	2,59
Lettland – Litauen	1,325	-	53,55	-3,05	13,30	5,83
Litauen – Lettland	1,325	-	-34,87	3,15	-11,74	-5,51
Litauen – Polen	2,198	-	16,87	14,08	72,45	-20,75
Luxemburg – Belgien	4,054	x	-68,45	-4,60	-19,45	187,50
Luxemburg – Deutschland	2,899	x	-65,16	-5,68	-9,13	152,59
Luxemburg – Frankreich	6,849	x	-59,00	-4,60	-23,52	420,01
Niederlande – Belgien	3,111	x	17,66	2,72	-8,87	24,41
Niederlande – Deutschland	3,640	x	-20,24	1,55	2,79	110,63

	Infra-struktur	Euro 2005	BIP-Differenz 2005	Preisniveau-differenz 2005	Lohnniveau-differenz 2002	Arbeitslosen-quotendiff. 1999
Österreich – Deutschland	2,934	x	-19,10	2,45	6,75	105,12
Österreich – Italien	2,093	x	-3,81	2,25	-20,43	90,28
Österreich – Slowakei	3,297	-	-5,92	-51,52	-82,40	155,16
Österreich – Slowenien	3,333	-	-54,23	-27,82	-65,24	123,56
Österreich – Tschechien	3,315	-	-49,36	-47,80	-77,76	108,48
Österreich – Ungarn	3,005	-	-55,19	-43,68	-81,79	6,08
Polen – Deutschland	3,728	-	214,37	92,63	390,06	-2,15
Polen – Litauen	2,198	-	-14,44	-12,34	-42,01	26,19
Polen – Slowakei	0,901	-	-11,98	-8,84	-19,20	78,97
Polen – Tschechien	1,976	-	34,94	-1,84	2,08	-7,18
Portugal – Spanien	1,071	x	66,39	3,62	54,78	306,30
Schweden – Dänemark	8,889	-	32,39	19,05	30,20	-35,63
Schweden – Finnland	0,326	-	-24,33	3,23	-3,40	25,34
Slowakei – Österreich	3,297	-	6,30	106,26	468,19	-60,81
Slowakei – Polen	0,901	-	13,61	9,70	23,77	-44,12
Slowakei – Tschechien	6,047	-	33,03	7,68	26,34	-37,82
Slowakei – Ungarn	1,920	-	29,10	16,16	3,47	-55,69
Slowenien – Italien	3,448	-	91,78	41,66	128,90	-15,48

5. Grenzkonstellationen

	Infra-struktur	Euro 2005	BIP-Differenz 2005	Preisniveau-differenz 2005	Lohnniveau-differenz 2002	Arbeitslosen-quotendiff. 1999
Slowenien – Österreich	3,333	-	118,51	38,53	187,66	-55,27
Slowenien – Ungarn	1,961	-	-19,73	-21,98	-47,62	-31,08
Spanien – Frankreich	2,568	x	9,14	19,28	38,34	-7,69
Spanien – Portugal	1,071	x	-39,90	-3,49	-35,39	-75,39
Tschechien – Deutschland	3,870	-	143,86	96,25	380,08	-11,53
Tschechien – Österreich	3,315	-	97,46	91,56	349,73	-52,03
Tschechien – Polen	1,976	-	-25,89	1,88	-2,04	7,74
Tschechien – Slowakei	6,047	-	-24,83	-7,13	-20,85	60,83
Großbritannien – Irland	1,944	-	40,79	11,76	-14,60	13,47
Ungarn – Österreich	3,005	-	123,16	77,57	449,13	-5,73
Ungarn – Slowakei	1,920	-	-22,54	-13,91	-3,36	125,67
Ungarn – Slowenien	1,961	-	24,57	28,17	90,89	45,10

Quellen zu Tabelle 5.2: Infrastruktur Straßen: Meyers Großer Weltatlas. Der Atlas für das 21. Jahrhundert. 9., aktualisierte und erweiterte Aufl., Mannheim: Bibliographisches Institut & F. A. Brockhaus AG; Quelle Eisenbahnlinien: Koch, Karl-Wilhelm (Hg.): Eisenbahnatlas Europa. München: GeraMond Verlag 2006. BIP: (Bruttoinlandsprodukt des Nachbarlandes abzgl. Bruttoinlandprodukt des Inlandes) geteilt durch Bruttoinlandsprodukt des Inlandes (in Prozent), regionalisierte Daten für 2005, Eurostat, Zugriff: 27.3.2007. Preisniveau: (Preisniveau des Nachbarlandes abzgl. Preisniveau des Inlandes) geteilt durch Preisniveau des Inlandes (in Prozent), Preisniveau tatsächlicher Verbrauch, nationale Daten für 2005, Eurostat, Zugriff: 20.3.2008. Lohndifferenz: (Lohnniveau des Nachbarlandes abzgl. Lohnniveaus des Inlandes) geteilt durch Lohnniveau des Inlandes (in Prozent), nationale Daten für 2002, Eurostat, Zugriff 6.8.2007 (jeweils verfügbare Daten, die dem Referenzjahr 1999 am nächsten sind). Arbeitslosigkeit: (Arbeitslosenquote des Nachbarlandes abzgl. Arbeitslosenquote des Inlandes) geteilt durch Arbeitslosenquote des Inlandes (in Prozent), regionalisierte Daten für 1999, Eurostat, Zugriff 7.11.2007.

Eine Reihe der hier betrachteten Variablen sind ihrem Charakter nach Makrovariablen, die sich nicht sinnvoll in eine Mikroperspektive übersetzen lassen. So ist die Dauer der Grenzöffnung oder die gemeinsame Währung ein Faktum, das in der subjektiven Wahrnehmung nicht wesentlich anders sein wird. Preisniveauunterschiede, dann auch konkretisiert für bestimmte Produkte, sind aber durchaus abhängig von der persönlichen Kompetenz, vielleicht auch von pauschalen Eindrücken. Daher wurde in der schriftlichen Befragung in den drei deutschen Grenzregionen die Einschätzung von Unterschieden bei Preisen und Qualität abgefragt.

Für die Produkte und Dienstleistungen, die als Indikatoren dienen (vgl. Kap. 3.4.2), wurde jeweils gefragt, wo sie zu günstigeren Preisen und zu besserer Qualität erhältlich sind.[1] Die Frageformulierung impliziert also die grundsätzliche Zugänglichkeit. Zur Beantwortung war eine siebenstufige Skala vorgegeben. Positive Zahlen stehen für günstigere Bedingungen (billigere Preise, bessere Qualität) im Nachbarland, während negative Zahlen für günstigere Bedingungen auf der deutschen Seite der Grenze stehen. Die durchweg positiven Mittelwerte für Frankfurt/O. in Tabelle 5.3 bedeuten also, dass nach Einschätzung der Befragten alle Produkte und Dienstleistungen im Nachbarland günstiger zu bekommen sind, während die Saarbrücker der Ansicht sind, nur Autokraftstoff und Handwerker seien in Frankreich billiger und alle anderen Produkte und Dienstleistungen im Nachbarland teurer.

---

1 Die Kenntnisse von Preisen und Qualität müssen nicht sehr genau oder gar zutreffend sein. Konsumenten sind durchweg ausgesprochen schlecht informiert über die Angebote auf dem Markt (Wilkie 1986: 60). Pauschale Eindrücke reichen vollkommen für die Entscheidungsfindung.

Tabelle 5.3: Preisunterschiede in drei deutschen Grenzregionen (Einschätzung durch Befragte)

	Frankfurt/O.		Saarbrücken		Passau	
	arithm. Mittel	Standard- abwei- chung	arithm. Mittel	Standard- abwei- chung	arithm. Mittel	Standard- abwei- chung
Tanken	2,75	0,98	0,90	1,78	2,95	0,36
Kleidung	1,59	1,38	-0,79	1,58	-0,46	1,20
Gebrauchtwagen	1,09	1,49	-0,32	1,53	0,14	1,23
Friseur	2,49	1,02	-0,80	1,48	-0,31	0,98
Restaurant	2,51	0,93	-0,39	1,40	0,13	1,19
Handwerker	1,73	1,042	0,35	1,48	0,06	1,06

Quelle: Eigene Befragung.

Tabelle 5.4 weist nach der gleichen Logik die eingeschätzten Qualitätsunterschiede aus. Hier bedeuten negative Zahlen die Unterstellung einer besseren Qualität im deutschen Inland, positive Werte stehen für eine unterstellte bessere Qualität im Nachbarland. Während in Polen und Frankreich durchweg eine schlechtere Qualität erwartet wird, sind die eingeschätzten Unterschiede an der Grenze zu Österreich uneinheitlich.

Tabelle 5.4: Qualitätsunterschiede in drei deutschen Grenzregionen (Einschätzung durch Befragte)

	Frankfurt/O.		Saarbrücken		Passau	
	arithm. Mittel	Standard abwei- chung	arithm. Mittel	Standard abwei- chung	arithm. Mittel	Standard abwei- chung
Tanken	-0,66	1,34	-0,26	0,95	0,19	0,83
Kleidung	-0,90	1,35	-0,48	1,31	-0,11	0,86
Gebrauchtwagen	-0,91	1,41	-0,63	1,20	-0,08	0,69
Friseur	-0,22	1,27	-0,40	1,14	-0,18	0,94
Restaurant	-0,29	1,22	0,57	1,46	0,48	1,14
Handwerker	-0,22	1,04	-0,39	1,03	-0,06	0,72

Quelle: Eigene Befragung.

Nun ließe sich erwarten, dass bessere Qualität zu höheren Preisen führt und dementsprechend Qualitätseinschätzung und Preiseinschätzung negativ korrelieren.

Das ist aber nicht der Fall, denn für alle Produkte und Dienstleistungen bleibt der Zusammenhang insignifikant (10%-Niveau).

5.3 Vertrauensgrenze

Nach dem Minimalkonsensmodell ist das Vertrauen in eine angemessene Konfliktregelung entscheidend. Als Konfliktregelungsinstanzen, denen zu vertrauen ist, kommen zunächst die Beteiligten selbst in Frage, wenn sie sich auf einen Kompromiss oder auf eine Aushandlung der Gegensätze einlassen. Als externer Streitschlichter sind in modernen Gesellschaften die Gerichte entscheidend.

5.3.1 Vertrauensdifferenzen in Europas Grenzregionen

Die Datenlage für den Minimalkonsens ist bezogen auf die europäischen Grenzregionen ausgesprochen ungünstig. Es gibt keine vergleichenden Daten zu der Frage, in welchem Ausmaß Gerichten in Nachbarländern (oder sonstigem Ausland) vertraut wird.[2] Dagegen liegen zumindest für die alten Mitgliedsländer der EU Daten vor, in welchem Ausmaß Menschen anderer Länder vertraut wird. Vertrauen in dieser ganz allgemeinen Form ist ein recht guter Indikator für das Minimalkonsensmodell, weil es die verallgemeinerte Unterstellung einer verlässlichen Art des Umgangs abbildet.[3]

Im EB 47.0 von 1997 findet sich die Frage, in welchem Maße Menschen einzelner Mitgliedsländer der EU jeweils vertraut wird. Es gab zwei Antwortmöglichkeiten: den Menschen des anderen Landes tendenziell zu vertrauen oder ihnen tendenziell nicht zu vertrauen.[4] Die Menschen in Europa sind in sehr unterschiedlichem Maße bereit, Vertrauen zu schenken. Dies wird deutlich an dem Vertrauen, was Menschen allgemein bzw. den Mitbürgern des eigenen Landes zugestanden wird (vgl. z.B. Delhey/Newton 2005). Hier ist aber nicht das Vertrauen als absolutes Niveau interessant, sondern der Vergleich zwischen Inland und Nachbarland. Für die grenzübergreifende Integration ist ausschlaggebend, auf welcher Seite der Grenze

---

2 Das Vertrauen in die supranationale Gerichtsbarkeit, den Europäischen Gerichtshof der EU oder den Europäischen Gerichtshof für Menschenrechte, ist in diesem Fall kein adäquater Ersatz, weil diese Instanzen nur in seltenen Ausnahmefällen einbezogen werden können.

3 Die sozialwissenschaftliche Literatur zu Vertrauen ist mittlerweile recht umfangreich. Vgl. u.a. Gambetta (1990), Luhmann (1989), Petermann (1996), Seligman (1997), Sell (2004), Sztompka (1999) und Wesener (2006).

4 Für Auswertungen dieser Daten vgl. auch Delhey (2004b; 2004c).

eher von einem Minimalkonsens ausgegangen wird. In die Messung wird dies aufgenommen durch eine Differenzbildung. Das Maß für den grenzübergreifenden Minimalkonsens ist der Anteil von Menschen, die den Menschen im Nachbarland tendenziell vertrauen, abzüglich des Anteils derer, die den Inländern tendenziell vertrauen. Der so gewonnene Wert zeigt das Vertrauensgefälle bzw. den Vertrauensanstieg an der jeweiligen Grenze an.

Da nur in den alten Mitgliedsländern befragt wurde und auch nur das Vertrauen in Menschen bestimmter Länder (im Wesentlichen die EU-15-Mitgliedsländer) Gegenstand der Frage war, sind nur für 38 der insgesamt 64 Grenzregionen Daten verfügbar. Tabelle 5.5 zeigt den Vertrauensunterschied für die europäischen Grenzregionen der EU-15-Länder.

Auf den ersten Blick ist deutlich, dass die Menschen in fast allen Fällen den Mitbürgern des eigenen Nationalstaates mehr vertrauen als den Menschen im Nachbarland. Nur in zwei Fällen wird den Nachbarn mehr vertraut als den eigenen Mitbürgern (Vertrauen der Belgier in die Luxemburger und Vertrauen der Schweden in die Dänen). Das stärkste Vertrauensgefälle ist am ehemaligen Eisernen Vorhang zu finden. Alle vier westeuropäischen Grenzregionen an der Grenze zu ehemaligen Ländern des Ostblocks stehen am Ende der Tabelle. Dieser so deutliche Befund ist aber mit Vorsicht zu sehen und verweist auf eine Schwäche der Daten. Die Befragung wurde 1997 durchgeführt. Grundsätzlich dürften zwar die Einschätzungen von Menschen in anderen Ländern recht stabil sein, doch es ist zumindest fraglich, ob dies auch für die Beziehungen über den ehemaligen Eisernen Vorhang gilt. Mit dem Wegfall der Trennung Europas sind Begegnungen möglich geworden, die vormals starr getrennten Nachbarn konnten einander besser kennen lernen. Der Einfluss dieser Entwicklung auf das Vertrauen in Menschen im Nachbarland ist unklar, doch eine Änderung wäre zumindest gut denkbar.

Grenzübergreifende Regionen mit einem nur kleinen Vertrauensgefälle in die eine *und* andere Richtung sind selten. Vertrauensdifferenzen unter zehn Prozentpunkten in beide Richtungen der Grenze gibt es nur zwischen den skandinavischen Ländern Schweden, Finnland und Dänemark sowie zwischen Deutschland und Österreich.

Tabelle 5.5: Vertrauen in europäischen Grenzregionen

	Vertrauensunterschied
Belgien – Luxemburg	3,6
Schweden – Dänemark	0,8
Schweden – Finnland	-0,5
Dänemark – Schweden	-4,4
Italien – Frankreich	-4,6
Frankreich – Luxemburg	-4,8
Finnland – Schweden	-6,1
Deutschland – Dänemark	-6,6
Deutschland – Luxemburg	-6,9
Frankreich – Belgien	-7,4
Österreich – Deutschland	-9,2
Deutschland – Österreich	-9,9
Italien – Österreich	-11,5
Deutschland – Niederlande	-12,2
Niederlande – Belgien	-12,9
Belgien – Frankreich	-13,2
Deutschland – Frankreich	-13,4
Dänemark – Deutschland	-13,6
Deutschland – Belgien	-14,9
Belgien – Niederlande	-15,0
Luxemburg – Deutschland	-17,9
Belgien – Deutschland	-18,4
Großbritannien – Irland	-19,2
Frankreich – Spanien	-19,5
Niederlande – Deutschland	-20,3
Luxemburg – Frankreich	-20,6
Frankreich – Deutschland	-21,3

	Vertrauensunterschied
Irland – Großbritannien	-26,1
Spanien – Portugal	-26,4
Frankreich – Italien	-28,0
Luxemburg – Belgien	-32,1
Spanien – Frankreich	-37,3
Portugal – Spanien	-40,2
Österreich – Italien	-46,6
Deutschland – Tschechien	-47,0
Österreich – Ungarn	-49,4
Österreich – Tschechien	-67,7
Deutschland – Polen	-68,4

Quelle: EB 47.0, eigene Berechnung.

Die Vertrauensdifferenz zwischen Vertrauen in die Inländer und Vertrauen in die Menschen des Nachbarlandes ist der einzige Indikator für das Minimalkonsensmodell, der für die europaweite Analyse zur Verfügung steht.[5]

5.3.2 Vertrauensdifferenzen in drei deutschen Grenzregionen

In der schriftlichen Umfrage an den drei deutschen Außengrenzen konnte das Minimalkonsensmodell etwas präziser abgefragt werden. Wiederum geht es um die Konfliktregelung untereinander und die Konfliktregelung durch andere. Für die zwischenmenschliche Konfliktregelung im allgemeinsten Sinne wurde ähnlich wie im EB nach dem Vertrauen in die Menschen des Nachbarlandes gefragt. Allerdings ist die Frage vergleichend gestellt. Eingeschätzt werden sollte, ob man den Menschen im Nachbarland eher vertrauen könne als den Deutschen oder umgekehrt. Alternativ konnte geantwortet werden, dass man beiden trauen oder beiden nicht trauen könne. Damit ist die Messung genauer als im Vorgehen des EB, weil durchaus denkbar ist, dass Befragte zwar den Menschen auf beiden Seiten der Grenze grundsätzlich vertrauen, aber dennoch einen Unterschied machen. Die hier gestellte Frage bildet diesen Unterschied ab. Diese Frage ergibt eine dreistufige Variable, die höheres Vertrauen in die Menschen des Nachbarlandes mit einer 1 markiert, höheres Vertrauen in die Deutsche mit -1 und die beiden Antwortoptionen, die keinen Unterschied machen, mit einer 0.

---

5 Bei der Untersuchung von Einkäufen im Nachbarland steht aus der für diese Frage herangezogenen EB-Umfrage ein weiterer Indikator zur Verfügung. Vgl. die Analyse dort (Kap. 7.1.2).

In der Vertrauenswürdigkeit machen die Befragten durchweg kaum einen Unterschied zwischen Deutschen und Menschen aus dem Nachbarland (vgl. Tab. 5.6, erste Zeile). 86 % der Befragten über alle Regionen geben an, dass sie Deutschen und ihren ausländischen Nachbarn in gleichem Maße (nicht) vertrauen. Wird dagegen ein Unterschied gemacht, so liegen die Deutschen deutlich vorn. Die Unterschiede an den drei Grenzen sind erheblich. Während in Frankfurt/O. und Saarbrücken eher den Deutschen vertraut wird, haben die Passauer ein größeres Vertrauen in die Österreicher.

Tabelle 5.6: Vertrauensunterschiede in drei deutschen Grenzregionen (in % der Befragten)

	Frankfurt/O. größeres Vertrauen in			Saarbrücken größeres Vertrauen in			Passau größeres Vertrauen in		
	In-land	beide gleich	NBL	In-land	beide gleich	NBL	In-land	beide gleich	NBL
Vertrauen allgemein	12,7	85,2	2,1	10,7	85,2	4,1	4,7	88,3	7,0
Produkt umtauschen (Kulanzleistung)	73,5	23,7	2,8	64,0	35,1	0,9	27,7	65,6	6,6
Handwerker bessern nach	20,0	56,6	23,1	25,0	65,4	9,5	11,1	80,0	8,8
Defektes Produkt umtauschen (Garantie)	76,3	22,8	0,9	57,8	40,4	1,8	27,8	66,0	6,2
Gerechtes Gerichtsverfahren	52,6	46,6	0,8	31,4	62,7	5,9	16,9	78,7	4,4

Quelle: Eigene Ergebung. NBL - Nachbarland.

Mit der Zurechnung von persönlichen Eigenschaften, die für Vertrauenswürdigkeit wichtig sind, ist nur ein Aspekt des Minimalkonsensmodells erfasst. In modernen Gesellschaften werden Konflikte, die sich nicht zwischenmenschlich lösen lassen, institutionell bearbeitet, abgesichert durch das Gewaltmonopol des Staates. Dieser Aspekt wurde in drei Fragen aufgenommen, die sich auf mehr oder minder institutionalisierte Konfliktlösungsmechanismen beziehen. Die erste Frage bezieht sich auf das Umtauschen von Produkten, wenn sie einem nicht gefallen. Dieser Umtausch wäre eine Kulanzleistung, die allerdings weit verbreitet ist. Die Befragten sollten angeben, ob dies nach ihrer Einschätzung in Deutschland oder im Nachbarland leichter sei. Zusätzlich gab es die Antwortmöglichkeiten, es sei in beiden Ländern schwierig oder beiden Ländern kein Problem. Die analoge Frage bezogen auf Handwerker galt der Bereitschaft nachzubessern, wenn man mit der Leistung nicht zufrieden ist. Im zweiten Schritt wurde ein ähnlicher Vergleich gefordert, nun ging es aber um das Einlösen einer Garantie bei einem defekten Produkt. Das dritte Thema ist ein Gerichtsverfahren mit der Frage, wo das gerechtere Urteil zu erwarten ist.

Bei keiner der vier Fragen wird das Nachbarland häufiger vorgezogen als das Inland (vgl. Tab. 5.6). Dabei sind die Befragten durchweg sehr optimistisch, ihre Interessen durchsetzen zu können. Wenn beide Länder gleich bewertet werden, so liegt das ganz überwiegend daran, dass in beiden Ländern gute Chancen auf eine angemessene Behandlung gesehen werden. Wiederum zeigen sich deutliche Unterschiede zwischen den Grenzregionen. Die Passauer sind mit Blick auf ihre Nachbarn am zuversichtlichsten, angemessen behandelt zu werden. Bei diesen Fragen schlägt sich dies vor allem in der Haltung nieder, dass es zwischen beiden Ländern keinen Unterschied gäbe. Die Österreicher werden nur selten vorgezogen. Die Saarbrücker dagegen sehen vor allem bei Umtausch und der Einlösung von Garantien weit bessere Aussichten auf der deutschen Seite. In Frankfurt/O. zeigen die Menschen in Bezug auf die Polen eine breite Skepsis. Dieses Muster hat aber eine bemerkenswerte Ausnahme. Handwerker aus Polen haben einen guten Ruf. Von den Befragten, die bei der Wahrscheinlichkeit des Nachbesserns einen Unterschied zwischen beiden Ländern machen, sind mehr der Ansicht, bei den Polen mit eventuellen Nachforderungen Gehör zu finden.

5.4 Wertegrenze

Die Vermessung von grundlegenden Werten und Werteunterschieden stellt für die quantitative Sozialforschung eine Herausforderung dar (Deth/Scarbrough 1995; Haller 2002; Hitlin/Piliavin 2004; Klein/Arzheimer 1999; Thome 2001). Das Wertekonsensmodell ist im Gegensatz zum Minimalkonsensmodell inhaltlich offen. Die Übereinstimmung bei den grundlegenden Werten allgemein soll einflussreich sein, doch welche Werte wichtig sind, bleibt unklar. Für einen allgemeinen Index der Werteähnlichkeit muss deshalb eine Auswahl aus dem Universum möglicher relevanter Werte getroffen werden (Kap. 5.4.1). Ausgehend von dieser Auswahl wird ein Verfahren zur Berechnung des Index der Werteähnlichkeit vorgestellt. Europaweit ist die Datengrundlage das European Social Survey (Kap. 5.4.2). Die Darstellung der Messung in den deutschen Grenzregionen schließt sich an (Kap. 5.4.3).

5.4.1 Auswahl relevanter Werte

Ein Wertekonsens gilt in einer ganzen Reihe von Theorietraditionen als Bedingung für Integration. Auf welche Werte sich dieser Konsens genau beziehen muss, ist dabei nicht immer klar. Um den Theorien, insbesondere Parsons' Theorie, gerecht zu werden, wäre in der empirischen Analyse ein ganzes Werteuniversum, bezogen auf die unterschiedlichsten Themen und Lebensbereiche, zu erheben. Für die Bestimmung eines umfassenden Werteuniversums hat Shalom Schwartz einen Vorschlag formuliert. Schwartz interessiert sich für die Ausprägung von Werten im interkulturellen Vergleich. Dazu hat er ein System von zehn grundlegenden Werttypen vorgeschlagen. Werttypen sind jeweils Sätze von Werten, die auf ein ähnliches Bedürfnis bzw. ähnliche Bedürfnisse zurückgehen und bei Individuen ähnlich ausgeprägt sind. So gehören zum Beispiel die Werte Kreativität und persönliche Freiheit beide zum Werttyp Selbstständigkeit (Self-Direction). Daher ist die Vorhersage von Schwartz, dass Personen, die persönliche Freiheit hoch schätzen, auch Kreativität hoch schätzen werden. Die Werttypen sind in Tabelle 5.7 (Spalte 2 bis 4) zusammengestellt.

Schwartz geht aus von drei grundsätzlichen Bezugspunkten für Bedürfnisse: „needs of individuals as biological organisms, requisites of coordinated social interaction, and survival and welfare needs for groups" (Schwartz 1992: 4; vgl. auch Schwartz/Bilsky 1987; 1990). Die Werttypen ergeben sich nun aus unterschiedlichen Kombinationen dieser Bedürfnisse. Bezugspunkte für Schwartz sind unter anderem die Werke von Freud, Maslow, Durkheim und Parsons (Schwartz 1992: 5ff.). Damit sind die Werttypen nicht vollständig aus der Luft gegriffen, auch wenn die Unterstellung von Bedürfnissen und anthropologischen Konstanten immer problematisch bleiben muss. Schwartz argumentiert, mit seinen zehn Werttypen das menschliche Wertespektrum vollständig abzubilden (Schwartz 1992: 37). Schwartz hat seine These des kulturübergreifenden Wertesystems in einer Reihe von nicht-repräsentativen Umfragen in ganz verschiedenen Ländern und Kulturkreisen getestet (Schwartz 1994).[6] Mittels einer multidimensionalen Skalierung

---

6 Schwartz hat zahlreiche Studien durchgeführt und vielfältig ausgewertet (vgl. auch Schwartz/Paul 1992; Schwartz 2001; Schwartz/Sagie 2000; Schwartz/Sagiv 1995). Das zunächst im deutsch-israelischen Vergleich entworfene Modell (Schwartz/Bilsky 1987) wurde auf der Basis von

zeigen Schwartz und Kollegen die Ähnlichkeit der Ausprägungen von Werten, die demselben Werttyp zugerechnet werden (Schwartz 1992: 23ff.; auch Schwartz 1994:30ff.; Schwartz/Sagiv 1995).

Schwartz unterstellt zusätzlich Beziehungen zwischen den Werttypen. So sind beispielsweise Hedonismus und Stimulation als veränderungsorientierte Werttypen miteinander kompatibel und stehen tendenziell in Konflikt mit Werttypen, die auf Konstanz ausgerichtet sind (Tradition und Konformität, vgl. Schwartz 1992: 13ff.). Aus diesen Überlegungen ergeben sich Wertdimensionen, also Zusammenfassungen von Werttypen (vgl. Tab. 5.7, Spalte 1), die sich ebenfalls durch eine multidimensionale Skalierung überprüfen lassen. Auch diese Thesen bewähren sich weitgehend in Schwartz' Untersuchungen.

Die Replikation von Schwartz' Untersuchung mit den repräsentativen Samples des ESS bereitet allerdings Schwierigkeiten. Mohler und Wohn (2005) können für die verschiedenen Länder nicht in allen Fällen die Werttypen als eindeutig getrennte Bereiche identifizieren. Die deutlichsten Abweichungen gibt es aber für die Konkurrenzen und Kompatibilitäten der einzelnen Werttypen. „Insgesamt zeigte sich in keiner MDS [Multidimensionale Skalierung, J.R.] Grafik der 19 untersuchten Länder die Reihenfolge der Wertetypen, wie sie im theoretischen Wertesystem unterstellt wurde" (Mohler/Wohn 2005: 16).[7]

---

zusätzlichen Ländersamples modifiziert (Schwartz/Bilsky 1990) und blieb dann bei weiteren Überprüfungen unverändert. Der Versuch, einen eigenen Werttyp Spiritualität einzuführen, hat sich nicht bewährt (Schwartz 1992).

7 Davidov und Kollegen (2007) können ebenfalls die zehn Dimensionen nicht reproduzieren. Allerdings sollte man im Blick haben, dass Schwartz und Kollegen die Universalität des Wertesystems ebenfalls nicht als ausnahmslos gültig proklamieren. Sie argumentieren vielmehr, dass sich in den meisten von ihnen untersuchten Samples die Werttypen und ihre Lage zueinander mit relativ geringen Abweichungen findet (Schwartz/Sagiv 1995).

Tabelle 5.7: Definitionen von Wertetypen in Bezug auf ihre Ziele und die Einzelwerte, die sie darstellen (nach Schwartz)

Wertesystem	Typ	Definition	Wert	Operationalisierung im ESS*
Offenheit für Veränderungen	Selbstbestimmung (self-direction)	unabhängiges Denken und Handeln (auswählen, gestalten, untersuchen)	Kreativität, Freiheit, unabhängig, neugierig, eigene Ziele wählen	*Kreativität* Es ist ihm wichtig, neue Ideen zu entwickeln und kreativ zu sein. Er macht Sachen gerne auf seine eigene originelle Art und Weise. *Unabhängigkeit* Es ist ihm wichtig, selbst zu entscheiden, was er tut. Er ist gerne frei und unabhängig von anderen.
Offenheit für Veränderungen	Stimulation (stimulation)	Exaltiertheit, Neuheit und Herausforderung im Leben	riskieren, ein abwechslungsreiches, aufregendes Leben	*Abwechslungsreichtum* Er mag Überraschungen und hält immer Ausschau nach neuen Aktivitäten. Er denkt, dass im Leben Abwechslung wichtig ist. *Aufregendes Leben* Er sucht das Abenteuer und geht gerne Risiken ein. Er will ein aufregendes Leben haben.

5. Grenzkonstellationen

Werte-system	Typ	Definition	Wert	Operationalisierung im ESS*
Offenheit für Veränderungen/Selbstverwirklichung	Hedonismus (hedonism)	Freude und sinnliche Befriedigung des Selbst	Freude, Lebensgenuss	*Spaß* Es ist ihm wichtig, Spaß zu haben. Er gönnt sich selbst gerne etwas. *Leben genießen* Er lässt keine Gelegenheit aus, Spaß zu haben. Es ist ihm wichtig, Dinge zu tun, die ihm Vergnügen bereiten.
Selbstverwirklichung	Erfolg (achievement)	persönlicher Erfolg durch Kompetenzdemonstration in Bezug auf soziale Standards	erfolgreich, leistungsfähig, ehrgeizig, einflussreich	*Anerkennung* Es ist ihm wichtig, seine Fähigkeiten zu zeigen. Er möchte, dass die Leute bewundern, was er tut. *Erfolg* Es ist ihm wichtig, sehr erfolgreich zu sein. Er hofft, dass die Leute seine Leistungen anerkennen.

Werte-system	Typ	Definition	Wert	Operationalisierung im ESS*
Selbstver-wirkli-chung	Macht (power)	sozialer Status und Prestige, Kontrolle oder Dominanz über Menschen und Ressourcen	soziale Macht, Autorität, Wohlstand	*Wohlstand* Es ist ihm wichtig, reich zu sein. Er möchte viel Geld haben und teure Sachen besitzen. *Autorität* Es ist ihm wichtig, dass andere ihn respektieren. Er will, dass die Leute tun, was er sagt.
Bewahren	Sicherheit (security)	Sicherheit, Harmonie und Stabilität von Gesellschaft, Beziehungen und dem Selbst	Familienzu-gehörigkeit, Sozialversiche-rung, Sozial-ordnung, unbeschränkt, Wechselwir-kung von Gefälligkeit	*Familiäre Sicherheit* Es ist ihm wichtig, in einem sicheren Umfeld zu leben. Er vermeidet alles, was *seine Sicherheit gefährden könnte*. *Nationale Sicherheit* Es ist ihm wichtig, dass der Staat seine persönliche Sicherheit vor allen Bedrohungen gewährleistet. Er will einen starken Staat, der seine Bürger verteidigt.

5. Grenzkonstellationen

Werte-system	Typ	Definition	Wert	Operationalisierung im ESS*
Bewahren	Konformität (conformity)	Unterdrückung von Handlungen, die andere erschüttern oder schädigen und soziale Erwartungen oder Normen verletzen	Selbstdisziplin, folgsam, Höflichkeit, Eltern und Ältere achten	*Gehorsam* Er glaubt, dass die Menschen tun sollten, was man Ihnen sagt. Er denkt, dass Menschen sich immer an Regeln halten sollten, selbst wenn es niemand sieht. *Anständiges Benehmen* Es ist ihm wichtig, sich jederzeit korrekt zu verhalten. Er vermeidet es, Dinge zu tun, die andere Leute für falsch halten könnten.
Bewahren	Tradition (tradition)	Respekt, Verpflichtung and Akzeptanz gegenüber Kunden und Ideen, die Traditionskultur oder Religion unterstützen	Akzeptanz des Eigenanteils im Leben, bescheiden, gläubig, Respekt für Tradition, moderat	*Mäßigung* Es ist ihm wichtig, zurückhaltend und bescheiden zu sein. Er versucht, die Aufmerksamkeit nicht auf sich zu lenken. *Respekt vor Traditionen* Tradition ist ihm wichtig. Er versucht, sich an die Sitten und Gebräuche zu halten, die ihm von seiner

Werte-system	Typ	Definition	Wert	Operationalisierung im ESS*
				Religion oder seiner Familie überliefert wurden.
Transzendenz	Wohltätigkeit (benevolence)	Bewahrung und Verbesserung des Gemeinwohls von Leuten, mit denen man regelmäßig in Kontakt steht	hilfsbereit, ehrlich, nachsichtig, loyal, verantwortlich	*Loyalität* Es ist ihm wichtig, seinen Freunden gegenüber loyal zu sein. Er will sich für Menschen einsetzen, die ihm nahe stehen. *Hilfsbereitschaft* Es ist ihm sehr wichtig, den Menschen um ihn herum zu helfen. Er will für deren Wohl sorgen.
Transzendenz	Vielseitigkeit (universalism)	Verständnis, Wertschätzung, Toleranz und Schutz der Wohlfahrt aller Menschen sowie	großzügig, Weisheit, soziale Gerechtigkeit, Gleichheit, Weltfrieden	*Gleichheit* Er hält es für wichtig, dass alle Menschen auf der Welt gleich behandelt werden sollten. Er glaubt, dass jeder Mensch im Leben gleiche Chancen haben sollte

5. Grenzkonstellationen

Wertesystem	Typ	Definition	Wert	Operationalisierung im ESS*
		der Natur	den, Welt der Schönheit, …	*Toleranz* Es ist ihm wichtig, Menschen zuzuhören, die anders sind als er. Auch wenn er anderer Meinung ist als andere, will er die anderen trotzdem verstehen.
Transzendenz *(Fortsetzung)*	Vielseitigkeit (universalism) *(Fortsetzung)*	*(s.o.)*	… Einheit mit der Natur, die Umwelt schützen	*Umweltschutz* Er ist fest davon überzeugt, dass die Menschen sich um die Natur kümmern sollten. Umweltschutz ist ihm wichtig.

* Die Frageformulierung im ESS (deutscher Fragebogen) lautete: „Im Folgenden beschreibe ich Ihnen einige Personen. Bitte benutzen Sie Liste 87 und sagen Sie mir, wie ähnlich oder unähnlich Ihnen die jeweils beschriebene Person ist." Es folgten die in der Spalte genannten Beschreibungen (ohne Überschrift) mit den sieben Antwortmöglichkeiten: ist mir sehr ähnlich, ist mir ähnlich, ist mir etwas ähnlich, ist mir nur ein kleines bisschen ähnlich, ist mir nicht ähnlich, ist mir überhaupt nicht ähnlich. Die genannten Fragen wurden jeweils in der weiblichen oder männlichen Form gestellt.

Die Beurteilung von Schwartz' Werteuniversum fällt ambivalent aus. Die Stärke ist die systematische Herleitung unterschiedlicher Bereiche, für die Menschen Werthaltungen haben. In der Tendenz bestätigt sich diese Annahme. Zumindest die allgemeineren Wertdimensionen lassen sich in den repräsentativen Daten für Europa gut reproduzieren. Die Werttypen entsprechen dagegen nur zum Teil den auffindbaren Mustern. In zahlreichen Ländern fallen einzelne oder auch mehrere Werte nicht in erwarteter Weise zusammen. Damit wäre eine Zusammenfassung der einzelnen gemessenen Werte entsprechend der Vorgaben von Schwartz nicht angemessen.

Hier wird ein Mittelweg gewählt. Für die Befragung in den deutschen Grenzregionen bieten die Schwartz'schen Werttypen eine gut geeignete Grundlage. Die Werttypen haben sich für Deutschland im Grundsatz bewährt (Mohler/Wohn 2005: 12), allerdings ergeben sich aus einer Hauptkomponentenanalyse Hinweise auf sinnvolle Modifikationen. Davon ausgehend wird eine etwas modifizierte Fassung der Werteerhebung für die drei deutschen Grenzregionen entwickelt (Kap. 5.4.3). Für die europaweite Bestimmung des Index der Werteähnlichkeit steht nur die Implementation im ESS zur Verfügung. Ausgangspunkt für den Index, der den grundlegenden und allgemeinen Wertekonsens abbildet, sollen die Einzelfragen sein, die für die Schwartz'schen Wertedimensionen gestellt wurden. So wird der Bestimmung von Werteunterschieden ein Spektrum von Werten zugrunde gelegt, das theoretisch geleitet viele unterschiedliche Bereiche abdeckt, dessen Struktur aber nicht theoretisch vorgegeben ist.

5.4.2 Index der Werteähnlichkeit an Europas Grenzen

Das Material, um einen Index der Werteähnlichkeit in Europa zu bestimmen, sind die im ESS erhobenen 21 Wertefragen nach Schwartz. Für die Werte wurde jeweils eine Person mit bestimmten Präferenzen beschrieben und gefragt, ob der Befragte der beschriebenen Person sehr ähnlich oder sehr unähnlich sei. Die Antwort sollte auf einer siebenstufigen Rating-Skala angegeben werden (vgl. Kap. 5.4.1, die letzte Spalte in Tab. 5.7).[1]

---

1 In der Werteforschung gibt es eine längere Debatte, ob Rating (Bewertung) oder Ranking (Angeben einer Reihenfolge) die angemessene Erhebung sei (Hitlin/Piliavin 2004: 365ff.). Der Postmaterialismus-Index von Inglehart ist ein berühmtes Beispiel für die Ranking-Alternative (vgl. Inglehart 1977). Das Rating ermöglicht es den Befragten, alle Werte als gleich (un-)wichtig zu beurteilen, während das Ranking eine Entscheidung zwischen konkurrierenden Werten erzwingt. Theoretisch gibt es keinen Grund zur Annahme, dass Werte immer in einer hierarchischen Beziehung zueinander stehen müssen, insbesondere wenn sie, wie bei Schwartz, ganz unterschiedliche Bereiche betreffen, was

5. Grenzkonstellationen

Der Indexwert wird nun mit Hilfe einer Diskriminanzanalyse für jeweils zwei zu vergleichende Länder über alle 21 Wertefragen hinweg bestimmt. Die Diskriminanzanalyse ist ein Verfahren, um zu bestimmen worin sich vorher festgelegte Gruppen unterscheiden, und wie stark sie sich unterscheiden. Ziel des Verfahrens ist es, ausgehend von einem Satz von Variablen (hier die Wertefragen) für die Fälle vorherzusagen, in welche Gruppe sie gehören. Diese Vorhersage wird aufgrund der Daten geschätzt (Huberty 1994; Klecka 1993). Es wird also in unserem Fall aus der Gesamtheit der Antworten auf die Wertefragen für die Bevölkerungen in zwei Ländern ermittelt, welcher Befragte nach den Antworten auf die Wertefragen in welches Land gehören müsste. Wie erfolgreich eine solche Zuordnung aus dem Antwortverhalten möglich ist, wird durch das globale Diskriminanzmaß, das Wilk's Lambda, angegeben. Das Wilks' Lambda ist der Anteil nicht erklärter Streuung an der Gesamtstreuung. Es handelt sich also um ein inverses Diskriminanzmaß, das Werte zwischen 0 und 1 annimmt und umso höher ausfällt, je ähnlicher sich die verglichenen Gruppen, hier also die Bevölkerungen der Nationalstaaten in Hinblick auf ihre Werthaltungen, sind. Das Wilks' Lambda ist der Indexwert, der das Ausmaß der Werteähnlichkeit von zwei Ländern abbildet.

Nach diesem Verfahren gehen in die Abstandsbestimmung nicht alle Variablen mit gleichem Gewicht ein, sondern sie tragen mit unterschiedlicher Stärke zur Unterscheidung bei. Variablen, die beide Gruppen gut trennen, erhalten ein großes Gewicht, während Variablen, die in beiden Gruppen (annähernd) gleich verteilt sind, ein geringes Gewicht erhalten. Mit diesem Verfahren wird der Unterschied zwischen den Gruppen gewissermaßen künstlich erhöht im Vergleich zu einem Verfahren, das alle Variablen mit gleichem Gewicht berücksichtigen würde.[2] Diese

---

für ein Rating-Verfahren spricht. Andererseits ist beim Rating eine ausweichende Antwort, die allen Werten größte Bedeutung zumisst, möglich, die beim Ranking verhindert wird. Dieser scheinbare Vorteil erweist sich allerdings als nicht haltbar. Klein und Arzheimer sind dem Vergleich von Rating und Ranking in einem Experiment nachgegangen und kommen zu dem Schluss, dass „der dem Ranking-Verfahren gemeinhin zugeschriebene methodische Vorteil, die Befragten zu reflektierten Urteilen zu zwingen, (...) sich nicht empirisch bestätigen (lässt). (...) Unserer Ansicht nach spricht alles dafür, sich bei der Erhebung von Wertorientierungen für das Rating-Verfahren zu entscheiden, da dieses auf die Einschränkung individueller Freiheitsgrade der Bewertung verzichtet" (Klein/Arzheimer 1999: 562; vgl. auch Sacchi 2000; Klein/Arzheimer 2000).

2   Flörkemeier (2001; 2004) benutzt für die Erklärung von globalen Wirtschaftsverflechtungen auch eine quantifizierende Bestimmung kultureller Distanz. Er nutzt dafür die Messungen von Hofstede (1980), was angesichts der wirtschaftlichen Ausrichtung von Hofstedes Messung nahe liegt. Flörkemeier benutzt aber keine Diskriminanzanalyse, sondern euklydische Distanzen, also Distanzen in einem mehrdimensionalen Raum. Mit diesem Verfahren gehen alle Variablen in

selektive Konzentration auf die klarer unterscheidenden Werte entspricht allerdings einem theoretischen Argument und ist daher gewollt. Die Wertegrenze entsteht wesentlich, so lautete das obige Argument (Kap. 3.2.4), aufgrund der Zurechnung von wahrgenommenen Unterschieden auf die Nationalität und nicht auf andere Merkmale, wie Geschlecht, Alter oder Schicht. Dies führt zu einer größeren Betonung der Unterschiedlichkeiten. Die Diskriminanzanalyse berücksichtigt diese Gewichtung in ihrem Verfahren.

Das Ergebnis der Analyse ist notwendig symmetrisch, weil es nur um ungerichtete Unterschiedlichkeit geht. Der ESS deckt in seiner zweiten Welle, die zum Zeitpunkt der Datenanalyse die umfangreichste war, insgesamt 21 Mitgliedsländer der EU ab. Damit konnte für 28 der insgesamt 32 grenzübergreifenden Regionen die Werteähnlichkeit bestimmt werden.[3]

In Tabelle 5.8 ist für alle grenzübergreifenden Regionen der Index der Werteähnlichkeit angegeben. Da es sich um ein symmetrisches Maß handelt, ist die Reihenfolge der Ländernennung bei einer Grenzregion nicht relevant. Zusätzlich ist angegeben, wie viele der Befragten aufgrund der errechneten Diskriminanzfunktion ihrer jeweils richtigen Gruppe, das heißt dem Land der Befragung, zugeordnet wurden.

Mindestens zwei Drittel der Befragten lassen sich aufgrund der Diskriminanzfunktion ihrem jeweiligen Land zuordnen. Dieser Wert ist nicht sehr hoch, denn bei einer reinen Zufallsverteilung müssten im Zwei-Länder-Vergleich die Hälfte der Fälle richtig zugeordnet werden. Für die meisten Länderpaarungen gelingt die Zuordnung aber deutlich besser, im Vergleich von Italien und Frankreich können sogar 87 % der Befragten aufgrund der Wertediskriminierung richtig zugeordnet werden. An der Spitze der Tabelle bei den Ländern, die sich besonders ähnlich sind, finden wir eine Reihe von Ländern, die gleichsprachig oder sprachlich sehr ähnlich sind. Großbritannien und Irland führen den Vergleich an, gefolgt von Luxemburg im Vergleich mit Deutschland und mit Belgien. Deutschland und Österreich stehen an vierter Stelle. Die Niederlande teilen zwar mit Belgien ebenfalls zu wesentlichen Teilen eine Sprache, der Werteunterschied zwischen beiden Ländern ist aber nennenswert, womit sie am Ende des ersten Drittels der Vergleiche rangieren.

---

gleicher Gewichtung ein und nicht mit den unterschiedlichen Gewichten je nach Trennkraft, wie bei der hier verwendeten Diskriminanzanalyse.

3 Die Diskriminanzanalyse gibt als Ergebnis neben dem globalen Diskriminanzmaß zusätzlich an, welche Werte aus dem gesamten Satz von 21 Werten für die Unterschiedlichkeit der Gruppen in welchem Ausmaß verantwortlich sind. Diese Detailanalyse wäre ausgesprochen aufwändig, fällt sie doch mit dem Paarvergleich für jede grenzübergreifende Region unterschiedlich aus. Für diese Untersuchung ist allein das Globalmaß der Unterschiedlichkeit entscheidend.

5. Grenzkonstellationen

Tabelle 5.8: Index der Werteähnlichkeit für europäische Grenzregionen

	Index der Werteähnlichkeit	% korrekt klassifizierter Fälle
Irland – Großbritannien	0,914	67,0
Deutschland – Luxemburg	0,882	70,3
Belgien – Luxemburg	0,870	66,0
Deutschland – Österreich	0,846	69,0
Belgien – Deutschland	0,813	70,4
Belgien – Frankreich	0,809	69,3
Frankreich – Luxemburg	0,802	70,1
Polen – Slowakei	0,802	69,7
Portugal – Spanien	0,801	71,2
Slowakei – Tschechien	0,790	72,9
Belgien – Niederlande	0,743	72,3
Polen – Tschechien	0,738	75,3
Frankreich – Spanien	0,736	72,8
Dänemark – Deutschland	0,712	78,2
Italien – Slowenien	0,707	74,2
Finnland – Schweden	0,707	75,3
Österreich – Slowenien	0,701	77,0
Deutschland – Tschechien	0,697	75,2
Dänemark – Schweden	0,695	76,0
Deutschland – Niederlande	0,690	76,5
Deutschland – Frankreich	0,689	77,1
Österreich – Ungarn	0,685	77,5
Österreich – Tschechien	0,669	77,0
Deutschland – Polen	0,613	81,9
Italien – Österreich	0,605	81,4
Österreich – Slowakei	0,598	81,3
Slowakei – Ungarn	0,547	83,3
Frankreich – Italien	0,455	87,1

Quelle: ESS, eigene Berechnung.

Unter den einander ähnlichen Ländern findet sich kein Paar, das über den ehemaligen Eisernen Vorhang hinweg reicht. Die Folgen des Wohlstandsgefälles auf die Werthaltungen (vgl. Kap. 3.2.4) schlagen sich hier empirisch nieder. Slowenien scheint im Wertmuster den westlichen Ländern noch am ähnlichsten zu sein. Die

Vergleiche mit Italien und mit Österreich liegen im Mittelfeld. Andere Vergleiche zwischen westlichen Ländern fördern noch größere Unterschiede zu Tage, etwa der Vergleich zwischen Deutschland und Frankreich. Das Viertel der Länder mit den deutlichsten Werteunterschieden besteht ausschließlich aus Vergleichen zwischen Ländern des ehemaligen Westens mit Ländern des ehemaligen Ostens sowie Vergleichen mit Italien.

5.4.3 Wertepassung in drei deutschen Grenzregionen

Die Messung der Werteähnlichkeiten für den europäischen Vergleich stellt ab auf tatsächliche Werteunterschiede. Diese Art der Messung trifft streng genommen nicht den theoretisch relevanten Sachverhalt. Menschen handeln, so hat es das Thomas-Theorem (Thomas/Thomas 1932: 572) festgehalten, nicht aufgrund von objektiven Tatsachen, sondern aufgrund von subjektiv für wahr gehaltenen Einschätzungen. Entscheidend ist also streng genommen nicht der tatsächliche Werteunterschied, sondern der eingeschätzte Werteunterschied. Vermutlich liegt die subjektive Wahrnehmung nicht sehr weit weg von dem tatsächlichen Werteunterschied, wie er mit der europaweiten Umfrage ermittelt wurde. Der subjektiv eingeschätzte Werteunterschied ist aber die richtigere Messung.

Für die Befragung in den drei deutschen Grenzregionen konnte ein weiterer Aspekt berücksichtigt werden, der die Messung nochmals präziser macht. Streng genommen interessiert nicht die Ähnlichkeit allein, sondern bei (wahrgenommenen) Differenzen interessiert zudem die Präferenz. Welche Werthaltung wird von der betreffenden Person eigentlich bevorzugt: die für Deutsche typische Haltung oder die im Nachbarland typische? Einflussreich müsste streng genommen die Wertepassung sein, also die Übereinstimmung von unterstellten Werthaltungen und Präferenzen für bestimmte Werthaltungen.

Der Wertepassung liegen im Folgenden jeweils zwei Fragen zugrunde. Zum einen wurde gefragt, wie andere Menschen generell sein sollen. Auf einer siebenstufigen Skala sollte geantwortet werden, ob Menschen diese Eigenschaft bzw. Werthaltung haben sollen (positive Kodierung) oder gerade nicht haben sollen (negative Kodierung). Die mittlere Kategorie steht für Indifferenz und wurde mit Null kodiert. In einer zweiten Frage wurde gefragt, ob eine Eigenschaft bzw. Werthaltung eher typisch sei für Deutsche oder eher typisch sei für die Menschen in der Grenzregion des Nachbarlandes. Wiederum ist die Antwortskala siebenstufig, wobei die mittlere Kategorie bedeutet, dass es keinen Unterschied zwischen beiden Ländern gibt (Kodierung Null). Positive Zahlen erhalten die Antworten, die eine Werthaltung als typisch für das Nachbarland ausweisen, negative Zahlen ergeben sich, wenn die Werthaltung typisch für Deutschland angesehen wird. Um die Pas-

5. Grenzkonstellationen

sung zu ermitteln, wurden nun beide Angaben miteinander multipliziert. Der Effekt dieser Multiplikation wird deutlich, wenn man sich einige beispielhafte Antwortkombinationen vor Augen führt. Ist eine Person in Bezug auf einen Wert indifferent, so ist ein Faktor Null und damit das Ergebnis Null. Werte, die in der Einschätzung des Befragten keine Rolle spielen, erhalten damit eine neutrale Null. Dasselbe Ergebnis ergibt sich, wenn ein Wert zwar als relevant angesehen wird, die Werthaltung der Menschen in Deutschland und im Nachbarland sich aber nach der Einschätzung des Befragten nicht unterscheiden. Auch dies ist für die Wertepassung mit dem Nachbarland irrelevant. Wird nun ein Wert als wichtig und gleichzeitig als typisch für das Nachbarland angesehen, so werden zwei positive Zahlen multipliziert und die kulturelle Passung ist hoch. Ebenfalls eine hohe Passung ergibt sich, wenn ein Wert stark abgelehnt wird und typisch für die Deutschen ist, denn in diesem Fall werden zwei negative Zahlen miteinander multipliziert. Abgelehnte Werte, die typisch für das Nachbarland sind und geschätzte Werte, die typisch für die Deutschen sind, ergeben dann jeweils in der Multiplikation negative Zahlen, die für eine geringe Wertepassung mit dem Nachbarland stehen, weil die Deutschen vorgezogen werden.

Ausgangspunkt der Messung eines grundlegenden Wertespektrums ist wiederum die Dimensionierung von Schwartz. Allerdings bietet die schriftliche Befragung gleichzeitig die Möglichkeit und die Notwendigkeit einer Modifikation. Eine leichte Anpassung der Fragen bietet sich an, weil sich die von Schwartz unterstellten Wertetypen nicht in exakt der theoretisch erwarteten Weise für Deutschland reproduzieren lassen. Diese Unschärfen der Wertemessung nach dem Modell von Schwartz konnten in der schriftlichen Befragung berücksichtigt werden. Die Form der schriftlichen Befragung erforderte aber gleichzeitig eine kleinere Anzahl von Fragen. Im ESS waren 21 Fragen zu einzelnen Werthaltungen gestellt worden, für die Wertetypen jeweils zwei, in einem Fall auch drei Fragen. In unserer Befragung geht es aber nicht allein um die Werthaltung der Befragten selbst, sondern zusätzlich müssen jeweils die Menschen im Nachbarland eingeschätzt werden. Deshalb muss jede Frage zweimal gestellt werden, einmal für die Präferenzen der Befragten selbst und einmal eine als vergleichende Einschätzung. Daher war es notwendig, die Werthaltungen und die Wertepassung mit weniger Fragen zu erheben. Zur Reduktion des Erhebungsaufwandes bietet es sich an, Gruppen von Fragen zu identifizieren, die üblicherweise von den Befragten in gleicher Weise beantwortet werden. Wenn es solche Gruppen von Fragen gibt, bei denen von den Befragten üblicherweise alle zustimmend oder alle ablehnend beurteilt werden, so scheinen die Befragten zwischen den Fragen nicht stark zu differenzieren, und es reicht aus, nur eine der Fragen zu stellen. Das statistische Verfahren, um solche Fragegruppen zu identifizieren, ist die Hauptkomponentenanalyse.[4]

Bei einer Hauptkomponentenanalyse mit zehn Komponenten (entsprechend der zehn Werttypen von Schwartz) lassen sich die Dimensionen Hedonismus und Stimulation nicht trennen (Vgl. Tab. A.1 im Anhang A.1). Zudem zeigen sich einige weitere Fehlanpassungen. Die Fragen für die Wertetypen Macht (Power) und Erfolg (Achievement) lassen sich nicht trennen. Grund dafür könnten allerdings auch die im ESS gestellten Fragen für den Typ Macht sein, die sich auch als sozialen und wirtschaftlichen Erfolg interpretieren lassen und die Macht-Dimension nicht optimal abbilden (vgl. Tab 5.7, Kap. 5.4.2). Bei einer Reihe von weiteren Werttypen ergeben sich ebenfalls nicht ganz korrekte Zuordnungen der Fragen. Andere Werttypen werden aufgeteilt auf mehrere Komponenten.[5]

---

4 Die Hauptkomponentenanalyse wird zu den Verfahren der Faktorenanalysen gerechnet. Vgl. zu den unterschiedlichen Verfahren der Faktorenanalyse Dunteman (1993), Kim und Mueller (1991) sowie Überla (1977).

5 Das ergibt sich auch aus der Vorgabe von zehn Komponenten. Sobald ein Teil der Wertetypen nicht getrennt wird, müssen andere Wertetypen auf unterschiedliche Komponenten aufgeteilt werden, um die vorgegebene Zahl von zehn Komponenten erreichen zu können.

5. Grenzkonstellationen

Tabelle 5.9: Dimensionierung der ESS-Wertefragen nach Schwartz (Hauptkomponentenanalyse mit 9 Komponenten)

Frage – Wertetyp – Wertedimension	1	2	3	4	5	6	7	8	9
Spaß – Hedonismus – Offenheit	,829								
Leben genießen – Hedonismus – Offenheit	,773	,103			,135	,156			
Abwechslungsreichtum – Stimulation – Offenheit	,675				,129				,328
Aufregendes Leben – Stimulation – Offenheit	,649	,271	-,164	-,211	-,212		,126		,128
Autorität – Macht – Selbstverwirklichung		,737	,193		,150	,108	-,138	,193	-,169
Anerkennung – Erfolg – Selbstverwirklichung	,158	,730					,142	-,159	,190
Erfolg – Erfolg – Selbstverwirklichung	,334	,641		,159					,220
Gehorsam – Konformität – Bewahren		,176	,740	,112				,154	
Anständ. Benehmen – Konformität – Bewahren		,138	,658	,328				,163	-,118
Mäßigung – Tradition – Bewahren		-,388	,653	,127					
Nationale Sicherheit – Sicherheit – Bewahren			,126	,812	,207				
Familiäre Sicherheit – Sicherheit – Bewahren	-,146		,335	,713				,177	
Hilfsbereitschaft – Wohltätigkeit – Transzendenz	,225	,191		,183	,702	-,136		,190	,195
Wohlstand – Macht – Selbstverwirklichung	,303	,464	-,149	,142	-,509	,244			,128
Toleranz – Vielseitigkeit – Transzendenz					,500	,244	,304		,308
Unabhängigkeit – Selbstbestimmung – Offenheit	,145		,291			,892			,172
Loyalität – Wohltätigkeit – Transzendenz	,111	,148		,179	,441	,488	,341	,102	-,144

Frage – Wertetyp – Wertedimension	1	2	3	4	5	6	7	8	9
Gleichheit – Vielseitigkeit – Transzendenz			,135				,890		
Respekt vor Traditionen – Tradition – Bewahren			,329	,200				,758	
Umweltschutz – Vielseitigkeit – Transzendenz					,343	,145	,340	,611	,100
Kreativität – Selbstbestimmung – Offenheit	,185	,185			,124	,130			,821

5. Grenzkonstellationen

Eine recht gute Reproduktion der theoretischen Erwartungen gelingt mit einer Lösung, bei der neun Komponenten vorgegeben sind (vgl. Tab. 5.9).[1] Diese Lösung akzeptiert, dass die Werttypen Hedonismus und Stimulation sowie Erfolg und Macht nicht empirisch in verschiedene Komponenten getrennt werden können. Stattdessen erweist sich Kreativität als eigener Werttyp, der nicht entsprechend der Erwartung zusammenfällt mit Unabhängigkeit, um den Werttyp Selbstbestimmung (Self-Direction) zu bilden.

An dieser Aufteilung ist die Erhebung der grundlegenden Werte orientiert. Für die Formulierung der Fragen zu den einzelnen Wertekomponenten ist jeweils die Frage ausschlaggebend, die nach dem Ergebnis der Hauptkomponentenanalyse die höchste Ladung aufweist, die Komponente also am besten abbildet. Für die Dimension Wohltätigkeit (Benevolence) wird hier nicht als Indikator Hilfe und Unterstützung für andere vorgesehen, weil der hier angelegte Indikator der verlässlichen Freundschaft für die später noch zu untersuchende Frage nach grenzübergreifenden Freundschaften von unmittelbarer Relevanz ist. Ergänzt wurde Durchsetzungsfähigkeit. Sie entspricht Schwartz' Wertetyp Macht (Power), der in den Fragen im ESS nicht passend umgesetzt wurde (vgl. oben).

Das Maß für die kulturelle Passung ergibt sich als Mittelwert über diese elf Dimensionen in der oben beschriebenen Weise mit der Verknüpfung von eigener Präferenz und Einschätzung, ob die Werthaltung typisch ist für Deutsche oder Menschen im Nachbarland.[2]

---

1 Nach den induktiven Kriterien, also dem Kaiser-Kriterium und dem Screeplot, würde eine Lösung mit vier Komponenten angemessen sein. Diese Lösung reproduziert weitgehend die Wertedimensionen nach Schwartz, ist also theoriekonform, aber nicht sehr detailliert gegliedert. Ich gebe den durchaus gut begründeten theoretischen Argumenten von Schwartz den Vorzug und unterscheide weiterhin mehr als vier Dimensionen.

2 Die Frageformulierung zur Messung, ob eine Werthaltung eher in Deutschland oder eher im Nachbarland typisch sei, lautete beispielsweise an der Grenze zu Frankreich: „Menschen sind ja sehr verschieden und finden Verschiedenes wichtig. Wenn Sie die Menschen hier in der Grenzregion vergleichen: Was finden typischer Weise eher die Deutschen wichtig und was finden eher die Franzosen wichtig?" Für die folgenden Werte musste dann, wie oben geschildert, auf einer siebenstufigen Skala angegeben werden, ob die Werthaltung eher typisch für Deutsche, eher typisch für Franzosen oder ob es bei beiden gleich sei: Kreativität, Respekt vor Tradition, Anerkennung durch andere, Unabhängigkeit, verlässliche Freundschaft, Durchsetzungsfähigkeit, Gehorsam bei Regeln, Vergnügen. Die Messung der eigenen Präferenz erfolgte nach der vergleichenden Einschätzung mit der Frage „Und wie ist das bei Ihnen ganz persönlich? Was finden Sie selbst sehr wichtig und was lehnen Sie eher ab?" In der Folge sollte für die genannten Werte auf einer siebenstufigen Skala eingeschätzt werden, ob man den Wert sehr wichtig finde oder ihn stark ablehne. Zwei Werte wurden als Adjektive abgefragt mit der Frageformulierung: „Welche der folgenden Eigenschaften sind nach

Über alle drei Befragungsregionen hinweg kann ein knappes Viertel der Befragten bezüglich der grundlegenden Werte keinen Unterschied zwischen den Deutschen und den Menschen im Nachbarland ausmachen – das Resultat ist eine Null bei der kulturellen Passung.[3] In Passau ist dieser Anteil mit 27 % deutlich höher als in Frankfurt/O. mit 10 %, Saarbrücken liegt im Mittelfeld (20 %). Der Mittelwert ist in allen drei Regionen nahe an Null, allerdings liegt er an den Grenzen zu Polen und zu Frankreich im negativen Bereich (Polen: -0,2737; Frankreich: -0,0473), während er an der Grenze zu Österreich positiv ist (0,1587). Diese Reihenfolge entspricht den Ergebnissen, die wir für die Untersuchung der Werteähnlichkeit, basierend auf dem ESS, festgestellt hatten. Diese Ähnlichkeit ist aus zwei Gründen nicht selbstverständlich. Zum einen könnte sich die Bevölkerung in unmittelbarer Grenznähe unterscheiden von der Gesamtbevölkerung. Die Messung mittels des ESS legt die Werte der Gesamtbevölkerung zugrunde, während in der schriftlichen Befragung in einem einleitenden Text auf „die Menschen auf der anderen Seite der Grenze" hingewiesen wurde. Zum anderen liegt der Messung für die Wertepassung eine subjektive Einschätzung über die Nachbarn zugrunde, während oben von tatsächlichen Werteunterschieden ausgegangen wurde.

In den Abbildungen 5.1 bis 5.3 ist zu sehen, wie sich die Befragten über das Spektrum der Wertepassung verteilen. Die Extremwerte sind durchweg wenig besetzt, was zunächst nur anzeigt, dass die Fragen ernsthaft abwägend beantwortet wurden. Die Abbildungen konzentrieren sich auf den Bereich von -4 bis +4. Positive Zahlen stehen für eine Bevorzugung des Nachbarlandes, während negative Zahlen für die Bevorzugung Deutschlands stehen. In Frankfurt/O. geht die Beurteilung der Nachbarn aus Polen recht weit auseinander (Abb. 5.1). Dabei ist deutlich, dass die Menschen überhaupt Unterschiede wahrnehmen. Der Anteil von Befragten, die keinen Unterschied in wichtigen Werten sehen, ist hier im Vergleich der drei Regionen am geringsten. Andererseits gibt es vergleichsweise viele, die ihre Nachbarn deutlich bevorzugen. Indexwerte über 1 bis 2 sind häufiger besetzt als in beiden anderen Grenzregionen. Dem steht im Vergleich der drei Regionen ebenfalls der größte Anteil von Menschen gegenüber, die Werthaltungen der Deut-

---

Ihrer Meinung typisch deutsch und welche der Eigenschaften sind typisch französisch?" Die für die Schwartz'schen Wertetypen abgefragten Eigenschaften waren kriminell und gerecht, für die wiederum auf einer siebenstufigen Antwortskala anzugeben war, ob sie ‚typisch deutsch' oder ‚typisch französisch' seien mit einer neutralen Mitte. Für die eigene Präferenz lautete die Frage: „Wenn Sie generell überlegen, was Sie an anderen Menschen mögen. Wie sollten andere Menschen Ihrer Meinung nach sein?". Auch hier war die Antwortskala siebenstufig mit den Polen ‚so sollten sie sein' und ‚so sollten sie **nicht** sein' und einer neutralen Mitte.

3 Theoretisch wäre auch denkbar, dass die neutrale Null bei der kulturellen Passung darauf zurückgeht, dass kein Wert als relevant angesehen wurde. Dies trifft aber auf keinen Befragten zu.

5. Grenzkonstellationen

schen sehr deutlich befürworten (negative Zahlen). Wenn also den Deutschen die aus Sicht des Befragten besseren Werthaltungen zugesprochen werden, so wird eine größere Distanz zu den Polen unterstellt als dies in Bezug auf die jeweiligen Nachbarländer in Passau und Saarbrücken geschieht. In Saarbrücken ist die Verteilung etwas breiter (Abb. 5.2). Noch häufiger als die Meinung, es gäbe keine Unterschiede, ist die Bevorzugung der Franzosen gegenüber den Deutschen. Allerdings ist wiederum das Ausmaß der Bevorzugung gering. Nur die Kategorie mit einer geringen Bevorzugung der Franzosen (0,01 bis 0,50) ist hoch besetzt, eine stärkere Bevorzugung der französischen Werthaltungen ist sehr selten. In Passau konzentrieren sich die Menschen um die mittlere Null (Abb. 5.3). Die Bevorzugung der Österreicher kommt zwar etwas häufiger vor als die Bevorzugung der Deutschen, doch es handelt sich nur um geringe Unterschiede zwischen den beiden Bevölkerungen.

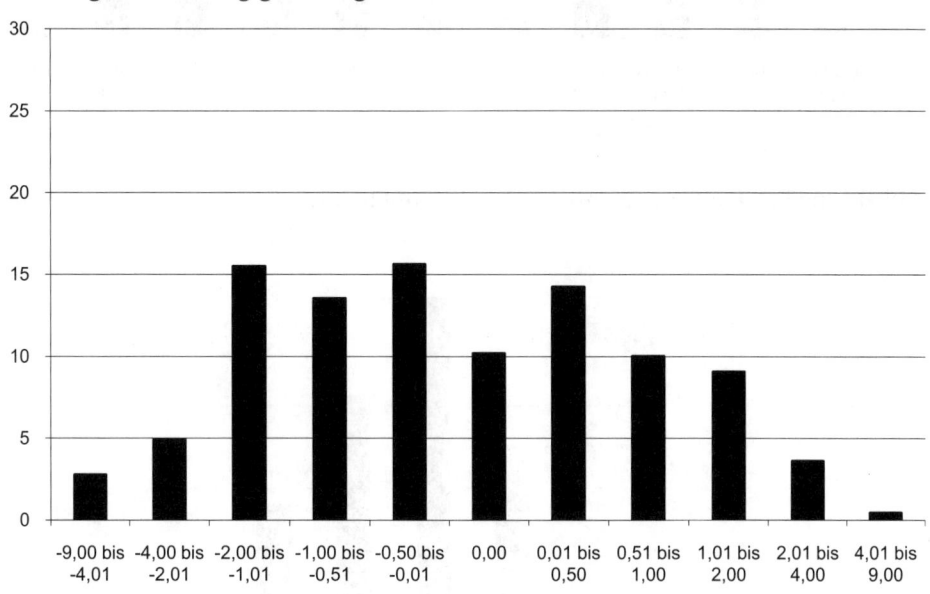

Abbildung 5.1: Passung grundlegende Werte Frankfurt/O.

Abbildung 5.2: Passung grundlegende Werte Saarbrücken

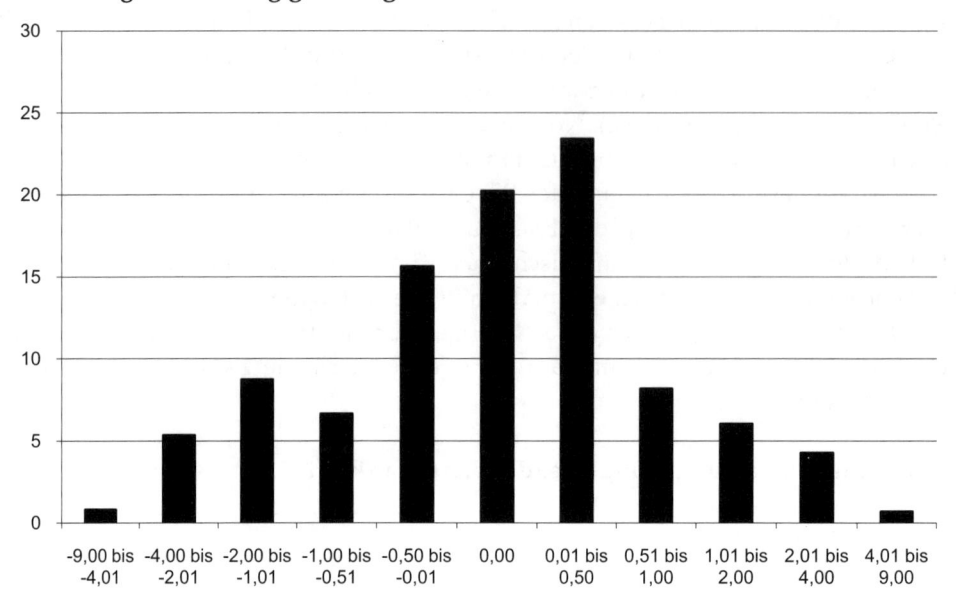

Abbildung 5.3: Passung grundlegende Werte Passau

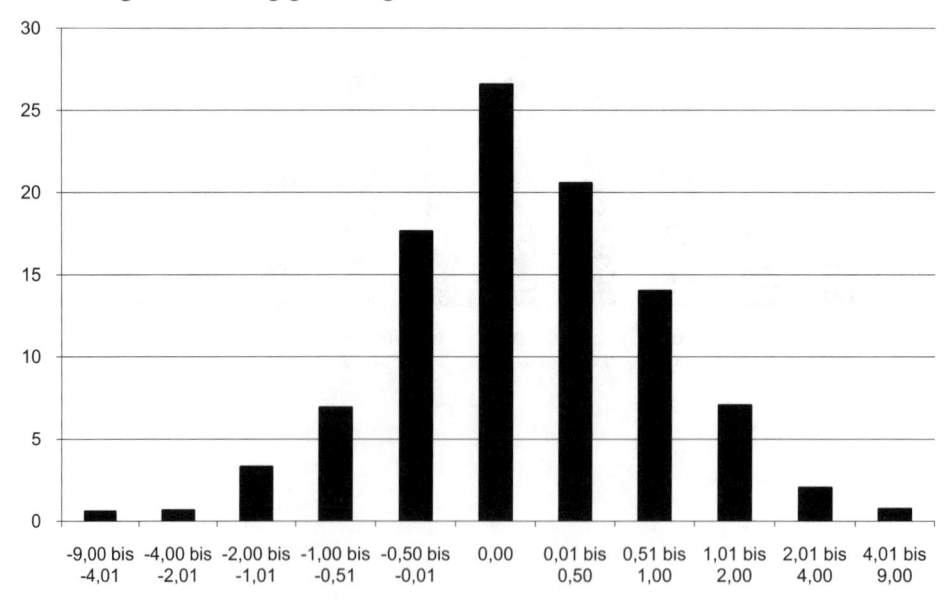

Quelle: Eigene Befragung.

6. Grenzübergreifende Wahrnehmung

Für die grenzübergreifende Wahrnehmung wurden drei Indikatoren ausgewählt: Interesse aneinander, Kenntnis der Nachbarregion und Kenntnisse der Nachbarsprache. Die ersten beiden Indikatoren sind nur für die drei deutschen Grenzregionen verfügbar, bei den Sprachkenntnissen gibt es zusätzlich Daten für alle europäischen Grenzregionen. Im Folgenden werden zunächst gemeinsam das Interesse und die Kenntnis analysiert (Kap. 6.1), es folgt die Untersuchung der Sprachkenntnisse (Kap. 6.2). Für diese und alle weiteren Indikatoren werden zunächst vorliegende Befunde zu den Indikatoren und die theoretischen Erwartungen sowie zu kontrollierende Einflüsse rekapituliert. Es folgt dann, soweit verfügbar, die Analyse für die europäischen Grenzregionen und anschließend die Analyse für die drei deutschen Grenzregionen.

6.1 Interesse und Kenntnis

Das Interesse an der Nachbarregion zielt auf die Präferenz für eine grenzübergreifende Wahrnehmung. Interessenbekundungen sind folgenlos und die Antworten haben etwas beliebiges, andererseits wird das bekundete Interesse nicht überlagert von anderen Einflüssen. Die Frage nach der Kenntnis der Nachbarregion bildet den Sachverhalt unmittelbar ab. Hier müssen aber auch die Gelegenheiten und Möglichkeiten, Kenntnisse zu erwerben, durch entsprechende Kontrollvariablen berücksichtigt werden.

6.1.1 Hypothesen und vorliegende Befunde zu Interesse am und Kenntnis des Nachbarlandes

Studien zu Interesse an Regionen abhängig von Grenzen und der Kenntnis von Gegenden sind bislang rar. In der Geographie wurde die Entstehung von Raumwissen vor allem entwicklungspsychologisch untersucht (Golledge/Stimson 1997: 155ff., 224ff.). Für unseren Zusammenhang ist die Studie von Riedel (1993) zur Wahrnehmung von Grenzen und Grenzräumen interessant. Riedel hat sich der Technik des „cognitive mapping" bedient (vgl. auch Downs 1977; Golledge/ Stimson 1997: 224ff; Kitchin/Freundschuh 2000). Er befragte Studierende im deutschen Saarbrücken und im französischen Metz. Sie sollten aus dem Gedächtnis in eine sogenannte ‚stumme Karte', in der nur der Grenzverlauf verzeichnet war, eine Reihe von deutschen und französischen Orten eintragen. Das Ergebnis ist eindeutig: Die französischen Studierenden können die französischen Orte deutlich genauer in die Karte eintragen, während die deutschen Studenten bei den deutschen Orten erfolgreicher sind. Es zeichnet sich dabei deutlich ein Effekt der Grenze ab, der sich nicht auf die unterschiedliche Entfernung zum Studienort reduzieren lässt. Bedauerlicherweise geht die Studie nicht auf weitere Erklärungsfaktoren ein und bezieht sich auch nur auf diese eine grenzübergreifende Region. Ein Effekt der Grenze auf Interesse und Kenntnis ist damit wahrscheinlich, die hier angenommenen Erklärungen werden aber von Riedel nicht geprüft.

Erklärungen prüft dagegen eine Untersuchung von grenzübergreifender Regionalberichterstattung in Regionalzeitungen an den deutschen Außengrenzen (Roose 2008). In diesem Fall dient die Berichterstattung der Zeitungen als Indikator für das Interesse der Leser. Häufige Berichte aus dem Nachbarland indizieren demnach ein großes Interesse an Geschehnissen jenseits der Grenze. Die Untersuchung bestätigt, wie auch die Studie von Riedel, eine starke Orientierung auf den eigenen Nationalstaat. Ereignisse in Deutschland haben, unter Kontrolle anderer Einflüsse, eine deutlich höhere Chance berichtet zu werden als Ereignisse im Nachbarland. Zur Erklärung bewährt sich auf der Makroebene über acht Grenzregionen die Fremdsprachkenntnis, nicht aber die Dauer der gemeinsamen EU-Mitgliedschaft oder die wirtschaftliche Verflechtung.

Die Europäisierungsthese unterstellt für alle Indikatoren einen Gewöhnungseffekt, wonach die Dauer des Zusammenschlusses unter dem politischen Dach der EU mit ihren Integrations- und Begegnungsprogrammen bzw. auf Individualebene die Wohndauer an der Grenze einen Einfluss auf die Wahrnehmung und damit auf beide Indikatoren haben müsste. Das Systemintegrationsmodell verweist auf die potenziellen Vorteile im Nachbarland. Diese werden hier gemessen durch Preis- und Qualitätsvorteile über alle später betrachteten Produkte und Dienstleistungen hinweg (Kap. 7). Alternativ wird die Erklärungskraft des Minimalkonsens- und des Wertekonsensmodells geprüft, die aber den Annahmen nach keine zusätzliche Erklärungsleistung erbringen sollten.[1]

---

1 Diese Einschränkung bezieht sich auf die obigen Überlegungen, welches Modell für die Indikatoren jeweils die beste Erklärungsleistung erbringen müsste (vgl. Kap. 3.4). Die Vertreter der einzelnen Modelle beanspruchen eine generelle Geltung für alle Vergesellschaftungsindikatoren.

Tabelle 6.1: Hypothesen zu Interesse am Nachbarland und Kenntnis des Nachbarlandes

Variable	Interesse am Nachbarland	Kenntnis des Nachbarlandes
Europäisierungsthese		
Dauer gemeinsamer EU-Zugehörigkeit	+	+
Wohndauer in der Grenzregion	+	+
Systemintegrationsmodell		
Günstigere Preise im Nachbarland (NBL)	+	+
Bessere Qualität im Nachbarland (NBL)	+	+
Minimalkonsensmodell		
Vertrauen in Menschen aus dem Nachbarland (NBL)	(+)	(+)
Wertekonsensmodell		
Passung bei generellen Werten	(+)	(+)
Kontrollvariablen		
Bildung	+	+
Alter		+
Höheres Alter (ab 65 Jahre)		–
Auto verfügbar		+

+ positiver Zusammenhang, - negativer Zusammenhang, leeres Feld: kein angenommener Zusammenhang, Tendenz in Klammern: Einflussunterstellung nicht nach dem vermutlich erklärungsstärksten Modell.

Weil das Interesse am Nachbarland eine Einstellung ist, sind hier Einschränkungen durch verfügbare Ressourcen oder ähnliches nicht plausibel. Der Einfluss von Bildung soll allerdings kontrolliert werden, weil höher Gebildete sich vermutlich insgesamt für mehr Themen interessieren. Ein Bildungseinfluss ist auch für die Kenntnis des Nachbarlandes wahrscheinlich, doch nun kommen weitere zu kontrollierende Einflüsse hinzu. Die Gelegenheit, die Nachbarregion kennen zu lernen, hängt mit dem Alter zusammen. Wer länger lebt, hatte eher Gelegenheit, die Gegend auch jenseits der Grenze kennen zu lernen. Hinzu kommt die Mobilität als Chance, die benachbarte Region zu besuchen, sich dort umzusehen usw. Zwei Faktoren haben einen systematischen Einfluss auf diese Gelegenheit: die Verfügbarkeit eines Autos und körperliche Mobilität, die wiederum mit dem Alter zusammenhängt.² Tabelle 6.1 fasst die Annahmen zur Erklärung von Interesse am Nachbarland und Kenntnis des Nachbarlandes zusammen.

6.1.2 Interesse am Nachbarland in drei deutschen Grenzregionen

Die theoretischen Argumente führen, wenn sie auf der Makroebene operationalisiert werden, zu nicht ganz einheitlichen Erwartungen über Unterschiede zwischen den drei untersuchten Grenzregionen. Nach dem Europäisierungsargument müsste das größte Interesse an Frankreich einem mittleren Interessenniveau an der Grenze zu Österreich folgen mit dem Schlusslicht Polen. Beim Systemintegrationsmodell liegt nach dem Preis Polen vorn, gefolgt von Österreich und Frankreich. In Bezug auf die Qualität liegt Österreich vorn, während Polen das Schlusslicht ist (vgl. Kap. 5.1). Die Werteähnlichkeit (Kap. 5.3.2) spricht für das größte Interesse an Österreich, gefolgt von Frankreich und das Schlusslicht wäre wiederum Polen. Je nach Gewichtung der Faktoren ergeben sich also unterschiedliche Reihenfolgen, wobei das Interesse an der französischen und der österreichischen Grenzregion tendenziell größer sein müsste als an der polnischen.

Tatsächlich ist das Interesse an der polnischen Nachbarregion am geringsten (Abb. 6.1). Auf einer siebenstufigen Skala von ‚interessiere mich nicht' (1) bis ‚interessiere mich sehr' (7) wählen an der Grenze zu Polen nur rund ein Viertel die beiden Kategorien mit großem Interesse (6 oder 7). Kein oder fast kein Interesse (1 oder 2) haben rund 15 % der Befragten (Mittelwert: 4,40). In Saarbrücken sind es nur 10 % mit keinem oder fast keinem Interesse (Mittelwert: 4,99), in Passau sogar nur knapp 4 %. Österreich zieht das größte Interesse auf sich (Mittelwert: 5,32). Insgesamt entspricht die Verteilung unserer Erwartung, dass Interesse am Nachbarland zu zeigen keine hohe Schwelle setzt. Nur eine kleine Minderheit gibt jeweils an, wenig oder kein Interesse am Nachbarland zu haben.

---

2 Die Grenze für ‚höheres Alter' wird hier und in den folgenden Kapiteln bei 65 Jahren gezogen. Natürlich ist es unterschiedlich, ab welchem Alter die körperliche Mobilität abnimmt und die Grenze von 65 Jahren wird für einige Befragte zu niedrig, andere zu hoch liegen. Die Analysen wurden mit anderen Altersgrenzen (60 und 70 Jahre) nochmals geprüft, ohne dass sich nennenswerte Unterschiede ergaben.

Abbildung 6.1: Interesse am Nachbarland in drei deutschen Grenzregionen

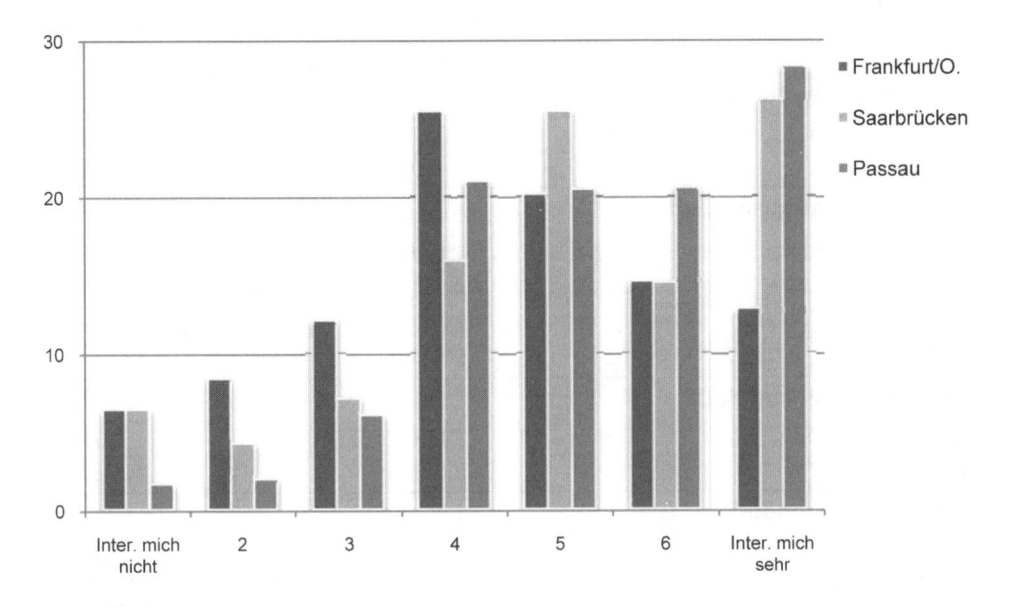

Quelle: Eigene Befragung.

In Tabelle 6.2 werden die Hypothesen zur Erklärung von Interesse am Nachbarland in einer linearen Regression untersucht. Die vier Modelle nehmen schrittweise die Variablen der Modelle auf. Insgesamt gelingt eine recht zufriedenstellende Erklärungsleistung. Bereits das einfachste Systemintegrationsmodell, das keine Relevanz von Vertrauen oder Werten unterstellt (Modell 1), kann 23 % der Varianz aufklären. Die Erklärungsleistung verbessert sich auf rund 29 % erklärter Varianz im Gesamtmodell.

Die Hoch-Gebildeten zeigen erwartungsgemäß über alle vier Modelle ein signifikant größeres Interesse am Nachbarland, mittlere Bildung hat dagegen im Vergleich zu den niedrig Gebildeten keinen signifikanten Effekt.[3]

---

[3] Die Hoch-Gebildeten haben ein Studium mindestens aufgenommen. Die Befragten mit mittlerer Bildung haben die Realschule oder das Gymnasium bzw. in der DDR die Polytechnische Oberschule (POS) oder die Erweiterte Oberschule (EOS) erfolgreich abgeschlossen. Diese Aufteilung entspricht in etwa der Kategorisierung im Eurobarometer und wird auch im Weiteren angelegt.

Tabelle 6.2: Interesse am Nachbarland

	1. System-integration	2. Minimal-konsens	3. Werte-konsens	4. Gesamt-modell
Europäisierungsthese				
Wohndauer an der Grenze	.079+ (2.75)	.077+ (2.49)	.083* (4.44)	.082* (3.75)
Systemintegrationsmodell				
Günstigere Preise im NBL	-.154(*) (-5.98)	-.149(*) (-5.37)	-.148(*) (-8.10)	-.146(*) (-7.47)
Bessere Qualität im NBL	.274** (7.27)	.227* (3.52)	.208* (5.55)	.186* (3.26)
Minimalkonsensmodell				
Vertrauen in Menschen aus dem NBL		.158* (3.08)		.101+ (1.98)
Wertekonsensmodell				
Passung bei grundlegenden Werten			.236** (7.83)	.209** (10.93)
Kontrollvariablen				
Bildung (Ref.: niedrig)				
hoch	.313* (3.76)	.307* (3.45)	.304* (3.95)	.301* (3.72)
mittel	-.038 (-0.94)	-.039 (-0.98)	-.030 (-1.27)	-.032 (-1.43)
r^2	.228	.250	.279	.287
N	343	343	343	343

Lineare Regression. Standardisierte Koeffizienten. Huber-Schätzer für die Standardfehler zur Korrektur der Auswahl in drei Orten kursiv in Klammern. *** p<0,001; ** p<0,01, * p<0,05, + p<0,1. Signifikanztests einseitig, Signifikanzen in Klammern geben zweiseitig-signifikante Ergebnisse entgegen der erwarteten Richtung an. Quelle: Eigene Befragung.

Die Europäisierungsthese bestätigt sich. In allen Modellen hat die Wohndauer an der Grenze keinen sehr starken, aber eben doch einen signifikanten Einfluss auf das Interesse am Nachbarland.[4] Der generellen Qualitätseinschätzung kommt ein

---

4 Die Wohndauer an der Grenze wurde vierstufig gemessen mit bis zu 12 Monaten (1), bis zu 3 Jahre (2), bis zu 5 Jahre (3) und über 5 Jahre (4). Eine Messung in Jahren wäre in der Beantwortung ausgesprochen schwierig gewesen und wurde deshalb verworfen.

hoch signifikanter Effekt in die erwartete Richtung zu. Wie der standardisierte Regressionskoeffizient deutlich macht, ist die eingeschätzte Qualität über alle unterschiedlichen Produkte und Dienstleistungen die zweitwichtigste erklärende Variable nach der hohen Bildung. Überraschend ist dagegen der Einfluss der Preiseinschätzung. Nicht die günstigeren Preise im Nachbarland erhöhen das Interesse, sondern im Gegenteil sind es die höheren Preise im Nachbarland. Dieser Einfluss ist (nun im zweiseitigen Test, weil der Einfluss der Erwartung entgegengesetzt ist) in allen Modellen signifikant. Vermutlich wird hier nicht der Preisnachteil abgebildet, sondern vielmehr der eingeschätzte Wohlstandsunterschied, der reichere Länder attraktiver und ärmere Länder weniger attraktiv macht.[5]

Das Minimalkonsensmodell verbessert die Erklärung, weil das Vertrauen in die Menschen im Nachbarland (im Vergleich zum Vertrauen in Inländer) einen zusätzlichen Effekt hat (Modell 2). Das Minimalkonsensmodell hat also neben den wirtschaftlichen Vorteilen entgegen der Vermutung eine zusätzliche Erklärungsleistung. Dabei wird der Einfluss des Vertrauens noch unterschätzt. Dies geht zurück auf einen Zusammenhang zwischen der Qualitätseinschätzung und dem Vertrauen. Die Qualitätseinschätzung bildet nicht allein Nutzenvorteile im Sinne des Systemintegrationsmodells ab, sondern hier spielt bereits das Minimalkonsensmodell mit hinein.[6]

Das Wertekonsensmodell verbessert die Erklärungsleistung nochmals etwas. Die Wertepassung kann mehr zur Erklärung beitragen als das Vertrauen. Im Gesamtmodell zeigt sich, dass die Passung bei grundlegenden Werten und das Vertrauen in die Menschen im Nachbarland jeweils einen eigenständigen Effekt haben, wobei die Einflussstärke und Signifikanz des Vertrauens im Vergleich zum Minimalkonsensmodell zurückgeht. Ursache dafür ist ein Zusammenhang des Vertrauens sowohl mit der pauschalen Qualitätseinschätzung als auch mit der Wertepassung.[7] Dennoch behält das Vertrauen einen eigenen Einfluss.

Das Interesse am Nachbarland ist neben dem Bildungsgrad vor allem abhängig von eingeschätzten Nutzenvorteilen bezogen auf die allgemeine Qualität von Produkten und Dienstleistungen. Dahinter steht aber ein Einfluss des Vertrauens, das selbst zusätzlich einen Einfluss ausübt. Da das Preisniveau einen Einfluss in die der Erwartung entgegengesetzte Richtung hat, sprechen die Daten eher für eine Geltung des Minimalkonsensmodells als des Systemintegrationsmodells. Darüber hinaus ist die Wertepassung einflussreich. Wertekonsensmodell und Minimalkon-

---

5 Das Ergebnis geht übrigens nicht darauf zurück, dass Qualität und Preis stark negativ korreliert sind. Die Korrelation der Preiseinschätzung über alle Produkte und Dienstleistungen mit der entsprechenden Qualitätseinschätzung liegt bei r=-.003 (nicht signifikant).
6 Vgl. auch das Pfadmodell im Anhang (A.2).
7 Die Wertepassung und das Vertrauen sind mit r=.342 korreliert (signifikant auf dem 1 %-Niveau).

sensmodell bewähren sich gemeinsam am besten zur Erklärung des Interesses am Nachbarland.

6.1.3 Kenntnis des Nachbarlandes in drei deutschen Grenzregionen

Betrachten wir nun die tatsächliche Kenntnis des Nachbarlandes. In dieser Messung ist das Interesse gewissermaßen in die Tat umgesetzt worden und konkurriert dabei mit anderen möglichen Interessen. Die Kenntnis wird aber auch überlagert durch andere Faktoren. In der Tat sind das selbst eingeschätzte Interesse am Nachbarland und die Kenntnis des Nachbarlandes in der eigenen Einschätzung korreliert, entsprechen sich aber nicht vollständig (r=.632, signifikant auf dem 1 %-Niveau).

Die Überlegungen zur vermuteten Reihenfolge der drei Grenzregionen gelten für die Kenntnis des Nachbarlandes genau wie für das Interesse am Nachbarland. Nach der Europäisierungsthese müsste Frankreich vorn und Polen am Ende liegen, nach dem Systemintegrationsmodell ist die Reihenfolge unklar und nach dem Minimalkonsens- und dem Wertekonsensmodell müsste Österreich vorn und Polen hinten liegen.

Die Reihenfolge der drei verglichenen Grenzregionen für die Kenntnis des Nachbarlandes entspricht den Ergebnissen für das Interesse am Nachbarland. Angesichts der hohen Korrelation ist das auch wenig überraschend. Am besten bekannt ist die österreichische Grenzregion (Abb. 6.2). Über die Hälfte der Passauer gibt auf einer siebenstufigen Skala von ‚kenne ich sehr gut' (7) bis ‚kenne ich nicht' (1) an, die Region jenseits der Grenze sehr gut oder fast sehr gut (Ausprägung 6 und 7) zu kennen (Mittelwert: 5,33). In Frankfurt/O. kennen dagegen nur 29 % der Befragten die Region im benachbarten Polen (fast) sehr gut (Mittelwert: 4,20). Die Saarbrücker liegen dazwischen, hier kennen 43 % der Befragten die französische Region jenseits der Grenze (fast) sehr gut (Mittelwert: 5,00). Der Anteil jener, die von der Gegend jenseits der Grenze fast nichts oder nichts wissen (Ausprägungen 1 und 2), verhält sich spiegelbildlich: in Frankfurt/O. sind es 16 %, in Saarbrücken 11 %, in Passau nur 6 %. Bei der Makrobetrachtung entspricht die Reihenfolge wiederum eher dem Minimal- und Wertekonsensmodell und in Bezug auf den Preis nicht dem Systemintegrationsmodell.

6. Grenzübergreifende Wahrnehmung

Abbildung 6.2: Kenntnis des Nachbarlandes in drei deutschen Grenzregionen

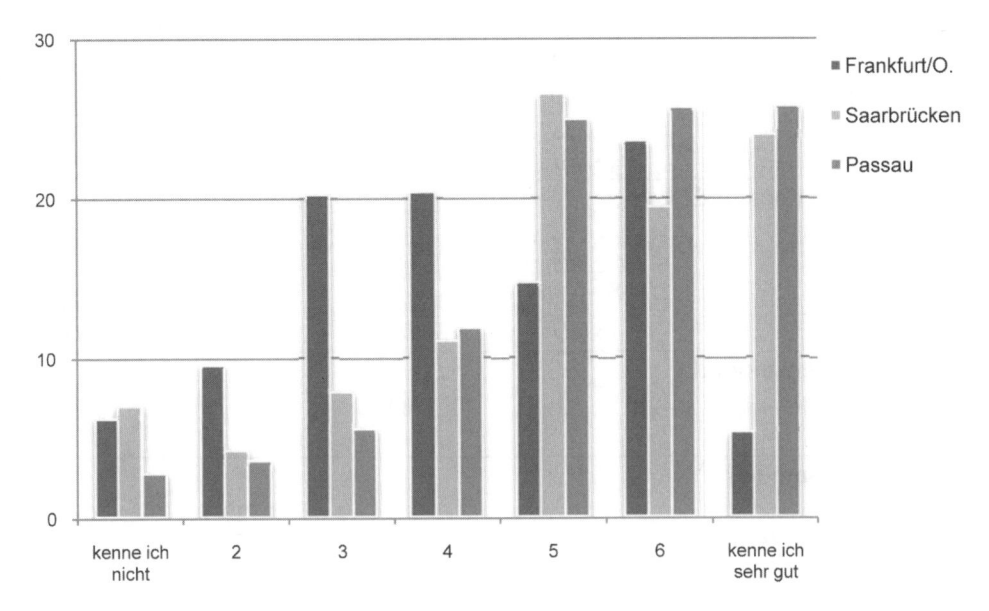

Quelle: Eigene Befragung.

Wie sieht es nun in der multivariaten Analyse aus? In Tabelle 6.3 werden, analog zur Untersuchung des Interesses am Nachbarland (Tab. 6.2), in mehreren Schritten die Erklärungen durch die verschiedenen Modelle für die Kenntnis des Nachbarlandes getestet, wobei nun eine Reihe von Kontrollvariablen zu beachten sind (vgl. Tab. 6.1).

Die insgesamt erklärte Varianz ist über die Modelle durchweg akzeptabel. Bereits das Ausgangsmodell kann 23 % der Varianz aufklären, beim Gesamtmodell steigt der Wert nur leicht auf 25 %. Die Kontrollvariablen haben nur zum Teil Einfluss. Allein das Alter ist über alle Modelle signifikant.

Tabelle 6.3: Kenntnis des Nachbarlandes

	1. System-integration	2. Minimal-konsens	3. Werte-konsens	4. Gesamt-modell
Europäisierungsthese				
Wohndauer an der Grenze	.238* (4.93)	.241* (4.68)	.243* (5.45)	.245* (5.09)
Systemintegrationsmodell				
Günstigere Preise im NBL	-.134 (-2.41)	-.132 (-2.34)	-.132 (-2.36)	-.131 (-2.32)
Bessere Qualität im NBL	.239* (3.22)	.199+ (2.07)	.207* (3.00)	.182+ (2.05)
Minimalkonsensmodell				
Vertrauen in Menschen aus dem NBL		.139* (3.74)		.113+ (2.75)
Wertekonsensmodell				
Passung bei grundlegenden Werten			.123* (4.27)	.092+ (2.84)
Kontrollvariablen				
Bildung (Ref.: niedrig)				
hoch	-.009 (-0.12)	-.014 (-0.16)	-.013 (-0.18)	-.016 (-0.19)
mittel	-.098 (-2.15)	-.101 (-2.34)	-.094 (-2.12)	-.098 (-2.31)
Alter (in Jahren)	.171+ (2.66)	.153* (3.25)	.168+ (2.51)	.154* (2.93)
Alter ab 65 Jahre	-.052 (-0.48)	-.035 (-0.34)	-.054 (-0.45)	-.040 (-0.36)
Auto verfügbar	.100+ (2.79)	.089 (1.56)	.094 (1.87)	.087 (1.37)
r^2	.229	.246	.243	.254
N	345	345	345	345

Lineare Regression. Standardisierte Koeffizienten. Huber-Schätzer für die Standardfehler zur Korrektur der Auswahl in drei Orten kursiv in Klammern. *** p<0,001; ** p< 0,01, * p<0,05, + p< 0,1. Signifikanztests einseitig, Signifikanzen in Klammern geben zweiseitig-signifikante Ergebnisse entgegen der erwarteten Richtung an. Quelle: Eigene Befragung.

Die Europäisierungsthese bewährt sich gut für den Indikator Kenntnis des Nachbarlandes. Die Wohndauer an der Grenze hat über alle Modell die höchste Erklärungskraft. Die für alle Produkte und Dienstleistungen eingeschätzte bessere Qualität im Nachbarland führt zu einer besseren Kenntnis des Nachbarlandes. Günstigere Preise im Nachbarland haben dagegen geringere und nicht bessere Kenntnisse zur Folge, wobei dieser Koeffizient die (nun zweiseitige) Signifikanzschwelle verfehlt. Hinter diesem Ergebnis scheint also wiederum nicht eine Erklärung gemäß des Systemintegrationsmodells zu stehen, sondern eher des Minimalkonsensmodells. Das bestätigt sich beim Blick auf das Vertrauen. Es hat einen deutlichen, eigenständigen Einfluss. Zusätzlich wird ein Teil des Einflusses dieser Variable durch die Qualitätseinschätzung verdeckt. Auch bei dem unterstellten Qualitätsunterschied spielt das Vertrauen eine Rolle und hat so einen indirekten zusätzlichen Einfluss auf die Kenntnis, was sich wiederum in einem Pfadmodell zeigt (vgl. Anhang A.3). Die Passung der Werte nach dem Wertekonsensmodell hat einen signifikanten, zusätzlichen Einfluss, der im Gesamtmodell stabil bleibt. Das Wertekonsensmodell und vor allem das Minimalkonsensmodell können demnach die Kenntnis des Nachbarlandes recht gut erklären, das Systemintegrationsmodell bewährt sich nicht gut.

6.2 Erlernen der Nachbarsprache

Nationalstaatsgrenzen sind in Europa vielfach auch Sprachgrenzen. Wegen ihrer Bedeutung für alle Arten von Interaktion wird der Sprache eine herausgehobene Bedeutung für die Wahrscheinlichkeit von Integration zukommen (vgl. Kap. 3.2.3). Sprache wird hier zunächst als Indikator für Interesse am Nachbarland verstanden. Wer eine Fremdsprache erlernt, muss dafür viel investieren, meist über Jahre. Weil gleichzeitig mit der Fremdsprachenkenntnis ein viel leichterer und tiefergehender Zugang zu einem Land möglich ist, handelt es sich beim Erwerb einer Fremdsprache um eine Investition aus dem Interesse heraus, das Land mit seinen Bürgern besser wahrnehmen zu können.

6.2.1 Hypothesen und vorliegende Befunde zum Erwerb von Fremdsprachen

Die Literatur zum Fremdsprachenerwerb in Grenzregionen ist geprägt von einem appelativen Charakter. Es wird vielfach die Notwendigkeit herausgestrichen, die Nachbarsprache zu beherrschen (z.B. Incardonar 2002; Oppermann 2002; Oppermann/Raasch 1988; Pelz 1989). Zudem werden didaktische Konzepte diskutiert, wie im Grenzraum beispielsweise durch persönliche Begegnungen der Unterricht in der Sprache des Nachbarlandes verbessert werden kann (Braam 1993; Drunkermühle 1993; Groß 1993). Die Literatur ist für die vorliegende Frage wenig ergiebig, weil zum einen systematische Vergleiche unterschiedlicher Grenzräume keine Rolle spielen und zum anderen die individuelle Motivlage von Bewohnern der

Grenzregion, die Nachbarsprache zu erlernen oder darauf zu verzichten, nicht Gegenstand der Forschung ist.

Aufschlussreich sind dagegen Studien, die sich unabhängig von Grenzräumen mit den Gründen des Fremdsprachenerwerbs beschäftigen. Dabei wird deutlich, dass die Motive zum Erlernen einer Fremdsprache sehr unterschiedlich sein können, analog zu ihren Einsatzmöglichkeiten. Müller-Neumann und Kollegen haben rund 1.500 Teilnehmer von Sprachkursen an der Volkshochschule in Westdeutschland befragt. Unter den angegebenen Motiven zum Erwerb einer Fremdsprache liegt die Verwendung der Sprache bei Begegnungen mit Ausländern, insbesondere im Urlaub, ganz vorn (Müller-Neumann u.a. 1986: 78). Zwei Drittel der Befragten nennen dieses Motiv, ein knappes Drittel sogar als wichtigstes. Hinzu kommt ein Interesse an dem Land bei 28 % der Befragten, eine sinnvolle Freizeitbeschäftigung (28 %), Auffrischen von früher Gelerntem (24 %), Allgemeinbildung (22 %) und Freude am Spracherwerb (22 %).[8] Das Eurobarometer (EB) 64.3 von 2005 kommt europaweit zu ganz ähnlichen Ergebnissen (Europäische Kommission 2006). Auch hier sind die Hauptgründe zum Erlernen einer Fremdsprache Ferien (35 %), Arbeitskontakte im Ausland (32 %), die Möglichkeit, im Ausland zu arbeiten (27 %), aber auch persönliche Befriedigung (27 %) (Europäische Kommission 2006: 35). Im EB wurde auch gefragt, was die Befragten abhält vom Erlernen einer Fremdsprache. Hier steht der Zeitmangel ganz oben (34 %), aber auch zu geringe Motivation (30 %) und die finanziellen Kosten (22 %). Diese Antworten unterstreichen noch einmal die Annahme, dass Fremdspracherwerb aufwändig ist und damit ein ‚harter' Indikator für die Wahrnehmung des Nachbarlandes.

Während diese Motive sich auf Fremdsprachen insgesamt beziehen, ist hier die Frage interessant, welche Sprache gelernt wird. Auch diese Frage wurde im Eurobarometer gestellt und Englisch liegt mit Abstand vorn. 68 % der Befragten halten Englisch für die nützlichste Sprache. Es folgen (bei zwei möglichen Nennungen) Französisch (25 %), Deutsch (22 %) und Spanisch (16 %) (Europäische Kommission 2006: 30). In der Betrachtung nach Ländern zeigen sich allerdings Differenzen. Hier spielen Sprachminderheiten im Land (z.B. Schwedisch in Finnland und Russisch in Estland) oder geographische Nähe (Französisch in Luxemburg) eine Rolle (Europäische Kommission 2006: 32). Entsprechend stellen sich die Anreize zum Erwerb einer Fremdsprache in Grenzregionen anders dar als im Binnenland. Die Wahrscheinlichkeit, Menschen aus dem Nachbarland und damit Sprecher der Sprache des Nachbarlandes zu treffen, ist in Grenzregionen erhöht. Gleichzeitig wird aber dieser Einfluss überlagert von der generellen Attraktivität der Sprache

---

8 Das zweithäufigst genannte Motiv ist ‚Ich denke, dass das Lernen dieser Sprache generell von Nutzen ist'. Dieses Motiv ist aber so unspezifisch, dass es hier vernachlässigt wurde.

und der Schwierigkeit, die Sprache zu erlernen. So ist bei den Luxemburgern schwer zu sagen, ob sie Französisch aufgrund der Nähe zu Frankreich oder aufgrund der generellen Attraktivität des Französischen, wie es in der Befragung insgesamt deutlich wurde, erlernen. Beide Einflüsse werden eine Rolle spielen.

Abram de Swaan (2001) hat eine Theorie über die Aneignung von Fremdsprachen vorgeschlagen, die angibt, wonach sich die Wahl einer zu erlernenden Fremdsprache richtet. Ausgangspunkt ist bei ihm ein einfaches Rational Choice-Modell. Menschen erlernen in der Tendenz jene Sprachen, mit denen sie sich mit den meisten Menschen verständigen können. Daraus ergibt sich eine weltweite Sprachhierarchie (Swaan 2001: 4ff.). Zentralsprachen sind meist Nationalsprachen, die mehrere periphere Sprachen vereinigen bzw. die Sprechern von unterschiedlichen peripheren Sprachen im nationalen Rahmen eine Verständigungsmöglichkeit bieten. Über den Nationalsprachen stehen die ‚Superzentralsprachen', die von mehr als 100 Millionen Menschen gesprochen werden und in ihren jeweiligen Weltregionen Verständigung über Ländergrenzen hinweg mit einiger Wahrscheinlichkeit ermöglichen, selbst wenn keiner der Beteiligten die Sprache als Muttersprache hat. Die im EB genannten Sprachen, deren Erwerb sich nach Meinung der Europäer am meisten lohnt, gehören dazu. Über diesen Superzentralsprachen steht schließlich die ‚Hyperzentralsprache' Englisch. Als weltweite lingua franca ist sie die wahrscheinlichste Sprache, in der sich Sprecher verschiedener Superzentralsprachen verständigen werden. Der Spracherwerb erfolgt in dieser Sprachhierarchie aufwärts. Das entscheidende Kriterium ist jeweils, wie viele Menschen eine Sprache sprechen. Durch diese Orientierung beim Erwerb von Fremdsprachen, die jeweils der subjektiven Nutzenmaximierung dient, wird die Hierarchie der Sprachen erhalten und weiter verstärkt. Die Konzentration auf das Englische, insbesondere in Europa, ist eine naheliegende Konsequenz (Swaan 2001: 144ff.).

Die Überlegungen von de Swaan lassen sich auch auf kleinräumige Einheiten wie Grenzregionen anwenden. Hier konkurrieren bei der Entscheidung, welche Fremdsprache eine Person erlernt, die globale Sprachenhierarchie und die lokale Konstellation, in der sich mit dem Erwerb der benachbarten Sprache unmittelbar neue Möglichkeiten erschließen – und zwar unabhängig davon, wie die benachbarte Sprache in der weltweiten Sprachhierarchie angesiedelt ist. Um das Interesse am Nachbarland abzubilden, gilt es, den Einfluss der globalen Sprachenhierarchie zu trennen von der lokalen Situation. Dies kann geschehen, indem entsprechend der Argumente von de Swaan die Anzahl von Sprechern einer Sprache kontrolliert wird. Je mehr Menschen in der Welt eine Sprache sprechen, desto wahrscheinlicher wird sie als Fremdsprache ausgewählt, unabhängig von der lokalen Situation. Gleichzeitig werden nach de Swaan eher Menschen eine Fremdsprache erlernen, deren Muttersprache wenig verbreitet ist. Wenn über diese Konstellation hinaus die Sprache des Nachbarlandes erlernt wird, ist offensichtlich - unter sonst gleichen Bedingungen - die lokale Situation an der Grenze einflussreich.

Für die Sprachen, die in den Euroregionen benutzt werden, lässt sich diese Besonderheit finden. Gellert-Novak (1993) zeigt, dass in den Euroregionen an den deutschen Außengrenzen durchweg nicht die Hyperzentralsprache Englisch verwendet wird, sondern eine Sprache, die in einem der angrenzenden Länder Muttersprache ist. Dabei dominiert allerdings das Deutsche und damit die Superzentralsprache über die angrenzenden Zentralsprachen.

De Swaan geht von der praktischen Bedeutung einer Sprachkenntnis aus. Daneben ist aber noch eine symbolische Dimension wichtig. Sprache dient nicht allein der Verständigung, sie hat auch eine emotionale Bedeutung. Die Identifikation von Gemeinschaften über Sprache, insbesondere im Zusammenhang der Nationalstaatsgründung, verweist darauf (Anderson 1991; vgl. Kap. 3.2.2). Diese Gemeinschaftsbildung bezieht sich zwar auf die Muttersprachler, damit wird aber der symbolische Gehalt der Sprache unterstrichen. Entsprechend kommt auch dem Umgang von Ausländern mit der eigenen Sprache eine symbolische Bedeutung zu. Das Sprechen einer Sprache als Fremdsprache dient nicht allein (wenn auch primär) der Verständigung, sondern es signalisiert auch eine Anerkennung der jeweils anderen Gruppe. Diese symbolische Dimension findet ihren Niederschlag deutlich in der EU-Politik, die mehrfach den Schutz auch von kleinen Sprachen unterstrichen hat (u. a. Bruha/Seeler 1998; Schreiner 2006; Siguan 2001: 140ff.). Sie lässt sich aber auch erfahren, wenn Menschen zwar eine Fremdsprache beherrschen, sie aber nicht sprechen *wollen*, beispielsweise weil Ausländer zu selbstverständlich davon ausgehen, mit der eigenen Muttersprache verstanden zu werden. Bei einer qualitativen Untersuchung an der deutschen Grenze zu Polen über Motive, einen Polnisch-Kurs zu besuchen, wurde dieser Grund deutlich (Dobbelstein 2006). Es wird als peinlich empfunden, immer von den Polen zu erwarten, dass sie Deutsch sprechen. Gleichzeitig wird die sprachliche Souveränität der Polen im Deutschen als beschämend empfunden angesichts des eigenen sprachlichen Unvermögens. Die symbolische Dimension ist vermutlich nicht die wichtigste, sie kommt aber zu den Verständigungsmotiven hinzu und macht deutlich, dass eine gemeinsame Drittsprache nicht gleichbedeutend ist mit der Kenntnis der Nachbarsprache selbst.

Die Rational Choice-Perspektive auf den Fremdspracherwerb verweist nicht nur auf den unterschiedlichen Nutzen der Sprachen, sondern auch auf unterschiedliche Kosten. Nicht jede Sprache lässt sich mit der gleichen Leichtigkeit erlernen. Entscheidend dürfte dafür die Ähnlichkeit der Fremdsprache mit der eigenen Muttersprache sein. Folgt die Fremdsprache einer ähnlichen Grammatik, sind viele Worte ähnlich usw., dürfte sich schnell ein Lernerfolg einstellen und die Kosten des Sprachenlernens sind nicht sehr hoch. Anders ist es, wenn die Sprache einer ganz anderen Grammatik folgt, und die Wörter unvertraut klingen. Abbilden lässt sich diese Sprachähnlichkeit durch die linguistischen Sprachfamilien. Dort werden die Sprachen nach Ähnlichkeit schrittweise gruppiert und erlauben so eine Messung der Ähnlichkeit von Sprachen, die sich in unterschiedlichen Kosten des Fremdspracherwerbs niederschlagen.

Damit sind drei Einflussfaktoren identifiziert, die den Indikator Spracherwerb überlagern und kontrolliert werden müssen: die Anzahl der Sprecher der eigenen Sprache, die Anzahl der Sprecher der Sprache des Nachbarlandes und die (Un-)Ähnlichkeit der Sprachen. Auf der Individualebene muss zusätzlich die Bildung als Kontrollvariable berücksichtigt werden, weil mit Bildung die Gelegenheit und Fähigkeit zum Spracherwerb einhergeht. Zusätzlich dürfte das Alter Bedeutung haben, denn die Menschen hatten unterschiedlich lange Zeit, Sprachen zu erlernen.

Tabelle 6.4: Hypothesen zum Erlernen der Sprache des Nachbarlandes

Variable	Richtung des Zusammenhangs
Europäisierungsthese	
Dauer gemeinsamer EU-Zugehörigkeit	+
Wohndauer in der Grenzregion	+
Systemintegrationsmodell	
Günstigere Preise im Nachbarland (NBL) (Nutzenvorteil)	+
Bessere Qualität im Nachbarland (NBL) (Nutzenvorteil)	+
Minimalkonsensmodell	
Vertrauen in Menschen aus dem Nachbarland (NBL)	(+)
Wertekonsensmodell	
Werteähnlichkeit	+
Kontrollvariablen Regionalebene	
Anzahl Sprecher der eigenen Sprache	–
Anzahl Sprecher der Sprache des Nachbarlandes	+
Linguistische Ähnlichkeit: gleiche Sprachfamilie und gleiche Untersprachfamilie	+
Kontrollvariablen Individualebene	
Bildung	+
Alter	+

+ positiver Zusammenhang, - negativer Zusammenhang, leeres Feld: kein angenommener Zusammenhang, in Klammern: Einflussunterstellung nicht nach dem vermutlich erklärungsstärksten Modell.

Vor dem Hintergrund dieser Kontrollen lassen sich dann die Modell zur Erklärung der Wahrnehmung testen. Hier wurde das Systemintegrationsmodell mit dem Einfluss der Nutzenvorteile als Erklärung unterstellt, allerdings müsste aufgrund der symbolischen Bedeutung von Sprache auch das Wertekonsensmodell zur Erklärung beitragen. Durch die Begegnungsmaßnahmen der EU in den Grenzregionen nimmt ebenfalls der Bedarf an Sprachkenntnissen zu, die Europäisierungsthese liegt also nahe. Tabelle 6.4 fasst die Annahmen zusammen.

6.2.2 Anmerkung zu den Daten für Sprachkenntnisse in den europäischen Grenzregionen

Grundlage der Überprüfung von Sprachfähigkeiten ist das EB 64.3 von 2005. Dort wurde nach Sprachen außer der Muttersprache gefragt, die man ausreichend gut spricht, um ein Gespräch zu führen.[9] Es konnten bis zu drei Sprachen angegeben werden.[10] Analysiert wird im Folgenden, ob die Befragten die Sprache des jeweiligen Nachbarlandes bzw. eine Sprache des jeweiligen Nachbarlandes als Fremdsprache sprechen. Ausgeklammert sind daher alle Grenzregionen zu gleichsprachigen Nachbarländern. Weiterhin wurden jene Grenzregionen nicht berücksichtigt, in denen eine Minderheit mit der Sprache des Nachbarlandes lebt (z.B. Elsass-Lothringen oder Südtirol) oder die Sprache des Nachbarlandes auch Landessprache ist (z.B. Schwedisch in Finnland).[11] Im Ergebnis gehen 44 Grenzregionen mit 46 verschiedenen Sprachkonstellationen in die Deskription ein.[12]

Zur Messung der Ähnlichkeit von Sprachen wird auf die linguistische Klassifikation der Sprachen in Sprachfamilien zurückgegriffen (Gordon 2005), wobei zwei Stufen unterschieden sind. Die Verbreitung einer Sprache wurde gemessen durch die Menschen weltweit, die diese Sprache als Muttersprache haben. Das Kriterium

---

9 Der Originaltext der Frage lautet: "Which languages do you speak well enough in order to be able to have a conversation excluding your other tongue?" (EB 64.3 Basic Bilingual Questionnaire, S. 16)

10 In die Untersuchung gehen nur Muttersprachler des jeweiligen Landes ein, weil der Spracherwerb von Nicht-Muttersprachlern anderen Einflüssen unterliegt.

11 In zwei Fällen (an der deutsch-belgischen und der luxemburgisch-belgischen Grenze) gibt es aufgrund der mehrsprachigen Nachbarländer in derselben Grenzregion zwei Sprachrelationen. An den anderen Grenzen der zweisprachigen Länder gibt es nur eine Sprachrelation, weil die andere Sprache jeweils in einem Nachbarland die Muttersprache ist (z.B. Französisch an der französisch-belgischen Grenze).

12 Diese Zahl verringert sich noch einmal für die erklärende Analyse. Grund dafür ist, dass nun eine eindeutige Zuordnung aller Grenzregionen mit ihren Bewohnern zu nur einer Grenze erforderlich ist, während für die Deskription Doppelzuordnungen unproblematisch sind. Daher beruht die erklärende Analyse auf 39 Grenzregionen.

der Superzentralsprachen von de Swaan geht ebenfalls von der Anzahl von Muttersprachlern aus (Swaan 2001: 5). Allerdings ist damit das Phänomen nicht ganz korrekt getroffen, geht doch in den Charakter der Superzentralsprachen und vor allem der Hyperzentralsprache ein, dass sie als Fremdsprache auch von anderen gesprochen wird und so zur Verständigung zwischen Sprechern unterschiedlicher peripherer oder zentraler Sprachen dienen kann. Die Messung der Verbreitung durch die Anzahl von Menschen, die eine Sprache als Muttersprache haben, führt zu einer systematischen Unterschätzung der Verbreitung, insbesondere von Superzentralsprachen und von Englisch.[13] Allerdings sind die Unterschiede zwischen den Superzentralsprachen und den übrigen Sprachen in Europa ohnehin schon massiv, so dass die Unterschätzung nicht stark ins Gewicht fällt. Die übrigen Makrovariablen gehen in der gewohnten Weise in die Messung ein (Kap. 5).

6.2.3 Kenntnis der Nachbarsprache in Europas Grenzregionen

Betrachten wir zunächst die Verbreitung der Sprache des Nachbarlandes im Vergleich von Grenzregion und Rest des Landes (Tab. 6.5). Aufgrund der regionalen Konstellation müsste die jeweilige Fremdsprache in der Grenzregion häufiger gesprochen werden als sonst im Land.

Auf den ersten Blick zeigt sich eine starke Tendenz in die erwartete Richtung. Bei der Hälfte der Grenzregionen sprechen signifikant mehr Menschen in der Grenzregion die Nachbarsprache als im Rest des jeweiligen Landes. Bei einem weiteren Viertel geht der Unterschied in die erwartete Richtung, ist aber nicht signifikant. Die absolute Ausnahme sind Konstellationen, in denen im Grenzgebiet die Nachbarsprache seltener gesprochen wird als im Binnenland. In Luxemburg wird an der Grenze zu Frankreich nicht häufiger Französisch gesprochen als im Rest des Landes, allerdings ist Luxemburg ausgesprochen klein und Französischkenntnisse sind in der Bevölkerung insgesamt sehr verbreitet: knapp 90 % der Luxemburger sprechen Französisch. An der niederländisch-belgischen Grenze wird zwar Französisch unterdurchschnittlich häufig gesprochen, doch die zweite belgische Nationalsprache ist die Muttersprache der Niederländer. Angesichts der sekundäranalytisch bedingten Unschärfen, insbesondere im Zuschnitt der hier als Grenzregion klassifizierten Gebiete (vgl. Kap. 4.1), ist die Eindeutigkeit des Ergebnisses erstaunlich, zumal die Sprachkenntnisse nach Selbsteinschätzung ausreichend sind für ein Gespräch, also über einfache Floskeln hinausgehen.

---

13 Im Fall von Englisch müsste die Verzerrung mit Abstand am größten sein. Zu den 309.352.280 muttersprachlich Englischen kommen knapp 200.000.000, die Englisch als Fremdsprache beherrschen (Gordon 2005).

Tabelle 6.5: Sprachkenntnisse Inland und Grenzregion im Vergleich

Grenzregion	Nachbarsprache Grenzregion (in %)	N Grenzregion	Nachbarsprache Rest des Landes	N Rest des Landes	Signifikanz des Unterschieds	Differenz Grenzregion minus Rest des Landes
Schweden – Dänemark	27,2	147	3,3	859	***	23,9
Slowenien – Österreich	65,6	346	42,0	629	***	23,6
Frankreich – Spanien	32,3	124	10,0	817	***	22,3
Italien – Slowenien	22,2	18	0,1	936	***	22,1
Ungarn – Österreich	44,4	99	23,2	912	***	21,2
Niederlande – Deutschland	81,3	320	66,1	667	***	15,2
Dänemark – Deutschland	70,5	95	57,4	900	*	13,1
Deutschland – Frankreich	25,7	144	13,6	1284	***	12,1
Litauen – Polen	24,3	107	12,5	785	***	11,8
Frankreich – Italien	13,9	158	2,9	783	***	11,0
Tschechien – Deutschland	35,4	223	26,3	784	**	9,1
Deutschland – Dänemark	9,1	44	0,1	1383	***	9,0
Spanien – Frankreich	18,2	192	9,5	718	***	8,7
Österreich – Slowenien	8,7	69	0,8	891	***	7,9
Dänemark – Schweden	17,2	297	9,3	699	***	7,9

6. Grenzübergreifende Wahrnehmung

Grenzregion	Nachbarsprache Grenzregion (in %)	N Grenzregion	Nachbarsprache Rest des Landes	N Rest des Landes	Signifikanz des Unterschieds	Differenz Grenzregion minus Rest des Landes
Slowakei – Österreich	39,3	117	32,3	801	-	7,0
Italien – Frankreich	20,2	99	13,2	856	+	7,0
Deutschland – Belgien (franz.)	20,1	294	13,3	1132	**	6,8
Österreich – Italien	14,4	146	7,6	815	**	6,8
Portugal – Spanien	6,6	317	0	681	***	6,6
Tschechien – Österreich	32,0	278	26,9	729	-	5,1
Österreich – Ungarn	5,9	34	1,1	928	+	4,8
Polen – Deutschland	23,3	146	18,6	835	-	4,7
Polen – Tschechien	4,4	226	0,5	755	***	3,9
Luxemburg – Belgien (niederländ.)	3,2	62	0,3	352	*	2,9
Luxemburg – Belgien (franz.)	90,3	62	88,3	351	-	2,0
Litauen – Lettland	2,5	81	1,0	810	-	1,5
Deutschland – Tschechien	1,3	313	0,3	1114	*	1,0
Polen – Slowakei	1,5	135	0,6	845	-	0,9
Deutschland – Belgien (niederländ.)	1,4	295	0,6	1133	-	0,8
Estland – Lettland	0,7	137	0,0	682	*	0,7

Grenzregion	Nachbar-sprache Grenzregion (in %)	N Grenzregion	Nachbar-sprache Rest des Landes	N Rest des Landes	Signifikanz des Unterschieds	Differenz Grenzregion minus Rest des Landes
Deutschland – Niederlande	1,2	347	0,6	1080	-	0,6
Ungarn – Slowakei	2,5	242	2,0	768	-	0,5
Schweden – Finnland	3,3	61	3,0	841	-	0,3
Deutschland – Polen	1,3	317	1	1110	-	0,3
Spanien – Portugal	1,2	242	1,2	670	-	0,0
Polen – Litauen	0	30	0,0	950	-	0,0
Frankreich – Luxemburg	0	36	0	905	-	0,0
Deutschland – Luxemburg	0	295	0	1132	-	0,0
Belgien – Luxemburg	0	24	0	911	-	0,0
Frankreich – Belgien (niederländ.)	0	69	0,2	872	-	-0,2
Österreich – Tschechien	0,6	162	0,8	799	-	-0,2
Luxemburg – Deutschland	95,3	136	95,6	277	-	-0,3
Tschechien – Polen	2	147	2,6	860	-	-0,6
Niederlande – Belgien (franz.)	29,1	237	30	749	-	-0,9
Luxemburg – Frankreich	88	166	89,1	248	-	-1,1

*** p<0,001; ** p<0,01, * p<0,05, + p<0,1. Signifikanztests einseitig, Signifikanzen in Klammern geben zweiseitig-signifikante Ergebnisse entgegen der erwarteten Richtung an. Quelle: EB 64.3.

In welchen Ländern wird nun besonders häufig die Sprache des Nachbarlandes gesprochen? Die ersten drei Plätze belegen die Luxemburger. Während Luxemburgisch als Fremdsprache fast ausschließlich von Ausländern in Luxemburg gesprochen wird, sind Kenntnisse der Nachbarsprachen in Luxemburg sehr verbreitet. Über 95 % der Luxemburger sprechen Deutsch, knapp 90 % sprechen Französisch. Niederländisch wird dagegen nur von einer kleinen Minderheit in Luxemburg beherrscht (1 % im Landesdurchschnitt, in der Grenzregion häufiger). Hier schlägt sich die Bedeutung der Superzentralsprachen deutlich nieder.

Dies zeigt sich auch bei den übrigen Grenzregionen. Von den 19 Grenzregionen, in denen ein Fünftel und mehr die Sprache des Nachbarlandes sprechen, grenzen 16 an Länder, in denen Deutsch, Französisch oder Spanisch gesprochen wird. In gut einem Drittel dieser Fälle ist der Unterschied zwischen Grenzregion und Rest des Landes nicht signifikant. Es ist also oftmals der Charakter als Superzentralsprache, der die Fremdsprachenkenntnisse erklärt. Auf der anderen Seite finden sich sieben Grenzregionen, in denen die Nachbarsprache von fast niemandem als Fremdsprache gesprochen wird (unter 1 %).

Der Vergleich zwischen Sprachverbreitung im Inland und in der Grenzregion hat den Vorteil, dass viele andere Einflussfaktoren, insbesondere der Charakter einer Sprache als Superzentralsprache sowie die Ähnlichkeit der Sprachen und damit die Schwierigkeit, eine Sprache zu erlernen, konstant gehalten wird. Die Differenz zwischen Sprachverbreitung in der Grenzregion und Sprachverbreitung im Rest des Landes zeigt also bereits relativ gut den Effekt des Nachbarlandes. Die multivariate Analyse zeigt, wodurch die Wahrscheinlichkeit beeinflusst wird, die Sprache (bzw. eine der Sprachen) des Nachbarlandes zu sprechen. Da nur für Bewohner von Grenzregionen ein Nachbarland bestimmbar ist, bilden nur die Menschen nahe der Grenze die Grundgesamtheit.[1]

Tabelle 6.6 präsentiert die Ergebnisse einer binär-logistischen Regression. Dabei sind die Wahrscheinlichkeitsrelationen (odds ratios) angegeben, die jeweils den Faktor anzeigen, um den sich das Wahrscheinlichkeitsverhältnis von Eintritt der abhängigen Variablen (Kenntnis der Nachbarsprache) durch Gegenereignis ändert bei einem zusätzlichen Schritt der unabhängigen Variable. Werte über 1 geben damit einen positiven, Werte unter 1 einen negativen Zusammenhang.

---

1 Nicht für alle Grenzregionen sind alle relevanten Daten verfügbar. Die generelle kulturelle Ähnlichkeit ist nur für 36 der insgesamt 39 Grenzregionen verfügbar, die Vertrauensdifferenz sogar nur für 25. Um dennoch den größtmöglichen Informationsgehalt zu erzielen, schwanken die Fälle auf Individual- und Regionenebene über die Modelle hinweg.

Tabelle 6.6: Kenntnis der Sprache des Nachbarlandes

	1. System-integration	2. Minimal-konsens	3. Werte-konsens	4. Gesamt-modell
Europäisierungsthese				
Dauer EU-Binnengrenze	1.03 ** (2.87)	1.02 (1.24)	1.03 ** (2.80)	1.02 (1.36)
Systemintegrationsmodell				
Preisniveaudifferenz	1.98 (0.97)	47.32 (**) (2.61)	2.27 (1.06)	33.31 (*) (2.21)
Minimalkonsensmodell				
Vertrauensdifferenz		0.99 (-0.54)		0.99 (-0.72)
Wertekonsensmodell				
Index der Werteähnlichkeit			3.22 (0.70)	7.65 (1.10)
Kontrollvariablen Region				
Ähnlichkeit der Sprache (Ref.: unterschiedlich)				
gleiche Sprachunterfamilie	1.88 (1.26)	2.05 + (1.38)	2.01 (1.27)	2.42 + (1.50)
gleiche Sprachfamilie	1.27 (0.61)	1.58 (1.04)	1.59 (0.90)	2.33 + (1.50)
Sprecher der Sprache des Nachbarlandes (ln)	2.29 *** (4.62)	2.49 *** (4.14)	2.32 *** (4.39)	2.32 *** (3.70)
Sprecher der Sprache der Ausgangsregion (ln)	0.49 *** (-5.91)	0.42 *** (-3.93)	0.49 *** (-5.46)	0.44 *** (-3.47)
Kontrollvariablen Individualebene				
Bildung (Ref.: niedrig)				
hoch	3.24 *** (3.51)	3.73 ** (2.97)	3.25 *** (3.44)	3.80 ** (3.00)
mittel	1.71 ** (2.52)	2.15 ** (3.37)	1.71 ** (2.48)	2.18 *** (3.40)
Alter	1.00 (-0.73)	1.00 (-0.21)	1.00 (-0.77)	1.00 (-0.30)
McFadden r²	0.285	0.297	0.283	0.299
N – Individualebene	6469	4271	6014	4271
N – Regionen	38	24	35	24

Binär-logistische Regression. Huber-Schätzer für die Standardfehler kursiv in Klammern. *** p<0,001; ** p<0,01, * p<0,05, + p<0,1. Signifikanztests einseitig. Signifikanzen in Klammern geben zweiseitig-signifikante Ergebnisse entgegen der erwarteten Richtung an. Quelle: EB 64.3.

Bereits mit dem Systemintegrationsmodell gelingt eine nennenswerte Varianzaufklärung mit einem McFadden r² von .285. Diese Erklärungsleistung verbessert sich durch die Hinzunahme der wertebezogenen Variablen nur marginal auf ein McFadden r² von .299. Die Bildung zeigt über alle Modelle einheitliche und sehr deutliche Effekte.[1] Hohe Bildung hat den erwartbar deutlich stärkeren Effekt als mittlere Bildung, aber beide Gruppen haben im Vergleich zu denen mit niedriger Bildung eine deutlich höhere Wahrscheinlichkeit, die Sprache des Nachbarlandes zu sprechen. Das Alter bleibt in allen Modellen ohne Effekt.

Am stärksten tragen zur Erklärung die Charakteristika der Sprache bei. Entsprechend der Theorie der Sprachhierarchie nach de Swaan ist die Zahl der Personen, die weltweit die Sprachen sprechen, der größte Einfluss.[2] Je mehr Menschen die eigene Sprache als Muttersprache sprechen, desto seltener spricht eine Person die Sprache des Nachbarlandes. Hier schlägt sich wohlgemerkt die globale Sprachhierarchie nieder, nicht unbedingt die lokale. Der Einfluss geht also nicht auf die Fremdsprachenkenntnisse der Menschen im angrenzenden Ausland zurück, sondern auf die Verbreitung der eigenen Sprache insgesamt. Spiegelbildlich verhält es sich mit der Sprache des Nachbarlandes. Je verbreiteter die Sprache des Nachbarlandes ist, desto eher wird sie in der Grenzregion gesprochen. Was sich im deskriptiven Vergleich der Grenzregionen bereits abgezeichnet hatte (vgl. Tab. 6.5), bestätigt sich in der multivariaten Analyse.

Die Ähnlichkeit der Sprachen hat kaum einen Einfluss. In dem Minimalkonsensmodell führt die Zugehörigkeit beider Sprachen zur gleichen Sprachunterfamilie zu einem schwach signifikant höheren Wahrscheinlichkeitsverhältnis. Im Gesamtmodell hat dann sowohl die Zugehörigkeit zur gleichen Sprachfamilie als auch nochmals die Zugehörigkeit zur gleichen Sprachunterfamilie einen Einfluss, der aber jeweils nur schwach signifikant ist. Zudem ist die Beschränkung der Grenzregionen überwiegend auf die westeuropäischen zu beachten, weil die In-

---

1 Als Hoch-Gebildete werden hier – entsprechend der Einteilung im EB – solche Menschen verstanden, die zum Ende ihrer Ausbildung älter als 19 Jahre waren. Eine mittlere Bildung haben Menschen, die beim Ende ihrer Bildungsphase zwischen 16 und 19 Jahre alt waren. Die Einteilung von Bildungsunterschieden nach dem Alter beim Bildungsende trägt den sehr unterschiedlichen Bildungssystemen in Europa Rechnung, ist aber selbstverständlich nur eine Annäherung. Dabei sollte man aber im Blick behalten, dass formale Bildung ohnehin nur eine Annäherung an die tatsächlich erworbenen Kenntnisse ist.

2 Die Einflussstärken lassen sich, anders als bei den standardisierten Koeffizienten der linearen Regression, bei der logistischen Regression nicht direkt aus der Tabelle entnehmen. Sie lassen sich durch die Berechnung einer analogen logistischen Regression mit standardisierten Variablen ermitteln. Diese Berechnung wird hier und im Folgenden nicht berichtet, die Textverweise auf Einflussstärken bei logistischen Regressionen beziehen sich aber auf entsprechende Berechnungen.

formationen zum Vertrauen nur für diese Grenzregionen vorliegen (vgl. Kap. 5.3.1, Tab. 5.5). Die Ähnlichkeit der Sprachen scheint demnach nicht entscheidend zu sein für den Fremdspracherwerb.

Damit haben sich vor allem die sprachspezifischen Hypothesen bewährt. Die generellen Theorien zur Erklärungen der Vergesellschaftung und zwar hier des Vergesellschaftungsaspektes Wahrnehmung bewähren sich dagegen kaum. Die Europäisierungsthese bestätigt sich immerhin. Der Einfluss ist in den Modellen 1 und 3 signifikant, während der Wert in den Modellen 2 und 4 nicht signifikant wird. Dies spricht aber nicht gegen den Einfluss, denn die Beschränkung auf westeuropäische Grenzregionen führt zu deutlich geringerer Varianz bei dieser Variable.

Die Preisdifferenz, die nach dem Systemintegrationsmodell eine Rolle spielen müsste, hat zumindest unter den westeuropäischen Grenzregionen einen nennenswerten Einfluss – allerdings in die der Erwartung entgegengesetzten Richtung. Günstigere Preise im Nachbarland führen zu einer geringeren Verbreitung von Kenntnissen der Nachbarsprache. Zwei Erklärungen sind dafür denkbar. Einerseits könnte die Preisdifferenz auf die Wohlstandsdifferenz verweisen, wobei ärmere Länder weniger interessant sind und daher auch ein entsprechender Spracherwerb als weniger attraktiv angesehen wird. Andererseits könnte statt der Preisdifferenz der entscheidende Anreiz die Aussicht auf einen besser bezahlten Arbeitsplatz sein. Tatsächlich hat die Einkommensdifferenz im Minimalkonsensmodell einen Einfluss in die erwartete Richtung (hier nicht tabellarisch dargestellt). Dieser Einfluss zeigt sich aber nicht im Systemintegrationsmodell, das eine größere Zahl von Grenzregionen berücksichtigt. Insgesamt bewährt sich das Systemintegrationsmodell nicht.

Die Variablen des Minimalkonsens- und des Wertekonsensmodells haben keinen Einfluss. Weder die Vertrauensdifferenz noch die Werteähnlichkeit verändern die Wahrscheinlichkeit, die Sprache des Nachbarlandes zu sprechen. Damit hat sich von den integrationsbezogenen Hypothesen nur die Europäisierungsthese bewährt.

6.2.4 Kenntnis der Nachbarsprache in zwei deutschen Grenzregionen

Von den drei untersuchten Städten, Passau, Saarbrücken und Frankfurt/O., liegen nur zwei an der Grenze zu anderssprachigem Ausland. Ausgehend von den obigen Hypothesen wären verbreitete Französischkenntnisse in Saarbrücken und nur geringe Polnischkenntnisse in Frankfurt/O. zu erwarten. Französisch ist eine Superzentralsprache, während Polnisch von weit weniger Menschen gesprochen wird. Dazu ist Frankreich weit länger Mitglied der EU und hat eine bessere Wertepassung. Allein das Preisgefälle spricht für Polen.

Die Frageformulierung in der schriftlichen Befragung ist etwas anders als im EB. Das EB hatte gefragt, ob die Sprachkenntnisse reichen, um ein Gespräch zu führen. Hier werden die Sprachkenntnisse vierstufig differenziert: keine Sprachkenntnisse, einige Worte sind bekannt, man kann sich gut verständigen oder man spricht gut die Fremdsprache.

Abbildung 6.3: Kenntnisse der Nachbarsprache in Frankfurt/O. und Saarbrücken

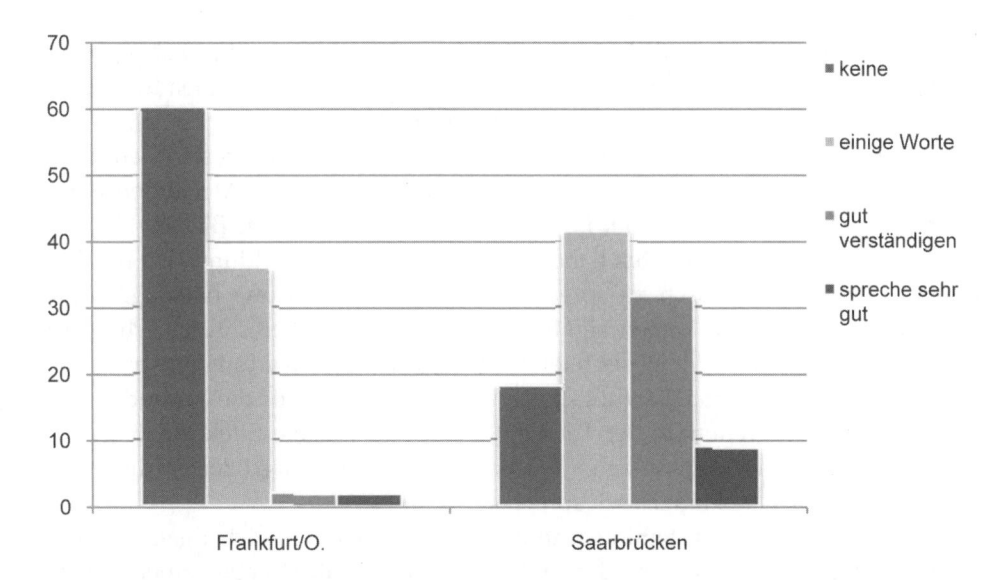

[Balkendiagramm: Frankfurt/O. – keine ca. 60%, einige Worte ca. 36%, gut verständigen ca. 2%, spreche sehr gut ca. 2%; Saarbrücken – keine ca. 18%, einige Worte ca. 41%, gut verständigen ca. 31%, spreche sehr gut ca. 9%]

Quelle: Eigene Befragung.

Erwartungsgemäß gibt die deutliche Mehrheit (60 %) in Frankfurt/O. an, kein Wort Polnisch zu sprechen (Abb. 6.3). Weitere 36 % sprechen einige Worte Polnisch, meinen aber nicht, dass sie sich gut verständigen könnten. Je 2 % können sich gut verständigen oder sprechen sogar gut Polnisch. In Saarbrücken stellen sich die Französischkenntnisse dagegen ganz anders dar. Weniger als ein Fünftel sprechen nach eigenem Bekunden kein Wort Französisch. Rund 40 % der Befragten sprechen einige Worte, ein knappes Drittel kann sich gut verständigen und immerhin fast 10 % sprechen gut Französisch.

Setzt man die im EB abgefragte Fähigkeit, ein Gespräch zu führen, gleich mit der Möglichkeit, sich gut zu verständigen, so ist das Niveau der Sprachkenntnisse in den untersuchten Städten höher als oben ermittelt. Für den gesamten deutschen

Grenzraum zu Polen hatten im EB 1,3 % der Befragten angegeben, Polnisch zu sprechen (Tabelle 6.5), in Frankfurt/O. sind es nach der schriftlichen Befragung 4 %. Für die Französischkenntnisse sieht das Ergebnis ähnlich aus. Den im EB ermittelten 26 % mit Französischkenntnissen stehen in Saarbrücken 40 % gegenüber. Grund für diese höheren Anteile dürfte vor allem die größere Grenznähe sein.

Die Erklärung für die Wahrscheinlichkeit, die Sprache des Nachbarlandes zu erlernen, können wir für die deutsch-französische Grenze auf Individualebene betrachten.[3] Die Sprachkenntnis als zu erklärendes Phänomen ist dabei dichotom erfasst. Unterschieden wird allein Kenntnis bzw. Unkenntnis der Sprache. In Anschluss an die obige Analyse des EB (Kap. 6.2.3) erfolgt die Trennung zwischen der Fähigkeit, sich gut zu verständigen, und dem Fehlen dieser Fähigkeit.

Da wir es nun mit einer dichotomen abhängigen Variable zu tun haben, bedienen wir uns wieder der binär-logistischen Regression, die Wahrscheinlichkeitsrelationen (odds ratios) angibt. Ein Wert über 1 steht also für einen positiven, ein Wert unter 1 für einen negativen Zusammenhang. Für die Französischkenntnisse in Saarbrücken gelingt eine gute Varianzaufklärung mit einem McFadden r^2 von .291 bzw. .292 (Tab. 6.7). Stärkster Einfluss ist wiederum die hohe Bildung. Im Vergleich zu den niedrig Gebildeten haben Menschen mit hoher Bildung eine um 38 % höhere Chance, Französisch zu sprechen.[4] Die mittlere Bildung hat dagegen im Vergleich zur niedrigen keinen signifikanten Einfluss. Höheres Alter erhöht die Wahrscheinlichkeit von Französischkenntnissen, was der Erwartung entspricht.

Zur Prüfung der Europäisierungsthese können wir hier auf die Wohndauer an der Grenze zurückgreifen. In der Tat zeigt sich der erwartete Effekt. Je länger die Menschen bereits an der Grenze zu Frankreich leben, desto größer ist die Wahrscheinlichkeit, dass sie Französisch sprechen.

Die Annahmen des Systemintegrationsmodells bewähren sich dagegen nicht. Weder die Gesamteinschätzung der Preise noch der Qualität haben einen erheblichen Einfluss auf Französischkenntnisse. Bei der Kontrolle des Minimalkonsensmodells und des Gesamtmodells wird zwar die Qualitätseinschätzung schwach signifikant, hier kommt aber das Vertrauen hinzu, das insignifikant bleibt, dem aber ein negativer Effekt zugerechnet wird, was den Hypothesen widerspricht. Da wir den Zusammenhang von Qualitätseinschätzung und Vertrauen bereits von oben (Kap. 6.1) kennen, lässt sich aus dem Blick auf beide Variablen auf einen fehlenden Zusammenhang in Bezug auf Qualität und Vertrauen schließen. Genauso ist die Passung über grundlegende Werte ohne Einfluss.

---

3 Für die deutsch-polnische Grenze gibt es leider zu wenige Fälle, um eine entsprechende Analyse durchzuführen.

4 Angaben über konkrete Effektstärken sind Ergebnis von zusätzlichen Berechnungen, die nicht direkt aus der Tabelle entnommen werden können.

Tabelle 6.7: Sprachkenntnisse in Saarbrücken

	1. System-integration	2. Minimal-konsens	3. Werte-konsens	4. Gesamt-modell
Europäisierungsthese				
Wohndauer an der Grenze	3.36** (2.51)	3.48* (2.66)	3.36** (2.52)	3.47** (2.67)
Systemintegrationsmodell				
Günstigere Preise im NBL	0.79 (-0.67)	0.80 (-0.65)	0.79 (-0.67)	0.80 (-0.65)
Bessere Qualität im NBL	1.75 (1.12)	1.86+ (1.31)	1.75 (1.16)	1.86+ (1.32)
Minimalkonsensmodell				
Vertrauen in Menschen aus dem NBL		0.73 (-0.37)		0.74 (-0.37)
Wertekonsensmodell				
Passung bei grundlegenden Werten			0.98 (-0.08)	0.99 (-0.05)
Kontrollvariablen				
Bildung (Ref.: niedrig)				
hoch	18.53*** (4.48)	18.66*** (4.57)	18.71*** (4.63)	18.77*** (4.66)
mittel	2.21 (1.04)	2.21 (1.04)	2.24 (1.08)	2.23 (1.07)
Alter	1.03 (1.73)*	1.03 (1.79)	1.03* (1.77)	1.04* (1.79)
McFadden r²	.291	.292	.291	.292
N	106	106	106	106

Binär-logistische Regression. Huber-Schätzer für die Standardfehler kursiv in Klammern. *** p<0,001; ** p<0,01, * p<0,05, + p<0,1. Signifikanztests einseitig, Signifikanzen in Klammern geben zweiseitig-signifikante Ergebnisse entgegen der erwarteten Richtung an. Quelle: Eigene Befragung.

Die Französischkenntnisse in Saarbücken lassen sich demnach primär durch Einflüsse auf Sprachkenntnisse insgesamt (Bildung und Alter) erklären. Allerdings hat auch die Wohndauer an der Grenze einen Einfluss, durch den die Europäisierungsthese gestützt wird. Die Attraktivität des Nachbarlandes in Hinblick auf Nutzenvorteile (Systemintegrationsmodell), Vertrauen (Minimalkonsensmodell) oder Wertehaltungen (Wertekonsensmodell) trägt nichts zur Erklärung bei.

6.3 Zusammenhang von Fremdsprachkenntnis und Interesse

Die Untersuchung der Fremdsprachkompetenz für die Sprache des Nachbarlandes läuft hier unter dem Vergesellschaftungsaspekt der Wahrnehmung des Nachbarlandes. Die Fremdsprachkenntnis soll das Interesse am Nachbarland abbilden. Für die beiden deutschen Grenzregionen mit einem fremdsprachigen Nachbarland lässt sich dieser hypothetische Zusammenhang empirisch testen.

Zwischen dem siebenstufig gemessenen Interesse am Nachbarland und der vierstufig gemessenen Sprachkenntnis zeigt sich im Fall Frankfurt/O. ein Zusammenhang von gamma=.598, für Saarbrücken beträgt der Zusammenhang gamma=.415 (beide hoch signifikant auf dem 1 ‰-Niveau). Der Zusammenhang mit der Kenntnis des Nachbarlandes ist etwas geringer. Für Frankfurt/O. ergibt sich ein gamma=.580, für Saarbrücken ist gamma=.367 (beide hoch signifikant auf dem 1 ‰-Niveau).

Diese Ergebnisse entsprechen sehr gut den Erwartungen. Zunächst ist der Zusammenhang beachtlich und hoch signifikant. Eine genauere Betrachtung macht die Ergebnisse aber noch plausibler. In Frankfurt/O. gibt es keinen Befragten, der Polnisch spricht, aber sich nicht für Polen interessiert. Alle, die sich auf Polnisch gut verständigen können, geben auch größtes Interesse an Polen an. Das Zusammenhangsmaß gamma gibt keinen perfekten Zusammenhang an, weil sich von den Menschen, die nicht Polnisch sprechen, einige sehr oder recht stark für Polen interessieren. Hier zeigt sich, dass der Indikator Sprachkenntnis eine härtere Messung ist.

Für Frankreich sieht es etwas anders aus, was sich als ein etwas geringerer Zusammenhang niederschlägt. Französisch ist als Superzentralsprache auch für Menschen interessant, die sich vergleichsweise wenig für Frankreich interessieren. So finden sich unter den Befragten in Saarbrücken einige, die gut Französisch sprechen, ohne sich für Frankreich zu interessieren. Doch auch hier gibt es deutlich öfter den Fall, dass Menschen sich sehr für Frankreich interessieren, ohne Französisch zu sprechen.

Der Zusammenhang zwischen der Kenntnis des Nachbarlandes und der Sprachkenntnis ist geringfügig niedriger. Auch hier fallen vor allem Befragte ins Gewicht, die das Nachbarland kennen, ohne die Sprache zu beherrschen. Dazu ist der Zusammenhang in Saarbrücken noch einmal schwächer. Die zusätzlichen Einflüsse auf die Kenntnis des Nachbarlandes, die Wohndauer an der Grenze oder das Alter spielen hier vermutlich eine Rolle.

Insgesamt bewährt sich die Sprachkenntnis gut als Indikator für das Interesse am Nachbarland.[1] Die Zusammenhangsanalyse kann nicht nur zeigen, dass ein enger Zusammenhang besteht zwischen Sprache und Interesse sowie Sprache und Kenntnis des Nachbarlandes. Zusätzlich belegen die Fälle, die gegen den Zusammenhang sprechen, dass es sich bei der Sprachkenntnis um einen harten Indikator handelt.

6.4 Grenzübergreifende Wahrnehmung – Zusammenfassung

Widmen wir uns den Ergebnissen kurz im Überblick. Das Interesse an der benachbarten Region und die Kenntnis der Region können wir nur für die drei deutschen Grenzregionen betrachten. Das Interesse an der Region jenseits der Grenze und die Kenntnis dieser Region ist in Passau an der Grenze zu Österreich am größten, in Frankfurt/O. an der Grenze zu Polen am niedrigsten, die Saarländer liegen mit ihrem Blick auf Frankreich jeweils in der Mitte. Sowohl das Interesse am Nachbarland als auch die Kenntnis der benachbarten Region ist größer bei Menschen, die schon länger an der Grenze leben. Beides ist zudem größer, wenn den Menschen des Nachbarlandes Vertrauen entgegengebracht wird und je besser die Passung bei grundlegenden Werten ist. Interesse und Kenntnis sind also abhängig von den Wertehaltungen der Menschen und wie die Werte, die den benachbarten Ausländern unterstellt werden, dazu passen. Die unterstellten ökonomischen Vorteile in Bezug auf Einkäufe führen dagegen eher nicht zu einem größeren Interesse oder besseren Kenntnissen. Das Interesse und die Kenntnis steigen sogar eher mit höheren Preisen im Nachbarland. Auch die Qualitätseinschätzung, die einen Einfluss aufweist, deutet eher auf die Bedeutung des Vertrauens hin (von dem die Qualitätseinschätzung abhängt) als auf Preisvorteile.

Bei den Sprachkenntnissen, für die wir Informationen bezogen auf die Grenzregionen EU-weit haben, ist die Lage etwas schwieriger. Es lässt sich zwar für Saarbrücken und Frankfurt/O. zeigen, dass die Kenntnis der Sprache des Nachbarlandes und sowohl das Interesse am Nachbarland als auch die Kenntnis

---

1 Die Kausalrichtung zwischen den Variablen ist nicht ganz eindeutig. Nicht nur Interesse am Nachbarland mag zu Sprachkenntnis führen, sondern auch Sprachkenntnis könnte das Interesse am Nachbarland verstärken. Für die Behandlung als Indikator ist aber allein der positive Zusammenhang entscheidend, nicht die Kausalrichtung.

der benachbarten Region recht eng zusammenhängen, doch genauso offensichtlich ist, dass andere, vom Nachbarland unabhängige Faktoren beeinflussen, ob eine Fremdsprache erlernt wird. Deutlich wurde in der Analyse, dass in der Grenzregion die Sprache des Nachbarlandes häufiger gesprochen wird als im Rest des Landes. Die Grenzlage macht also einen Unterschied für die Motivation, eine Sprache zu erlernen. Plausible Ausnahmen von dieser Regel sind Länder, in denen die gesamte Bevölkerung zu sehr hohen Anteilen die Sprache des Nachbarlandes spricht und sich daher kein Unterschied zur Grenzregion mehr finden lässt (z. B. Luxemburg-Deutschland, Luxemburg-Frankreich) oder die Sprache des Nachbarlandes von extrem wenigen insgesamt gesprochen wird, im Binnenland wie in der Grenzregion (z.B. Deutschland-Luxemburg, Frankreich-Luxemburg). Auch wenn im Nachbarland zwei Landessprachen gesprochen werden und eine davon ist die Muttersprache der Menschen in der Grenzregion, wird wohl das Interesse an der Zweitsprache des Nachbarlandes nicht sehr groß sein (Frankreich-Niederländisch in Belgien, Niederlande-Französisch in Belgien). Das Erlernen der Sprache des Nachbarlandes ist nach der multivariaten Analyse vor allem abhängig vom Bildungsniveau und der Verbreitung der eigenen sowie der benachbarten Sprache. Betrachtet man nicht nur die westeuropäischen, sondern auch die mittelosteuropäischen Grenzregionen (was nur unter Vernachlässigung der Vertrauensmessung möglich ist), zeigt sich zudem ein leichter Effekt der Dauer der gemeinsamen Zugehörigkeit zur EU.

Interesse am Nachbarland, die Kenntnis der benachbarten Region und auch Sprachkenntnisse werden vermutlich wichtige Einflüsse sein für die weiteren Vergesellschaftungsaspekte, für die Wahrscheinlichkeit grenzübergreifender Interaktion oder Identifikation. Bei der Analyse dieser Aspekte werden wir im Auge behalten müssen, dass insbesondere die Kenntnis der Nachbarregion mit der Wohndauer an der Grenze zusammenhängt, was für die Einschätzung der Europäisierungsthese von Bedeutung ist.

7. Grenzübergreifende Interaktion

Für die grenzübergreifenden Interaktionen sollen, wie oben erläutert (Kap. 3.4), zwei Dimensionen unterschieden werden: die Art der Interaktion mit der zielgerichteten und der geselligen Interaktion einerseits und der Vertrauensbedarf andererseits. Die Struktur des Kapitels ergibt sich aus dem ersten Kriterium. Zunächst geht es um zielgerichtete Interaktionen, namentlich den Einkauf von Produkten (Kap. 7.1). Als ersten Mischtyp betrachten wir Dienstleistungen, bei denen zielgerichtete und gesellige Interaktion zusammenfließen mit einem tendenziellen Schwerpunkt bei den zielgerichteten Interaktionen (Kap. 7.2). Arbeitspendler, die ihren Beruf im Nachbarland ausüben, sind der zweite Mischtyp, bei dem der gesellige Anteil eine größere Rolle spielt (Kap. 7.3).[1] Abschließend wenden wir uns dem Indikator für rein gesellige Interaktionen zu: den Freundschaften (Kap. 7.4). Der Vertrauensbedarf wird bei den Einkäufen und Dienstleistungen durch die Untersuchung verschiedener Indikatoren variiert, bei Arbeitsverhältnissen und Freundschaften ist der Vertrauensbedarf grundsätzlich hoch.

7.1 Grenzübergreifende Einkäufe

Die EU hat ihren Anfang als Wirtschaftsunion genommen. So liegt es nahe, sich eingehender mit einer wirtschaftlichen Tätigkeit, dem Einkauf, zu beschäftigen. Zur europaweiten Analyse liegt lediglich die Frage nach Einkäufen im Ausland generell vor, für die Untersuchung der drei deutschen Grenzregionen werden die zu kaufenden Produkte variiert: Kleidung, Tanken und Gebrauchtwagen.

7.1.1 Hypothesen und vorliegende Befunde zu Kaufentscheidungen

Die bisherige Forschung zum Einkaufsverhalten in Grenzregionen hat deutlich zeigen können, dass Einkaufsmöglichkeiten im eigenen Nationalstaat bevorzugt werden. Bei Riedel (1993: 155ff.) mag dies noch wenig überraschen, da er bei seinem deutsch-französischen Vergleich Studierende in Metz befragt, die in einiger

---

[1] Eine Trennung der beiden Mischtypen bietet sich an, weil für Arbeitspendler andere Datenquellen genutzt werden und im Vergleich zur Nutzung von Dienstleistungen deutlich andere erklärende Variablen in den Blick kommen.

Entfernung von der Grenze leben. Allerdings kann er zeigen, dass insbesondere höherwertige Güter zu erheblichen Teilen nicht in der Stadt, sondern in der Region insgesamt gekauft werden. Diese zurückgelegten Wege führen aber nicht in das nahe Nachbarland. Dies gilt genauso für die von ihm befragten Studierenden aus Saarbrücken, unmittelbar an der Grenze.

Den deutlichsten Beleg für eine nationale Orientierung von Einkaufsverhalten legt van de Velde (2000) vor. Er befragte die Bewohner von Millingen und Kranenburg. Beide Orte haben ähnlich viele Einwohner (Millingen: 5800, Kranenburg: 8500) und liegen nur 16 Kilometer voneinander entfernt, allerdings gehört Millingen zu den Niederlanden und Kranenburg zu Deutschland. Weil in der unmittelbaren Nähe keine größeren Städte liegen, werden für den Einkauf nicht-alltäglicher Güter recht erhebliche Entfernungen zurückgelegt. Die Richtung dieser Einkaufsfahrten hat aber an beiden Seiten der Grenze eine klare Orientierung jeweils ins Landesinnere. Nur eine Minderheit der Befragten kauft in beiden Ländern ein. 63 % der Deutschen und 90 % der Niederländer beschränken ihre Einkäufe ausschließlich auf ihren jeweils eigenen Nationalstaat (Velde 2000: 173).

Zwar wird der eigene Nationalstaat zum Einkauf bevorzugt, doch Einkäufe jenseits der Grenze kommen durchaus vor. Die von Riedel befragten Studierenden kaufen zu einem Viertel mindestens monatlich im Nachbarland ein (Riedel 1993: 157). Passanten in Görlitz und dem angrenzenden polnischen Zgorzelec sind zu jeweils knapp der Hälfte in der Woche vor dem Befragungszeitpunkt für einen Einkauf im Nachbarland gewesen (Waack 2000: 162).[2] Unklar bleiben allerdings die Gründe und damit auch Faktoren, mit denen unterschiedliche Einkaufsintensität im Nachbarland erklärt werden könnte. Die geographischen Studien bieten keine Erklärungen an und auch Differenzierungen nach sozialstrukturellen Merkmalen sucht man weitgehend vergebens. Schließlich gibt es keine Studien, die unterschiedliche Grenzräume systematisch vergleichen. Um die allgemeinen Hypothesen für den Gegenstand Einkauf zu konkretisieren, müssen wir uns anderswo umsehen.

Für die Einkäufe als zielgerichtete Interaktion müssten zunächst die Variablen des Systemintegrationsmodells bedeutsam sein. Auf der Hand liegen hier konkret Vorteile bei Preis und Qualität. Ist ein Produkt im Nachbarland günstiger und in besserer Qualität zu bekommen, müssten wir einen Einkauf im Nachbarland erwarten. Hinzu kommen aber möglicherweise Zusatzkosten, die mit einem Einkauf im Ausland verbunden sein können. Zu denken ist hier an Sprachkenntnisse und

---

2 Zu ähnlichen Befunden vgl. Institut für angewandte Verbraucherforschung (2004), Koophandel Zuid-Limburg (2005) und Schneider/Holzberger (2003). Zentrales Problem der Studien ist durchweg, dass sie keine repräsentative Bevölkerungsstichprobe anstreben, sondern Zielgruppen befragen, bei denen starke Verzerrungen zu erwarten sind (Studenten, Passanten, Grenzgänger).

die Zugänglichkeit von Einkaufsmöglichkeiten im Nachbarland abhängig von der grenzübergreifenden Infrastruktur.

Das Minimalkonsensmodell bezieht sich beim Einkauf nicht allein auf das generalisierte Vertrauen in die Menschen des Nachbarlandes. Zusätzlich sind das Vertrauen in Produktumtausch aus Kulanz, das Einlösen einer Garantieleistung und Vertrauen in Gerichtsverfahren mögliche erklärende Variablen (vgl. Kap. 5.3). Die Bedeutung des Minimalkonsensmodells müsste nun abhängig vom zu kaufenden Produkt unterschiedlich sein. Für Kleidung und Tanken wird eine geringe Bedeutung des Vertrauens unterstellt, hier reichen die Erfahrung mit vorhergehenden Käufen und der prüfende Blick aus. Beim Gebrauchtwagen dagegen sieht es anders aus. Aufgrund der asymmetrischen Informationsverteilung hatten Akerlof und andere in ihrem klassischen Aufsatz argumentiert, dass es keinen Markt für Gebrauchtwagen geben könne (Akerlof u.a. 1970). Der Kauf von Gebrauchtwagen ist der klassische Fall eines Vertrauenskaufes und hier müsste das Vertrauen auf all den genannten Ebenen von erheblicher Bedeutung sein. Die Werteähnlichkeit soll dagegen bei zielgerichteter Interaktion nicht bedeutsam sein.

Als Kontrollvariablen kommen wiederum die Mobilitätsvoraussetzungen (Verfügbarkeit eines Autos, altersbedingte Gebrechlichkeit, Dichte der grenzübergreifenden Infrastruktur) hinzu. Wohlhabendere Konsumenten haben nach Ergebnissen der Konsumforschung einen größeren Aktionsradius (Williams u.a. 2001). Für die Grenzregionen kommt als wesentlicher Aspekt natürlich die Kenntnis der Region hinzu. Die zu erwartenden Einflüsse sind in Tabelle 7.1 zusammengefasst.

Tabelle 7.1: Hypothesen zum Erwerb von Produkten im Nachbarland

Variable	Richtung des Zusammenhangs
Europäisierungsthese	
Dauer des freien Warenverkehrs	+
Wohndauer in der Grenzregion	+
Systemintegrationsmodell	
Günstigere Preise im Nachbarland (NBL)	+
Bessere Qualität im Nachbarland (NBL)	+
Dichte der grenzübergreifenden Infrastruktur	+
Sprachkenntnisse	+
Minimalkonsensmodell	
Vertrauen in die Menschen im Nachbarland (NBL)	+
Vertrauen in Produktumtausch	+
Vertrauen in Garantieleistung	+
Vertrauen in Gerichte	+
Wertekonsensmodell	
Werteähnlichkeit bzw. Wertepassung	(+)
Produkteigenschaften (stärkere Zusammenhänge für ...)	
Geringe Kontrollierbarkeit (Gebrauchtwagenkauf): Vertrauen	+
Kontrollvariablen	
Kenntnis des Nachbarlandes	+
Einkommen	+
Höheres Alter (ab 65 Jahre)	–
Auto verfügbar	+

+ positiver Zusammenhang, - negativer Zusammenhang, leeres Feld: kein angenommener Zusammenhang, Tendenz in Klammern: Einflussunterstellung nicht nach den vermutlich erklärungsstärksten Modellen.

7.1.2 Grenzüberschreitendes Einkaufen in Europas Grenzregionen

Im EB 65.1 wurde im Frühjahr 2006 in den damals 25 Mitgliedsländern der EU unter anderem nach Einkäufen im EU-Ausland gefragt. Allerdings differenziert die Frage nicht nach dem Land, in dem eingekauft wurde. Damit kommt in die europaweite Analyse eine zusätzliche Unschärfe. Nicht nur ist die geographische Bestimmung der Grenzregionen unscharf (Kap. 4.1), zudem bleibt es eine Unterstellung, dass die ausländischen Einkäufe der Menschen in der Grenzregion tatsächlich im Nachbarland gemacht wurden. Ist die Annahme überwiegend gerechtfertigt, so müssten sich die tatsächlichen Effekte zumindest tendenziell in den Daten zeigen, wenn auch nicht sehr deutlich, weil die Analyse durch Einkäufe in anderen Ländern der EU überlagert wird.

Zunächst zeigt sich für alle europäischen Grenzregionen insgesamt die erwartete Tendenz. In den 53 Grenzregionen geben 15,6 % der Europäer an, mindestens einmal innerhalb der letzten zwölf Monate ausschließlich zum Zweck des Einkaufs ins EU-Ausland gefahren zu sein. In den Regionen, die nicht an ein EU-Land grenzen, also Binnenlandregionen und Grenzregionen zu Nicht-Mitgliedern der EU, haben dagegen nur 8,0 % während der letzten zwölf Monate eine solche Einkaufstour ins EU-Ausland unternommen. Noch deutlicher ist die Differenz, wenn es um mehrere Einkaufstouren in diesem Zeitraum geht. Mehrfach im EU-Ausland für Einkäufe waren 7,7 % der Menschen an EU-Binnengrenzen, während es unter den übrigen nur 2,5 % waren. Dass wir es hier tatsächlich mit einem Effekt der Grenzlage zu tun haben, zeigt sich an den Einkäufen im EU-Ausland via Internet, Post oder Telefon. Internet-Käufe im EU-Ausland sind leicht überdurchschnittlich im Binnenland, für Käufe per Post oder Telefon ergeben sich keine signifikanten Unterschiede. Die Grenzlage macht Einkaufstouren tatsächlich wahrscheinlicher und dies ist nur dann plausibel, wenn diese Einkaufstouren in das benachbarte Ausland gehen.

Tabelle 7.2 zeigt die Anteile von Menschen in der Grenzregion bzw. Menschen im Binnenland, die in den letzten zwölf Monaten mindestens einmal zum Einkaufen im EU-Ausland waren. Die Neigung, für Einkäufe ins EU-Ausland zu fahren, ist insgesamt sehr unterschiedlich. Luxemburger, Österreicher und Slowaken fahren ausgesprochen häufig zum Einkaufen ins Ausland, während Spanier, Litauer und Portugiesen kaum ihr Land zum Einkaufen verlassen. Vergleicht man die Grenzregionen untereinander, so ist die Spannweite noch deutlich größer. Von den Slowenen, die in der Nähe zu Ungarn leben, haben 63,1 % angegeben, in den vergangenen zwölf Monaten zum Einkauf im EU-Ausland gewesen zu sein, an der italienischen Grenze zu Österreich war es dagegen niemand. Verflochtene grenzübergreifende Regionen sind allerdings die Ausnahme. Wenn auf der einen Seite Einkäufe im EU-Ausland häufig sind, kommen sie meist auf der anderen Seite nur selten vor. Beispielsweise kaufen rund die Hälfte der Österreicher an der deutschen Grenze im Ausland ein, während in Deutschland an der Grenze zu Österreich nur rund 12 % im EU-Ausland einkaufen. Diese Unterschiede sind nicht überraschend, weil zahlreiche der oben formulierten Hypothesen von Vorteilen ausgehen, die sich aus einem Gefälle ergeben. Dieses Gefälle hat notwendig eine Richtung und ist in die entgegengesetzte Richtung eher ein Nachteil.

Tabelle 7.2: Grenzüberschreitendes Einkaufen in Europas Grenzregionen

Grenzregion	Auslands-einkauf im Grenzland	N in Grenzregion	Auslands-einkauf im Binnenland	N in Binnenland	Korrelation einseitig	Differenz Grenzregion minus Rest des Landes
Frankreich – Deutschland	43,3	30	2,3	564	***	41,0
Slowenien – Ungarn	40,0	65	11,3	556	***	28,7
Luxemburg – Belgien	36,4	77	26,2	168	+	10,2
Österreich – Italien	31,5	73	10,2	598	***	21,3
Finnland – Schweden	26,8	41	3,4	960	***	23,4
Slowenien – Italien	25,6	121	11,3	556	***	14,3
Luxemburg – Frankreich	25,0	196	26,2	168	-	-1,2
Luxemburg – Deutschland	25,0	60	26,2	168		-1,2
Dänemark – Deutschland	20,8	96	5,6	608	***	15,2
Deutschland – Tschechien	19,7	147	4,6	366	***	15,1
Österreich – Deutschland	18,8	319	10,2	598	***	8,6
Slowenien – Österreich	17,9	312	11,3	556	**	6,6
Ungarn – Österreich	16,2	99	1,2	665	***	15,0
Belgien – Luxemburg	16,0	24	7,4	231	-	8,6
Frankreich – Luxemburg	14,6	41	2,3	564	***	12,3

7. Grenzübergreifende Interaktion

Grenzregion	Auslandseinkauf im Grenzland	N in Grenzregion	Auslandseinkauf im Binnenland	N in Binnenland	Korrelation einseitig	Differenz Grenzregion minus Rest des Landes
Belgien – Niederlande	13,4	381	7,4	231	*	6,0
Belgien – Frankreich	12,4	282	7,4	231	*	5,0
Frankreich – Spanien	12,1	141	2,3	564	***	9,8
Niederlande – Deutschland	11,4	343	2,2	537	***	9,2
Tschechien – Deutschland	11,2	232	6,8	485	*	4,4
Deutschland – Luxemburg	11,1	63	4,6	366	*	6,5
Deutschland – Niederlande	10,9	396	4,6	366	***	6,3
Österreich – Ungarn	10,8	37	10,2	598	-	0,6
Schweden – Dänemark	10,3	146	2,8	855	***	7,5
Deutschland – Polen	10,2	147	4,6	366	*	5,6
Belgien – Deutschland	10,2	98	7,4	231	-	2,8
Tschechien – Polen	9,9	151	6,8	485	-	3,1
Slowakei – Österreich	9,6	125	9,5	961	-	0,1
Frankreich – Belgien	8,6	70	2,3	564	*	6,3
Deutschland – Frankreich	7,5	174	4,6	366	-	2,9
Polen – Tschechien	6,5	231	1,5	531	***	5,0
Niederlande – Belgien	6,1	180	2,2	537	+	3,9

Grenzregion	Auslandseinkauf im Grenzland	N in Grenzregion	Auslandseinauf im Binnenland	N in Binnenland	Korrelation einseitig	Differenz Grenzregion minus Rest des Landes
Frankreich – Italien	5,7	176	2,3	564	*	3,4
Polen – Deutschland	5,7	70	1,5	531	*	4,2
Deutschland – Österreich	5,3	188	4,6	366	-	0,7
Estland – Lettland	4,9	144	2,6	856	-	2,3
Tschechien – Österreich	4,8	165	6,8	485	-	-2,0
Dänemark – Schweden	4,7	298	5,6	608	-	-0,9
Irland – Großbritannien	4,5	179	2,9	807	-	1,6
Portugal – Spanien	4,2	685	0,6	320	***	3,6
Schweden – Finnland	3,5	57	2,9	798	-	0,6
Polen – Slowakei	2,9	136	1,5	531	-	1,4
Litauen – Polen	2,8	106	0,7	807	+	2,1
UK – Irland	1,8	57	2,4	1259	-	-0,6
Ungarn – Slowakei	1,3	240	1,2	665	-	0,1
Italien – Frankreich	0,9	107	1,2	836	-	-0,3
Spanien – Frankreich	0,4	250	0,4	485	-	0,0
Spanien – Portugal	0,4	267	0,4	485	-	0,0
Deutschland – Dänemark	0,0	45	4,6	366	-	-4,6

7. Grenzübergreifende Interaktion

Grenzregion	Auslands-einkauf im Grenzland	N in Grenzregion	Auslands-einauf im Binnenland	N in Binnenland	Korrelation einseitig	Differenz Grenzregion minus Rest des Landes
Polen – Litauen	0,0	31	1,5	531	-	-1,5
Italien – Österreich	0,0	41	1,2	836	-	-1,2
Lettland – Estland	0,0	126	1,2	752	-	-1,2
Litauen – Lettland	0,0	86	0,7	807	-	-0,7

Quelle: Eurobarometer 65.1.

Die Differenzen zwischen Binnenland und Grenzregion fallen sehr unterschiedlich aus. In Frankreich sind beispielsweise Einkäufe im Ausland ausgesprochen selten (7,1 %), allerdings war die Mehrheit an der Grenze zu Deutschland zum Einkaufen im EU-Ausland. Bei der Hälfte der 53 Regionen an EU-Binnengrenzen, für die hier Daten verfügbar sind, ist der Einkauf im EU-Ausland häufiger als im Binnenland (mindestens schwach signifikant). Auch die insignifikanten Unterschiede zeigen überwiegend in die erwartete Richtung.

Setzen wir den Maßstab etwas strenger an und fragen nach dem Anteil derer, die in den vergangenen zwölf Monaten mehrfach ausschließlich zum Einkauf im EU-Ausland waren, sind die Ergebnisse ähnlich (hier nicht dargestellt). Bis zu 43 % der Befragten (Grenzregion Frankreich – Deutschland) gaben an, in den vergangenen zwölf Monaten auch mehr als einmal ins EU-Ausland zum Einkaufen gefahren zu sein. Lässt man aber die sechs Grenzregionen der Spitzengruppe beiseite, so gibt ein Viertel der Befragten und weniger an, mehrfach für einen Einkauf das eigene Land verlassen zu haben. In der Hälfte der Regionen sind es weniger als 10 %. Wiederum gibt es in der Hälfte der Grenzregionen (mindestens schwach) signifikant mehr Menschen, die mehrfach zum Einkaufen im EU-Ausland waren im Vergleich zum Binnenland. Die Unterschiede zwischen Binnenland und Grenzregion fallen allerdings nicht deutlich größer aus, als bei der Betrachtung von allen Einkäufen. Der Einkauf im Ausland ist also eher die Ausnahme denn die Regel. Dies zeigt sich auch an den ausgegebenen Beträgen. Der Gesamtwert aller Einkäufe der Grenzbewohner im EU-Ausland liegt bei der großen Mehrheit unter 500 Euro im Jahr. Lediglich 23 % haben 500 Euro und mehr für ihre Einkäufe jenseits der Landesgrenzen ausgegeben.

Unter welchen Bedingungen kommt es nun eher zu Einkäufen im benachbarten EU-Ausland? Nicht alle oben angeführten Hypothesen lassen sich für die europäischen Grenzregionen prüfen. Die Art der Produkte, die beim Einkauf im EU-Ausland erworben wurden, ist unbekannt. Auch die Nutzenvorteile bei der Qualität bleiben unbekannt. Für eine ganze Reihe weiterer Variablen gibt es aber mehr oder minder präzise Messungen auf Individual- oder zumindest Regionenebene.

Die Regressionen in Tabelle 7.2 klären die Frage, was die Wahrscheinlichkeit erhöht, mindestens einmal innerhalb der zwölf Monate vor der Befragung im EU-Ausland einzukaufen, wobei wir nun unterstellen müssen, dass dieser Einkauf im Nachbarland stattfindet, da sich die erklärenden Variablen durchweg auf das Nachbarland beziehen. Ausgewiesen sind die Wahrscheinlichkeitsverhältnisse (odds ratios) einer binär-logistischen Regression, bei der die Koeffizienten für einen positiven Zusammenhang Werte über 1 annehmen, für einen negativen Zusammenhang Werte kleiner 1.

Tabelle 7.3: Einkauf im benachbarten Ausland

	1. System-integration	2. Minimal-konsens	3. Werte-konsens	4. Gesamt-modell
Europäisierungsthese				
Dauer des freien Warenverkehrs	0.99 (-0.95)	1.02 (0.89)	0.99 (-1.04)	1.02 (0.95)
Systemintegrationsmodell				
Preisunterschied	0.72 (-1.18)	0.11* (-1.84)	0.70+ (-1.29)	0.11* (-1.79)
grenzübergreifende Infrastruktur	1.01 (0.18)	1.01 (0.25)	1.00 (0.029)	1.02 (0.54)
Sprachkenntnisse[A]	1.01 ** (2.94)	1.01* (2.16)	1.01** (2.63)	1.00+ (1.75)
Minimalkonsensmodell				
Vertrauen bei Einkauf im EU-Ausland[A]		1.33*** (3.73)		1.36*** (3.74)
Vertrauensdifferenz Grenzregion[B]		0.99 (-0.84)		0.99 (-1.55)
Wertekonsensmodell				
Index der Werteähnlichkeit			0.77 (-0.21)	5.68* (1.75)
Kontrollvariablen				
Alter über 65	0.52 *** (-3.91)	0.62** (-2.75)	0.53*** (-3.85)	0.62** (-2.75)
Autobesitz	2.01 *** (4.13)	1.87** (3.03)	2.00*** (4.08)	1.87** (3.00)
Wohlstand (Ausstattung)	1.08 * (2.05)	1.04 (0.87)	1.08* (1.97)	1.04 (0.82)
Kenntnis (Werbung)	1.39 *** (9.36)	1.36*** (9.48)	1.39*** (9.61)	1.34*** (8.33)
McFadden r^2	.077	.072	.075	.075
N - Individualebene	8160	4661	7526	4661
N - Regionen	53	36	48	36

Logistische Regression. Huber-Schätzer für die Standardfehler in Klammern. A Messung auf Individualebene, B Messung auf Makroebene; *** p<0,001; ** p<0,01, * p<0,05, + p<0,1. Signifikanztests einseitig. Quelle: EB 65.1.

Betrachten wir zunächst die Kontrollvariablen. Die Kenntnis des Nachbarlandes lässt sich aus den Daten nicht direkt bestimmen, es gibt aber einen Hinweis in diese Richtung. Es wurde erhoben, ob die Befragten in den vergangenen zwölf Monaten Werbung wahrgenommen hätten von Anbietern aus dem EU-Ausland.[1] Wer Werbung zur Kenntnis genommen hat, ist damit zumindest tendenziell über die Einkaufsmöglichkeiten informiert. Die Werbung zeigt einen deutlichen Effekt. Menschen ab 65 Jahren kaufen deutlich seltener im Nachbarland ein. Ein Autobesitz erhöht dagegen erwartungsgemäß die Wahrscheinlichkeit von Einkäufen im Ausland. Ein sozialstruktureller Effekt, geprüft durch den Besitz einer Reihe von Gegenständen[2], zeigt sich kaum.

Die Europäisierungsthese trägt zur Erklärung der Einkäufe nichts bei. Grund dafür könnte sein, dass der freie Warenverkehr für privaten Konsum nicht entscheidend ist. Mengen des privaten Verbrauchs ließen sich in der Regel bereits vor den Maßnahmen der EU zollfrei über die Grenze bringen oder einfach schmuggeln. Möglicherweise lässt sich der Gewöhnungseffekt an Einkaufsmöglichkeiten im Nachbarland nicht durch die Dauer der rechtlichen Grenzöffnung abbilden, sondern eher durch die Wohndauer in Grenznähe. Dies lässt sich auf Basis der Umfrage in den drei deutschen Grenzregionen klären (Kap. 7.1.3 und 7.2.2).

Auch die Verkehrsinfrastruktur spielt keine entscheidende Rolle. Dagegen hat die Verbreitung von Kenntnissen der Sprache des Nachbarlandes den erwarteten Effekt, der allerdings nicht sehr stark ist. Der Unterschied im Preisniveau hat den erwarteten Effekt. Im Gesamtmodell ist die Preisdifferenz der stärkste Einfluss.

Das Minimalkonsensmodell bewährt sich vor allem auf der Individualebene. Gefragt wurde, ob man bei Käufen im EU-Ausland größeres, gleich großes oder geringeres Vertrauen habe im Vergleich zum Inland. Diese dreistufige Vertrauensmessung hat einen deutlichen Einfluss auf die Wahrscheinlichkeit, im Nachbarland einzukaufen. Das auf der Makroebene gemessene durchschnittliche Vertrauen in Menschen des Nachbarlandes hat dagegen keinen Einfluss. Mit der günstigeren Operationalisierung auf der Individualebene wird aber deutlich, dass die Einkäufe wesentlich auch vom Vertrauen abhängen.

Die Werteähnlichkeit, wiederum auf der Makroebene gemessen, bewährt sich allein nicht. Im Gesamtmodell wird dieser Einfluss aber signifikant. Grund dafür ist die Beschränkung der Analyse aus Datengründen auf die westeuropäischen Grenzregionen (bedingt durch die Makromessung des Vertrauens). Wird im Wer-

---

1 Die Antwortoptionen lauten: ‚nie' (0), ‚selten' (1), ‚manchmal' (2) und ‚oft' (3).
2 Abgefragt wurde der Besitz folgender Gegenstände: Fernseher, DVD-Spieler, CD-Spieler, Internetverbindung, Auto, abgezahltes Haus/abgezahlte Wohnung, Haus bzw. Wohnung, für die noch gezahlt wird. Eine abgezahlte Immobilie wurde mit 2 gewichtet, eine noch nicht abgezahlte Immobilie mit 1.

tekonsensmodell für alle Grenzregionen auf Individualebene das Vertrauen in den Kauf kontrolliert, bleibt die Werteähnlichkeit ohne Einfluss.

Die Erklärungsleistung der Modelle ist mit einem McFadden r^2 von .077 nicht sonderlich groß.[3] Offensichtlich gibt es eine ganze Reihe weiterer Einflüsse auf die Wahrscheinlichkeit, im EU-Ausland und speziell im Nachbarland einzukaufen. Angesichts der verschiedenen Unschärfen, die sich durch Operationalisierungsschwierigkeiten ergeben, ist dies nicht verwunderlich. Umso interessanter ist der deutliche Effekt, den das Vertrauen hat. Das Minimalkonsensmodell bewährt sich gut für die EU-weite Analyse von Einkäufen im Nachbarland. Die Ergebnisse zeigen, dass günstige Preise allein nicht ausreichen, sondern zusätzlich Vertrauen erforderlich ist.

7.1.3 Grenzübergreifender Einkauf von Gütern in drei deutschen Grenzregionen

Mit der Befragung in den drei deutschen Grenzregionen konnten die fraglichen Variablen, vor allem die Wertepassung, genauer und auf der Individualebene gemessen werden. Dazu können wir unterschiedliche Produkte betrachten: Tanken, Kleidung und Gebrauchtwagen.

In den Abbildungen 7.1 und 7.2 ist dargestellt, wo Autotreibstoff und Kleidung gekauft werden. Dabei haben sich die Befragten auf einer fünfstufigen Skala zwischen ‚immer im Nachbarland' und ‚immer in Deutschland' verortet. Die Mittelkategorie bedeutet, dass die Produkte in beiden Ländern gleich häufig erworben werden. Für den Kauf von Gebrauchtwagen war die Frage etwas anders formuliert. Ein Autokauf kommt nur ausgesprochen selten vor. Daher wurde zunächst nicht nach den tatsächlichen Käufen gefragt, sondern es ging zunächst um eine Einschätzung, ob man sich *vorstellen* könne, im Nachbarland einen Gebrauchtwagen zu kaufen.[4] Erst die Nachfrage zielte dann darauf, ob dies schon einmal geschehen sei (Abb. 7.3 und Abb. 7.4).

---

[3] Es mag etwas irritierend sein, dass sich die Gesamterklärungsleistung durch Hinzunahme weiterer erklärender Variablen verschlechtert. Dies ist aber eine Täuschung, die darauf zurückgeht, dass die Frage nach dem Vertrauen in Einkäufe im Ausland oftmals nicht beantwortet wurde, also die den Modellen zugrunde liegenden Fälle sich ändern. Berücksichtigt man dies, so nimmt das McFadden r^2 erwartungsgemäß zu.

[4] Diese Befragungsstrategie ist von Janssen (2000c) übernommen, der bei der Untersuchung von Grenzpendlern und Arbeitskraftmobilität in der EU ebenfalls die Wanderungsbereitschaft erhebt (vgl. Kap. 7.3).

Abbildung 7.1: Tanken in drei deutschen Grenzregionen

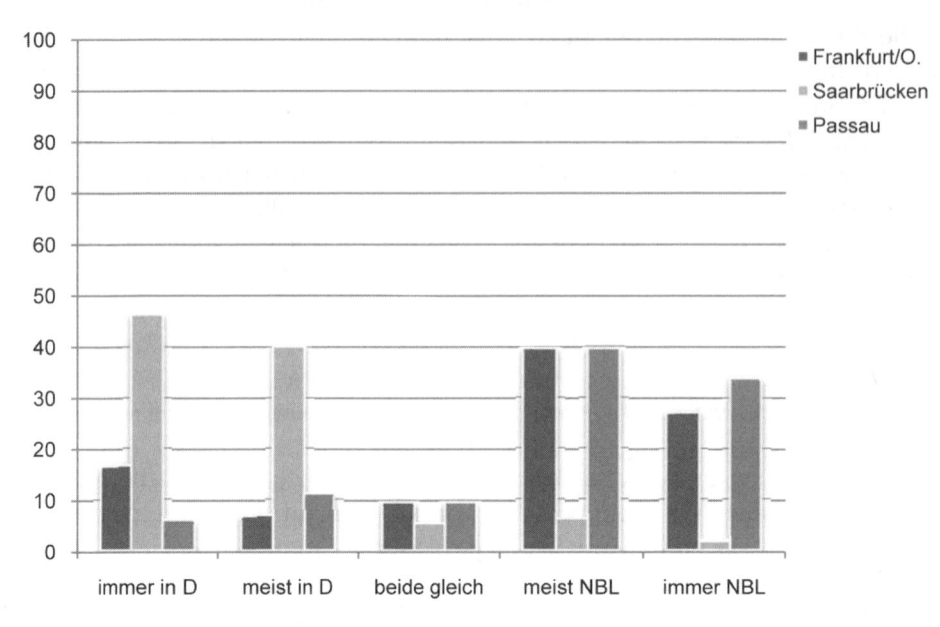

Abbildung 7.2: Einkauf von Kleidung in drei deutschen Grenzregionen

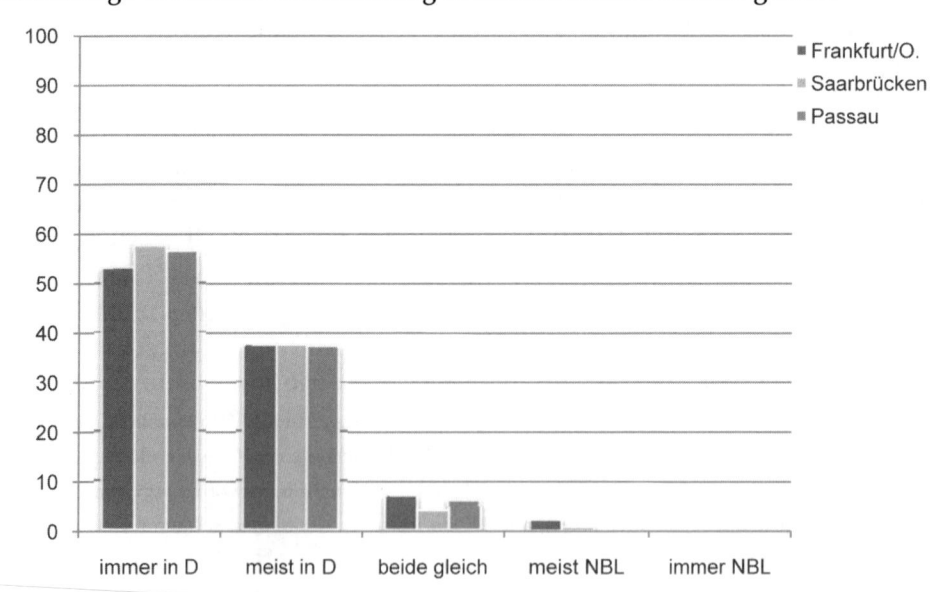

7. Grenzübergreifende Interaktion

Abbildung 7.3: Einstellung zu Gebrauchtwagenkauf in drei dt. Grenzregionen

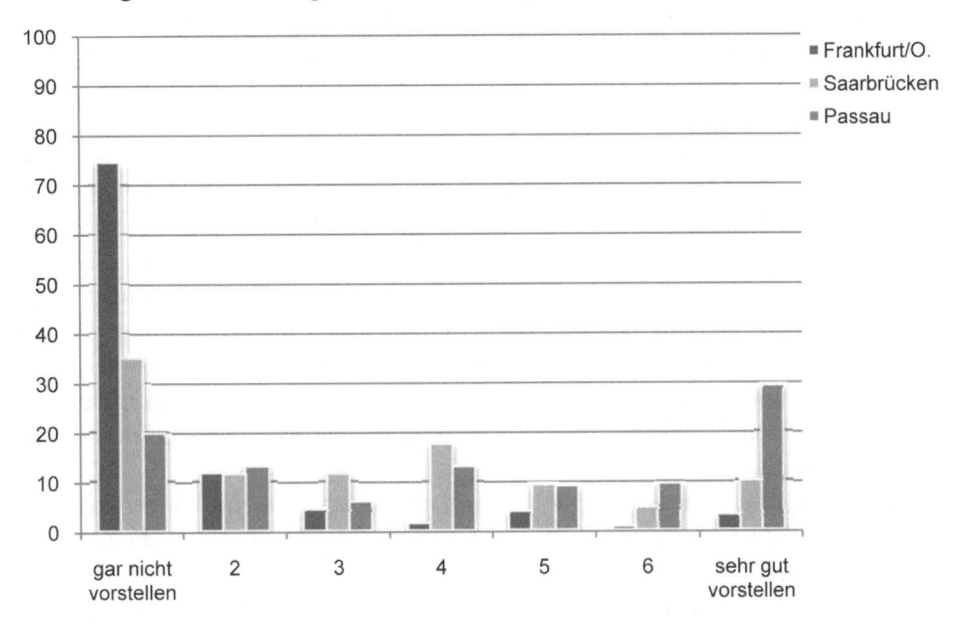

Abbildung 7.4: Gebrauchtwagenkauf in drei deutschen Grenzregionen

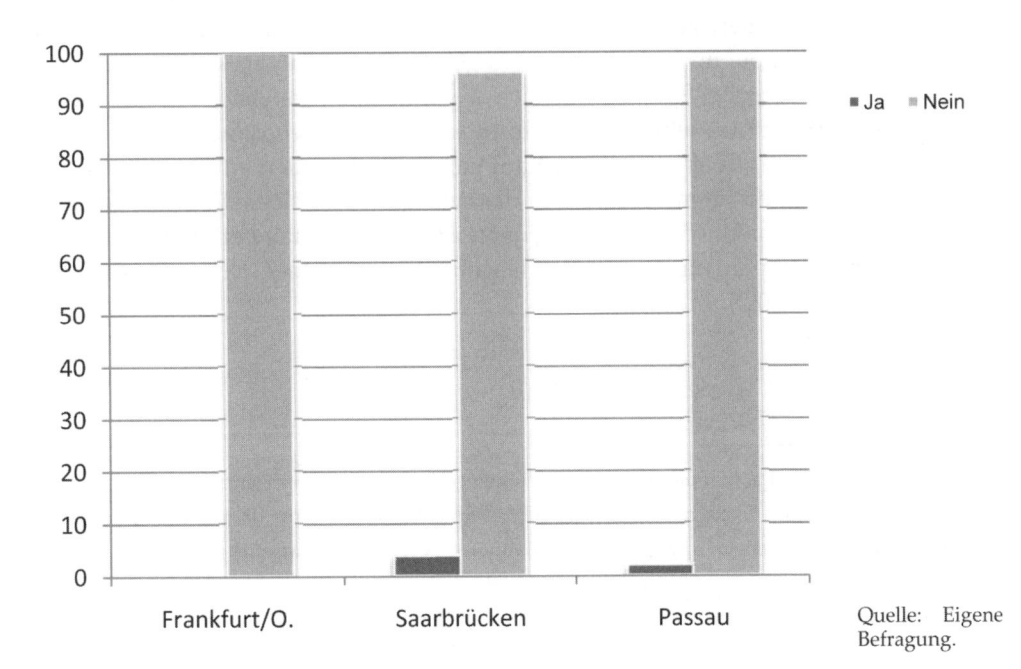

Quelle: Eigene Befragung.

In sehr unterschiedlichem Maße wird in den drei Grenzregionen im Nachbarland eingekauft. Tanken im Nachbarland ist sehr weit verbreitet, Kleidung wird weit überwiegend in Deutschland gekauft. Niemand der Befragten kauft Kleidung ausschließlich im Nachbarland. Gebrauchtwagen wurden nur von einer ganz kleinen Minderheit schon einmal im Nachbarland gekauft, rund 2 % aller Befragten. Vorstellen können sich den Kauf eines Gebrauchtwagens im Nachbarland mehr, sie bleiben aber in der Minderheit. Rund 54 % geben an, sich einen Gebrauchtwagenkauf im Nachbarland gar nicht oder praktisch gar nicht vorstellen zu können.[5]

Im Vergleich der Produkte bestätigt sich zunächst die Erwartung, dass Vertrauenskäufe eher im Inland getätigt werden, Erfahrungs- und Suchkäufe dagegen auch im Ausland. Im Vergleich der drei Grenzregionen zeigen sich über die Produkte hinweg erhebliche Unterschiede. In Bezug auf Autotreibstoff ist die Situation in Passau und Frankfurt/O. ähnlich, während die Saarbrücker ganz überwiegend in Deutschland tanken.[6] Für die Kleidung ist das Bild über die drei Grenzregionen einheitlich.[7]

Gebrauchtwagen wurden vor allem von den Saarbrückern im benachbarten Ausland eingekauft, auch von zwei Passauern. In Frankfurt/O. hat dagegen niemand einen Gebrauchtwagen im Nachbarland gekauft. Erwartungsgemäß haben nur sehr wenige, nämlich sieben Befragte, tatsächlich Erfahrung mit dem Kauf eines Gebrauchtwagens im Nachbarland. Entsprechend vage sind auch die Ergebnisse zu interpretieren. Es scheint aber kein Zufall zu sein, dass gerade in Polen keine Gebrauchtwagen gekauft wurden. Dies macht die Frage deutlich, ob man sich vorstellen könne, im Nachbarland ein gebrauchtes Auto zu kaufen. Ein gutes Viertel der Befragten in Passau kann sich das sehr gut vorstellen, in Saarbrücken sind es immerhin noch zehn Prozent. In Frankfurt/O. geben dagegen drei Viertel aller Befragten an, sich einen solchen Kauf gar nicht vorstellen zu können und nur drei Prozent der Befragten können sich das sehr gut vorstellen. Die Differenz zwischen den unterschiedlichen Grenzregionen ist in dieser Frage erheblich und entspricht dem Vertrauen, das jeweils den Nachbarn jenseits der Grenze entgegengebracht wird (Kap. 5.3.2).

---

5   Zusammengefasst sind hier die beiden äußersten Kategorien der siebenstufigen Skala.

6   Über die fünfstufige Skala mit 1 für ‚immer in Deutschland' und 5 für ‚immer im Nachbarland' ergibt sich für das Tanken in Frankfurt/O. ein Mittelwert von 3,54, in Saarbrücken 1,76 und in Passau 3,85.

7   Die Mittelwerte über die fünfstufige Skala liegen bei 1,52 (Frankfurt/O.), 1,60 (Saarbrücken) und 1,49 (Passau).

Tabelle 7.4: Tanken im Nachbarland

	1. System-integration	2. Minimal-konsens	3. Werte-konsens	4. Gesamt-modell
Europäisierungsthese				
Wohndauer an der Grenze	-.002 (-0.15)	.006 (0.28)	.002 (0.17)	.007 (0.32
Systemintegrationsmodell				
Günstigere Preise im NBL	.403** (11.94)	.411** (9.87)	.408** (10.96)	.412** (9.35)
Bessere Qualität im NBL	.151 (1.69)	.149 (1.61)	.148 (1.63)	.148 (1.59)
Minimalkonsensmodell				
Vertrauen in Menschen aus dem NBL		.084 (1.64		.078 (1.52)
Produktumtausch (Kulanz)				
Garantieleistung		.095 (1.16		.090 (1.14)
Gerechtes Gerichtsurteil		-.034 (-1.05		-.036 (-1.17)
Wertekonsensmodell				
Passung bei grundlegenden Werten			.058 (0.94)	.026 (0.53)
Kontrollvariablen				
Einkommen (ln)	-.122(*) (-5.85)	-.121(*) (-4.45)	-.116(*) (-7.92)	-.119(*) (-5.32)
Höheres Alter (ab 65 Jahre)	-.090 (-1.33)	-.076 (-1.38)	-.091 (-1.51)	-.078 (-1.51)
Sprachkenntnis	.153 (0.72)	.109 (0.55	.148 (0.72)	.110 (0.56)
Kenntnis der Grenzregion	.098 (1.83)	.080 (1.53	.084 (1.52)	.076 (1.32)
r^2	.322	.336	.325	.337
N	283	283	283	283

Lineare Regression. Standardisierte Koeffizienten. Huber-Schätzer für die Standardfehler kursiv in Klammern. *** p<0,001; ** p<0,01, * p<0,05, + p<0,1. Signifikanztests einseitig, Signifikanzen in Klammern geben zweiseitig-signifikante Ergebnisse entgegen der erwarteten Richtung an. Quelle: Eigene Befragung.

Tabelle 7.4 präsentiert das Ergebnis einer linearen Regression zur Erklärung für das Tanken im Nachbarland. Die Varianzaufklärung ist mit 32 % bis 34 % recht beachtlich. Der mit Abstand wichtigste Einfluss über alle Modelle ist der Preis.[1] Je eher jemand der Ansicht ist, Autokraftstoff sei im Nachbarland billiger, desto eher wird er dort tanken. Qualität spielt dagegen keine Rolle. Das Systemintegrationsmodell, konkret der Preis, leistet die Erklärung im Wesentlichen.

Entgegen der Annahme sind es nicht die Wohlhabenderen, die verstärkt im Ausland tanken, sondern jene mit geringerem Einkommen. Grund dafür könnte sein, dass in der theoretischen Argumentation (und den einschlägigen Ergebnissen) die untere sozioökonomische Stellung einhergeht mit geringerer Mobilität. Dies ist gerade beim Tanken aber nicht realistisch, denn beim Tanken ist man zwingend auch automobil. Von denen, die nie tanken, fallen zwei Drittel in die Einkommensgruppe unter 1.000 Euro (Gesamtstichprobe: 27 %).

Tabelle 7.5 widmet sich dem Einkauf von Kleidung im Nachbarland. Den stärksten Einfluss hat die Kenntnis der Nachbarregion. Hier schlägt sich der Charakter des Suchkaufes nieder, der von guter Kenntnis der Angebote abhängt. Die Kenntnis der Nachbarregion insgesamt ist zwar nicht identisch mit der Kenntnis der Angebote, beide Kenntnisse dürften aber eng zusammenhängen. Die Kenntnis der Region war hier zunächst als Kontrollvariable eingegangen, ohne dass damit eine der inhaltlichen Thesen geprüft wird. Wir wissen aber aus der obigen Analyse (Kap. 6.1.3), dass die Wohndauer und die Kenntnis der Nachbarregion eng zusammenhängen. Dies erklärt auch, warum die Wohndauer entgegen der Erwartung einen negativen wenn auch nicht signifikanten Effekt ausweist. Bleibt die Kenntnis dagegen unberücksichtigt (hier nicht berichtet), könnte sich ein Effekt der Wohndauer im Sinne der Europäisierungsthese niederschlagen. Tatsächlich ändert sich die Effektrichtung bei dieser Kontrolle, der Effekt ist aber klar insignifikant. Die Europäisierungsthese bestätigt sich also nicht.

---

[1] Da wir über eine lineare Regression sprechen, zeigen nun wieder positive Koeffizienten einen positiven Zusammenhang an, negative einen negativen Zusammenhang.

Tabelle 7.5: Kleidungskauf im Nachbarland

	1. System-integration	2. Minimal-konsens	3. Werte-konsens	4. Gesamt-modell
Europäisierungsthese				
Wohndauer an der Grenze	-.118 (-1.42)	-.116 (-1.36)	-.115 (-1.37)	-.114 (-1.33)
Systemintegrationsmodell				
Günstigere Preise im NBL	.214+ (2.47)	.211+ (2.14)	.210+ (2.30)	.205 + (2.07)
Bessere Qualität im NBL	.101 (1.80	.115+ (2.75)	.097 (1.88)	.111 * (3.02)
Minimalkonsensmodell				
Vertrauen in Menschen aus dem NBL		-.111(+) (-3.41)		-.130 (*) (-4.81)
Produktumtausch (Kulanz)		.028 (0.65)		.031 (0.67)
Garantieleistung		.045 (0.56)		.033 (0.40)
Gerechtes Gerichtsurteil		.009 (0.33)		.003 (0.11)
Wertekonsensmodell				
Passung bei grundlegenden Werten			.038 (0.69)	.070 (1.58)
Kontrollvariablen				
Einkommen (ln)	.027 (0.92)	.028 (0.95)	.030 (0.88)	.033 (0.95)
Höheres Alter (ab 65 Jahre)	-.114 (-1.09)	-.114 (-1.24)	-.114 (-1.12)	-.116 (-1.31)
Auto verfügbar	.032 (1.31)	.041 (1.31)	.032 (1.16)	.041 (1.15)
Sprachkenntnis	-.053 (-1.23)	-.075 (-0.88)	-.059 (-1.14	-.078 (-0.87)
Kenntnis der Grenzregion	.415** (7.52)	.427* (6.03)	.409* (6.41)	.421 * (5.62)
r^2	.195	.209	.196	.213
N	304	304	304	304

Lineare Regression Standardisierte Koeffizienten. Huber-Schätzer für die Standardfehler kursiv in Klammern. *** p<0,001; ** p<0,01, * p<0,05, + p<0,1. Signifikanztests einseitig, Signifikanzen in Klammern geben zweiseitig-signifikante Ergebnisse entgegen der erwarteten Richtung an. Quelle: Eigene Befragung.

Stattdessen bewähren sich die Variablen des Systemintegrationsmodells. Der Preis und die Qualität haben einen Einfluss. Bei der Qualität schlägt sich aber der bereits bekannte indirekte Einfluss der Vertrauensvariablen nieder. Zwar kann das Minimalkonsensmodell in der linearen Regression nichts zur Erklärung beitragen, wir finden aber einen Effekt des Vertrauens auf die Qualitätseinschätzung, die wiederum einen Effekt auf den Einkauf von Kleidung im Nachbarland hat.[1] Damit ist das Vertrauen allerdings kein sehr starker Einfluss, deutlich wichtiger ist der Preis. Das Wertekonsensmodell bewährt sich auch für die Kleidung nicht. Es gibt keinen signifikanten Effekt der Wertepassung auf die Wahrscheinlichkeit, im Nachbarland Kleidung zu kaufen.

Einen Gebrauchtwagen haben im Nachbarland nur ausgesprochen wenige Befragte gekauft, was eine multivariate Analyse unmöglich macht. In der bivariaten Auswertung fällt auf, dass alle Käufer eines Gebrauchtwagens in Saarbrücken gut oder sehr gut französisch sprechen.

Tabelle 7.6 zeigt eine lineare Regression für die Vorstellbarkeit, im Nachbarland einen Gebrauchtwagen zu kaufen. Demnach ist nicht der Preis das wichtigste Kriterium, was verständlich ist, geht es doch um die Vorstellbarkeit, die vermutlich erst bei einem konkreten günstigen Angebot zum Tragen kommt. Die Vorstellbarkeit ist vom grundsätzlichen Preisniveau nicht unabhängig, aber eben auch nicht am stärksten beeinflusst. Stattdessen ist die Sprachkenntnis der wichtigste Einfluss. Der zweitwichtigste Effekt geht dann aber von dem Vertrauen in die Einlösung von Garantien aus. Nun sind bei Gebrauchtwagen Garantien gerade nicht die Regel, doch die Einlösbarkeit von Garantien war generell abgefragt worden und hier scheint sich ein Vertrauen in die generelle Redlichkeit der Anbieter zu zeigen. Ähnlich ist es bei dem Vertrauen in die Bereitschaft eines Umtausches aus Kulanz, das ebenfalls einen signifikanten Einfluss hat. Bei Gebrauchtwagen bewährt sich also erwartungsgemäß das Minimalkonsensmodell deutlich besser als beim Tanken oder Kleidungskauf.[2] Die Passung bei grundlegenden Werten hat dagegen wie erwartet keine Bedeutung.

---

[1] Vgl. auch wiederum das Strukturgleichungsmodell im Anhang (A.5).
[2] Das Strukturgleichungsmodell weist sogar einen noch deutlicheren Einfluss des Vertrauens aus, vlg. Anhang A.6.

Tabelle 7.6: Vorstellbarkeit eines Gebrauchtwagenkaufs im Nachbarland

	1. Systemintegration	2. Minimalkonsens	3. Wertekonsens	4. Gesamtmodell
Europäisierungsthese				
Wohndauer an der Grenze	-.048 (-2.22)	-.026 (-0.71)	-.044 (-2.22)	-.026 (-0.71)
Systemintegrationsmodell				
Günstigere Preise im NBL	.112+ (2.84)	.074* (3.28)	.113* (2.90)	.075* (3.65)
Bessere Qualität im NBL	.100+ (2.11)	.073 (1.22)	.091+ (2.13)	.072 (1.26)
Minimalkonsensmodell				
Vertrauen in Menschen aus dem NBL		.000 (0.03)		-.004 (-0.14)
Produktumtausch (Kulanz)		.155* (4.00)		.155* (3.87)
Garantieleistung		.198* (4.65)		.195+ (4.15)
Gerechtes Gerichtsurteil		.021 (0.48)		.020 (0.45)
Wertekonsensmodell				
Passung bei grundlegenden Werten			.060 (1.19)	.014 (0.27)
Kontrollvariablen				
Einkommen (ln)	-.168(***) (-21.72)	-.170(**) (-10.32)	-.165(***) (-28.73)	-.169(**) (-12.54)
Höheres Alter (ab 65 Jahre)	-.106 (-1.43)	-.064 (-1.09)	-.106 (-1.58)	-.065 (-1.14)
Sprachkenntnis	.417* (3.62)	.263+ (2.16)	.414* (3.38)	.264+ (2.19)
Kenntnis der Grenzregion	.126* (4.87)	.097+ (2.30)	.115* (5.29)	.096+ (2.49)
r^2	.290	.362	.293	.362
N	311	311	311	311

Lineare Regression. Standardisierte Koeffizienten. Huber-Schätzer für die Standardfehler kursiv in Klammern. *** p<0,001; ** p<0,01, * p< 0,05, + p<0,1. Signifikanztests einseitig, Signifikanzen in Klammern geben zweiseitig-signifikante Ergebnisse entgegen der erwarteten Richtung an. Quelle: Eigene Befragung.

Für die Entscheidung, auf welcher Seite der Grenze ein Produkt gekauft wird, ist das Preisniveau wichtig. Dieser Befund überrascht wenig. Dazu spielt die Einschätzung der Qualität eine Rolle. Die für das Systemintegrationsmodell unterstellten Einflüsse sind also einflussreich. Hinzu kommt ein Einfluss des Vertrauens. Erwartungsgemäß ist dieser Einfluss stärker für den Kauf eines Gebrauchtwagens als für das Tanken, aber auch in allen anderen Fällen können wir durch einen Einfluss des Vertrauens auf die Qualitätseinschätzung zumindest einen indirekten Effekt verzeichnen. Die Passung bei den generellen Werten spielt dagegen keine Rolle.

7.2 Grenzübergreifende Nutzung von Dienstleistungen

Dienstleistungen sind zunächst ökonomische Transaktionen, genau wie Produktkäufe. Allerdings nimmt hier die Interaktion zwischen den Beteiligten einen größeren Raum ein. Wir haben es also mit einer Kombination von zielgerichteter und geselliger Interaktion zu tun. Neben dem Vertrauen entsprechend des Minimalkonsensmodells sollte zusätzlich die Wertepassung bedeutsam werden.

7.2.1 Hypothesen und vorliegende Befunde zu Dienstleistungen

Untersuchungen speziell zur Nutzung von Dienstleistungen in Grenzregionen gibt es nicht. Bei den Einkaufsstudien für Grenzregionen wurden zum Teil Dienstleistungen mit erfasst. Bei einer Grenzgänger-Befragung in Frankfurt/O. gaben 9 % an, die Grenze unter anderem für einen Friseur-Besuch zu überschreiten (Institut für angewandte Verbraucherforschung (IFAV) 2004: 7). Grenzgänger sind allerdings eine hoch-selektive Grundgesamtheit und die Studie bietet keine Erklärungen an. Ähnliche Einschränkungen gelten für die Ergebnisse von Riedel bei seiner Befragung von Studierenden in Saarbrücken und dem französischen Metz (1993: 156ff.). Er stellt fest, dass von den deutschen befragten Studierenden rund 40 % vierteljährlich und häufiger für einen Gaststättenbesuch ins Nachbarland fahren und ebenso viele besuchen in dieser Häufigkeit Veranstaltungen im Nachbarland. Unter den französischen Studierenden sind es bei Gaststättenbesuchen sogar rund 65 %, bei Veranstaltungen knapp 50 %. Wie es aber zu den Unterschieden zwischen den genutzten Angeboten oder den Franzosen und Deutschen kommt, bleibt in der Studie von Riedel offen.

Die EU hat in einer Studie zum Einkaufsverhalten im europäischen Binnenmarkt auch nach einer Dienstleistung gefragt. Ausgewählt wurden hier die Finanzdienstleistungen Versicherung und Hypothek. Eine Schwierigkeit des Indi-

7. Grenzübergreifende Interaktion

kators liegt darin, dass ohnehin nur 28 % der Befragten in den vergangenen zwölf Monaten eine solche Finanzdienstleistung abgeschlossen hatten. Drei Prozent der Europäer hatten erwogen, eine solche Leistung in einem anderen als ihrem Heimatland abzuschließen. Die Österreicher waren am offensten für eine solche Überlegung. 10 % von ihnen hatten eine Versicherung oder Hypothek in einem anderen Land erwogen. In Estland, Griechenland, Malta, Portugal und Spanien war es dagegen jeweils nur ein Prozent der Bevölkerung. Bei den Gründen, sich bei Interesse nur dem Inland zu widmen, werden bei zwei möglichen Nennungen die Sprachbarriere (29 %), fehlende Information (24 %), Sorgen bezüglich formaler Hindernisse (15 %) und Sorgen bezüglich der Verbraucherrechte (12 %) angegeben. Das Vertrauen scheint also zunächst nur eine untergeordnete Rolle zu spielen. Für unser Interesse ist der Indikator Finanzdienstleistung wenig geeignet. Da sich diese Dienstleistung im Gegensatz zu den allermeisten anderen komplett per Brief und Telefon abwickeln lässt, ist die Nähe des Nachbarlandes wenig bedeutend. Es ist also nicht plausibel zu unterstellen, dass etwaige Finanzdienstleistungen im europäischen Ausland in der Grenzregion vorwiegend für das Nachbarland erwogen werden. Auch das Argument der intensiveren persönlichen Interaktion trägt für diesen Fall nicht. Das vorliegende Wissen über die grenzübergreifende Nutzung von Dienstleistungen in europäischen Grenzregionen ist also äußerst beschränkt.

Resümieren wir kurz die theoretischen Erwartungen. In der Perspektive der zielgerichteten Interaktion unterscheiden sich Dienstleistungen zunächst nicht prinzipiell von Produkten. Auch hier wird für eine Leistung bezahlt, es geht also wiederum um Preis und Qualität. Allerdings sind Dienstleistungen keine Suchkäufe, sondern die Qualität der erbrachten Leistung lässt sich immer erst im Nachhinein beurteilen, wenn überhaupt. Dienstleistungen sind grundsätzlich Erfahrungs- oder Vertrauenskäufe (Meffert/Bruhn 1997: 30ff., 74) und selbst im Fall der Erfahrungskäufe ist in aller Regel die Sicherheit, eine gleichwertige Leistung wie beim letzten Mal zu erhalten, nicht so eindeutig gegeben, wie bei Produkten. Entsprechend müsste bei Dienstleistungen das Vertrauen unter sonst gleichen Bedingungen eine größere Rolle spielen (Fryar 1991). Zudem ist der Aspekt der geselligen Interaktion zu beachten. Entsprechend müsste bei Dienstleistungen auch der Wertekonsens an Bedeutung gewinnen.

Als Kontrollvariablen sind hier dieselben zu beachten wie beim Einkauf von Gütern: die Kenntnis der Grenzregion, Sprachkenntnisse, Verfügbarkeit eines Autos, höheres Alter und Einkommen. Tabelle 7.7 fasst die Annahmen zusammen.[1]

---

[1] Da für Dienstleistungen nur Daten aus der Befragung in den drei deutschen Grenzregionen zur Verfügung stehen, sind nur die Hypothesen aufgelistet, die sich mit diesem Datensatz prüfen lassen.

Tabelle 7.7: Hypothesen zur Nutzung von Dienstleistungen im Nachbarland

Variable	Richtung des Zusammenhangs
Europäisierungsthese	
Wohndauer in der Grenzregion	+
Systemintegrationsmodell	
Günstigere Preise im Nachbarland (NBL)	+
Bessere Qualität im Nachbarland (NBL)	+
Sprachkenntnisse	+
Minimalkonsensmodell	
Vertrauen in die Menschen im Nachbarland (NBL)	+
Vertrauen in Bereitschaft zur Nachbesserung	+
Vertrauen in Garantieleistung	+
Vertrauen in Gerichte	+
Wertekonsensmodell	
Wertepassung	+
Kontrollvariablen	
Kenntnis des Nachbarlandes	+
Einkommen	+
Höheres Alter (ab 65 Jahre)	–
Auto verfügbar	+

7.2.2 Grenzübergreifende Nutzung von Dienstleistungen in drei deutschen Grenzregionen

Für die Analyse von Dienstleistungen stehen drei Indikatoren zur Verfügung: Friseurbesuche, Restaurantbesuche und Handwerksleistungen. Für Friseur- und Restaurantbesuche wurden oben (Kap. 3.4.2) eine mittlere Kontrollierbarkeit und damit ein mittlerer Vertrauensbedarf unterstellt, was sich aus dem Mischcharakter als Erfahrungs- und Vertrauenskauf ergibt. Bei Handwerksleistungen gehe ich aufgrund der typischerweise geringeren Kontrollierbarkeit bei tendenziell höheren Kosten von einem großen Vertrauensbedarf aus. Für Handwerker wurde analog zum Kauf eines Gebrauchtwagens die Frage abgeändert. Weil viele nur in Ausnahmesituationen Handwerker beauftragen müssen, wurde hier wiederum gefragt, ob schon einmal ein Handwerker aus dem Nachbarland beauftragt wurde und ob man sich vorstellen könne, einen Handwerker aus dem Nachbarland zu beauftragen.

7. Grenzübergreifende Interaktion

Abbildung 7.5: Friseurbesuche in drei deutschen Grenzregionen

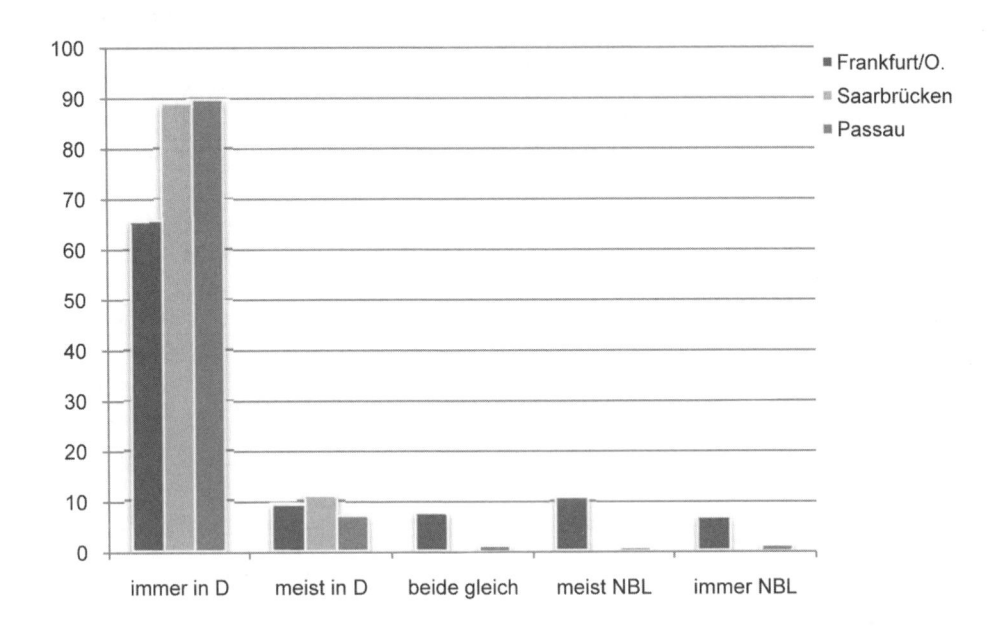

Friseurbesuche im Nachbarland sind recht selten (Abb. 7.5). Die überwiegende Mehrheit in allen Grenzregionen besucht Friseure ausschließlich im Inland. Die Regionenunterschiede fallen deutlich aus. In Frankfurt/O. geht ein Drittel der Befragten auch im Nachbarland zum Friseur, 17 % sogar überwiegend oder ausschließlich.[2] Der Mittelwert auf der fünfstufigen Skala mit 1 für ‚immer in Deutschland' und 5 für ‚immer in Polen' liegt in Frankfurt/O. bei 1,85. In Passau sind es dagegen nur 2 %, die sich ihre Haare überwiegend in Österreich schneiden lassen (Mittelwert: 1,17). In Saarbrücken ist der Anteil noch niedriger. Nur 11 % gehen gelegentlich in Frankreich zum Friseur, niemand häufiger als in Deutschland (Mittelwert: 1,11). Friseurbesuche im Nachbarland sind damit insgesamt deutlich seltener als etwa der Kleidungskauf (vgl. Abb. 7.2, Mittelwerte 1,49 für Passau bis 1,60 für Saarbrücken). Wertepassung und Vertrauen eignen sich nicht zur

---

2   Die oben berichteten 9 % für Frankfurt/O. aus der Grenzgängerbefragung (Institut für angewandte Verbraucherforschung (IFAV) 2004: 7) sind mit den Ergebnissen der schriftlichen Bevölkerungsbefragung nicht vergleichbar, weil bei den Grenzgängern jene, die häufig etwas im Nachbarland erledigen, stark überrepräsentiert sind.

Erklärung, denn die Menschen an der polnischen Grenze gehen eher ins Nachbarland als die Menschen in den anderen Regionen.

Die Restaurantbesuche haben ihren Schwerpunkt klar auf der deutschen Seite der Grenze, der Weg ins Nachbarland wird aber durchaus auch unternommen (Abb. 7.6). Vor allem die Passauer gehen auch nach Österreich in Restaurants (Mittelwert: 2,33). In allen Grenzregionen sind es aber weniger als die Hälfte, die ausschließlich auf der deutschen Seite Restaurants besuchen (Mittelwerte: Saarbrücken 1,94, Frankfurt/O. 1,91).

Abbildung 7.6: Restaurantbesuche in drei deutschen Grenzregionen

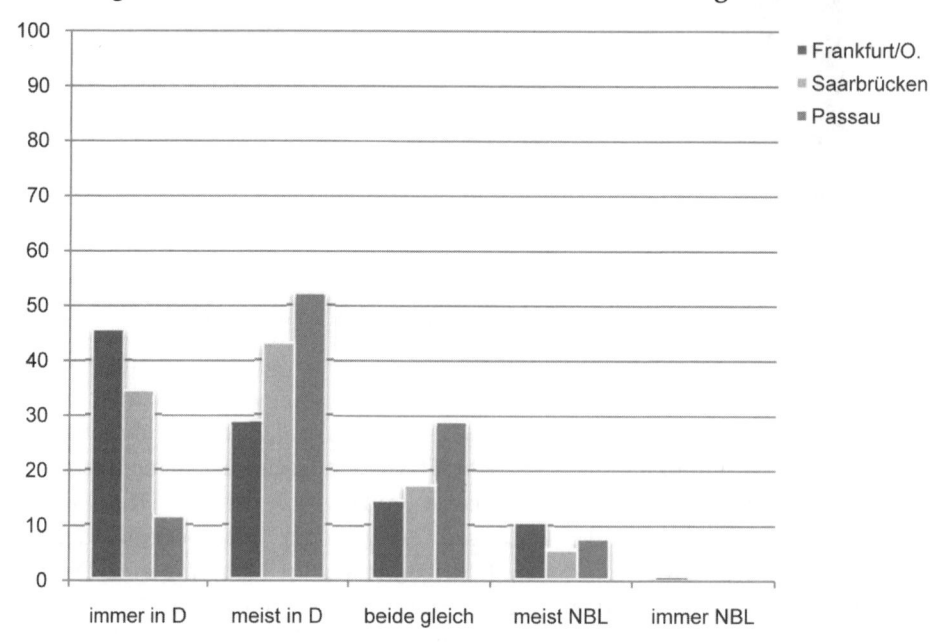

7. Grenzübergreifende Interaktion

Abbildung 7.7: Einstellung zu Handwerkeraufträgen in drei dt. Grenzregionen

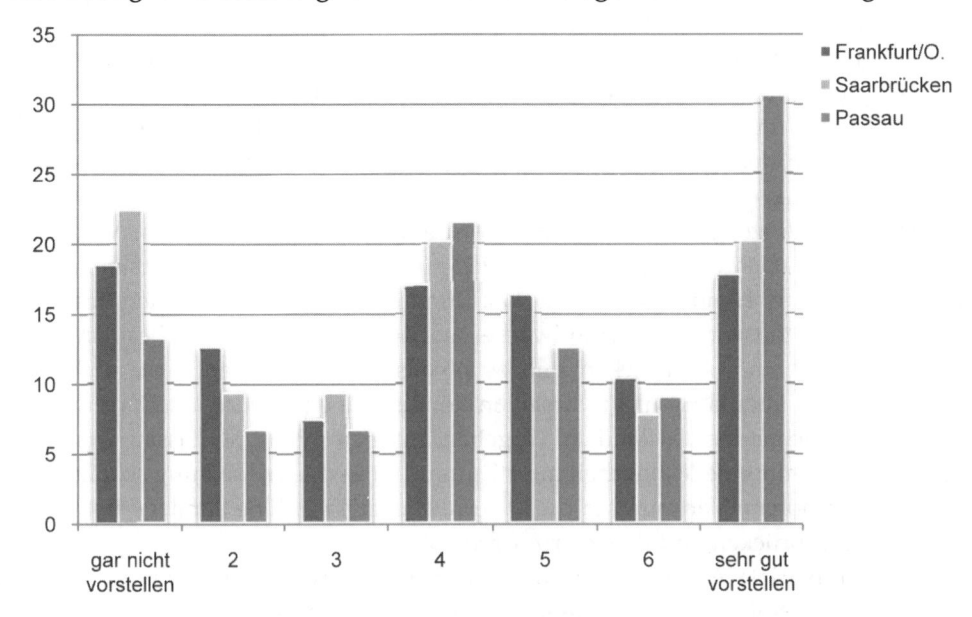

Abbildung 7.8: Handwerkeraufträge in drei deutschen Grenzregionen

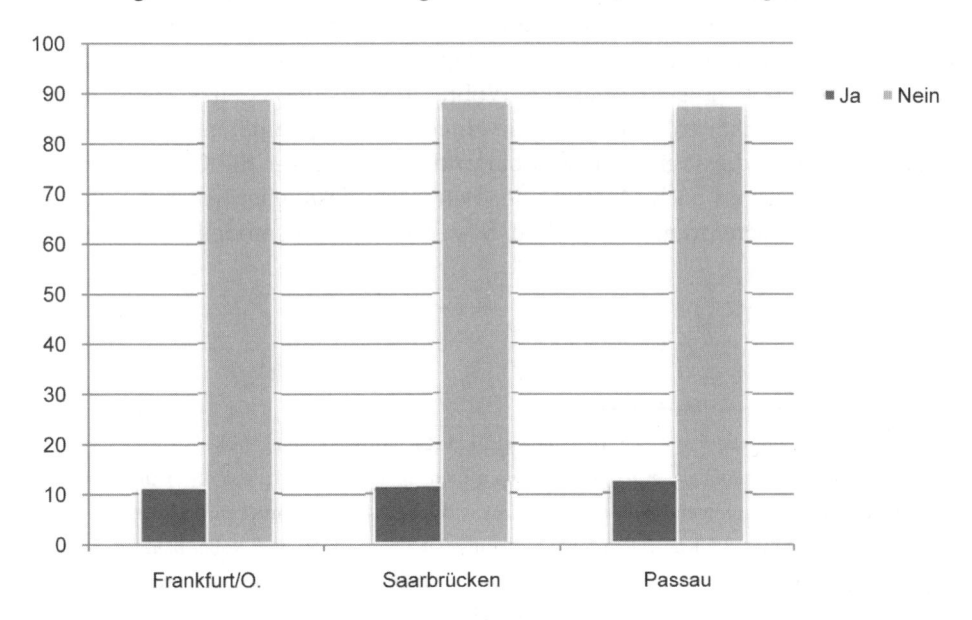

Quelle: Eigene Befragung.

Handwerker aus dem Nachbarland beauftragen erwartungsgemäß ebenfalls wenige (Abb. 7.8), allerdings kommt dies deutlich häufiger vor als etwa Käufe von Gebrauchtwagen. Dabei sind die Anteile für alle drei Orte identisch, was überrascht. Angesichts des Vertrauenskaufs wäre hier ein Unterschied nach dem Grad des Vertrauens in Menschen des Nachbarlandes zu vermuten gewesen. Diesem Effekt entgegen steht gleichwohl die Preisdifferenz. Möglicherweise kompensieren sich beide Einflüsse.

Die höhere Akzeptanz von Handwerkern aus dem Nachbarland im Vergleich zum Kauf eines Gebrauchtwagens zeigt sich noch deutlicher in der Vorstellbarkeit von Aufträgen an Handwerker (Abb. 7.7). Rund ein Drittel der Befragten über alle Orte kann sich gut vorstellen, Handwerker aus dem Nachbarland zu beauftragen.[3] In Frankfurt/O. und Saarbrücken sind es jeweils 28 %, in Passau sogar 40 %. Befragte, die sich überhaupt nicht vorstellen können, einen Auftrag an Handwerker aus dem benachbarten Ausland zu vergeben, machen mit 18 % (Passau) bis 22 % (Saarbrücken) nur eine Minderheit aus.[4] Zumindest in dieser Messung schlägt sich das deutlich höhere Vertrauen in die Österreicher nieder. Eine ähnliche Differenz zwischen Saarbrücken und Frankfurt/O. fehlt aber.

Eine multivariate Analyse kann die einzelnen Erklärungen insbesondere in ihrem Zusammenspiel genauer klären. Widmen wir uns zunächst den Friseurbesuchen (Tab. 7.8). Mit den nun schon bekannten erklärenden Variablen gelingt wiederum ein gutes Modell zur Erklärung, wo von den Menschen in der Grenzregion der Friseur aufgesucht wird. Das Gesamtmodell erklärt 25 % der Varianz. Bereits das Systemintegrationsmodell kann 23 % der Varianz aufklären. Die Europäisierungsthese, operationalisiert über die Wohndauer an der Grenze, bewährt sich nicht.[5] Die eingeschätzten Preise und die eingeschätzte Qualität sind ausschlaggebend. Je niedriger die Preise im Nachbarland und je besser die Qualität der Friseure im Nachbarland nach Meinung der Befragten, desto eher gehen sie über die Grenze. Die Nutzenvorteile nach dem Systemintegrationsmodell sind also entscheidend.

---

3 Hier sind die äußeren beiden Kategorien der 7-stufigen Skala zusammen gefasst.

4 Die nun siebenstufige Skala mit den Extrempunkten „gar nicht vorstellbar" (1) und „sehr gut vorstellbar" (7) nimmt folgende Mittelwerte an: Frankfurt/O.: 4,01; Saarbrücken: 3,92; Passau: 4,63.

5 Wiederum spielt hier die Kontrollvariable Kenntnis der Grenzregion eine Rolle. Bleibt diese unberücksichtigt, so hat der Koeffizient für die Wohndauer in Grenznähe das erwartete positive Vorzeichen, verpasst aber knapp die Signifikanzschwelle. Im Strukturgleichungsmodell (Anhang A.7) zeigt sich ein indirekter Effekt der Wohndauer über das Vertrauen auf die Friseurbesuche.

Tabelle 7.8: Friseurbesuch im Nachbarland

	1. System-integration	2. Minimal-konsens	3. Werte-konsens	4. Gesamt-modell
Europäisierungsthese				
Wohndauer an der Grenze	-.039 (-0.61)	-.050 (-0.86)	-.034 (-0.56)	-.046 (-0.86)
Systemintegrationsmodell				
Günstigere Preise im NBL	.304+ (2.55)	.293+ (2.63)	.302+ (2.48)	.293+ (2.60)
Bessere Qualität im NBL	.256 (1.88)	.257+ (2.01)	.251+ (1.91)	.252+ (2.08)
Minimalkonsensmodell				
Vertrauen in Menschen aus dem NBL		-.062 (-0.91)		-.092 (-1.20)
Bereitschaft zum Nachbessern (Kulanz)		.072 (1.15)		.063 (1.04)
Garantieleistung		-.035 (-0.78)		-.046 (-1.34)
Gerechtes Gerichtsurteil		-.034 (-1.26)		-.042 (-1.61)
Wertekonsensmodell				
Passung bei grundlegenden Werten			.088 (1.56)	.114+ (2.13)
Kontrollvariablen				
Einkommen (ln)	-.108 (-2.97)(*)	-.090 (-2.14)	-.101(+) (-3.54)	-.083 (-2.23)
Höheres Alter (ab 65 Jahre)	-.004 (-0.25)	-.017 (-1.16)	-.002 (-0.55)	-.021* (-4.85
Auto verfügbar	-.059 (-1.46)	-.065 (-2.16)	-.063 (-1.41	-.069+ (-2.05)
Sprachkenntnis	-.070 (-1.34)	-.040 (-0.88)	-.083 (-1.34)	-.045 (-0.85)
Kenntnis der Grenzregion	.268+ (1.90)	.279+ (2.16)	.253+ (1.90	.269+ (2.21)
r^2	.234	.241	.241	.251
N	276	276	276	276

Lineare Regression. Standardisierte Koeffizienten. Huber-Schätzer für die Standardfehler kursiv in Klammern. *** p<0,001; ** p<0,01, * p<0,05, + p<0,1. Signifikanztests einseitig, Signifikanzen in Klammern geben zweiseitig-signifikante Ergebnisse entgegen der erwarteten Richtung an. Quelle: Eigene Befragung.

Die Variablen des Minimalkonsensmodells können zur Erklärung von Friseurbesuchen im Nachbarland entgegen der Erwartung für eine Dienstleistung nichts zusätzlich beitragen. Vertrauen in eine Nachbesserung aus Kulanz, Garantien oder gerechte Urteilsfindung spielen für die Wahl des Friseurs keine Rolle. Allerdings finden wir wiederum den indirekten Effekt des Vertrauens über die Qualitätseinschätzung auf die Friseurbesuche im Nachbarland. Das Wertekonsensmodell verbessert die Erklärung. Die Passung bei den grundsätzlichen Werthaltungen macht einen Friseurbesuch im Nachbarland wahrscheinlicher.[1]

Beim Restaurantbesuch spielt die Wertepassung dagegen nicht die erwartete Rolle (Tab. 7.9). Die Passung bei grundlegenden Werten ist ohne Effekt. Der Einfluss des Vertrauens wird allerdings in der linearen Regression unterschätzt. Die Bereitschaft zum Nachbessern aus Kulanz hat einen direkten Effekt. Hinzu kommt aber ein Einfluss des Vertrauens auf die Qualitätseinschätzung, woraus ein indirekter Einfluss auf die Restaurantbesuche resultiert.[2] Damit hat das Vertrauen einen Einfluss, die Wertepassung aber nicht und auch die Europäisierungsthese bewährt sich nicht für Restaurantbesuche. Dagegen sind Preis und Qualität, die Variablen des Systemintegrationsmodells, wichtige Einflussfaktoren.

Für die tatsächlichen Aufträge an Handwerker müssen wir wieder auf die binärlogistische Regression zurückgreifen (Tab. 7.10). Das heißt, zur Interpretation der Koeffizienten müssen wir uns wieder umstellen. Die Wahrscheinlichkeitsverhältnisse (odds ratios) größer als 1 stehen für einen positiven, die Werte kleiner 1 für einen negativen Zusammenhang.

Zwar hat das Modell eine nennenswerte Gesamterklärungsleistung mit einem McFadden r^2 von .15, aber es sind durchweg nicht die theoretisch relevanten Variablen, die einen Erklärungsbeitrag leisten. Allein der Preis ist signifikant in die erwartete Richtung. Je günstiger die Handwerkerpreise im Nachbarland eingeschätzt werden, desto größer ist die Wahrscheinlichkeit eines Auftrags. Erhebliche Erklärungsleistung erbringen aber allein die Kontrollvariablen Einkommen und Alter. Hinter diesen Einflüssen steht vermutlich die Gelegenheit, einen Handwerker zu beauftragen. Menschen mit geringerem Einkommen und Jüngere werden eher selbst Hand anlegen oder zur Miete wohnen und deshalb den Vermieter benachrichtigen und nicht den Handwerker. Vertrauen oder Wertepassung tragen nichts zur Erklärung bei.

---

1 Die Kontrollvariablen weisen nur zum Teil den erwarteten Zusammenhang auf. Die Kenntnis der Nachbarregion ist erwartungsgemäß wichtig. Erstaunlicherweise spielen Sprachkenntnisse keine Rolle. Der Zugang zu einem Auto und das Alter sind nicht relevant. Allerdings sind es entgegen der Erwartung eher die unteren Einkommensgruppen, die Friseure im Nachbarland nutzen.

2 Vgl. wiederum das Strukturgleichungsmodell im Anhang A.8.

Tabelle 7.9: Restaurantbesuch im Nachbarland

	1. System-integration	2. Minimal-konsens	3. Werte-konsens	4. Gesamt-modell
Europäisierungsthese				
Wohndauer an der Grenze	-.079 *(-2.20)*	-.091 *(-2.35)*	-.087 *(-1.83)*	-.095 *(-2.06)*
Systemintegrationsmodell				
Günstigere Preise im NBL	.271* *(5.49)*	.267* *(5.60)*	.280** *(4.87)*	.273* *(5.09)*
Bessere Qualität im NBL	.241* *(3.52)*	.250* *(3.48)*	.254** *(3.44)*	.256* *(3.41)*
Minimalkonsensmodell				
Vertrauen in Menschen aus dem NBL		-.091(*) *(-4.56)*		-.076(*) *(-4.40)*
Bereitschaft zum Nachbessern (Kulanz)		.056* *(3.07)*		.059* *(3.96)*
Garantieleistung		.017 *(1.02)*		.024 *(1.86)*
Gerechtes Gerichtsurteil		-.087 *(-1.35)*		-.082 *(-1.43)*
Wertekonsensmodell				
Passung bei grundlegenden Werten			-.080 *(-1.05)*	-.060 *(-0.84)*
Kontrollvariablen				
Einkommen (ln)	-.024 *(-0.32)*	-.010 *(-0.12)*	-.030 *(-0.37)*	-.014 *(-0.16)*
Höheres Alter (ab 65 Jahre)	.038 *(0.67)*	.021 *(0.33)*	.040 *(0.75)*	.025 *(0.42)*
Auto verfügbar	-.061 *(-0.93)*	-.069 *(-1.17)*	-.055 *(-0.96)*	-.065 *(-1.21)*
Sprachkenntnis	.173** *(7.83)*	.194** *(7.95)*	.180** *(9.62)*	.194** *(11.08)*
Kenntnis der Grenzregion	.423** *(7.47)*	.448** *(7.34)*	.436* *(5.83)*	.453* *(6.38)*
r^2	.363	.379	.369	.381
N	286	286	286	286

Lineare Regression. Standardisierte Koeffizienten. Huber-Schätzer für die Standardfehler kursiv in Klammern. *** p<0,001; ** p<0,01, * p<0,05, + p<0,1. Signifikanztests einseitig, Signifikanzen in Klammern geben zweiseitig-signifikante Ergebnisse entgegen der erwarteten Richtung an. Quelle: Eigene Befragung.

Tabelle 7.10: Auftrag an Handwerker im Nachbarland

	1. System-integration	2. Minimal-konsens	3. Werte-konsens	4. Gesamt-modell
Europäisierungsthese				
Wohndauer an der Grenze	1.52 (0.76)	1.53 (0.84)	1.67 (0.94)	1.64 (0.93)
Systemintegrationsmodell				
Günstigere Preise im NBL	1.34+ (1.62)	1.30+ (1.42)	1.32+ (1.45)	1.30+ (1.41)
Bessere Qualität im NBL	0.95 (-0.30)	0.94 (-0.27)	0.95 (-0.27)	0.95 (-0.23)
Minimalkonsensmodell				
Vertrauen in Menschen aus dem NBL		1.52 (0.67)		1.30 (0.31)
Bereitschaft zum Nachbessern (Kulanz)		1.15 (0.62)		1.12 (0.60)
Garantieleistung		1.10 (0.57)		0.96 (-0.59)
Gerechtes Gerichtsurteil		0.75 (-1.08)		0.73 (-1.18)
Wertekonsensmodell				
Passung bei grundlegenden Werten			1.31 (0.71)	1.29 (0.60)
Kontrollvariablen				
Einkommen (ln)	3.55*** (46.46)	3.57*** (20.49)	3.47*** (44.38)	3.48*** (23.56)
Höheres Alter (ab 65 Jahre)	2.26 (1.38)	2.29 (1.45)	2.19+ (1.40)	2.16 (1.46)
Sprachkenntnis	0.98 (-0.10)	0.97 (-0.15)	0.98 (-0.11)	1.00 (-0.02)
Kenntnis der Grenzregion	1.52 (0.98)	1.16 (0.96)	1.11+ (1.29)	1.12 (1.19)
McFadden r^2	.136	.147	.147	.150
N	293	293	293	293

Logistische Regression. Standardisierte Koeffizienten. Huber-Schätzer für die Standardfehler z kursiv in Klammern. *** p<0,001; ** p<0,01, * p<0,05, + p<0,1. Signifikanztests einseitig, Signifikanzen in Klammern geben zweiseitig-signifikante Ergebnisse entgegen der erwarteten Richtung an. Quelle: Eigene Befragung.

Tabelle 7.11: Vorstellbarkeit eines Auftrags an Handwerker im Nachbarland

	1. System-integration	2. Minimal-konsens	3. Werte-konsens	4. Gesamt-modell
Europäisierungsthese				
Wohndauer an der Grenze	.007 (0.28)	.019 (1.52)	.016 (0.47)	.023 (1.27)
Systemintegrationsmodell				
Günstigere Preise im NBL	.166 (1.79)	.145+ (2.38)	.162 (1.71)	.145+ (2.39)
Bessere Qualität im NBL	.218* (2.92)	.182* (2.93)	.215+ (2.84)	.185+ (2.67)
Minimalkonsensmodell				
Vertrauen in Menschen aus dem NBL		-.075 (-1.92)		-.096 (-2.25)
Bereitschaft zum Nachbessern (Kulanz)		.168* (4.45)		.162* (5.21)
Garantieleistung		.150 (1.49)		.138 (1.21)
Gerechtes Gerichtsurteil		.032 (1.50)		.026 (1.07)
Wertekonsensmodell				
Passung bei grundlegenden Werten			.098 (0.95)	.078 (0.68)
Kontrollvariablen				
Einkommen (ln)	.005 (-0.21)	.030 (0.98)	.001 (0.03)	.035 (1.13)
Höheres Alter (ab 65 Jahre)	-.110* (-1.29)	-.097 (-1.42)	-.110* (-1.52)	-.101+ (-1.90)
Sprachkenntnis	.138+ (2.41)	.078+ (2.07)	.129+ (2.11)	.080+ (1.91)
Kenntnis der Grenzregion	.134* (3.60)	.109* (3.62)	.115+ (2.49)	.100+ (3.03)
r²	.137		.146	.201
N	293	293	293	293

Lineare Regression. Standardisierte Koeffizienten. Huber-Schätzer für die Standardfehler zur Korrektur der Auswahl in drei Orten kursiv in Klammern. *** p<0,001; ** p<0,01, * p<0,05, + p<0,1. Signifikanztests einseitig, Signifikanzen in Klammern geben zweiseitig-signifikante Ergebnisse entgegen der erwarteten Richtung an. Quelle: Eigene Befragung.

Sich vorstellen zu können, einen Handwerker aus dem Nachbarland zu beauftragen, hängt nicht so stark von der Gelegenheit ab (Tab. 7.11). Die hypothetische Frageformulierung lässt den Einstellungen mehr Raum. Die lineare Regression (bei der wir es nun wieder mit negativen und positiven Koeffizienten für negative und positive Zusammenhänge zu tun haben) weist Preis und Qualität als wichtige Einflussfaktoren aus, wobei die Qualität wichtiger ist als der Preis. Bei der Qualitätseinschätzung spielt wiederum das Vertrauen eine Rolle. Zusätzlich ist aber die Meinung einflussreich, ob die Handwerker im Bedarfsfall nachbessern würden. Das Minimalkonsensmodell kann die Erklärung deutlich verbessern. Die Wertepassung hat darüber hinaus keinen Effekt. Die intensivere Interaktion zwischen den Vertragspartnern schlägt sich nicht in einem Einfluss der Wertepassung nieder.

7.3 Arbeitspendler

Arbeitspendler, die in Grenznähe leben und im Nachbarland arbeiten, sind der zweite Indikator für eine Mischung aus zielgerichteter und geselliger Interaktion.[1] In diesem Fall ist aber die Interaktion um einiges intensiver als im Fall der Dienstleistung. Damit gilt bei Arbeitspendlern wie bei Dienstleistungen, dass neben dem Vertrauen auch die Werteähnlichkeit einflussreich sein sollte. Aufgrund der intensiveren Interaktion müsste aber die Wahrscheinlichkeit eines Einflusses der Wertähnlichkeit noch größer sein.

Wie bereits oben (Kap. 4.3) dargestellt, greift dieses Kapitel auf eine etwas andere Datengrundlage zurück. Für Westeuropa gibt es Makrodaten zu Arbeitspendlerströmen. Für eine Mikroperspektive steht eine nicht-repräsentative Online-Befragung von deutschen Arbeitspendlern zur Verfügung.

7.3.1 Einflüsse auf einen grenzenübergreifenden Arbeitsmarkt und vorliegende Befunde

Die Freizügigkeit der Arbeitskräfte gehört zu den vier Grundfreiheiten des gemeinsamen Marktes. Die Nutzung dieser Freiheit lässt aber aus Sicht der EU zu wünschen übrig. Die Arbeitskräftemobilität innerhalb der EU ist ausgesprochen gering, insbesondere zwischen den alten Mitgliedsländern. Dies bezieht sich gleichermaßen auf die innereuropäische Arbeitsmigration (Poulain 1992; Werner 2001; Mytzek 2004) wie auf Arbeitspendler (vgl. unten, Kap. 7.3.2). In welchem Maße

---

1 In der Literatur ist vielfach von Grenzpendlern die Rede, womit nicht beliebiges Pendeln über die Grenze gemeint ist, sondern das Pendeln zum Arbeitsplatz.

diese Migration zunehmen wird, wenn die Übergangsbestimmungen für die 2004 neu beigetretenen Mitgliedsländer aufgehoben werden, ist umstritten (Bauer/Zimmermann 1999; Fassmann/Hintermann 1997; Herzog 2003; Straubhaar 2001). Die Migration aus diesen Ländern wird vermutlich zunehmen, allerdings ist der Anteil von Menschen, die eine internationale Migration erwägen, recht gering (Vandenbrande u.a. 2006, insbes.: 20ff., 29). Angesichts dieses Befundes wurde vorgeschlagen, nicht die Mobilität, sondern die Immobilität als eigentliche Erklärungsaufgabe zu sehen (beispielsweise Houtum/Velde 2004).

Der Blick auf die Literatur zu Arbeitspendlern und grenzübergreifenden Arbeitsmärkten erweist sich als etwas ergiebiger im Vergleich zu den bisherigen Indikatoren für Interaktion. Die Frage nach Arbeitspendlern hat wie keine Zweite in der Erforschung von grenzüberschreitenden Aktivitäten wissenschaftliches Interesse auf sich gezogen.[2] Der gemeinsame Arbeitsmarkt ist auf Seiten der EU mit besonderen Hoffnungen verbunden. Hier, so ist scheinbar die Hoffnung, kann die EU den Bürgern von unmittelbarem Nutzen sein bei dem drängenden Problem der Arbeitslosigkeit (Task Force für Qualifikation und Mobilität 2001: 4; Ruppenthal u.a. 2006: 87). Dazu soll eine größere Mobilität Lücken im Arbeitskräfteangebot schließen und so die Wettbewerbsfähigkeit Europas verbessern (Vandenbrande u.a. 2006: 2ff.). Arbeitspendler sind innerhalb dieser Politik ein Sonderfall, weil sie zwar auf einem internationalen Arbeitsmarkt aktiv sind, allerdings nicht notwendig den Wohnsitz verlegen müssen.

Für den Arbeitsmarkt sind zunächst zwei Faktoren entscheidend: die Verfügbarkeit von Arbeitsplätzen und das Lohnniveau (vgl. für andere Papapanagos/Vickerman 2000). Für diese Parameter gibt es innerhalb der EU erhebliche Unterschiede, auch bei aneinandergrenzenden Ländern (vgl. Kap. 5.3, Tab. 5.2). Nach dem klassischen Push-Pull-Modell müsste ein höheres Einkommensniveau und eine geringere Arbeitslosenquote im Nachbarland die Arbeitspendlerzahl erhöhen (klassisch Lee 1972; für Grenzregionen Houtum/Velde 2004). In Befragungen bestätigen sich diese Motive allerdings nur zum Teil. Bei einer Befragung von Arbeitspendlern an der deutsch-dänischen gaben immerhin 25 % der Befragten an, die Bezahlung im Nachbarland sei nicht entscheidend. Andererseits war für immerhin ein Fünftel der Befragten die Arbeitslosigkeit der Grund für den Gang ins Ausland. Auch an der deutsch-niederländischen Grenze zeigen sich Unterschiede. Während für die Niederländer die Motive klassisch der Arbeitsplatz und das Gehalt waren, gaben die Deutschen stärker auch private Motive an (Busse/Frietman 1998; vgl. für europäische Migranten insgesamt auch Verwiebe 2004).

---

2 Weil zu den einzelnen Hypothesen zumindest Teilbefunde vorliegen, wird im Folgenden die Vorstellung der vorliegenden Literatur mit den theoretischen Überlegungen zusammen gezogen.

Bereits Lee (1972) hatte auf die Hindernisse der Wanderung in seinem Modell hingewiesen. In ihrem Literaturüberblick fassen Ruppenthal und andere (2006) die Mobilitätsbarrieren für Arbeitspendler zusammen:

> „differences in the social welfare systems (for example different types of health insurance coverage, unemployment benefits as well as pension rights); differences in tax systems and assessment practices; differences in educational systems, making comparisons between educational practices problematical; inadequate knowledge of the language of the host country; inadequate and inaccessible information about cross-border job markets, cultural differences and prejudices as well as mental barriers (,border in the heads') to name just a few" (Ruppenthal u.a. 2006: 89f.; auch Gijsel/ Wenzel 1998: 10; Janssen/Velde 2003: 31ff.).

Diese Zusammenstellung macht deutlich, dass eine Reihe ganz verschiedener Hürden das grenzübergreifende Pendeln erschweren oder erschweren können. In einer Befragung von 68 Arbeitspendlern bzw. ehemaligen Arbeitspendlern an der deutsch-dänischen Grenze (Region Sonderjylland 2004) bestätigt sich dieser Eindruck nur zum Teil: Knapp 40 % berichten von Problemen mit der Steuer, mit Sozialversicherungsleistungen hat aber nur ein kleiner Teil problematische Erfahrungen gemacht. Die Arbeitspendlerbefragung bezieht sich auf die tatsächlichen Erfahrungen, nachdem eine Arbeit im Ausland aufgenommen wurde. Janssen stellt bei einer Befragung von Hochgebildeten an der deutsch-niederländischen Grenze in Bezug auf Mobilitäts*bereitschaft* fest, dass Auslandserfahrung die vermuteten Hindernisse kultureller Art und in Bezug auf rechtliche Hürden deutlich reduziert (Janssen 2000a: 69ff; 2000b: 61ff.). Allerdings kommt derselbe Autor in einer späteren Studie, bei der vergleichend in vier Grenzregionen Arbeitsuchende qualitativ befragt wurden, zu einem anderen Ergebnis:

> „Factors, such as potential complications with tax and social security regulations, (...) played a minor role. However, many respondents with previous experience of cross-border commuting complained about difficulties (...). There seems to be a contrast with many potential commuters, who play down any possible complications of this sort" (Janssen/ Velde 2003: 6).

Die Inkompatibilität oder Unübersichtlichkeit von Bildungsabschlüssen bleibt trotz vielfältiger Bemühungen einer europaweiten Vereinheitlichung eine weitere, rechtlich bedingte Hürde (List 1996). Diese rechtlichen Inkompatibilitäten machen Arbeitspendeln nicht unmöglich, aber sie erhöhen die zu bewältigende Komplexität erheblich. Die Komplexität kommt noch in einem anderen Aspekt zum Tragen, nämlich der Information über den Arbeitsmarkt im Nachbarland. Die Zugänglichkeit zu Arbeitsmarktinformationen wird immer wieder als Hindernis genannt (Janssen 2000a: 61). „Lack of information about jobs and also about possible consequences of working opportunities at the other side of the border was a very significant barrier in many countries" (Janssen/Velde 2003: 26).

Ähnlich wie bei Migrationssystemen in der internationalen Wanderung (vgl. u.a. Fawcett 1989; Kritz/Zlotnik 1992) wird auch für das Auffinden von Arbeitsplätzen im Nachbarland der Zugang zu Informationen über private Netzwerke[3] oder (kommerzielle oder öffentliche) Agenten relevant sein. Das Arbeitspendeln in einer Region hat also auf Aggregatebene einen selbstverstärkenden Effekt (Janssen/ Velde 2003: 24). Je mehr Menschen in einer Region über die Grenze zur Arbeit pendeln, desto eher befinden sich unter den Bekannten Arbeitspendler, die Informationen und Tipps weitergeben können. Die Europäisierungsthese ist damit gerade für das Pendeln zu einem Arbeitsplatz im Nachbarland mit den vielfältigen Schwierigkeiten, die sich daraus ergeben, ein besonders plausibler Fall. Daraus müsste sich ein Effekt nicht nur der rechtlichen Durchlässigkeit der Grenze für Arbeitskräfte als solche ergeben, sondern auch ein Effekt der Dauer, seitdem diese Durchlässigkeit gegeben ist.[4]

Die Bedeutung der Sprache leuchtet unmittelbar ein angesichts der Intensität, mit der Menschen am Arbeitsplatz miteinander umgehen müssen. Zwei Befragungen von Unternehmern im deutsch-niederländischen Grenzraum weisen ebenfalls auf die Bedeutung der Sprache hin (Busse/Frietman 1998; Dijk/Zanen 1998). Unter den Befragten an der deutsch-dänischen Grenze sprechen knapp 80 % die Sprache des Nachbarlandes fließend. Allerdings findet Verwiebe in seiner Untersuchung von transnational mobilen Europäern in Berlin eine europäische Oberschicht, die sehr gut ausgebildet ist und hohe Berufspositionen bekleidet, aber keine Deutschkenntnisse benötigt (Verwiebe 2006). Die Kenntnis der Landessprache ist demnach für einen Arbeitsplatz nicht unbedingt notwendige Bedingung. In der Einschätzung von Arbeitsuchenden an der deutsch-niederländischen Grenze sind Kenntnisse des Niederländischen nicht das größte Problem. „For many (...) Germans not being able to speak Dutch did not figure as an obstacle. This was partly due to the type of jobs sought (language skills not needed) or the perceptions that most Dutch speak German" (Janssen/Velde 2003: 26f.).

Weitergehende kulturelle Erklärungen und speziell Erklärungen durch Unterschiede bei Werthaltungen sind bisher kaum systematisch untersucht, werden aber regelmäßig konstatiert (beispielsweise Gijsel/Wenzel 1998: 10; Janssen 2000a: 60). Die Sammelkategorie der „Grenze in den Köpfen" hilft wenig, das Phänomen zu

---

3 Vgl. dazu in der Migrationsforschung beispielsweise Boyd (1989), Faist (1997) und Haug (2000).
4 Neben den privaten Kontakten kommen als Informationsquellen offizielle Informationsagenturen in Frage. Das EU-finanzierte Netzwerk von EURES-Beratern, die Arbeitsuchende informieren über die Möglichkeit, im Ausland eine Arbeitsstelle zu finden, ist eine solche Agentur (vgl. Europäische Kommission 2004a; Ertelt/Baigger 2002 und Kap. 3.3.2).

erhellen. Dabei sind die kulturellen Barrieren an unterschiedlicher Stelle zu finden. Ruppenthal und andere (2006) untersuchen die Mobilitätskultur in Deutschland. Damit meinen sie die Bereitschaft, für einen Arbeitsplatz umzuziehen, zunächst auch innerhalb des Landes. Nach Ergebnissen des deutschen Alterssurveys hat lediglich jeder Sechste der 40- bis 54-Jährigen in seinem Leben einen Umzug über längere Distanzen gemacht. Entsprechend kommen Ruppenthal und andere für Deutschland zu dem Schluss:

> „Mobility and job rotations are acceptable; mobility beyond the borders of one's own region is, however, rejected. These findings seem to be the result of and proof for a ‚mobility culture', which is more in line with immovability than change" (Ruppenthal u.a. 2006: 93; vgl. auch Vandenbrande u.a. 2006: 58).

Hinzu kommen, wenn Menschen grundsätzlich zur Arbeit in einem anderen Land bereit sind, die Werteunterschiede entsprechend des Minimalkonsens- und des Wertekonsensmodells.

> „Cultural factors (...) are relevant, and in some border regions (Italy-France) apparently a very important barrier to commuting. However, having to confront an unfamiliar cultural context appeared often as less important than other factors" (Janssen/ Velde 2003: 6, 27).

Dieser Eindruck bestätigt sich bei der Unternehmerbefragung im deutsch-niederländischen Grenzraum (Busse/Frietman 1998; Dijk/Zanen 1998). Demnach sind Sprachprobleme und allgemein kulturelle Unterschiede zwischen den Ländern von größter Bedeutung. Dass die befragten Arbeitspendler durchweg keine Probleme mit der Kultur des Nachbarlandes haben (Busse/Frietman 1998: 57), dürfte eher Bedingung für ihr Arbeitspendeln sein. Ein durchaus wesentlicher Einfluss von Werteunterschieden als wesentlicher Aspekt von Kulturunterschieden (jenseits der Sprache) wird durch die vorliegenden Studien tendenziell gestützt, aber nicht systematisch untersucht.

Die vorliegenden Studien verweisen auf eine Reihe von Einflussfaktoren, die als bürokratische und praktische Hindernisse sowie ökonomische Anreize überwiegend dem Systemintegrationsmodell zuzuordnen sind. Auf eine Relevanz von Aspekten entsprechend des Minimalkonsens- und Wertekonsensmodells wird hingewiesen, ohne dass systematische Studien dazu vorliegen. Tabelle 7.12 fasst die Hypothesen zusammen.

Tabelle 7.12: Hypothesen zur Wahrscheinlichkeit/Häufigkeit, im Nachbarland eine Arbeitsstelle anzunehmen

Variable	Richtung des Zusammenhangs
Europäisierungsthese	
Dauer der Arbeitnehmerfreizügigkeit an der Grenze	+
Systemintegrationsmodell	
Geringere Arbeitslosigkeit im Nachbarland (NBL)	+
Höheres Lohnniveau im Nachbarland (NBL)	+
Sprachkenntnisse	+
Dichte der grenzübergreifenden Infrastruktur	+
Eingeschränkt kompatible Sozialversicherungssysteme	−
Eingeschränkt kompatible Bildungsabschlüsse	−
Eingeschränkter Informationszugang	−
Unterstellte Komplexität insgesamt	−
Minimalkonsensmodell	
Vertrauen in Menschen des Nachbarlandes (NBL)	+
Vertrauen in Mechanismen des gerechten Konfliktumgangs	+
Wertekonsensmodell	
Kulturelle Ähnlichkeit	+
Kontrollvariablen	
Freunde oder Bekannte im Nachbarland	+

7.3.2 Arbeitspendler in Westeuropas Grenzregionen

Unter Arbeitspendlern werden hier Personen verstanden, die sozialversicherungspflichtig beschäftigt sind und mindestens wöchentlich zu ihrer Arbeitsstelle in ein Nachbarland pendeln. Es gibt keine flächendeckende Statistik, die Arbeitspendler zuverlässig erfassen würde. Hitzelsberger u.a. (2001) haben aus verschiedenen Quellen und Expertenbefragungen die Arbeitspendlerströme für Westeuropa im Jahr 1999 zusammengestellt. In Abbildung 7.9 sind die Arbeitspendlerströme in Prozent der Bevölkerung in der jeweiligen Grenzregion eingetragen.

Die stärksten Pendelströme der westeuropäischen EU-Grenzregionen gibt es von Frankreich und Belgien nach Luxemburg sowie von Belgien nach Deutschland (relativ zur Bevölkerung).[5] Ein erster Blick auf die Arbeitspendlerströme legt be-

---

5 Noch stärkere Pendlerströme gibt es in die Schweiz, aber weil die Schweiz nicht zur EU gehört, ist sie hier nicht berücksichtigt.

reits den Verdacht nahe, dass für die Unterschiede in erster Linie das ökonomische Gefälle, also Unterschiede bei den Arbeitslosenraten und dem Lohnniveau verantwortlich sind (vgl. Kap. 5.3, Tab. 5.2). Luxemburg hat den attraktivsten Arbeitsmarkt und zieht auch starke Pendlerströme an. Grenzen mit weitgehend ausgeglichenen Pendlerströmen sind selten, was angesichts der Erklärungshypothesen, die vor allem auf ökonomische Differenzen abstellen, kaum verwundert.

Hitzelsberger u.a. (2001: 8) stellen zwischen 1995 und 2000 zum Teil erhebliche Anstiege der Pendlerzahlen fest. Im Luxemburger Raum haben sich die Zahlen gut verdoppelt, im belgisch-französischen Raum betrug der Anstieg 57 %. An anderen Grenzen gab es kaum Änderungen, so zum Beispiel zwischen Deutschland und Frankreich (Anstieg um 5 %). Auch andere Quellen gehen von einem deutlichen Anstieg aus, der sich allerdings auf die Grenzregionen sehr ungleich verteilt (Janssen/Velde 2003: 8).[6]

Das Niveau der Arbeitspendlerzahlen wird durchweg als gering eingeschätzt. „Overall, there is little cross-border commuting to work within the EU" (Janssen/Velde 2003: 8; ebenso Papapanagos/Vickerman 2000: 33). Hansen und Schack (1997; zitiert nach Greve/Rydbjerg 2003: 20) schätzen für die deutsch-dänische Grenzregion, dass die tatsächlichen Arbeitspendler etwa 10 % des Niveaus ausmachen, das an Arbeitskräftebewegungen in der Region zu erwarten wäre, wenn es keine Grenze gäbe.

---

6 Für den deutsch-niederländischen Grenzraum vgl. Janssen (2000b: 53), der zwischen 1991 bis 1995 einen deutlichen Anstieg aus den Niederlanden registriert. In die Gegenrichtung gibt es praktisch keine Änderung. Hansen und Schack (1997) schätzen für 1995 rund 1300 Pendler von Dänemark nach Deutschland und 1000 von Deutschland nach Dänemark auf stabilem Niveau seit den frühen 1980er Jahren (zitiert nach Greve/Rydbjerg 2003: 20). Zwischen 1993 und 2003 ist dann eine knappe Verdopplung der Grenzpendler aus Dänemark nach Deutschland zu verzeichnen (Schmidt 2006: 23). Für die Gegenrichtung liegen wiederum keine Daten vor.

7. Grenzübergreifende Interaktion

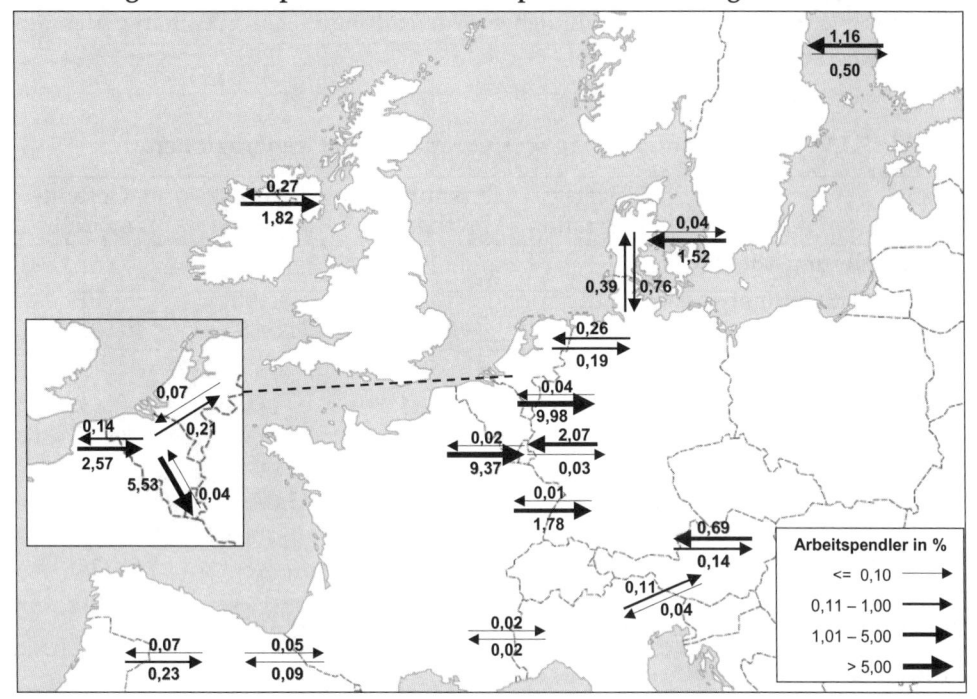

Abbildung 7.9: Arbeitspendler in westeuropäischen Grenzregionen

Quelle: Eigene Darstellung. Datenquelle: Hitzelsberger u.a. 2001, eigene Berechnungen.

Die Erklärung der Pendlerzahlen gelingt bemerkenswert gut, was allerdings bei Makrountersuchungen nicht ungewöhnlich ist (Tab. 7.13). Im Gesamtmodell werden 65 % der Varianz durch die Variablen aufgeklärt. Entscheidend sind zunächst erwartungsgemäß die Einkommensdifferenz und die Unterschiede in der Arbeitslosenquote. Im Systemintegrationsmodell sind zudem die Sprachdifferenz und die Infrastrukturdichte signifikant.

Das Vertrauen in die Menschen im Nachbarland hat keine zusätzliche Erklärungsleistung. Das Minimalkonsensmodell bewährt sich also nicht. Anders ist es mit dem Wertekonsensmodell. Die generelle Werteähnlichkeit hat einen erheblichen Einfluss. Die Erklärungsleistung verbessert sich deutlich (das korrigierte r^2 steigt von .38 auf .56). Die Werteähnlichkeit ist sogar im Vergleich der stärkste Einfluss. Obwohl dieses Ergebnis auf den ersten Blick sehr deutlich ist, bleibt dennoch Vorsicht geboten. Die Werteähnlichkeit ist deutlich korreliert mit der Sprachkompetenz, was vor allem auf die sehr werteähnlichen Länder mit gleicher Sprache (z.B. Irland-Großbritannien, vgl. Kap. 5.4.2, Tab. 5.8) zurückgeht. Daher wird auch der Einfluss der Sprache insignifikant. Der Einfluss der Werteähnlichkeit wird in dem Modell vermutlich überschätzt. Dennoch sprechen die Ergebnisse für einen Einfluss ähnlicher Werthaltungen auf die Stärke der Arbeitspendlerströme.

Tabelle 7.13: Arbeitspendler (ln) in westeuropäischen Grenzregionen

	1. System-integration	2. Minimal-konsens	3. Werte-konsens	4. Gesamt-modell
Europäisierungsthese				
Dauer Arbeitnehmer-freizügigkeit	-.014 (-0.090)	-.067 (-0.415)	.190+ (1.342)	.136 (0.918)
Systemintegrationsmodell				
Einkommensniveau-Differenz	.420** (2.978)	.424** (3.000)	.453*** (3.779)	.457*** (3.825)
Arbeitslosigkeisniveau-Differenz	-.446** (-3.161)	-.416** (-2.865)	-.373** (-3.077)	-.343** (-2.774)
Sprachkenntnisse	.293* (1.953)	.304* (2.017)	.036 (0.248)	.048 (0.325)
Infrastrukturdichte	.307* (2.047)	.298* (1.977)	.153 (1.140)	.144 (1.076)
Minimalkonsensmodell				
Vertrauen in Menschen aus dem NBL		.146 (0.950)		.142 (1.105)
Wertekonsensmodell				
Index der Werteähnlichkeit			.486*** (3.478)	.485*** (3.484)
r²	.472	.489	.146	.652
korr. r²	.378	.375	.122	.558
N (Grenzregionen)	34	34	34	34

Lineare Regression. Standardisierte Koeffizienten. Huber-Schätzer für die Standardfehler kursiv in Klammern. *** p<0,001; ** p<0,01, * p<0,05, + p<0,1. Signifikanztests einseitig, Signifikanzen in Klammern geben zweiseitig-signifikante Ergebnisse entgegen der erwarteten Richtung an. Daten gewichtet. Quelle: Eigene Befragung.

7.3.3 Motivationen und perzipierte Barrieren beim Arbeitspendeln an deutschen Außengrenzen

Die vorhergehende Analyse konnte die Arbeitspendlerzahlen im Vergleich der westeuropäischen Grenzregionen klären. Offen geblieben ist dagegen die Frage,

7. Grenzübergreifende Interaktion

wer zum Arbeitspendler wird und wer nicht. Für diese Frage greifen wir auf eine Online-Befragung von Arbeitspendlern und grenzübergreifend Arbeitsuchenden zurück.

Befragungen von Arbeitspendlern stoßen auf erhebliche Schwierigkeiten. Da Arbeitspendler vergleichsweise selten sind, kommen sie in allgemeinen Bevölkerungsumfragen kaum vor. Auch unter den Befragten in den drei deutschen Grenzregionen finden sich erwartungsgemäß nicht ausreichend Personen, die im Nachbarland arbeiten oder beruflich zu tun haben, um eine quantitative Analyse durchzuführen.[7] Eine Umfrage in der deutsch-niederländischen Grenzregion, die sich ausschließlich an die überdurchschnittlich mobilen Hochgebildeten wendet, fand lediglich 0,5 % Arbeitspendler und ein weiteres Prozent, die im Nachbarland arbeiten und leben (Janssen 2000a; 2000c; 2000b).

Hier wurden stattdessen gezielt deutsche Arbeitspendler, potenzielle Arbeitspendler und Personen, die in naher Zukunft eine Tätigkeit im benachbarten Ausland aufnehmen werden, mit einem Online-Fragebogen befragt (vgl. Kap. 4.3).[8] Eingedenk der methodischen Schwächen, insbesondere der mangelnde Repräsentativität, kann die Online-Befragung nur illustrierend Informationen besteuern.

Betrachten wir zunächst die Gründe, die für die Arbeit im angrenzenden Ausland genannt wurden. Nach den obigen Überlegungen und Ergebnissen müssten vor allem die Bezahlung und überhaupt die Chance auf einen Arbeitsplatz ausschlaggebend sein. Denkbar wären aber auch eine Reihe anderer arbeitsbezogener Vorteile.

Insgesamt für elf denkbare Gründe wurde abgefragt, ob sie für die Entscheidung, eine Arbeitsstelle im Ausland anzunehmen bzw. zu suchen, wichtig waren oder sind. Zur Beantwortung war eine fünfstufige Skala vorgesehen, mit der abgestuft werden konnte, in welchem Umfang der vorgegebene Grund tatsächlich zutrifft.

Die beiden am häufigsten genannten voll zutreffenden Gründe sind die Arbeitsbedingungen und ein Arbeitsplatz als solcher (Abb. 7.10). Jeweils rund die Hälfte gibt an, die Gründe seien ohne Einschränkung wichtig für die Entscheidung gewesen. Die Bedeutung der Aussicht auf einen Arbeitsplatz wird noch einmal unterstrichen durch die Tatsache, dass die grenzübergreifend Arbeitsuchenden zur Hälfte arbeitslos sind und von denen mit einer Arbeitsstelle wiederum mehr als

---

7 Insgesamt gaben 25 Personen an, mindestens gelegentlich im Nachbarland beruflich zu tun zu haben. Nur vier Befragte haben eine Arbeitsstelle im Nachbarland (drei in Österreich und einer in Polen).

8 Die 86 Antworten kamen zu gut der Hälfte von tatsächlichen Grenzpendlern (56 %), ein knappes Drittel sucht Arbeit im Nachbarland (28 %), die Übrigen (16 %) gaben an, demnächst eine Tätigkeit im Nachbarland auszuüben, die bereits fest vereinbart sei.

die Hälfte den eigenen Arbeitsplatz als gefährdet ansieht. Die Chance auf einen Arbeitsplatz in Deutschland wird von den Befragten durchweg als schlecht eingeschätzt.[9] Es folgt als weiterer Grund die Aussicht auf eine interessante Tätigkeit. Die Verdienstmöglichkeiten folgen erst an vierter Stelle. Die Unterschiede zwischen denen auf Arbeitssuche und denen, die bereits eine Anstellung im Nachbarland haben, sind gering.

Abbildung 7.10: Gründe für Arbeit im Nachbarland

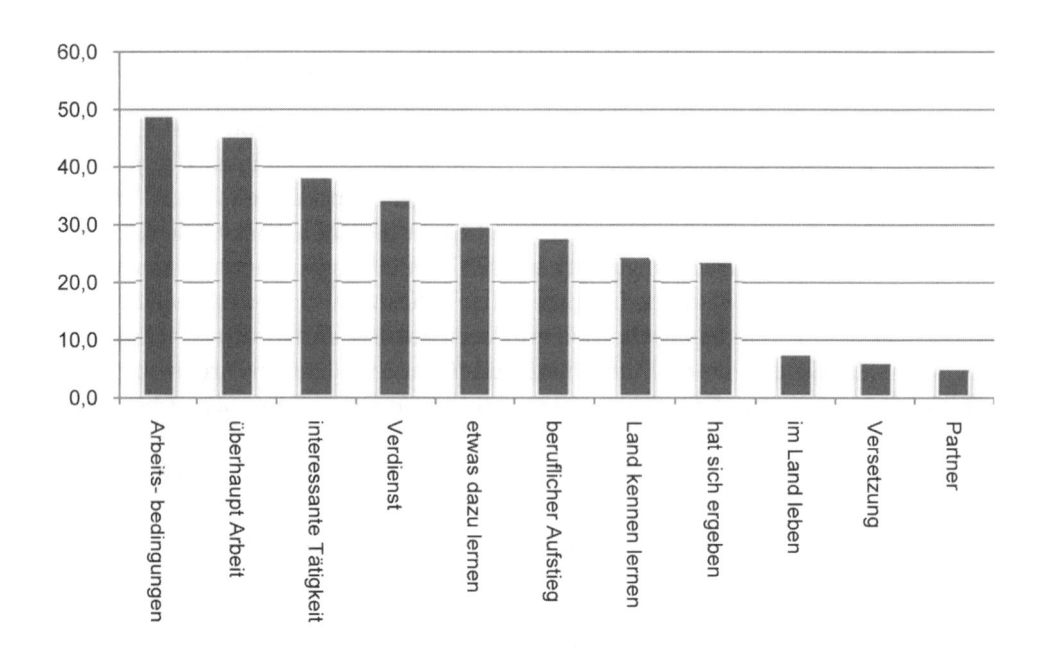

Quelle: Eigene Online-Befragung.

Hindernisse werden von den (potenziellen) Arbeitspendlern kaum gesehen (Abb. 7.11). Von den fünf angesprochenen Problembereichen erwarteten 65 % der Be-

---

9 Auf einer fünfstufigen Skala sollten die arbeitslosen Befragten angeben, wie hoch sie die Wahrscheinlichkeit einschätzen, innerhalb der nächsten sechs Monate in Deutschland eine Anstellung zu finden. Während die beiden Antwortoptionen an dem Pol ‚sehr wahrscheinlich' von keinem Befragten angegeben wurden, hielt es ca. 40 % für ‚sehr unwahrscheinlich', in diesem Zeitraum eine Stelle zu finden.

fragten in keinem einzigen Bereich große Probleme.[10] Am skeptischsten waren die Befragten bei Fragen der Sozialversicherung, da 24 % große Probleme erwarten. Dies trifft vor allem für jene zu, die bereits im Ausland tätig sind oder demnächst definitiv eine Stelle antreten werden, während jene, die im Nachbarland auf der Suche nach Arbeit sind, die Probleme der Sozialversicherung als gering einschätzen.[11]

Abbildung 7.11: Erwartete Probleme bei Auslandsarbeit

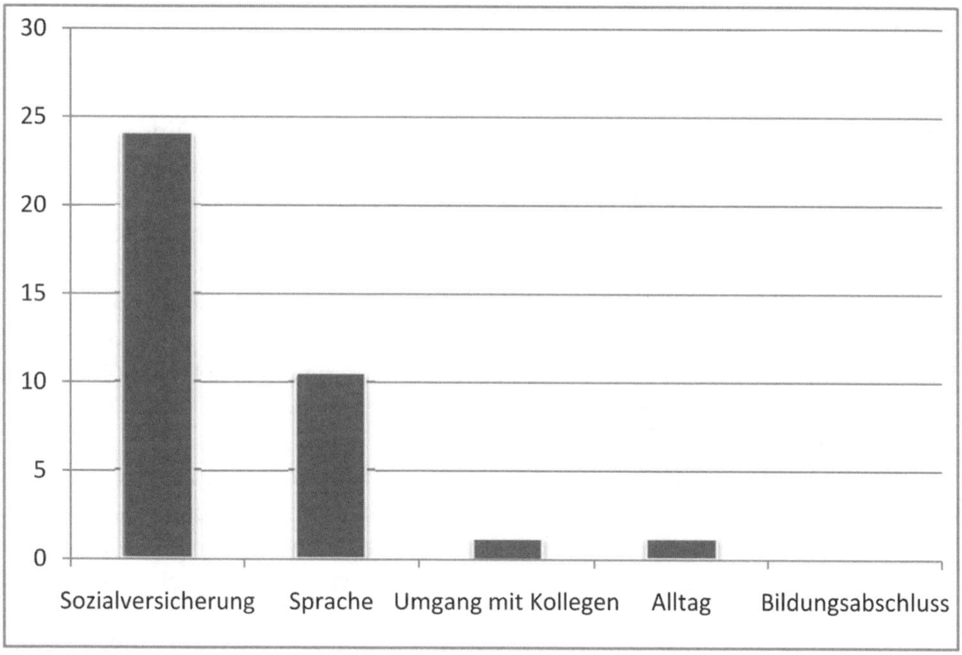

Quelle: Eigene Online-Befragung.

Mit deutlichem Abstand werden an zweiter Stelle große Probleme mit der Sprache erwartet. Dies trifft aber nur für 10 % der Befragten zu. Wenig überraschend ist der enge Zusammenhang zwischen Sprachkenntnis und der Befürchtung von Problemen aufgrund der Sprache. Die Sprache ist, wie sich in anderen Studien schon abgezeichnet hatte (Kap. 7.3.1), keine notwendige Bedingung für eine Arbeitsstelle im Nachbarland. Immerhin zwei Fünftel derer, die im Nachbarland tatsächlich arbei-

---

10 So auch die Befragung an der deutsch-dänischen Grenze (Region Sonderjylland 2004: 4).
11 Vgl. die oben (Kap. 7.1) erwähnten gleichlautenden Ergebnisse von Janssen/van der Velde (2003: 6).

ten, sprechen nur wenige Worte oder gar nicht die Sprache.[12] Von den in den Niederlande Tätigen gab die Hälfte an, dass sie Niederländisch kaum oder gar nicht beherrschen. Kulturelle Hürden erwarten die wenigsten, weder im Alltag noch im Umgang mit Kollegen. Dies wird wiederum von den Arbeitsuchenden als unproblematischer angesehen im Vergleich zu den tatsächlichen Arbeitspendlern.

Neben der Sprachkenntnis sind weitere Kenntnisse des Nachbarlandes erforderlich. So muss es Zugang zu Informationen über freie Stellen geben, aber auch über die vielfältigen anderen Schwierigkeiten, die mit dem Pendeln über Nationalstaatsgrenzen verbunden sind. Eine wichtige Rolle spielen dabei die Berater des EURES-Netzwerkes, die sich um solche Fragen kümmern. Die Teilnehmer der Online-Befragung sind in dieser Hinsicht vorselektiert, weil auf den Internetseiten dieses Netzwerkes und entsprechenden Informationsseiten für die Umfrage geworben wurde. Den Befragten ist also diese Beratungsmöglichkeit bekannt und wird offensichtlich genutzt. Wie gut aber kennen die Befragten das Nachbarland, bevor sie eine Stelle dort antreten?[13] Auf einer fünfstufigen Skala wählen 55 % der Befragten die beiden Stufen für eine gute Kenntnis des Nachbarlandes. Ein knappes Drittel reklamiert für sich sehr gute Kenntnisse. Die Arbeitsuchenden geben dabei sogar etwas bessere Kenntnisse an als jene, die tatsächlich im Nachbarland arbeiten. Den persönlichen Netzwerken wird in der Migrationssoziologie eine große Bedeutung zugemessen. Dies scheint auch für Arbeitspendler zu gelten. Die Hälfte (49 %) gibt an, im Nachbarland Freunde oder Verwandte zu haben, und zwar bevor die Arbeitsstelle dort angetreten wurde.

Um die Ergebnisse zumindest der Tendenz nach einzuschätzen, können wir zum Vergleich die Bewohner in den drei deutschen Grenzregionen heranziehen (vgl. Kap. 6.1.3).[14] Unter den derzeitigen, zukünftigen oder potenziellen Arbeitspendlern geben 45 % an, das Nachbarland eher zu kennen. Bei der Bevölkerung in den drei Grenzregionen sind es mit 64 % deutlich mehr. Die Arbeitspendler zeichnen sich demnach keineswegs durch außergewöhnlich gute Kenntnisse aus. Bei den persönlichen Kontakten ins Nachbarland heben sich die Arbeitspendler ebenfalls nicht von der sonstigen Bevölkerung ab. 49 % der Arbeitspendler bzw.

---

12 Die alternativen Antwortvorgaben waren ‚ich kann mich verständigen', ‚ich spreche sehr gut' und ‚ich spreche perfekt'.

13 Für jene, die bereits im Ausland tätig sind, ist dies eine retrospektive Frage mit den entsprechenden methodischen Schwierigkeiten. Wir können die Ergebnisse aber abgleichen mit jenen Befragten, die erst in naher Zukunft im Nachbarland eine Stelle antreten werden oder auf Arbeitssuche im Nachbarland sind.

14 In den Befragungen wurde die Kenntnis des Nachbarlandes mit unterschiedlichen Skalen abgefragt. Während die Arbeitspendlerbefragung mit einer fünfstufigen Skala operiert, ist es bei der Bevölkerungsumfrage eine siebenstufige. Vergleichbar ist aber jeweils der Anteil jenseits der Mittelkategorie.

der grenzübergreifend Arbeitsuchenden gab an, Freunde oder Verwandte im Nachbarland zu haben. Das ist zwar ein eindrucksvoll hoher Anteil, allerdings sind auch 48 % der Bevölkerung in der Grenzregion mit Menschen aus dem Nachbarland befreundet (vgl. Kap. 7.4.3). Mit diesem Vergleich wird nicht bestritten, dass Kenntnisse über und persönliche Kontakte in das Nachbarland eine wichtige Voraussetzung für einen Arbeitsplatz jenseits der Grenze sind. Allein scheint diese Voraussetzung nicht ausschließlich bei den Arbeitspendlern gegeben zu sein. Die Arbeitspendler und die grenzübergreifend Arbeitsuchenden unterscheiden sich nicht wesentlich von der Bevölkerung in Grenznähe insgesamt.

Auch die wertebezogenen Präferenzen wurden erhoben. Beim Vertrauen in angemessene Konfliktlösungen wird das Nachbarland deutlich vorgezogen. Gewissermaßen eine Vorstufe zur Konfliktlösung ist das Eingehen auf Vorschläge durch die Vorgesetzten. Hierbei muss es sich nicht um einen Konflikt handeln, die Frage zielt eher darauf, ob die Beschäftigten an der Arbeitsstelle überhaupt Einfluss nehmen können. Das Ergebnis ist sehr eindeutig. Gut die Hälfte der Befragten (55 %) ist der Ansicht, ihre Vorschläge würden eher an einem Arbeitsplatz im Nachbarland berücksichtigt, nur 13 % glauben, eher in Deutschland würde auf ihre Vorschläge eingegangen. Wenn es zu Konflikten kommt, ist das Ergebnis weniger eindeutig, hat aber die gleiche Tendenz. Bei einem Konflikt mit dem Arbeitgeber glauben 31 % der Befragten, dieser Konflikt werde im Nachbarland gerechter gelöst. 27 % glauben dagegen, in Deutschland wäre die Lösung des Konflikts gerechter, knapp die Hälfte sieht keinen Unterschied oder kann sich nicht entscheiden. Beim Konflikt mit Kollegen fällt der Unterschied deutlicher aus. 36 % glauben, ein Konflikt mit Kollegen werde im Nachbarland gerechter gelöst als in Deutschland, dagegen glauben nur 13 % an eine gerechtere Lösung in Deutschland. Allein wenn Gerichte entscheiden sollen, dreht sich das Blatt. 20 % meinen, sie würden vor einem Gericht des Nachbarlandes eher ein gerechtes Urteil bekommen, 35 % erwarten dies eher von einem deutschen Gericht. Der größte Anteil erwartet in beiden Ländern (36 %) oder in keinem der Länder (9 %) ein gerechtes Urteil.

Schließlich wurden die (potenziellen) Arbeitspendler, ähnlich wie in der Befragung in den drei deutschen Grenzregionen (vgl. Kap. 5.4.3), nach den individuellen Wertepräferenzen und der Einschätzung von typischen Haltungen im Nachbarland befragt. Allerdings orientiert sich die Online-Befragung nicht an den grundlegenden Werten von Shalom Schwartz, sondern nimmt Eigenschaften auf, wie sie typischerweise in Studien zu Stereotypen verwandt werden.[15]

---

15 Die Online-Befragung ist früher ins Feld gegangen als die schriftliche Befragung (vgl. Kap. 4). Ein nachträgliches Anpassen war nicht möglich, weil der Rücklauf ohnehin sehr schleppend war.

Abbildung 7.12: Wertepassung von Arbeitspendlern

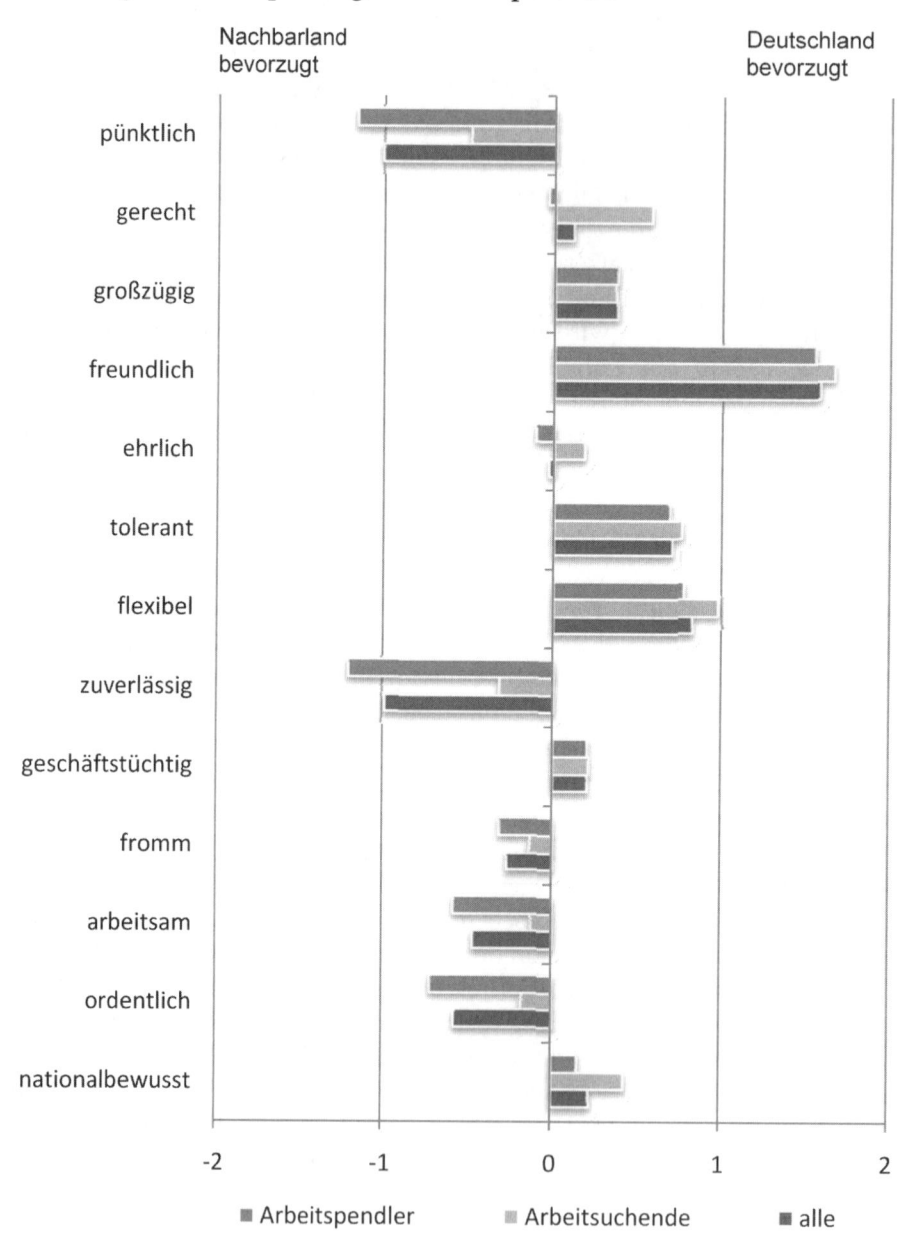

Nachbarland bevorzugt — Deutschland bevorzugt

- pünktlich
- gerecht
- großzügig
- freundlich
- ehrlich
- tolerant
- flexibel
- zuverlässig
- geschäftstüchtig
- fromm
- arbeitsam
- ordentlich
- nationalbewusst

■ Arbeitspendler ■ Arbeitsuchende ■ alle

Quelle: Eigene Online-Befragung.

Sowohl für die tatsächlichen als auch für die zukünftigen Arbeitspendler und die grenzübergreifend Arbeitsuchenden zeigt sich tendenziell eine bessere Passung mit dem Nachbarland als mit dem Heimatland (Abb. 7.12).[16] Bei sieben der dreizehn Eigenschaften fällt die mittlere Passung über alle Befragten zugunsten des Nachbarlandes aus. In fünf Fällen ist die Präferenz eher auf der deutschen Seite erfüllt, bei der Ehrlichkeit werden praktisch keine Unterschiede gemacht. Über alle Einstellungsfragen ergibt sich eine leicht positive Tendenz (Mittelwert = 0,057). Die Online-Befragung zeigt in der Tendenz ein erheblich größeres Vertrauen in die Konfliktlösungsregelungen des Nachbarlandes. Die Passung auf der Ebene von allgemeinen Normen ist zumindest beachtlich.

Die Ergebnisse zur Wertepassung und dem Vertrauen müssen mit Vorsicht beurteilt werden, weil angemessene Vergleichsmessungen fehlen. Allerdings zeichnen sich interessante Tendenzen ab. Die Passung mit dem Nachbarland im Vergleich zum Heimatland ist tendenziell besser. Dies gilt in schwacher Form für die allgemeinen Normen des Umgangs, es gilt noch deutlicher für die Konfliktregelung mit dem Arbeitgeber und den Kollegen am Arbeitsplatz. Dass knapp die Hälfte eine Verbesserung der Arbeitsbedingungen als Grund für die Arbeitssuche im Nachbarland angab, erhält durch dieses Ergebnis noch stärkeres Gewicht. Das Minimalkonsensmodell und in schwachem Maße auch das Wertekonsensmodell werden durch diese Ergebnisse zumindest in der Weise gestützt, dass die Personen mit einer Perspektive auf den grenzübergreifenden Arbeitsmarkt auch ihre Wertepräferenzen im betreffenden Nachbarland recht gut erfüllt sehen. Ob dies ein wesentlicher Grund dafür ist, dass Personen sich bei der Arbeitsplatzsuche auch jenseits der Staatsgrenze orientieren, lässt sich aber wegen einer fehlenden Vergleichsmessung bei allein national orientierten Personen nicht beurteilen.

7.4 Begegnungen und Freundschaften

Freundschaften und Begegnungen, die keinem bestimmten Zweck dienen, sind für die Integrationsfrage besonders interessant (vgl. Esser 1990: 185; Tenbruck 1964). In diesen Kontakten schlägt sich nicht allein das Ausnutzen selektiver Vorteile nieder, sondern es handelt sich um Interaktionsverdichtung, die um ihrer selbst Willen geschieht. Es sind gesellige Interaktionen in Reinform. Tönnies hatte daran den Charakter der Gemeinschaft festgemacht, den er von der Gesellschaft unterscheidet (Tönnies 1979; vgl. auch Banse 2004). Diese Vernetzung bleibt auch dann erhalten, wenn sich Nutzenvorteile verändern und Grenzüberschreitungen zum Bei-

---

16 Die Wertepassung wurde analog zum Vorgehen für die drei deutschen Grenzregionen berechnet (vgl. Kap. 5.4.3).

spiel aufgrund angeglichener Preisniveaus keine Vorteile mehr bieten. Es müsste also eine besonders stabile, vermutlich aber auch besonders voraussetzungsvolle Art von grenzübergreifenden Kontakten sein.

7.4.1 Einflüsse auf grenzübergreifende Freundschaften und vorliegende Befunde

Studien zu Freundschaften zwischen In- und Ausländern in Grenzregionen gibt es bislang nicht. Allein Riedel erfasst in seiner schon mehrfach erwähnten Untersuchung von Studierenden in Metz und Saarbrücken auch Besuche von Freunden und Bekannten im Nachbarland. Rund 40 % der deutschen und rund 45 % der französischen Studenten besuchen mindestens vierteljährlich Freunde im Nachbarland. Diese Besuche sind insbesondere bei den Franzosen seltener als grenzübergreifende Einkäufe oder sportliche Betätigungen (Riedel 1993: 157).

In der Forschung zur Integration von Migranten wurden verschiedentlich auch Freundschaftsnetzwerke untersucht (vgl. u.a. Esser 1990; Haug 2003). Freundschaften zwischen Einheimischen und Migranten werden interpretiert als ein Maß der sozialen Integration, gleichwohl ein Maß, das verschiedenen zusätzlichen Einflüssen unterliegt und daher schwer zu deuten ist (Haug 2003). Zur Erklärung werden die Argumente von Gelegenheiten und Homophilie herangezogen. Esser (1990) verweist zur Erklärung des Ausmaßes von interethnischen Freundschaften auf Sprachkenntnisse und Gelegenheiten in der Schullaufbahn. Reinders (2003: 10) kann zeigen, dass sich kulturelle Offenheit und Einstellung zu Ausländern unterscheiden zwischen deutschen Jugendlichen, die Ausländer als Freunde haben, und Jugendlichen, deren Freundeskreis rein deutsch ist.

Die generelle Literatur zur Wahl von Freunden, Ehepartnern oder Netzwerkpartnern diskutiert die beiden Einflüsse, die auch für den Kontakt zwischen Migranten und Einheimischen herangezogen werden: Gelegenheiten und Homophilie. Beide Argumente gehen klassisch auf Peter Blau (1977) zurück. In seinen Grundannahmen zur Erklärung von Netzwerkstrukturen schreibt er: „Social associations are more prevalent between persons in proximate than those in distant social positions" und weiter: „Social associations depend on opportunities for social contact" (Blau 1977: 281; ebenso Blau/Schwartz 1984: 27, 29; Laumann 1973: 5).

Die Homophilieannahme, nach der Ähnlichkeit bevorzugt wird, ist für soziale Netzwerke und Heiraten gut belegt (McPherson u.a. 2001; Jackson 1977; Kalmijn 1991; 1998; Klein 2001; Verbrugge 1977; Wirth/Lüttinger 1998; Wolf 1996). Lazarsfeld und Merton (1954) hatten eine Trennung von sozialstruktureller Statushomophilie und kultureller Wertehomophilie vorgeschlagen. In den empirischen, meist deskriptiven Studien dominiert die sozialstrukturelle Ähnlichkeit, vor allem die Bildungsähnlichkeit und ethnische Ähnlichkeit. Belege für kulturelle Ähnlichkeit von Ehepartnern oder in Freundschaftsnetzwerken finden sich seltener (Haan/ Uunk 2001; McPherson u.a. 2001: 428f.). Diese geht zurück auf eine entsprechende Selektion und nicht oder nur in geringem Maße auf gegenseitige Beeinflussung. Die empfundene Attraktivität von ähnlichen Werten und Einstellungen konnte experimentell nachgewiesen werden (Huston/Levinger 1978).[17]

Gelegenheiten sind eine entscheidende Voraussetzung für das Finden von Freunden (und auch Ehepartnern). Gleichzeitig sind die Gelegenheiten mit ein Grund der festgestellten Ähnlichkeit. „Perhaps the most basic source of homophily is space", schreiben McPherson und andere (2001: 429) und die klassischen Gemeindestudien haben sich bereits mit der räumlichen Vorstrukturierung sozialer Netzwerke beschäftigt (vgl. rückblickend und aktuell Campbell 1990). Dazu kommen aber eine Vielzahl anderer Gelegenheiten, insbesondere in organisatorischen Kontexten, wie Arbeit, Ausbildung und Freizeitorganisationen. Während Blau (1977) sich auf die Gelegenheitsstruktur der gesellschaftlichen Makroebene konzentrierte, stellt Feld (1981; 1982) die Bedeutung der organisatorischen Mesoebene heraus (vgl. auch Kim 2001).

Diese Annahmen zur Bildung persönlicher (Freundschafts-)Netzwerke passen sich unmittelbar ein in die generellen Annahmen zur sozialen Integration. Die Homophilieannahme entspricht der Vorstellung von Wertehomogenität als Bedingung von Interaktion. Das Wertekonsensmodell müsste entsprechend eine gute Erklärung bieten.

Die Gelegenheiten verweisen auf die Europäisierungsthese und das Systemintegrationsmodell. Je länger die Grenze zwischen den aneinander grenzenden Ländern offen ist und Begegnung gefördert wird, desto größer ist die Wahrscheinlichkeit von grenzübergreifenden Freundschaften. So müsste sich entsprechend der Europäisierungsthese die Dauer der gemeinsamen EU-Mitgliedschaft niederschlagen, auf der Individualebene aber auch die Dauer des Wohnens an der Grenze.

Zu kontrollieren sind die Gelegenheiten zum Schließen von Freundschaften durch berufliche Kontakte ins Nachbarland. Die geographische Gelegenheitsstruktur ist in der Untersuchungsanlage mit der Fokussierung auf Grenzregionen bereits berücksichtigt. Sprachkenntnisse sind vermutlich ein weiterer wichtiger Einfluss. Tabelle 7.14 fasst die Hypothesen zusammen.

---

17 Mit entscheidend für die unterstellte Wertehomogenität von Netzwerken ist aber auch eine selektive Wahrnehmung. Der Konsens mit Freunden wird tendenziell überschätzt. Kontroverse Themen werden gemieden und dann als konsensuell wahrgenommen (Hahn 1983; McPherson u.a. 2001: 429).

Tabelle 7.14: Hypothesen zu Freundschaften mit Menschen im Nachbarland

Variable	Richtung des Zusammenhangs
Europäisierungsthese	
Dauer gemeinsamer EU-Zugehörigkeit	+
Wohndauer an der Grenze	+
Systemintegrationsmodell	
keine Annahmen	
Minimalkonsensmodell	
Vertrauen	+
Wertekonsensmodell	
Werteähnlichkeit	+
Kontrollvariablen	
Berufliche Verpflichtungen im Nachbarland	+
Sprachkenntnisse	+

7.4.2 Freundschaften in Europas Grenzregionen

Zur Bestimmung von grenzübergreifenden Freundschaften in Europas Grenzregionen stehen direkt keine Daten zur Verfügung. Informationen sind allerdings in dem EB 64.3 zur Verwendung von Sprachen enthalten (vgl. auch Kap. 6.2.3). Dort wurde nicht nur nach der Kenntnis von Sprachen gefragt, sondern zusätzlich wurden die Gelegenheiten erhoben, bei denen die Sprache benutzt wird. Zumindest für alle, die sich nach eigenen Angaben in der Sprache des Nachbarlandes verständigen können, gibt es demnach Informationen darüber, ob sie mit Freunden die Sprache des Nachbarlandes sprechen oder nicht.

Aufgrund dieses Indikators bezieht sich die Analyse nur auf einen sehr spezifischen Ausschnitt der Bevölkerung. Nur für Menschen, die die Sprache des Nachbarlandes sprechen, können hier Aussagen gemacht werden. Wir betrachten also eine Personengruppe, für die bereits eine relativ hohe Affinität zum Nachbarland angenommen werden kann. Dazu ist ein wesentlicher Einflussfaktor konstant gesetzt: die Sprachkenntnis. Diese Selektivität der Analyse muss aber nicht nur ein Nachteil sein. Die Annahmen werden gewissermaßen einem besonders ‚harten' Test ausgesetzt, denn wenn sich die unterstellten Einflüsse sogar bei dieser spezifischen Bevölkerungsgruppe zeigen, hätten wir einen deutlichen Beleg für die Gültigkeit der Hypothesen.

Tabelle 7.15: Grenzübergreifende Freundschaft in Grenzregion – Binnenland

Grenzregion	Grenzübergreifende Freundschaften in Grenzregion (GR)	N in GR	Grenzübergreifende Freundschaften im Binnenland (BL)	N in BL	Korrelation einseitig	Differenz Grenzregion minus Rest des Landes
Tschechien – Deutschland	26,7	90	4,2	190	***	22,5
Deutschland – Belgien (franz.)	24,2	62	2,8	143	***	21,4
Tschechien – Österreich	23,8	84	6,1	196	***	17,7
Luxemburg – Deutschland	22,1	289	0,0	145	***	22,1
Slowenien – Österreich	21,7	240	1,1	280	***	20,6
Niederlande – Deutschland	17,1	281	0,6	341	***	16,5
Frankreich – Spanien	17,0	47	0,0	81	***	17,0
Dänemark – Deutschland	16,9	89	0,2	492	***	16,7
Portugal – Spanien	15,8	38	0,0	38	**	15,8
Schweden – Dänemark	14,0	43	0,0	28	*	14,0
Ungarn – Österreich	13,2	38	0,0	173	***	13,2
Spanien – Frankreich	13,2	53	0,0	74	***	13,2
Deutschland – Frankreich	10,5	38	9,0	167	-	1,5
Slowakei – Österreich	9,1	44	0,0	262	***	9,1
Dänemark – Schweden	9,1	44	1,3	76	*	7,8
Polen – Deutschland	5,9	34	0,7	145	*	5,2

*** p<0,001; ** p<0,01, * p<0,05, + p<0,1. Signifikanztests einseitig. Quelle: Eurobarometer 64.3.

Freundschaften über Staatsgrenzen hinweg sind in fast allen Grenzregionen signifikant häufiger als im Binnenland (Tab. 7.15). Allein an der deutsch-französischen Grenze ist der Unterschied zum Binnenland so klein, dass sich daraus kein signifikanter Unterschied ergibt. Grund dafür sind allerdings die häufigen Freundschaften zwischen Französisch-sprechenden Deutschen im Binnenland und Franzosen. Hier könnten der deutsch-französische Freundschaftsvertrag (vgl. Defrance 2005) und die in diesem Kontext initiierten Austauschprogramme ihre Spuren hinterlassen haben. Insgesamt sind grenzübergreifende Freundschaften eher die Ausnahme. In keiner Grenzregion hat mehr als ein Viertel derer, die die Sprache des Nachbarlandes sprechen, einen Freund auf der anderen Seite der Grenze, mit dem er die Sprache spricht. In mehr als der Hälfte der Grenzregionen sind es weniger als ein Sechstel, die bei Kontakten mit Freunden ihre Fremdsprache einsetzen.

Eine Erklärung der grenzübergreifenden Freundschaften (unter allen, die die Sprache des Nachbarlandes sprechen) gelingt nicht zufriedenstellend mit den wenigen verfügbaren Variablen (Tab. 7.16). Das McFadden r^2 zwischen .001 und .017 macht deutlich, dass der Großteil der Varianz unerklärt bleibt. Angesichts der Zufälligkeiten bei der Entstehung von Freundschaften ist diese schlechte Erklärungsleistung nicht sehr überraschend. Auch gehen hier nur sehr wenige Variablen überhaupt in die Untersuchung ein. Uns interessiert aber nicht primär eine gute Gesamterklärungsleistung, sondern es geht um die Einflüsse der theoretisch relevanten Variablen.

Wenn die Nachbarsprache im Beruf genutzt wird, nimmt die Wahrscheinlichkeit von Freundschaften mit Menschen aus dem Nachbarland deutlich zu.[1] Der Beruf ist also tatsächlich eine Gelegenheit, der die Chance nennenswert erhöht, Freunde im Nachbarland zu finden. Für die Dauer der gemeinsamen EU-Mitgliedschaft ergibt sich nur im Minimalkonsensmodell für die westdeutschen Grenzregionen ein kleiner Effekt in die erwartete Richtung.

Einen deutlichen Effekt hat die Werteähnlichkeit. Je ähnlicher sich die benachbarten Länder objektiv in den Werthaltungen sind, desto größer ist die Chance, dass grenzübergreifend Freundschaften entstehen. Die Werteähnlichkeit hat im Vergleich der berücksichtigten Variablen den stärksten Effekt, ist also bedeutsamer als die Berufstätigkeit im Nachbarland.

---

[1] In Tabelle 7.16 sind für die binär-logistische Regression die Wahrscheinlichkeitsverhältnisse (odds ratios) angegeben. Werte über 1 stehen also für einen positiven Zusammenhang, Werte kleiner als 1 für einen negativen Zusammenhang.

Tabelle 7.16: Erklärung von Freundschaften über Grenzen in Europa

	1. System-integration	2. Minimal-konsens	3. Werte-konsens	4. Gesamt-modell
Europäisierungsthese				
Dauer der	1.00	1.01	1.00	1.01+
EU-Binnengrenze	(0.73)	(1.69)*	(-0.03)	(1.34)
Systemintegrationsmodell				
keine Variablen				
Minimalkonsensmodell				
		0.99		1.00
Vertrauensdifferenz		(-0.79)		(-0.31)
Wertekonsensmodell				
Werteähnlichkeit			7.17*	4.79+
			(1.86)	(1.45)
Kontrollvariablen				
Berufliche Kontakte ins	1.58*	1.78	1.56*	1.75*
Nachbarland	(2.13)	(2.21)*	2.15)	(2.24)
McFadden r^2	.001	.014	.011	.017
N - Individualebene	1490	971	1483	971
N - Regionen	32	19	29	19

Binär-logistische Regression. Huber-Schätzer für die Standardfehler kursiv in Klammern. *** $p<0,001$; ** $p<0,01$, * $p<0,05$, + $p<0,1$. Signifikanztests einseitig, Signifikanzen in Klammern geben zweiseitig-signifikante Ergebnisse entgegen der erwarteten Richtung an. Quelle: EB 64.3.

Dieser Befund ist ausgesprochen bemerkenswert. Die Messung unterliegt hier erheblichen Unschärfen. Die Zuordnung der Befragten zu Grenzregionen ist nicht sehr präzise (vgl. Kap. 4.1) und hier werden nur Menschen betrachtet, die die Sprache des Nachbarlandes sprechen und entsprechend am Nachbarland interessiert sind (vgl. Kap. 6.2.3 und 6.3). Zudem bezieht sich die Werteähnlichkeit auf einen Vergleich der Gesamtbevölkerungen, die natürlich intern auch erheblich variieren. Schließlich werden durch die geringe Zahl an Regionen die Signifikanzen auf der Regionenebene unterschätzt. Es wäre demnach gut vorstellbar gewesen, dass die Werteähnlichkeit aufgrund dieser Unschärfen statistisch ohne Effekt bleibt, doch tatsächlich ist ein Effekt messbar. Die Wahrscheinlichkeit von grenzübergreifenden Freundschaften ist abhängig von der tatsächlichen Werteähnlichkeit der aneinander grenzenden Bevölkerungen.

7.4.3 Grenzübergreifende Freundschaften in drei deutschen Grenzregionen

Wenden wir uns nun den drei deutschen Grenzregionen zu. Ähnlich wie bei Aufträgen für Handwerker oder dem Gebrauchtwagenkauf (vgl. Kap. 7.1.3 und 7.2.2) wurde gefragt, ob für die Befragten Freundschaften mit Menschen aus dem Nachbarland vorstellbar sind, wobei neben den Antworten auf diese Frage (‚ja', ‚vielleicht' und ‚nein') auch die Angabe möglich war, dass der Befragte Menschen aus dem Nachbarland im Freundeskreis hat (Abb. 7.13).

Freundschaften mit Polen sind demnach deutlich seltener als Freundschaften mit Franzosen oder Österreichern. Während nur ein Viertel der Befragten in Frankfurt/O. angibt, Menschen aus dem Nachbarland zum Freundeskreis zu zählen, sind es in Saarbrücken und Passau über die Hälfte. Vorstellbar sind grenzübergreifende Freundschaften in allen Grenzregionen für eine deutliche Mehrheit, in Passau sogar für 99 %. Nur in Frankfurt/O. gibt eine nennenswerte, wenn auch sehr kleine Zahl von Befragten an, sich eine Freundschaft mit Polen nicht vorstellen zu können (5 %), immerhin 17 % können sich dies nur vielleicht vorstellen.

Abbildung 7.13: Vorstellbarkeit von grenzübergreifenden Freundschaften in drei deutschen Grenzregionen

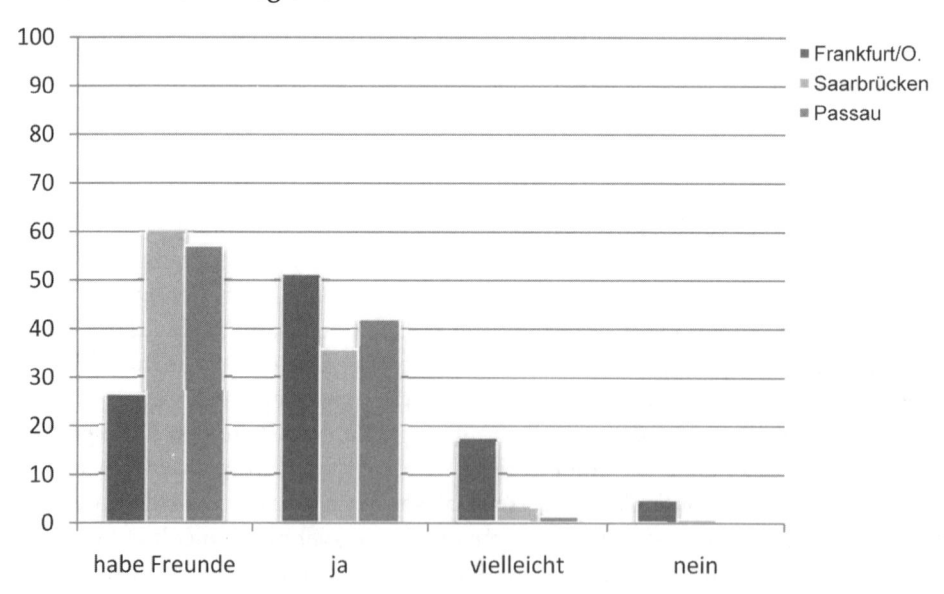

Abbildung 7.14: Besuch von Freunden in drei deutschen Grenzregionen

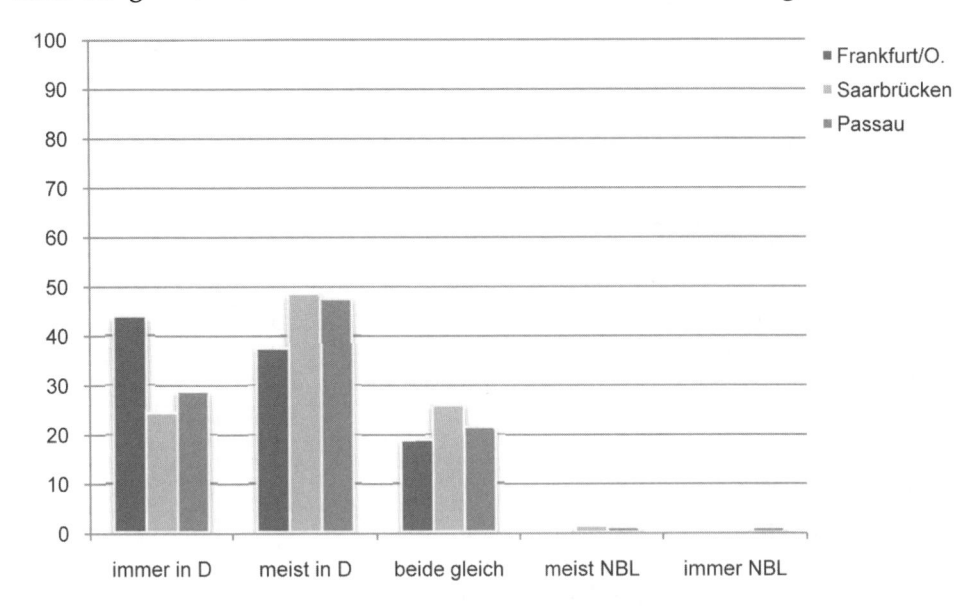

Quelle: Eigene Befragung.

Um einen Eindruck zu erhalten, wie wichtig die grenzübergreifenden Freundschaften sind, sollten die Befragten zudem angeben, auf welcher Seite der Grenze überwiegend Besuche bei Freuden stattfinden. Während das Vorhandensein von Freunden im Nachbarland auch abhängig ist von der Größe des Freundeskreises insgesamt und nicht nur von der grenzübergreifenden Orientierung, geht in die vergleichende Formulierung eine Schwerpunktsetzung ein. In der Abbildung 7.14 sind nur die Personen enthalten, die überhaupt Freunde aus dem Nachbarland haben. Es zeigt sich ein starkes Übergewicht der deutschen Seite, was kaum überraschen kann. Viele Besuche bei Freunden dürften auf die unmittelbare Umgebung entfallen, bei Nachbarn oder Arbeitskollegen. Im Vergleich der Grenzregionen wiederholt sich der obige Unterschied. In Passau und Saarbrücken geben 24 % bzw. 27 % an, im Nachbarland mindestens genauso häufig Freunde zu besuchen wie im Inland. In Frankfurt/O. sind es dagegen nur 19 %, die in beiden Ländern gleich häufig Freunde besuchen. Dieser Unterschied ist zwar nicht sehr groß, macht aber deutlich, dass Freundschaften mit den benachbarten Polen nicht nur seltener, sondern zudem weniger intensiv zu sein scheinen.

Tabelle 7.17: Grenzübergreifende Freundschaften in drei deutschen Grenzregionen

	1. System-integration	2. Minimal-konsens	3. Werte-konsens	5. Gesamt-modell
Europäisierungsthese				
Wohndauer an der Grenze	1.60* (2.00)	1.60* (1.99)	1.61* (2.09)	1.61* (2.10)
Systemintegrationsmodell				
keine Variablen				
Minimalkonsensmodell				
Vertrauen in Menschen aus dem NBL		1.22+ (1.39)		1.05 (0.21)
Wertekonsensmodell				
Passung bei grundlegenden Werten			1.15** (2.62)	1.14* (1.75)
Kontrollvariablen				
Berufliche Kontakte ins Nachbarland	3.84* (1.81)	3.83* (1.78)	3.43+ (1.55)	3.45+ (1.56)
Sprachkenntnis	1.40* (1.77)	1.39* (1.73)	1.38* (1.68)	1.38* (1.68)
McFadden r^2	.077	.078	.081	.081
N - Individualebene	380	380	380	380

Binär-logistische Regression. Standardisierte Koeffizienten. Huber-Schätzer für die Standardfehler zur Korrektur der Auswahl in drei Orten kursiv in Klammern. *** $p<0,001$; ** $p<0,01$, * $p<0,05$, + $p<0,1$. Signifikanztests einseitig, Signifikanzen in Klammern geben zweiseitig-signifikante Ergebnisse entgegen der erwarteten Richtung an. Quelle: Eigene Befragung.

Die Erklärung von grenzübergreifenden Freundschaften für alle drei Grenzregionen (Tab. 7.17) gelingt nicht sehr gut. Das McFadden r^2 liegt bei .08. Wiederum zeigt sich ein deutlicher Effekt von beruflicher Tätigkeit. Auch das Beherrschen der Nachbarsprache hat einen signifikanten Effekt. Die Europäisierungsthese bewährt sich in diesem Fall, denn eine längere Wohndauer in Grenznähe führt eher zu Freundschaften mit Menschen aus dem Nachbarland. Während diese Ergebnisse noch wenig überraschend sind, ist das Ergebnis zum Minimalkonsens- und Wertekonsensmodell schon bemerkenswerter. Das Vertrauen kann keinen nennenswerten Erklärungsbeitrag leisten und ist im Gesamtmodell insignifikant. Die Passung bei den grundlegenden Werten ist dagegen signifikant. Das heißt, die generelle Einschätzung der Wertepassung mit den Menschen im Nachbarland hat einen Einfluss auf die Wahrscheinlichkeit, grenzübergreifend Freundschaft zu schließen.

Tabelle 7.18: Vorstellbarkeit grenzübergreifender Freundschaften

	1. System-integration	2. Minimal-konsens	3. Wertekon-sens	4. Gesamt-modell
Europäisierungsthese				
Wohndauer an der Grenze	-.035 (-0.47)	-.037 (-0.58)	-.027	-.031 (-0.47)
Systemintegrationsmodell				
keine Variablen				
Minimalkonsensmodell				
Vertrauen in Menschen aus dem NBL		.274 (1.68)		.186+ (1.90)
Wertekonsensmodell				
Passung bei grundlegenden Werten			.271 (1.69)	.188 (1.39)
Kontrollvariablen				
Sprachkenntnis	.283* (3.02)	.221* (4.27)	.255* (3.35)	.221* (4.00)
r²	.086	.157	.159	.159
N	191	191	191	191

Lineare Regression. Standardisierte Koeffizienten. Huber-Schätzer für die Standardfehler zur Korrektur der Auswahl in drei Orten kursiv in Klammern. *** p<0,001; ** p<0,01, * p<0,05, + p<0,1. Signifikanztests einseitig, Signifikanzen in Klammern geben zweiseitig-signifikante Ergebnisse entgegen der erwarteten Richtung an. Quelle: Eigene Befragung.

Für die Befragten mit Freunden im Nachbarland wurde die Besuchshäufigkeit näher betrachtet (hier nicht tabellarisch abgebildet). Einflussreich sind dabei allein die beruflichen Kontakte ins Nachbarland. Weder das Vertrauen noch die Wertepassung hat einen zusätzlichen erklärenden Einfluss. Etwas anders sieht es aus bei der Vorstellbarkeit einer grenzübergreifenden Freundschaft unter jenen, die keine Freunde im Nachbarland haben (Tab. 7.18). Hier ist zunächst die Sprachkenntnis entscheidend, aber zusätzlich hat das Vertrauen in die Menschen des Nachbarlandes einen Effekt, der zumindest im Gesamtmodell schwach signifikant wird.[2] Vertrauen scheint so etwas wie eine Mindestbedingung zu sein, um Freundschaften überhaupt zu erwägen. Wie wir oben gesehen haben, muss aber für eine tatsächliche Freundschaft eine gute Wertepassung mit den Menschen des Nachbarlandes hinzu kommen.

---

2 Bei dem niedrigen Signifikanzniveau ist allerdings die nochmals reduzierte Fallzahl zu beachten.

7.5 Grenzübergreifende Interaktion – Zusammenfassung

Die Interaktionen der Menschen in den Grenzregionen sind dominant national orientiert. Einkäufe im Nachbarland sind eher die Ausnahme. Auch Dienstleistungen werden in erster Linie im Inland nachgefragt, und Arbeitskräfte orientieren sich dominant auf den heimischen Arbeitsmarkt. Dieser Befund überrascht zunächst kaum, denn es gibt eine Vielzahl von naheliegenden Gründen, warum das Inland bei den verschiedensten Aktivitäten bevorzugt wird. Mit Blick auf die europäische Integration und das Ziel eines Abbaus der europäischen Binnengrenzen bleibt der Befund gleichwohl interessant.

Welche Faktoren können die Neigung erklären, Interaktionen über die Grenze einzugehen? Durchweg haben die Mobilität der Menschen und ihre Kenntnis des Nachbarlandes einen Einfluss. Haben die Befragten ein Auto, sind jünger und kennen das Nachbarland gut, so ist die Wahrscheinlichkeit deutlich höher, dass sie Interaktionen über die Grenze eingehen.

Dazu muss sich der Weg über die Grenze lohnen. Einkäufe im Nachbarland werden vor allem getätigt, wenn die Preise günstig sind. Sowohl bei der europaweiten Betrachtung der Grenzregionen als auch bei der Untersuchung des Einkaufs unterschiedlicher Produkte in den drei deutschen Grenzregionen hat sich die Preisdifferenz zwischen den Ländern immer als einflussreich gezeigt. Gleiches gilt bei den Dienstleistungen. Auf dem Arbeitsmarkt sind Lohnunterschiede von großer Bedeutung für die Stärke der Arbeitspendlerströme. Persönliche Vorteile motivieren zum Weg über die Grenze. Doch nur beim Tanken im Nachbarland reichen Preisvorteile aus. Die übrigen Produkte und Dienstleistungen werden erst im Nachbarland häufiger genutzt, wenn Vertrauen hinzu kommt. Es ist Vertrauen in die Menschen des Nachbarlandes generell oder konkret in eine kulante oder gesetzeskonforme Regelung im Konfliktfall. Vertrauen in gerechte Gerichtsurteile hat dagegen keinen Einfluss. Der Weg vor ein Gericht im Ausland scheint mit zu großen Hürden verbunden zu sein, als dass diese Absicherung von Interaktionen noch relevant werden kann.

Handelt es sich nicht nur um eine zielgerichtete, sondern auch um eine gesellige Interaktion, weil die Interaktionspartner intensiver miteinander zu tun haben, so gewinnt auch die Werteähnlichkeit bzw. Wertepassung an Einfluss. Sichtbar wird dies bei Friseurbesuchen, deutlicher aber bei den Arbeitspendlern. Die Grenzpendlerströme sind umso stärker, je ähnlicher sich die Werthaltungen der aneinandergrenzenden Bevölkerungen sind.

Bei Freundschaften als einer Form der rein geselligen Interaktion sind persönliche Vorteile aus den Umständen nicht erkennbar, die Freundschaft selbst ist der Nutzen. Hier zeigt sich neben dem Einfluss der Sprachkenntnis und der Gelegenheit für Freundschaften, abgebildet durch eine berufliche Tätigkeit im Nachbarland, ein sehr deutlicher Effekt der Werteähnlichkeit bzw. Wertepassung. Je ähnlicher die Menschen im Nachbarland generell in Bezug auf ihre grundlegenden Werthaltungen sind, desto wahrscheinlicher sind Freundschaften über die Grenze.

8. Grenzübergreifende Identifikation

In der Forschung zu europäischer Integration genießt die etwaige Ausbildung einer europäischen Identität und die Identifikation der Menschen mit Europa erhebliches Forschungsinteresse (vgl. z.B. die Übersicht bei Bach 2001: 168f.). Hintergrund dabei sind vor allem Annahmen, dass eine solche Identifikation wichtig wäre für weitere Schritte der politischen Integration (vgl. Bruter 2006; Gerhards 2003b; Kohli 2002; Roose 2007; Vobruba 1999; Walkenhorst 1999). Hier interessieren aber nicht so sehr die Auswirkungen einer Identifikation für den politischen Einigungsprozess, sondern zunächst die Identifikation als solche, als Vergesellschaftungsaspekt. Entsprechend interessiert für die theoretische Einordnung nicht die Diskussionslage zu europäischer Identität generell, sondern nur die auf diesen Aspekt bezogene Literatur (Kap. 8.1). Es folgt die empirische Analyse für die europäischen (Kap. 8.2) und die drei deutschen Grenzregionen (Kap. 8.3), bevor die Ergebnisse kurz resümiert werden (Kap. 8.4).

8.1 Einflüsse auf transnationale Identifikation und vorliegende Befunde

Identifikation in Grenzräumen ist Gegenstand vielfältiger qualitativer Studien (Bucken-Knapp/Schack 2001: 131ff.; Hipfl/Strohmaier 2002; Meinhof 2002; 2003a; Müller/Petri 2002; O'Dowd 2001; Rösler 1999; Weigl 2008; Wilson/Donnan 1998a). Diese Studien betrachten durchweg nur eine Grenzregion und befassen sich umfangreich mit den spezifischen, vor allem historischen Hintergründen. Meist im Nachhinein werden einzelne Erklärungen angeführt. Meinhof (2003b: 789) weist auf die identitätsstrukturierende Wirkung des Wohlstandsgefälles am ehemaligen Eisernen Vorhang hin. Wilson und Donnan (1998b: 13) weisen auf die Prägekraft von politischen Programmen für die Identifikationen hin. Weigl (2008; auch Weigl/Zöhrer 2005) dokumentiert die Selbstdefinition von Menschen in bayerischen Grenzregionen zu Tschechien über Charaktermerkmale (wortkarg, zurückhaltend gegenüber Fremden), die von den Befragten als spezifisch für ihre jeweilige Region angesehen werden (obwohl die Beschreibung in der benachbarten Region nicht anders ausfällt). Die Schwierigkeit dieser Studien liegt – aus der Sicht der hier gewählten Herangehensweise – in dem induktiven Vorgehen mit Konzentration auf die jeweilige Spezifik der Grenzregion. Was aus interpretativer Sicht als

Stärke erscheint, erschwert die Interpretation aus Sicht einer theoretisch gesteuerten Kausalanalyse, die nach der Erklärung von Unterschieden sucht.

Einzelne Studien haben sich quantitativ mit Identifikation in Grenzregionen beschäftigt. So nimmt Schmidberger (1998: 35ff.; vgl. auch 1997) Karl Deutsch (1962) als Ausgangspunkt, der von einer Stärkung des Wir-Gefühls durch Transaktionen ausging. In seiner Untersuchung findet Schmidberger zwar eine überdurchschnittliche Identifikation mit Europa an der deutsch-französischen Grenze (Schmidberger 1998), allerdings gilt dies nach seinen Ergebnissen keineswegs grundsätzlich für alle Grenzregionen (Schmidberger 1997: 161). Schmidt und Kollegen gingen ebenfalls der Frage nach einer besonders starken Verbundenheit mit Europa an der deutsch-französischen Grenze nach und kommen zu folgendem Schluss:

> „Die prägenden kulturellen, geschichtlichen, ökonomischen und zwischenmenschlichen Erfahrungen einer Grenzregion haben – allen Theorien und konkreten Hoffnungen zum Trotz – demzufolge weder Einfluss auf das Europabewusstsein noch auf die Unterstützung konkreter Einigungsmaßnahmen und Integrationsschritte" (Schmidt u.a. 2003: 106).

Hinter diesen Untersuchungen steht ebenfalls die Annahme, dass die Grenzlage und die damit verbundenen intensiveren grenzüberschreitenden Kontakte oder auch die besonderen Vorteile der europäischen Integration für die Grenzregion zu einer überdurchschnittlichen Identifikation mit Europa führen. Damit argumentieren diese Studien allerdings recht pauschal und ohne detailliertere theoretische Begründungen. Hier soll den theoretischen Überlegungen etwas genauer nachgegangen werden, weil insbesondere die Social Identity Theory dafür gute Ansatzpunkte bietet.

Die Forschung zu Identität und Identifikation ist ein unübersichtliches Feld mit vielfältigen Begriffsverständnissen.[1] Unter Identifikation wird hier die Einbindung einer Gruppenmitgliedschaft in das eigene Selbstkonzept verstanden. Das bedeutet, dass der Gruppe bzw. dem Kollektiv zugerechnete Eigenschaften in das Konzept einer Person von sich selbst eingebunden werden. Die geäußerte Verbundenheit mit einer Region bildet diese Verknüpfung des Selbstkonzeptes mit einer Region gut ab (vgl. auch z. B. Mühler u.a. 2004). Dabei wird unterstellt, dass zumindest die Identifikation mit einem geographischen Raum für die Menschen wählbar ist. Die Identifikation mit einem Raum ergibt sich nicht automatisch durch die Geburt beispielsweise in Europa, sondern Menschen können sich mit Europa identifizieren oder eben auch nicht.[2] Dass kein Automatismus vorliegt, wird nicht

---

1 Vgl. dazu ausführlich Gerhards (2003) und Roose (2007).

2 Damit soll allerdings nicht unterstellt werden, dass es sich um eine bewusste und rein freiwillige Wahl handelt, sondern lediglich, dass es ein sozialer Prozess ist, der sich durch bestimmte soziale Faktoren erklären lässt.

8. Grenzübergreifende Identifikation

zuletzt durch die vielen Menschen belegt, die sich nicht mit Europa identifizieren oder sich mehreren geographischen Einheiten verbunden fühlen (Duchesne/Frognier 1995; Fuchs/Klingemann 2002; Mühler u.a. 2004; Westle 2003b; 2003a).

Von zwei grundsätzlichen Faktoren hängt es ab, ob ein Verbundenheitsgefühl mit einem geographischen Raum wahrscheinlich ist. Zum einen muss die Möglichkeit einer Identifikation bestehen. Der Raum muss als mögliches Identifikationsobjekt bekannt sein. Die Kenntnis eines Raumes müsste also die Wahrscheinlichkeit einer Identifikation erhöhen. Zum anderen wird in der Tradition der Social Identity Theory ein Interesse an einem positiven Selbstbild unterstellt (Tajfel 1978; Tajfel u.a. 1971; Tajfel/Turner 1979; Cinnirella 1996). Demnach steigt die Wahrscheinlichkeit eines positiven Bezugs auf ein Kollektiv, wenn dieses Kollektiv attraktiv ist bzw. als attraktiv angesehen wird. Umgekehrt wird eine Identifikation unwahrscheinlich, wenn die Eigenschaften des Kollektivs als unattraktiv gelten.

Da Identifikationsprozesse langfristig sind und auf Konstanz angelegt, müsste die Dauer, seit der es sich um eine EU-Binnengrenze handelt, relevant sein.[3] Die Europäisierungsthese kann also auch für die Identifikation unterstellt werden.

Die Attraktivität einer Region kann von unterschiedlichen Dingen abhängen. Zwei Faktoren dürften aber gute Annäherungen sein. Zunächst spielen ökonomische Faktoren für Attraktivität durchweg eine große Rolle. Wohlstand und wirtschaftlicher Erfolg machen attraktiv (vgl. auch Delhey 2004b).[4] Wenn die Region jenseits der Grenze wirtschaftlich schwächer ist, wird die Identifikation mit der Region auf der eigenen Seite der Grenze dominieren, ist die benachbarte Region dagegen wirtschaftlich stark, ist eine grenzübergreifende Identifikation wahrscheinlich. Zum anderen hängt die Attraktivität der Region von der Einschätzung der Personen ab, die dort leben. Damit werden noch einmal die Argumente relevant, die bereits für die Wahrscheinlichkeit von Freundschaften angeführt wurden (Kap. 7.4.1). Die Werteähnlichkeit, vielleicht noch deutlicher die Wertepassung, müssten eine Identifikation wahrscheinlicher machen. Dem Wertekonsensmodell steht das Minimalkonsensmodell gegenüber, das gegenseitiges Vertrauen bereits als ausreichend ansieht (vgl. Kap. 3.1.2).

Eng verbunden mit dem Argument der Attraktivität ist ein Nutzenargument. Dabei ist ein Rückgriff auf die Theorie zum geplanten Verhalten von Ajzen und

---

3 Ähnlich argumentieren Mühler und Opp mit ihrer Sozialisationshypothese, nach der eine regionale Identifikation wahrscheinlicher wird, je länger man in der Region lebt (Mühler u.a. 2004: 63ff.).

4 Serino (1998) konnte dies für Nord- und Süditaliener feststellen. Während Italiener aus dem reicheren Norden die Norditaliener als abgegrenzte Gruppe sahen und sich dieser Gruppe zurechnen, fassten die Süditaliener Italien zusammen und rechneten sich den Italienern insgesamt zu (Serino 1998: 39).

Fishbein (1980; Ajzen 1991) hilfreich. Sie wollen das Handeln von Menschen erklären aus ihren Einstellungen. Dazu stellen sie zunächst fest, dass Handeln zurückgeht auf Handlungsintentionen. Diese wiederum sind ein Resultat von Einstellungen zu spezifischen Handlungen, aus denen dann eine, nämlich die optimale, ausgewählt wird.

> „Generally speaking, a person who believes that performing a given behavior will lead to mostly positive outcomes will hold a favorable attitude toward performing the behavior, while a person who believes that performing the behavior will lead to mostly negative outcomes will hold an unfavorable attitude" (Ajzen/Fishbein 1980: 7).

Ajzen und Fishbein betonen ihren Fokus auf Einstellungen zu Handlungen, nicht zu Objekten, Personen und Institutionen (1980: 8). Gleichwohl liegt es nahe, die Einstellungen zu Handlungen bezüglich eines Objektes zusammenzuziehen zur Einstellung gegenüber einem Objekt. Mühler und Opp interpretieren die Theorie von Ajzen und Fishbein in dieser Weise (2004: 26). Daraus würde resultieren, dass die Einstellung zu einem Objekt umso positiver wird, je größer der Nutzen ist, der aus diesem Objekt gezogen wird. Die grenzübergreifende Identifikation müsste umso wahrscheinlicher werden, je nützlicher die andere Seite der Grenze ist.[5]

Die Kontakthypthese nach Alport (1954; vgl. zusammenfassend Jonas 1998; Pettigrew 1998) argumentiert, dass sich Einstellungen zu anderen Menschen durch intensiveren Kontakt verbessern und Vorurteile abgebaut werden. Dies gilt allerdings nur unter begünstigenden Bedingungen. Bei gleichem Status der Beteiligten, im Widerspruch zu Vorurteilen stehenden Erfahrungen im Umgang, Kooperation, engem persönlichen Kontakt, Freiwilligkeit der Begegnung und sozialen Normen, die ein positives Verhältnis unterstützen, führt Kontakt zu positiveren Einstellungen gegenüber der Fremdgruppe.

Im vorhergehenden Kapitel hatten wir Interaktionen betrachtet. Die Kontexte und Situationen der Kontakte in den Grenzregionen sind im Detail nicht bekannt. Allerdings lassen sich für die im Interaktionskapitel betrachteten Interaktionen durchweg tendenziell begünstigende Bedingungen unterstellen. Die Einkäufe sind zumindest in beiderseitigem Nutzen, die Freiwilligkeit ist durchweg gegeben. Engen persönlichen Kontakt gibt es zumindest bei den geselligen Interaktionen wie Arbeitsstellen und Freundschaften. Inwieweit die konkreten Erfahrungen dagegen Vorurteilen widersprechen, ob die Personen sich einen ähnlichen Status zuweisen und welche Normen in Hinblick auf Einstellungen zu den Nachbarn jenseits der Grenze herrschen, lässt sich leider nicht klären. Dennoch wäre zu vermuten, dass die hier betrachteten Interaktionen die Einstellungen gegenüber den Menschen des

---

5 In Bezug auf regionale Identifikation argumentierten so Mühler und Opp (2004: 75ff.).

Nachbarlandes tendenziell verbessern und daher eine grenzübergreifende Identifikation wahrscheinlicher machen müssten.[6]

Demnach würden sowohl die Wahrnehmung als auch die Interaktion eine Identifikation wahrscheinlicher machen. Beide Aspekte werden zusammengezogen in einem nun zusätzlich betrachteten Integrationsmodell, das einen Einfluss der beiden Integrationsaspekte Wahrnehmung und Interaktion auf Identifikation unterstellt (vgl. Kap. 3.1.4).

Tabelle 8.1: Hypothesen zur Erklärung von transnationaler Identifikation

Variable	Richtung des Zusammenhangs
Europäisierungsthese	
Dauer der gemeinsamen EU-Mitgliedschaft (= EU-Binnengrenze)	+
Wohndauer an der Grenze	+
Systemintegrationsmodell	
Wohlstandsniveauunterschied	+
Nutzenvorteil in Nachbarland (NBL)	+
Minimalkonsensmodell	
Vertrauen	+
Wertekonsensmodell	
Werteähnlichkeit	+
Integration	
Kenntnis der Grenzregion	+
Einkäufe und Nutzung von Dienstleistungen	+
Arbeitsplatz im Nachbarland	+
Freundschaft mit Menschen aus dem Nachbarland	+
Kontrollvariablen	
Alter	?
Bildung	+
Geschlecht: weiblich	−

Aus den theoretischen Überlegungen ergeben sich eine Reihe von Hypothesen, die hier kurz zusammengefasst sind (Tab. 8.1). Neben den genannten Annahmen sind

---

6 Die Begegnungsprogramme im Kontext des INTERREG-Programms (vgl. Kap. 3.3.2) weisen darauf hin, dass die EU selbst eine Anhängerin der (naiven) Kontakthypothese ist.

die bekannten soziodemographischen Einflüsse auf transnationale Identifikation zu kontrollieren. Dabei gilt insbesondere, dass Menschen mit höherer Bildung und Männer sich stärker mit der EU identifizieren (Noll/Scheuer 2006; Schmidt/Tenscher 2003; Tenscher/Schmidt 2003). Der Effekt des Alters ist unterschiedlich. Einerseits zeigen zum Beispiel die beiden genannten Studien eine abnehmende Identifikation mit der EU bei höherem Alter, Mühler und Opp haben aber den gegenteiligen Befund (2004: 133). Daher bleibt die Annahme zum Einfluss des Alters ungerichtet.

Eine grenzübergreifende Identifikation in Grenzregionen ist auf zwei Weisen möglich. Zum einen kann sie sich ausdrücken als eine Identifikation mit Europa. Es gibt aber noch eine zweite Möglichkeit. Anstelle des Bezugs auf den ganzen Kontinent wäre eine Identifikation auf eine Region möglich, die beide Seiten der Grenze zusammenfasst. In diesem Fall wäre die transnationale Identifikation regional, also auf eine kleinere Einheit als den Nationalstaat bezogen, allerdings dennoch grenzübergreifend.

8.2 Europäische Identifikation in europäischen Grenzregionen

Die Frage nach einer europäischen Identität gehört bereits seit geraumer Zeit zum regelmäßigen Fragenprogramm des EB. Dabei wurden eine ganze Reihe unterschiedlicher Frageformulierungen verwendet (Duchesne/Frognier 1995; Westle 2003b), die jeweils etwas unterschiedliche Aspekte betonen. Eine über lange Zeit verwendete Version stellt die nationale und europäische Identifikation in Konkurrenz zueinander, erlaubt aber auch Kombinationen, wobei mit der Reihenfolge eine Hierarchie unterstellt wird. Hier wird auf eine etwas andere Formulierung zurückgegriffen, nämlich die Frage nach der Verbundenheit mit unterschiedlichen geographischen Einheiten (ebenso Mühler u.a. 2004). Diese Verbundenheit wird vierstufig (von „sehr verbunden" bis „überhaupt nicht verbunden") getrennt für Europa, die Nation, die eigene Region und das eigene Dorf/die eigene Stadt abgefragt. Damit steht eine europäische Identifikation nicht in Konkurrenz zu einer anderen Identifikation, was den theoretischen Überlegungen als auch der Fragestellung entspricht.

8. Grenzübergreifende Identifikation

Tabelle 8.2: Identifikation mit Europa in Europas Grenzregionen

Grenzregion	Verbundenheit mit EU Grenzregion	N in GR	Verbundenheit mit EU Binnenland	N in BL	Korrelation einseitig	Grenzregion – Rest des Landes
Frankreich – Deutschland	82,8	29	67,4	533	-	15,4
Belgien – Luxemburg	91,3	23	76,2	214	-	15,1
Deutschland – Luxemburg	82,5	63	69,0	155	*	13,5
Slowenien – Ungarn	90,3	62	77,4	425	*	12,9
Lettland – Estland	62,1	124	52,5	840	+	9,6
Polen – Litauen	92,9	28	86,9	421	-	6,0
Deutschland – Niederlande	74,6	390	69,0	155	-	5,6
Deutschland – Tschechien	77,0	148	72,0	211	-	5,0
Niederlande – Belgien	62,9	170	58,3	504	-	4,6
Niederlande – Deutschland	62,7	324	58,3	504	-	4,4
Deutschland – Dänemark	72,9	48	69,0	155	-	3,9
Finnland – Schweden	75,9	29	72,2	891	-	3,7
Spanien – Frankreich	72,1	265	68,6	433	-	3,5
Frankreich – Italien	70,3	175	67,4	533	-	2,9
Tschechien – Polen	82,9	152	80,3	492	-	2,6
Österreich – Ungarn	69,7	33	67,9	542	-	1,8
Ungarn – Österreich	93,8	112	92,1	420	-	1,7

Grenzregion	Verbundenheit mit EU Grenzregion	N in GR	Verbundenheit mit EU Binnenland	N in BL	Korrelation einseitig	Grenzregion – Rest des Landes
Belgien – Frankreich	77,9	267	76,2	214	-	1,7
Polen – Tschechien	88,2	228	86,9	421	-	1,3
Italien – Frankreich	77,5	111	76,2	685	-	1,3
Schweden – Dänemark	79,6	142	78,7	647	-	0,9
Slowenien – Österreich	78,1	283	77,4	425	-	0,7
Deutschland – Polen	72,1	147	72,0	211	-	0,1
Spanien – Portugal	68,1	307	68,6	433	-	-0,5
Österreich – Deutschland	67,4	298	67,9	542	-	-0,5
Luxemburg – Frankreich	83,2	190	84,5	168	-	-1,3
Irland – Großbritannien	73,2	183	74,5	781	-	-1,3
Luxemburg – Belgien	83,1	77	84,5	168	-	-1,4
Frankreich – Luxemburg	65,9	41	67,4	533	-	-1,5
Dänemark – Schweden	73,9	303	75,6	614	-	-1,7
Tschechien – Österreich	78,6	168	80,3	492	-	-1,7
Ungarn – Slowakei	90,3	227	92,1	420	-	-1,8
Belgien – Deutschland	74,0	96	76,2	214	-	-2,2
Frankreich – Spanien	65,2	138	67,4	533	-	-2,2
Polen – Slowakei	83,3	132	86,9	421	-	-3,6
Österreich – Italien	64,2	67	67,9	542	-	-3,7

8. Grenzübergreifende Identifikation

Grenzregion	Verbundenheit mit EU Grenzregion	N in GR	Verbundenheit mit EU Binnenland	N in BL	Korrelation einseitig	Grenzregion – Rest des Landes
Deutschland – Frankreich	65,0	183	69,0	155	-	-4,0
Tschechien – Deutschland	75,2	222	80,3	492	-	-5,1
Schweden – Finnland	73,6	53	78,7	647	-	-5,1
Frankreich – Belgien	61,9	63	67,4	533	-	-5,5
Slowakei – Österreich	63,8	141	69,7	1089	-	-5,9
Slowenien – Italien	71,3	108	77,4	425	-	-6,1
Belgien – Niederlande	69,4	366	76,2	214	+	-6,8
Polen – Deutschland	79,7	69	86,9	421	-	-7,2
Italien – Österreich	69,0	42	76,2	685	-	-7,2
Portugal – Spanien	56,7	675	64,1	315	*	-7,4
Großbritannien – Irland	44,4	54	51,8	1222	-	-7,4
Litauen – Polen	40,0	100	48,0	540	-	-8,0
Dänemark – Deutschland	67,4	95	75,6	614	+	-8,2
Litauen – Lettland	39,8	83	48,0	540	-	-8,2
Luxemburg – Deutschland	74,6	59	84,5	168	-	-9,9
Estland – Lettland	29,5	139	43,2	713	**	-13,7
Deutschland – Österreich	53,7	190	69,0	155	**	-15,3

Antwortoptionen ‚very attached' und ‚fairly attached' addiert. *** p<0,001; ** p<0,01, * p<0,05, + p<0,1. Signifikanztests einseitig. GR-Grenzregion, BL - Binnenland. Quelle: EB 62.0.

In Tabelle 8.2 ist abgebildet, wie viele Bürger sich jeweils mit Europa (sehr oder ziemlich) verbunden fühlen. Durchweg gibt eine Mehrheit an, sich mit Europa zu identifizieren, die Werte gehen hoch bis über 90 %. Ein Unterschied zwischen Grenzregion und Binnenland ist allerdings die Ausnahme. Dabei wurde aufgrund der Hypothesen, die auf ein überdurchschnittliches wie ein unterdurchschnittliches Niveau hinweisen können, die Signifikanz zweiseitig getestet. Die empirisch gefundene Richtung der Differenz zwischen Grenzregion und Binnenland ist nicht immer unmittelbar einleuchtend. Dass die Deutschen an der Grenze zu Luxemburg aufgrund des sehr günstigen Arbeitsmarktes im Nachbarland besonders von der europäischen Einigung profitieren, entspricht der Nutzenhypothese. Warum dann aber die Menschen an der deutschen Grenze zu Österreich sich so deutlich unterdurchschnittlich mit Europa verbunden fühlen, ist unklar. Insgesamt halten sich Grenzregionen mit überdurchschnittlicher und Regionen mit unterdurchschnittlicher europäischer Identifikation in etwa die Waage. Regionen, in denen sich beiderseits der Grenze die Menschen überdurchschnittlich häufig mit Europa verbunden fühlen, sind die Ausnahme. Allein an der deutsch-niederländischen Grenze liegen die Werte jeweils nennenswert höher als im Binnenland (5,6 bzw. 4,4 Prozentpunkte), wobei diese Differenzen nicht signifikant sind.

Die Identifikation mit Europa variiert in den Mitgliedsländern der EU erheblich. Wir interessieren uns hier aber nicht für die vielfältigen nationalen Einflussfaktoren, sondern für den Einfluss der Grenzkonstellation. Daher wird neben den erklärenden Variablen die durchschnittliche EU-Identifikation im jeweiligen Land in die logistische Regression mit aufgenommen, um so für das unterschiedliche Niveau der Identifikation zu kontrollieren.

Die binär-logistischen Regressionsmodelle (Tab. 8.3) erklären die Wahrscheinlichkeit, dass sich eine Person mit Europa ziemlich oder sehr verbunden fühlt.[1] Bei der Betrachtung der Modelle müssen wir nicht nur, wie in den vorherigen Analysen bereits, die sich verändernde Grundgesamtheit beachten, sondern zusätzlich wissen wir aus vorhergehenden Analysen, dass die erklärenden Variablen nicht unabhängig voneinander sind. Daher war eine Reihe von Kontrollanalysen notwendig, auf die im Folgenden jeweils nach Bedarf eingegangen wird.

In allen Modellen zeigt sich ein deutlicher Effekt des Niveaus an europäischer Identifikation im Land. Auch die Bildungs- und Geschlechtereffekte sind nachzuweisen. Das Alter hat einen positiven Effekt, das heißt die älteren Menschen identifizieren sich unter Kontrolle der übrigen Variablen stärker mit Europa. Die Europäisierungsthese bewährt sich dagegen nicht. Längere gemeinsame EU-Mitglied-

---

[1] Angegeben sind wiederum die Wahrscheinlichkeitsverhältnisse (odds ratios), bei denen Werte über 1 einen positiven und Werte unter 1 einen negativen Zusammenhang anzeigen.

schaft der aneinandergrenzenden Regionen führt nicht zu einer stärkeren Identifikation mit Europa.

Das Systemintegrationsmodell wurde hier gefasst mit dem Unterschied des Wohlstandsniveaus, was abgebildet wird durch die prozentuale Differenz des Bruttoinlandsprodukts (BIP). Über alle Modelle zeigt sich der erwartete Effekt. Wenn die Nachbarregion wirtschaftlich stärker ist als die eigene, nimmt die Wahrscheinlichkeit einer europäischen Identifikation zu. Der Effekt des Vertrauens ist überraschend. Nach dem Minimalkonsensmodell müsste die Identifikation bei höherem Vertrauen in die Menschen des Nachbarlandes zunehmen, wir sehen aber einen negativen Effekt. Grund dafür ist aber der Zusammenhang von Wirtschaftsstärke der Nachbarregion und Vertrauen. Bleibt die Wirtschaftsstärke unberücksichtigt, verschwindet der negative Effekt des Vertrauens, und es zeigt sich kein Zusammenhang. Damit bewährt sich das Minimalkonsensmodell für die europäische Identifikation nicht, den kontraintuitiven negativen Effekt gibt es aber auch nicht. Genauso wenig bewährt sich der unterstellte Einfluss der Werteähnlichkeit. Weder beim Wertekonsensmodell noch im Gesamtmodell hat die Werteähnlichkeit einen Einfluss (Modell 3 und 4).

Zusätzlich wurde in einem Integrationsmodell die Interaktion aufgenommen. Sowohl die Nutzenüberlegung als auch die Kontakthypothese lassen einen Einfluss der Interaktionshäufigkeit auf die Identifikation erwarten. Zur Messung der Häufigkeit von grenzübergreifender Interaktion stehen hier nur zwei Variablen auf der Makroebene zur Verfügung. Zum einen der Anteil derer, die mindestens einmal in den vergangenen zwölf Monaten im Nachbarland eingekauft haben (vgl. Kap. 7.1.2), und die Zahl der Arbeitspendler (Kap. 7.3.2). Von beiden Indikatoren wissen wir allerdings, dass sie mit dem Wohlstandsniveau des Nachbarlandes[2] und der Werteähnlichkeit zusammenhängen.

---

2   Bei den Einkäufen gibt es einen Zusammenhang mit dem Preisniveau, bei den Arbeitspendlern mit dem Lohnniveau. Beides hängt jeweils eng mit der Wirtschaftskraft eines Landes zusammen (vgl. Kap. 5.3).

Tabelle 8.3: Identifikation mit Europa in europäischen Grenzregionen

	1. System-integration	2. Minimal-konsens	3. Werte-konsens	4. Gesamt-modell	5. Integrations-modell 1	6. Integrations-modell 2
Europäisierungsthese						
Dauer der EU-Binnengrenze	1.00 (0.90)	1.00 (0.92)	1.00 (0.56)	1.00 (0.99)	1.00 (0.30)	1.01+ (1.31)
Systemintegrationsmodell						
Wohlstandsniveauunterschied (BIP-Differenz)	1.13 + (1.47)	1.31* (2.02)	1.14+ (1.53)	1.35* (2.22)	1.47 ** (2.72)	1.46*** (3.09)
Minimalkonsensmodell						
Vertrauensdifferenz		0.99(+) (-1.89)		0.99(+) (-1.82)	1.00 (-0.11)	0.97 (0.64)
Wertekonsensmodell						
Index der Werteähnlichkeit			0.68 (-0.95)	0.49 (-1.50)	0.27 (**) (-2.92)	0.52 (-1.31)
Integrationsmodell						
Einkauf im Nachbarland (%)					1.02 *** (4.13)	
Pendler						0.97 (-0.82)

Fortsetzung nächste Seite

Forsetzung Tabelle 8.3

Kontrollvariablen

Identifikation EU – Landesniveau	1.06 *** (10.15)	1.05*** (8.05)	1.05*** (9.00)	1.05*** (8.42)	1.05 *** (7.98)	1.05*** (8.39)
Bildung (Ref.: niedrig)						
hohe Bildung	1.77 *** (5.16)	1.89*** (4.51)	1.69*** (5.17)	1.86*** (4.61)	1.84 *** (4.63)	1.91*** (4.64)
mittlere Bildung	1.32 ** (2.99)	1.38*** (3.66)	1.29** (2.62)	1.38*** (3.63)	1.36 *** (3.47)	1.37*** (4.64)
Alter in Jahren	1.00 * (2.35)	1.00+ (1.91)	1.00* (2.13)	1.00* (1.98)	1.00 * (2.00)	1.00* (2.03)
Geschlecht weiblich	0.90 * (-1.71)	0.92 (-1.20)	0.90+ (-1.55)	0.92 (-1.16)	0.93 (-0.94)	0.92 (-1.16)
McFadden r^2	.040	.024	.032	.025	.029	.027
N - Individualebene	8467	6052	7790	6052	6052	5508
N - Regionen	53	36	47	36	36	33

Binär-logistische Regression. Huber-Schätzer für die Standardfehler kursiv in Klammern. *** p<0,001; ** p<0,01; * p<0,05, + p<0,1. Signifikanztests einseitig. Signifikanzen in Klammern geben zweiseitig-signifikante Ergebnisse entgegen der erwarteten Richtung an. Quelle: Eurobarometer 62.0.

Der Anteil von grenzübergreifend Einkaufenden hat den erwarteten positiven Effekt auf die Identifikation. Dieser Effekt hält auch den notwendigen Kontrollen angesichts der Multikollinearitätsproblematik stand.[1] Für Arbeitspendler zeigt sich dagegen kein Zusammenhang. Auch dieses Ergebnis bleibt stabil bei verschiedenen Kontrollrechnungen. Für grenzübergreifende Freundschaften ist die Datenlage sehr schwierig (vgl. Kap. 7.4.2). Nur für 15 Grenzregionen gibt es ausreichend Fälle, um eine Aussage zu treffen. Grundlage sind dabei aber nur jene, die die Sprache des Nachbarlands sprechen und nur für neun der 15 Grenzregionen liegt die Vertrauensmessung vor. Unter diesen Restriktionen ist das Ergebnis, dass die auf Makroebene gemessenen Freundschaften keinen Effekt haben auf die Identifikation mit Europa, wenig verlässlich (nicht in der Tabelle wiedergegeben).

Die Gesamterklärungsleistung über alle Modelle ist recht gering. Es gelingt nicht gut, die Abweichung der Identifikation mit der EU in den Grenzregionen im Unterschied zum Binnenland aufzuklären. Aufschlussreich für die theoretisch angeleiteten Fragen sind aber sowohl die Einflüsse des Wohlstandsniveaus und der Interaktion (zumindest bei Einkäufen) als auch der fehlende Zusammenhang mit dem Vertrauen und der Werteähnlichkeit.

8.3 Transnationale Identifikation in drei deutschen Grenzregionen

In der Untersuchung der drei deutschen Grenzregionen wurde die transnationale Identifikation auf zwei Weisen gemessen. Die gefühlte Verbundenheit mit Europa ist identisch wie im EB operationalisiert. Zusätzlich sollten die Befragten angeben, ob sie sich mit der Region jenseits der Grenze verbunden fühlen, um eine regionale grenzübergreifende Identifikation zu erfassen. Ergänzend wurde nach der Identifikation mit der eigenen Stadt, mit der Region auf der deutschen Seite der Grenze und mit Deutschland gefragt.

Über alle drei Grenzregionen fühlen sich mit Europa immerhin 71 % ziemlich oder sehr verbunden, 23 % haben die Kategorie der stärksten Verbundenheit gewählt. Die Unterschiede zwischen den drei Grenzregionen sind nicht sehr groß (Abb. 8.1). In Saarbrücken fühlen sich die meisten Menschen mit Europa sehr oder ziemlich verbunden. Die Kategorie der stärksten Verbundenheit wurde am häufigsten in Passau gewählt, während in Frankfurt/O. die Menschen sich im Vergleich am wenigsten mit Europa verbunden fühlen. Doch auch an der Grenze zu

---

1 Dieser Effekt zeigt sich auch, wenn der Anteil an Einkäufern im Nachbarland beim Wertekonsensmodell oder Systemintegrationsmodell mit den jeweils größeren Fallzahlen (bei Individuen und Regionen) ins Modell aufgenommen wird.

Polen gibt eine deutliche Mehrheit an, sich mit Europa mindestens ziemlich verbunden zu fühlen.

Abbildung 8.1: Verbundenheit mit Europa in drei deutschen Grenzregionen

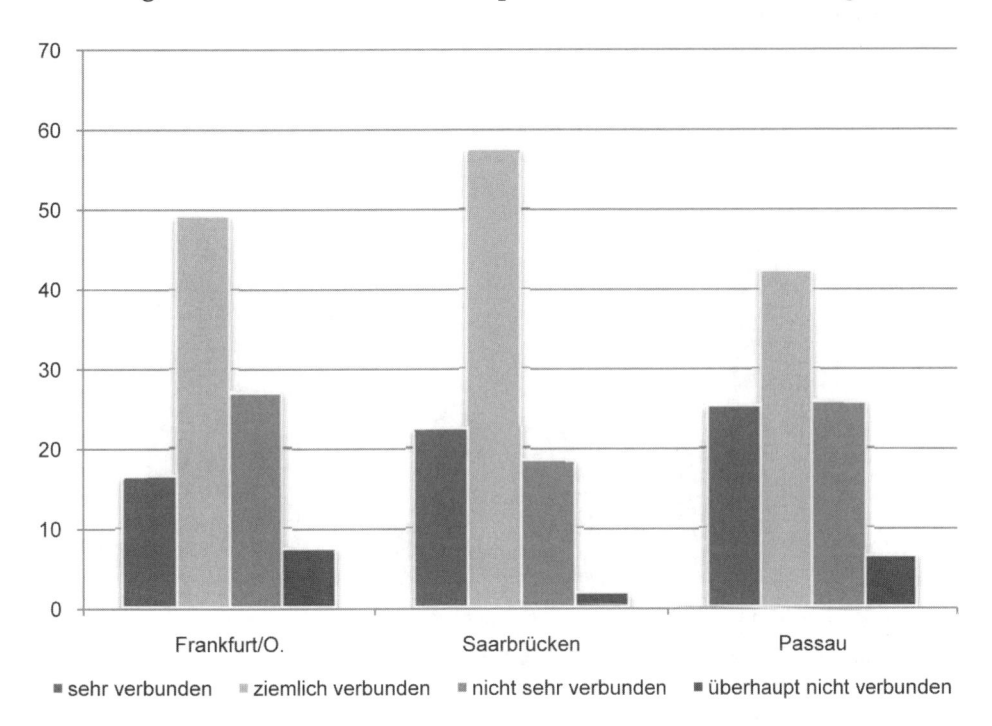

Quelle: Eigene Befragung.

Wie sieht es nun aber mit den Regionen auf beiden Seiten der Grenze aus? Der Region auf der deutschen Seite der Grenze fühlen sich die Menschen ähnlich stark verbunden wie der Stadt oder dem Nationalstaat. 82 % geben an, sie fühlen sich der Grenzregion auf der deutschen Seite sehr oder ziemlich verbunden. 37 % geben an, sich mit der Grenzregion sehr verbunden zu fühlen. Das sind mehr als bei der entsprechenden Angabe in Bezug auf Deutschland. Deutlich anders ist es, wenn wir die Verbundenheit mit der Grenzregion jenseits der Grenze betrachten. Auch hier geht es um eine geographische Einheit in unmittelbarer Umgebung, die Verbundenheit ist aber deutlich niedriger. Nur 16 % fühlen sich der Region auf der anderen Seite der Grenze sehr verbunden. Damit ist die Identifikation geringer als mit Europa. Mit 55 % gibt zwar eine Mehrheit an, sich sehr oder ziemlich mit der

Region im Nachbarland verbunden zu fühlen, der Wert ist aber deutlich geringer als bei allen anderen abgefragten Räumen.

Abbildung 8.2: Identifikation mit der Grenzregion im Nachbarland in drei deutschen Grenzregionen

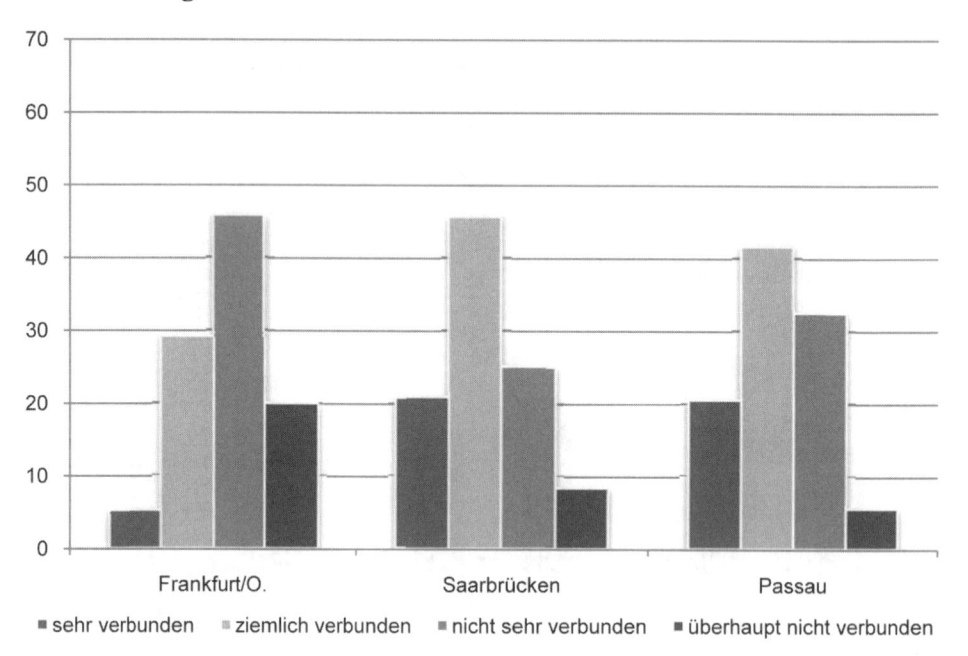

Quelle: Eigene Befragung.

Im Vergleich der drei Grenzregionen ergeben sich in Hinblick auf die Stadt, Deutschland und Europa in der Struktur keine wesentlichen Unterschiede.[2] Mit Europa fühlen sich die Menschen in Saarbrücken am stärksten verbunden (79 %), Passau und Frankfurt/O. liegen etwas niedriger (jeweils 67 %). Angesichts der sehr unterschiedlichen Situationen an den Grenzen ist die Identifikation mit Europa in den drei Regionen erstaunlich ähnlich. Interessant sind die Unterschiede bei der

---

2 In allen drei Grenzregionen sind die Stadt und Deutschland beim Anteil von Menschen, die sich sehr oder ziemlich verbunden fühlen, etwa gleich auf, wobei sich der Stadt mehr Menschen sehr verbunden zeigen (hier nicht abgebildet). Die Verbundenheit mit der eigenen Stadt ist in Saarbrücken am höchsten (92 % sehr oder ziemlich verbunden), in Frankfurt/O. am geringsten (80 %). Die Verbundenheit mit Deutschland ist in den drei Städten identisch (84 bis 86 %). Diese Ergebnisse entsprechen in etwa den Befunden für Deutschland im EB 62.0.

8. Grenzübergreifende Identifikation

Identifikation mit den Grenzregionen im Nachbarland (Abb. 8.2). Das stärkste Verbundenheitsgefühl mit der angrenzenden Region haben die Saarbrücker, direkt gefolgt von den Passauern. In Frankfurt/O. ist die Lage dagegen anders. Nur ein Drittel äußert hier eine Verbundenheit (sehr oder ziemlich) mit der angrenzenden polnischen Grenzregion.

Bei den erklärenden Modellen gehen wir zunächst noch einmal den Einflüssen auf die europäische Identifikation nach. Mit einer binär-logistischen Regression wurden die Einflüsse auf die Wahrscheinlichkeitsverhältnisse bestimmt, sich Europa ziemlich oder sehr verbunden zu fühlen (Tab. 8.4). Eine Aufklärung der Identifikation mit Europa durch die hier ausgearbeiteten Hypothesen gelingt nicht. Die Gesamterklärungsleistung der Modelle ist recht schwach und keine der theoretisch relevanten Variablen leistet einen signifikanten Erklärungsbeitrag. Allein die Kontrollvariablen Bildung, Alter und Geschlecht werden signifikant, wobei entgegen der Erwartung Frauen sich stärker mit Europa identifizieren. Mit dem Integrationsmodell wurden vier zusätzliche Indikatoren für die Wahrnehmung der benachbarten Region und grenzüberschreitenden Interaktionen eingeführt. Die Wahrnehmung wird durch den anspruchsvolleren Indikator der Kenntnis des Nachbarlandes gemessen (vgl. Kap. 6.1.3). Hinzu kommt allgemein das grenzübergreifende Aktivitätsniveau, das sich aus der durchschnittlichen Orientierung auf das Nachbarland über alle in Kapitel 7 analysierten Aktivitäten ergibt. Doch auch die Integrationskriterien Wahrnehmung und Interaktion tragen nichts zur Erklärung der Verbundenheit mit Europa bei.

Tabelle 8.4: Identifikation mit Europa in drei deutschen Grenzregionen

	1. System-integration	2. Minimal-konsens	3. Werte-konsens	4. Gesamt-modell	5. Integrations-modell
Europäisierungsthese					
Wohndauer an der Grenze	0.94 (-0.56)	0.95 (-0.50)	0.94 (-0.50)	0.95 (-0.49)	0.91(***) (-3.57)
Systemintegrationsmodell					
Günstigere Preise im NBL (generell)	0.92 (-1.25)	0.93 (-1.13)	0.92 (-1.28)	0.93 (-1.15)	0.94(*) (-1.75)
Bessere Qualität im NBL (generell)	1.13 (0.82)	1.07 (0.29)	1.12 (0.82)	1.07 (0.32)	1.03 (0.10)
Minimalkonsensmodell					
Vertrauen in Menschen aus dem NBL		1.44 (0.49)		1.44 (0.49)	1.34 (0.39)
Wertekonsensmodell					
Passung bei grundlegenden Werten			1.03 (0.22)	1.00 (-0.01)	0.99 (-0.04)
Integrationsmodell					
Kenntnis der Grenzregion					1.11 (1.01)

8. Grenzübergreifende Identifikation

Fortsetzung Tabelle 8.4	1. System-integration	2. Minimal-konsens	3. Werte-konsens	4. Gesamt-modell	5. Integrations-modell
Einkäufe von Produkten und Dienstleistungen					1.10 (0.56)
Berufl. Kontakte ins NBL					0.70 (-0.55)
Freund im NBL					0.93 (-0.88)
Kontrollvariablen (Bildung (Ref.: niedrig))					
hohe Bildung	2.34*** (10.42)	2.33*** (11.70)	2.34*** (9.70)	2.33*** (10.98)	2.38*** (10.43)
mittlere Bildung	2.29* (2.05)	2.27* (1.97)	2.30* (2.11)	2.26* (2.05)	2.39* (2.21)
Alter in Jahren	1.02*** (7.39)	1.02*** (4.67)	1.02*** (5.74)	1.02*** (4.38)	1.02*** (4.83)
Geschlecht weiblich	1.68(***) (3.21)	1.70(***) (3.24)	1.67(***) (3.76)	1.70(***) (4.18)	1.71(***) (3.61)
McFadden r²	.040	.043	.041	.043	.048
N - Individualebene	330	330	330	330	330

Binär-logistische Regression. Huber-Schätzer für die Standardfehler kursiv in Klammern. *** $p<0,001$; ** $p<0,01$, * $p<0,05$, + $p<0,1$. Signifikanztests einseitig. Signifikanzen in Klammern geben zweiseitig-signifikante Ergebnisse entgegen der erwarteten Richtung an. Quelle: Eigene Befragung.

Tabelle 8.5: Identifikation mit der benachbarten Grenzregion

	1. System-integration	2. Minimal-konsens	3. Werte-konsens	4. Gesamt-modell	5. Integrations-modell
Europäisierungsthese					
Wohndauer an der Grenze	1.89** (2.54)	1.90*** (9.01)	1.95*** (7.42)	1.96*** (7.93)	1.61* (2.27)
Systemintegrationsmodell					
Günstigere Preise im NBL (generell)	0.68(**) (-2.75)	0.68(***) (-6.52)	0.69(***) (-4.80)	0.69(***) (-4.97)	0.70(***) (-6.04)
Bessere Qualität im NBL (generell)	2.53*** (4.50)	2.39*** (5.67)	2.32*** (6.49)	2.25*** (4.76)	1.62* (1.72)
Minimalkonsensmodell					
Vertrauen in Menschen aus dem NBL		1.51 (1.20)		1.27 (0.72)	0.68 (-1.30)
Wertekonsensmodell					
Passung bei grundlegenden Werten			1.38*** (11.74)	1.37*** (16.01)	1.35*** (9.65)
Integrationsmodell					
Kenntnis der Grenzregion					1.91*** (10.32)

8. Grenzübergreifende Identifikation

Fortsetzung Tabelle 8.5

	1. System-integration	2. Minimal-konsens	3. Werte-konsens	4. Gesamt-modell	5. Integrations-modell
Einkäufe von Produkten und Dienstleistungen					2.59*** (3.82)
Berufl. Kontakte ins NBL					0.64 (-0.92)
Freund im NBL					2.70*** (3.52)
Kontrollvariablen (Bildung (Ref.: niedrig))					
hohe Bildung	0.74(***) (-0.82)	0.72(***) (-3.98)	0.73(*) (-2.06)	0.72(*) (-2.43)	0.77 (-0.77)
mittlere Bildung	0.51(**) (-1.63)	0.50(**) (-2.62)	0.51(*) (-1.77)	0.51(+) (-1.92)	0.65 (-0.91)
Alter in Jahren	1.03*** (3.35)	1.03* (2.42)	1.03* (2.39)	1.03* (2.40)	1.03* (1.95)
Geschlecht weiblich	0.89 (-0.42)	0.90 (-0.53)	0.80 (-1.24)	0.81 (-1.24)	0.88 (-0.66)
McFadden r^2	.207	.209	.221	.222	.398
N - Individualebene	333	333	333	333	333

Binär-logistische Regression. Huber-Schätzer für die Standardfehler kursiv in Klammern. *** p<0,001; ** p<0,01, * p<0,05, + p<0,1. Signifikanztests einseitig. Signifikanzen in Klammern geben zweiseitig-signifikante Ergebnisse entgegen der erwarteten Richtung an. Quelle: Eigene Befragung.

Bei der Erklärung einer grenzübergreifenden regionalen Identifikation sieht es ganz anders aus (Tab 8.5). Die Erklärungsleistung liegt bei einem komfortablen McFadden r² von .21 für das sparsamste Systemintegrationsmodell und steigt beim Integrationsmodell auf .40. Die Variablen mit Erklärungsbeitrag sind ganz überwiegend grenzbezogen und theoretisch relevant.

Die Wohndauer in der Grenzregion hat den erwarteten positiven Effekt auf die Identifikation mit der benachbarten Region jenseits der Grenze. Dies spricht für die Europäisierungsthese. Das Systemintegrationsmodell kann allein durch den wahrgenommenen Nutzen an der Grenze, festgemacht an generellen Preis- und Qualitätsunterschieden, die Identifikation bereits recht gut erklären. Allerdings hat die Preisdifferenz einen Effekt, der unserer Erwartung entgegengesetzt ist. Nicht günstigere, sondern höhere Preise im Nachbarland machen eine transnationale regionale Identifikation wahrscheinlicher. Hier dürfte sich in der eingeschätzten Preisdifferenz eher die Wohlstandsniveaudifferenz niederschlagen. Der Einfluss der eingeschätzten Qualität geht in die erwartete Richtung. Hier spielt allerdings wiederum das Vertrauen eine Rolle, das sich indirekt über die Qualität auf die Identifikation auswirkt. Der Einfluss der Qualitätseinschätzung spricht daher für die Gültigkeit des Minimalkonsensmodells.[1]

Ein weiterer Einfluss ist die Wertepassung. Je besser die Passung der grundlegenden Werte, desto größer ist die Wahrscheinlichkeit einer Identifikation mit der benachbarten Grenzregion. Das Wertekonsensmodell bewährt sich besser als das Minimalkonsensmodell.

Mit dem Integrationsmodell kommen noch vier weitere Indikatoren für die anderen Integrationsaspekte Wahrnehmung und Interaktion hinzu. Sowohl die Kenntnis des Nachbarlandes als auch grenzübergreifende Freundschaften und grenzübergreifender Konsum intensivieren die Identifikation mit der Region jenseits der Grenze. Diese Effekte heben aber die Bedeutung der Passung für grundlegende Werte nicht auf und auch die Preis- und Qualitätsdifferenz behalten ihre Einflüsse. Die Grenzsituation in wirtschaftlicher und kultureller Hinsicht sowie die individuelle Wahrnehmung von grenzübergreifenden Gelegenheiten erklären die Identifikation mit der Nachbarregion ausgesprochen gut.

8.4 Transnationale Identifikation in Grenzregionen – Zusammenfassung

Grenzübergreifende Identifikation als dritter Grundaspekt von Vergesellschaftung ist in zwei Weisen denkbar: als Identifikation mit Europa insgesamt und als Identi-

---

1 Bleibt die Qualitätseinschätzung im Minimalkonsensmodell unberücksichtigt, so hat das Vertrauen einen signifikanten positiven Einfluss (hier nicht berichtet).

fikation mit einer grenzübergreifenden Region unterhalb des Nationalstaates. Für die Identifikation mit Europa bewähren sich die Annahmen nicht sehr gut. Nicht einmal die Tatsache der Grenzlage als solche scheint von entscheidender Bedeutung zu sein, denn die Unterschiede zum Inlandsniveau der europäischen Identifikation sind oft nur gering. Die Wahrscheinlichkeit einer europäischen Identifikation wird nicht von der Werteähnlichkeit oder dem Vertrauen, das den Menschen des Nachbarlandes entgegengebracht wird, beeinflusst. Allein die Differenz des Wohlstandsniveaus hat in der europaweiten Analyse einen Einfluss. Je reicher die benachbarte Region ist, desto wahrscheinlicher ist eine Identifikation mit Europa. Dazu hat bei der europaweiten Betrachtung die Häufigkeit von Einkäufen im Nachbarland einen Effekt. Dieser Befund ist aber nicht ganz leicht einzuordnen, zumal er sich bei der Messung auf Individualebene in den drei deutschen Grenzregionen nicht bestätigt. Es könnte sich um einen Effekt von Nutzenvorteilen handeln oder die Kontakthypothese ist verantwortlich für diesen Effekt. Dies kann hier nicht geklärt werden.

Für eine grenzübergreifende regionale Identifikation stehen keine europaweiten Daten zur Verfügung. Die Ergebnisse in den drei deutschen Grenzregionen machen aber deutlich, dass die Menschen sich in erheblichem Ausmaß auch mit der angrenzenden Region jenseits der Staatsgrenze verbunden fühlen und dass hierbei die Grenzkonstellation (in der jeweils individuellen Wahrnehmung) einen wesentlichen Einfluss hat. Die Erklärung der regionalen transnationalen Identifikation gelingt gut. Neben der Bildung und dem Alter der Befragten sowie ihrer Wohndauer in Grenznähe sind wahrgenommene Qualitätsvorteile, die Passung für grundlegende Werte und die beiden anderen Integrationsaspekte Wahrnehmung und Interaktion einflussreich. Grenzübergreifender Konsum und Freundschaften mit Menschen aus dem Nachbarland haben einen deutlichen Effekt. Die Ergebnisse stützen sowohl die Kontakthypothese in der Tradition von Allport (1954) als auch die Annahme einer Identifikation bei eigenen Nutzenvorteilen, wie sie mit Bezug auf Ajzen und Fishbein (1980) in Anschluss an Mühler und andere (2004) formuliert wurde. Preisvorteile bei Produkten im Nachbarland fördern die Identifikation allerdings nicht. Im Gegenteil sind niedrigere Preise wohl eher ein Zeichen für ein geringeres Wohlstandsniveau, was eine benachbarte Region unattraktiver und damit eine grenzübergreifende Identifikation unwahrscheinlicher macht.

9. Grenzübergreifende Vergesellschaftung an den Binnengrenzen der EU

Die Zusammenfassung der Ergebnisse erfolgt in drei Schritten. Zunächst werden die Ergebnisse der beiden Untersuchungsfragen zusammengezogen. Welches Ausmaß hat grenzübergreifende Vergesellschaftung an den Binnengrenzen der EU? An welchen Grenzregionen ist das Ausmaß der grenzübergreifenden Vergesellschaftung für die drei Grundaspekte Wahrnehmung, Interaktion und Identifikation groß und an welchen niedrig (Kap. 9.1)? Die zweite Untersuchungsfrage nimmt die Ursachen der Unterschiede zwischen den Grenzregionen in den Blick. Neben der Europäisierungsthese waren drei Erklärungsmodelle vergleichend geprüft worden: das Systemintegrationsmodell, das Minimalkonsensmodell und das Wertekonsensmodell. Wie sich diese Modelle bewährt haben, wird im zweiten Schritt resümiert (Kap. 9.2). Sowohl die Vergesellschaftungsaspekte als auch die Erklärungsmodelle sind nicht unabhängig voneinander, sondern sie beeinflussen sich gegenseitig. Das machte es in der Analyse zum Teil schwer, die Einflüsse voneinander zu trennen und verlässliche Schlüsse zu ziehen. Mit einem Strukturgleichungsmodell kann noch einmal anders angesetzt werden. Dieses Analyseverfahren kann komplexere Beeinflussungsverhältnisse modellieren. Für die drei deutschen Grenzregionen können die Abhängigkeiten der Vergesellschaftungsaspekte und Erklärungsmodelle auf diese Weise noch einmal in einer Gesamtschau geprüft werden (Kap. 9.3).[1]

9.1 Vergesellschaftung an den Binnengrenzen der EU im Vergleich

Bei der zusammenfassenden Beurteilung der grenzübergreifenden Vergesellschaftung an den europäischen Binnengrenzen ist noch einmal die Datenlage zu beachten. Bedingt durch die Sekundäranalyse der Eurobarometerdaten standen zum Teil für die Vergesellschaftungsaspekte nur wenig günstige Messungen zur Verfügung. Trotz dieser Vorbehalte zeigen sich einige interessante Tendenzen. In Tabelle 9.1 sind für die vier europaweit verfügbaren Vergesellschaftungsindikatoren jeweils

---

1 Für die europäischen Grenzregionen wäre ein Strukturgleichungsmodell als Makroanalyse denkbar, allerdings verschärfen sich dann die Fallzahlprobleme, die schon bei den Einzelanalysen mehrfach im Gesamtmodell auftauchten. Valide Ergebnisse können dann nicht mehr erzielt werden.

die fünf Grenzregionen mit der intensivsten und die fünf Grenzregionen mit der schwächsten Vergesellschaftung zusammengefasst.

Tabelle 9.1: Intensivste und schwächste grenzübergreifende Vergesellschaftung an EU-Binnengrenzen

Vergesellschaf-tungsaspekt und Indikator	Grenzregionen mit			
	intensivster Vergesellschaftung		schwächster Vergesellschaftung	
	Grenzregion Ausgangsland	Nachbarland	Grenzregion Ausgangsland	Nachbarland
Wahrnehmung				
Kenntnis der Sprache des Nachbarlandes	Luxemburg	Deutschland	Polen	Litauen
	Luxemburg	Belgien (franz.)	Frankreich	Luxemburg
	Luxemburg	Frankreich	Deutschland	Luxemburg
	Niederlande	Deutschland	Belgien	Luxemburg
	Dänemark	Deutschland	Frankreich	Belgien (nied.)
Interaktion				
Einkauf im Nachbarland	Frankreich	Deutschland	Deutschland	Dänemark
	Slowenien	Ungarn	Polen	Litauen
	Luxemburg	Belgien	Italien	Österreich
	Österreich	Italien	Lettland	Estland
	Finnland	Schweden	Litauen	Lettland
Arbeitspendler	Belgien	Deutschland	Deutschland	Frankreich
	Frankreich	Luxemburg	Italien	Frankreich
	Belgien	Luxemburg	Frankreich	Italien
	Frankreich	Belgien	Luxemburg	Frankreich
	Irland	UK	Luxemburg	Deutschland
Grenzüber-greifende Freund schaften[a]	Tschechien	Deutschland	Polen	Deutschland
	Deutschland	Belgien (franz.)	Slowakei	Österreich
	Tschechien	Österreich	Dänemark	Schweden
	Luxemburg	Deutschland	Deutschland	Frankreich
	Slowenien	Österreich	Ungarn	Österreich

Vergesellschaftungsaspekt und Indikator	Grenzregionen mit			
	intensivster Vergesellschaftung		schwächster Vergesellschaftung	
	Grenzregion Ausgangsland	Nachbarland	Grenzregion Ausgangsland	Nachbarland
Identifikation Verbundenheit mit Europa	Ungarn Polen Belgien Slowenien Ungarn	Österreich Litauen Luxemburg Ungarn Slowakei	Estland Litauen Litauen UK Deutschland	Lettland Lettland Polen Irland Österreich

a) Nur für Menschen, die die Sprache des Nachbarlandes sprechen. Quelle EB 64.3, 65.1 und 62.0, vgl. Tab. 6.5, 7.2, 7.14 und 8.2.

Das Ergebnis ist ein recht heterogenes Bild. Nimmt man allerdings die ausführlicheren Ergebnisse der einzelnen Kapitel mit zur Hand, ergeben sich zumindest schwache Tendenzen. Deutlich ist die Sonderrolle von Luxemburg. Bei der Kenntnis der Nachbarsprachen liegen alle drei Grenzregionen Luxemburgs in der Spitzengruppe, gleichzeitig ist das Luxemburgische in allen drei benachbarten Grenzregionen nicht bekannt. Bei den Interaktionsmessungen taucht Luxemburg ebenfalls mehrfach auf, sowohl als Ziel aus anderen Ländern (insbesondere bei den Arbeitspendlern) als auch als Region, aus der viele Verbindungen in das Nachbarland geknüpft werden. Luxemburg ist sicherlich ein Sonderfall, ist es doch das kleinste der hier betrachteten EU-Länder[2], das ein besonders starkes ökonomisches Gefälle zu seinen Nachbarn aufweist. Allerdings ist Luxemburg gleichzeitig im Zentrum eines insgesamt stärker grenzübergreifend vergesellschafteten Raumes. Die Benelux-Staaten bilden zusammen mit Frankreich und Deutschland einen relativ eng vergesellschafteten Raum innerhalb der EU. Hier finden wir vergleichsweise viele Arbeitspendler. Auch grenzübergreifende Einkäufe und Freundschaften sind relativ häufig. Bei den Sprachkenntnissen zeigen sich die Asymmetrien aufgrund von sehr verbreiteten Sprachen (Deutsch und Französisch) und Sprachen mit geringer Verbreitung (Luxemburgisch, Niederländisch). Behält man diese Besonderheit im Blick, sind die Kenntnisse der Nachbarsprache in der Region bemerkenswert verbreitet.

Erweitert wird dieser Kernraum vergleichsweise intensiver grenzübergreifender Vergesellschaftung einerseits an der deutsch-österreichischen Grenze und zum an-

---

2 Malta hat noch etwas weniger Einwohner, wurde hier aber aufgrund seiner Insellage nicht untersucht.

deren an den Grenzen von Deutschland nach Tschechien und in Richtung der östlichen Nachbarn von Österreich. Dabei geht die Bewegung stärker von den mitteleuropäischen Ländern in Richtung Deutschland bzw. Österreich. Insbesondere an der slowakisch-österreichischen Grenze finden sich viele Verbindungen.

Unter den Ländern mit deutlich unterdurchschnittlicher grenzübergreifender Vergesellschaftung finden sich auffällig häufig die jungen baltischen Republiken Estland, Lettland und Litauen. An den Grenzen zwischen diesen Ländern und auch der Grenze von Litauen und Polen sind Einkäufe im Nachbarland selten und die Identifikation mit Europa fällt in diesen Grenzregionen gering aus. Zu den Gruppen mit wenig grenzübergreifender Vergesellschaftung gehört zudem die Grenze zwischen Spanien und Portugal in beide Richtungen sowie die polnisch-deutsche Grenze. Eine Erklärung durch historische Belastungen liegt nahe, allerdings gibt es solche Belastungen auch an anderen Grenzen mit weit intensiveren Verflechtungen.

Während für die EU-weite Untersuchung die Datenlage zum Teil etwas schwierig ist, stehen für drei deutsche Grenzregionen eine ganze Reihe von Indikatoren zur Verfügung. In Tabelle 9.2 ist für alle Vergesellschaftungsindikatoren über die drei Grenzregionen abgetragen, wie verbreitet eine grenzübergreifende Aktivität oder Perspektive ist.

Das Niveau grenzübergreifender Orientierung variiert über die Indikatoren erheblich. Tanken ist die einzige Tätigkeit bei der in einem Fall über 70 % der Befragten angaben, überwiegend ihren Kraftstoff im Nachbarland zu kaufen (die Passauer an der Grenze zu Österreich). Alle anderen Aktivitäten werden seltener, oftmals sehr viel seltener im Ausland unternommen. Allerdings fließen bei dem Niveau generelle Einflüsse räumlicher Distanz und Effekte der Nationalstaatsgrenze ineinander. Aufschlussreich sind die Unterschiede zwischen den drei Grenzregionen. Durchweg ist die grenzübergreifende Vergesellschaftung an der Grenze zu Österreich am stärksten und an der Grenze zu Polen am schwächsten. Die Grenze zu Frankreich nimmt eine Mittelstellung ein, liegt allerdings mit seinen Werten näher an der österreichischen als an der polnischen Grenze. Abweichungen dieses Musters finden wir beim Tanken sowie bei Restaurant- und Friseurbesuchen. Die Reihenfolge der Grenzregionen, aber auch die Unterschiede zwischen den unterschiedlichen Indikatoren regen zu Überlegungen über mögliche Erklärungen an. Doch anstelle von Spekulationen beschäftigen wir uns lieber mit einem Überblick über die Ergebnisse der Theorieprüfung.

Tabelle 9.2: Grenzübergreifende Vergesellschaftung in drei deutschen Grenzregionen - Übersicht

Indikatoren	Polen	Frankreich	Österreich
Interesse aneinander			
Interesse an der Nachbarregion	0	+	+
Kenntnis der Nachbarregion	+	+++	+++
Kenntnis der Nachbarsprache	-	+	(+++)
Austausch			
Einkauf Tanken	++	--	+++
Einkauf Kleidung	---	---	---
Vorstellbarkeit Gebrauchtwagenkauf	---	0	+
Friseurbesuch	--	---	---
Restaurantbesuch	0	--	-
Vorstellbarkeit Handwerkerauftrag	+	+	++
Auftrag Handwerker	0	0	0
Arbeitspendler	---	---	---
Freundschaften	0	++	++
Vorstellbarkeit von Freundschaften	+++	+++	+++
Besuch von Freunden	--	--	--
Identifikation			
Identifikation mit Europa	0	+	+
Identifikation mit benachbarter Grenzregion	-	+	+

+++ 70-100 % mindestens meist im Nachbarland, ++ 50-69 % mindestens meist im Nachbarland, + 30-49 % mindestens meist im Nachbarland, 0 10-29% mindestens meist im Nachbarland, - unter 10% mindestens meist im Nachbarland und bis zu 50% beide Länder gleich, -- unter 10% mindestens meist im Nachbarland und bis zu 30% beide Länder gleich, --- unter 10% nicht überwiegend Deutschland. Für Interesse, Kenntnis, Handwerkeraufträgen, Freundschaften und Identifikation analog. Quelle: Eigene Befragung, vgl. Abb. 6.1, 6.2, 6.3, 7.1, 7.2, 7.3, 7.5, 7.6, 7.7, 7.8, 7.13, 7.14, 8.1 und 8.2.

9.2 Erklärungsmodelle im Vergleich

Ziel der Analysen war es nicht, für jeden einzelnen Indikator eine möglichst gute Erklärung für die Orientierung über die Nationalstaatsgrenze hinweg zu finden. Stattdessen ging es um die Prüfung von Erklärungen, die systematisch mit Eigenschaften der Grenze und der Perspektive der Menschen auf die Grenze einerseits sowie dem Prozess der europäischen Integration andererseits zusammenhängen. Mit Blick auf die EU und ihre Bemühungen um einen Abbau der Grenzen hatten wir über alle Indikatoren den Einfluss der Dauer der rechtlichen Grenzöffnung durch die EU (bzw. anderer einschlägiger Maßnahmen) verfolgt. Diese Europäisierungsthese folgt der Intention der EU, die Grenzen durchlässiger zu gestalten und grenzübergreifende Vergesellschaftung wahrscheinlicher zu machen.

Ausgehend von der soziologischen Theoriediskussion wurden drei Modelle unterschieden. Das Systemintegrationsmodell argumentiert, dass allein die Systemlogiken und systemspezifischen Vorteile entscheidend sind für grenzübergreifende Vergesellschaftung. Eine Bedeutung von spezifischen Werthaltungen (und unterstellten Werthaltungen beim Gegenüber) wird in dieser Richtung bestritten. Das Minimalkonsensmodell ist aus der Konfliktsoziologie abgeleitet. Demnach ist ein (unterstellter) Konsens zwischen den Beteiligten über die angemessene Regelung von Konflikten erforderlich, damit Vergesellschaftung wahrscheinlich wird. Das Wertekonsensmodell schließlich argumentiert mit der Bedeutung eines allgemeinen Konsenses bei grundlegenden Werten. Erst bei einer gemeinsamen Wertebasis kommt es zu Vergesellschaftung. Grundsätzlich verstehen sich die Modelle (bzw. die Theorien, auf welche die Modelle zurückgehen) als allgemein gültig. Schwächt man diesen ‚Alleingeltungsanspruch' aber etwas ab, lassen sich Bedingungen angeben, unter denen die Modelle mit größerer oder geringerer Wahrscheinlichkeit zutreffen. In Tabelle 9.3 sind daher nicht nur die Ergebnisse in Bezug auf die Europäisierungshypothese sowie die drei Erklärungsmodelle zusammengestellt, sondern zusätzlich ist ausgewiesen, welches der Modelle den Annahmen nach die beste Erklärungsleistung erbringen müsste (vgl. Kap. 3.4).

Tabelle 9.3: Erklärung grenzübergreifender Vergesellschaftung - Übersicht

Indikator	Hypothesen: Erklärendes Modell	Ergebnisse: Erklärungsleistung der Modelle
Wahrnehmung		
Interesse am Nachbarland (D)	Systemintegrationsmodell	Europäisierungsthese (+) Systemintegrationsmodell (-) Minimalkonsensmodell (++) Wertekonsensmodell (++)
Kenntnis des Nachbarlandes (D)	Systemintegrationsmodell	Europäisierungsthese (++) Systemintegrationsmodell (-) Minimalkonsensmodell (++) Wertekonsensmodell (+)

Indikator	Hypothesen: Erklärendes Modell	Ergebnisse: Erklärungsleistung der Modelle
Kenntnis der Sprache des Nachbarlandes (EU)	Systemintegrationsmodell oder Wertekonsensmodell	Europäisierungsthese (-) Systemintegrationsmodell (-) Minimalkonsensmodell (-) Wertekonsensmodell (-)
Kenntnis des Sprache des Nachbarlandes (D – nur Grenze zu Frankreich)	Systemintegrationsmodell oder Wertekonsensmodell	Europäisierungsthese (++) Systemintegrationsmodell (-) Minimalkonsensmodell (-) Wertekonsensmodell (-)

Zielgerichtete Interaktion: Produkteinkäufe

Einkaufen (EU)	Systemintegrationsmodell und Minimalkonsensmodell (geringer Einfluss)	Europäisierungsthesen (-) Systemintegrationsmodell (++) Minimalkonsensmodell (++) Wertekonsensmodell (-)[a]
Tanken (D)	Systemintegrationsmodell	Europäisierungsthesen (-) Systemintegrationsmodell (++) Minimalkonsensmodell (-) Wertekonsensmodell (-)
Kleidungskauf (D)	Systemintegrationsmodell	Europäisierungsthesen (-) Systemintegrationsmodell (++) Minimalkonsensmodell (+) Wertekonsensmodell (-)
Vorstellbarkeit eines Gebrauchtwagenkaufs	Systemintegrationsmodell und Minimalkonsensmodell (starker Einfluss)	Europäisierungsthesen (-) Systemintegrationsmodell (+) Minimalkonsensmodell (++) Wertekonsensmodell (-)

Zielgerichtete und gesellige Interaktion: Dienst-leistungen

Friseurbesuch (D)	Systemintegrationsmodell mit Wertekonsensmodell (geringer Einfluss)	Europäisierungsthesen (-) Systemintegrationsmodell (++) Minimalkonsensmodell (+) Wertekonsensmodell (+)

Indikator	Hypothesen: Erklärendes Modell	Ergebnisse: Erklärungsleistung der Modelle
Restaurant- besuch (D)	Systemintegrationsmodell mit Wertekonsensmodell (geringer Einfluss)	Europäisierungsthesen (-) Systemintegrationsmodell (++) Minimalkonsensmodell (++) Wertekonsensmodell (-)
Handwerker- auftrag	Systemintegrationsmodell mit Minimalkonsens- modell (starker Einfluss) und Wertekonsensmodell (geringer Einfluss)	Europäisierungsthesen (-) Systemintegrationsmodell (+) Minimalkonsensmodell (-) Wertekonsensmodell (-)
Vorstellbarkeit eines Handwer- kerauftrags	Systemintegrationsmodell mit Minimalkonsens- modell (starker Einfluss) und Wertekonsensmodell (geringer Einfluss)	Europäisierungsthese (+) Systemintegrationsmodell (+) Minimalkonsensmodell (++) Wertekonsensmodell (-)

Zielgerichtete und gesellige Interaktion: Arbeitsstelle

Arbeitspendler (EU)	Systemintegrationsmodell mit Wertekonsensmodell (starker Einfluss)	Europäisierungsthesen (-) Systemintegrationsmodell (++) Minimalkonsensmodell (-) Wertekonsensmodell (++)
Arbeitspendler (D)	Systemintegrationsmodell mit Wertekonsensmodell (starker Einfluss)	Systemintegrationsmodell (+)[b] Minimalkonsensmodell (+)[b] Wertekonsensmodell (+)[b]

Gesellige Interaktion: Freundschaft

Freundschaften (EU)	Wertekonsensmodell	Europäisierungsthese (++) Minimalkonsensmodell (-) Wertekonsensmodell (+)
Freundschaften (D)	Wertekonsensmodell	Europäisierungsthese (++) Minimalkonsensmodell (-) Wertekonsensmodell (+)
Vorstellbarkeit von Freundschaften	Wertekonsensmodell	Europäisierungsthese (-) Minimalkonsensmodell (+) Wertekonsensmodell (-)

9. Grenzübergreifende Vergesellschaftung an den Binnengrenzen der EU

Indikator	Hypothesen: Erklärendes Modell	Ergebnisse: Erklärungsleistung der Modelle
Identifikation		
Identifikation mit Europa (EU)	Wertekonsensmodell	Europäisierungsthese (-) Systemintegrationsmodell (+) Minimalkonsensmodell (-) Wertekonsensmodell (-) Integrationsmodell (Einkauf +, Pendler -)
Identifikation mit Europa (D)	Wertekonsensmodell	Europäisierungsthese (-) Systemintegrationsmodell (-) Minimalkonsensmodell (-) Wertekonsensmodell (-) Integrationsmodell (-)
Identifikation mit der benachbarten Grenzregion (D)	Wertekonsensmodell	Europäisierungsthese (++) Systemintegrationsmodell (++) Minimalkonsensmodell (-) Wertekonsensmodell (++) Integrationsmodell (++)

++ starker Einfluss in die erwartete Richtung, + schwacher Einfluss in die erwartete Richtung, - kein Einfluss in die erwartete Richtung. a) Einfluss nur in westeuropäischen Grenzregionen; b) tendenzielle Ergebnisse der nicht-repräsentativen Online-Befragung ohne adäquate Vergleichsgruppe. Quelle: Eurobarometer 64.3, 65.1, 62.0 und eigene Befragung. Vgl. Tab. 6.2, 6.3, 6.6, 6.7, 7.3, 7.4, 7.5, 7.6, 7.7, 7.8, 7.9, 7.10, 7.12, Abb. 7.10, 7.11, 7.12, Tab. 7.15, 7.16, 7.17, 8.3, 8.4 und 8.5.

Die Europäisierungsthese, nach der ein bereits seit längerer Zeit von der EU politisch initiierter Prozess der Grenzöffnung und Grenzauflösung nach einem Anpassungsprozess auf Seiten der Bevölkerung zu intensiverer grenzübergreifender Vergesellschaftung führt, bewährt sich nur zum Teil. Im Fall der grenzübergreifenden Wahrnehmung bewährt sich die Annahme bei der Messung in den drei deutschen Grenzregionen auf Individualebene. Für eine Erklärung der EU-weiten Unterschiede in der Sprachkenntnis (unter Kontrolle anderer Einflüsse) eignet sich die Dauer des europäischen Integrationsprozesses allerdings nicht. Bei den Interaktionen hatten wir zielgerichtete Interaktionen, die auf ein konkretes Ergebnis ausgerichtet sind, unterschieden von geselligen Interaktionen, bei denen die Begegnung selbst im Vordergrund steht. Auch Mischtypen wurden betrachtet. Bei allen Interaktionen, die zumindest auch zielgerichtet sind, spielt die Dauer der EU-Integrationsmaßnahmen keine Rolle. Allein für Freundschaften (nicht aber die Vorstellbarkeit von Freundschaften) ist die Dauer der offenen Grenze und der EU-

Programme zur Zusammenführung der Menschen an der Grenze einflussreich. Für die Identifikation mit Europa bewährt sich die Europäisierungsthese wiederum nicht, wohl aber für die Identifikation mit der benachbarten Grenzregion. Es sind also vor allem die kognitiven Perspektiven der Bewohner in der Grenzregion, die durch die Dauer des EU-Integrationsprozesses beeinflusst werden. Auch Freundschaften werden mit der Zeit wahrscheinlicher. Die (mindestens teilweise) zielgerichteten grenzübergreifenden Interaktionen sind dagegen von der Dauer des europäischen Integrationsprozesses unabhängig.

Wie haben sich nun die drei Erklärungsmodelle bewährt? Das Systemintegrationsmodell geht von einem alleinigen Einfluss der konkreten Vorteile aus. Diese Annahme bestätigt sich für die Wahrnehmung nicht. Das Nachbarland wird nicht interessanter und ist nicht besser bekannt, wenn sich dort für Einkäufe günstige Gelegenheiten bieten. Wegen der Niederschwelligkeit von Interessensbekundungen, aber auch wegen der engen Verbindung von räumlichen Kenntnissen und Handlungsraum waren wir von einer besonders guten Erklärungskraft des Systemintegrationsmodells für die Wahrnehmung ausgegangen, zumindest bei den Indikatoren Interesse und Kenntnis. Dies war ein Irrtum. Anders sieht es bei der zielgerichteten Interaktion aus. Bei Einkäufen von Produkten und Dienstleistungen sowie bei Arbeitsstellen im Nachbarland sind die konkreten ökonomischen Vorteile von erheblichem Einfluss. Dies entspricht den theoretischen Annahmen, dass für grenzübergreifende zielgerichtete Interaktion selektive Vorteile mindestens auch gegeben sein müssen. Für Identifikation sind selektive Vorteile vorstellbar als Attraktivität einer Region. Diese Deutung des Systemintegrationsmodells für Identifikation bewährt sich EU-weit für die Identifikation mit Europa und in der Grenzregion zumindest für die Identifikation mit der benachbarten Grenzregion.

Das Minimalkonsensmodell unterstellt die Bedeutung von Vertrauen, allgemein oder bezogen auf konkrete Interaktionen. Naheliegend ist ein Einfluss des Vertrauens bei Interaktionen. Für zielgerichtete Interaktionen mit guten Kontrollmöglichkeiten und daher geringem Vertrauensbedarf könnte dieser Einfluss noch unwesentlich sein, doch spätestens wenn das Ergebnis der Interaktion im Vorhinein schwer kontrollierbar ist, müsste Vertrauen eine wesentliche Rolle spielen. Die Ergebnisse bestätigen diese Annahme. Bei fast allen zielgerichteten Interaktionen finden wir einen Einfluss des Vertrauens in die Menschen des Nachbarlandes auf die Häufigkeit grenzübergreifender Aktivitäten. Vier Ausnahmen gibt es: das Tanken, Handwerkeraufträge, Arbeitspendler in den westeuropäischen Grenzregionen und Freundschaften. Die Ursachen für diese Abweichungen dürften unterschiedlich sein. Tanken erfordert als regelmäßiger Erfahrungskauf bei einem hoch standardisierten Produkt vermutlich wenig Vertrauen. Handwerkeraufträge sind insgesamt so selten, dass die Vertrauensvariable nicht erfolgreich diskriminiert. Bei den Arbeitspendlern in den westeuropäischen Grenzregionen ist der fehlende Einfluss des Vertrauens überraschend, das gleiche gilt für die Freundschaften. Möglicherweise ist in diesen Fällen Vertrauen nicht ausreichend, sondern die Voraussetzungen der Wertepassung sind weitergehend (siehe unten).

Das Minimalkonsensmodell bewährt sich entgegen der theoretischen Überlegung auch bei der Wahrnehmung. Interesse an der benachbarten Grenzregion und die Kenntnis der Region ist höher bei Menschen, die ihren ausländischen Nachbarn Vertrauen entgegenbringen. Bei der Sprachkenntnis lässt sich ein solcher Einfluss aber nicht feststellen. Die Identifikation wird vom Vertrauen wiederum nicht beeinflusst. Hier könnte die gleiche Überlegung gelten wie bei Arbeitsplätzen und Freundschaften: Vertrauen ist keine ausreichend weitgehende Wertepassung für einen Einfluss auf eine solche emotionale Verbindung.

Das Wertekonsensmodell formuliert in Bezug auf die Wertepassung bzw. Wertehomogenität noch anspruchsvollere Bedingungen, denn nun geht es nicht allein um einen Konsens bei der Regelung von Konflikten, sondern generell um einen Konsens bei wichtigen Werten. Die Wertepassung (Messung in den drei deutschen Grenzregionen) bzw. Werteähnlichkeit (EU-weite Messung) müsste vor allem bei (zumindest partiell) geselliger Interaktion und der Identifikation zum Tragen kommen, während bei zielgerichteter Interaktion und Wahrnehmung der Nachbarregion selektive Vorteile oder ein Minimalkonsens ausreichen müssten. Tatsächlich aber hat die Wertepassung durchaus einen deutlichen Einfluss auf Interesse an der Nachbarregion und der Kenntnis der Region. Dass sich ein entsprechender Einfluss bei der Kenntnis der Nachbarsprache, wie schon beim Minimalkonsensmodell, nicht zeigt, könnte an den erheblichen zusätzlichen Einflüssen liegen, die das Erlernen einer Fremdsprache überlagern. Bei zielgerichteten Interaktionen mit keiner oder geringer geselliger Komponente, die hier als Einkäufe von Produkten und Nutzung von Dienstleistungen gemessen wurden, spielt die Wertepassung tatsächlich keine Rolle. Dies zeigt sich EU-weit für Einkäufe und in den drei deutschen Grenzregionen für verschiedene Produktkäufe und zwei der drei Dienstleistungen.[3] Anders sieht es aus, wenn die gesellige Komponente der Interaktion wichtig wird. Erheblichen Einfluss hat die Wertepassung bei Arbeitspendlern EU-weit und nach den tentativen Ergebnissen der Online-Befragung unter deutschen Arbeitspendlern sowie bei Freundschaften mit Menschen aus dem Nachbarland. Ist der gesellige Anteil der Interaktion hoch (Arbeitsplätze) oder dient die Interaktion allein geselligen Zielen (Freundschaften), ist die Werteähnlichkeit von großer Bedeutung. Dies gilt auch für die Identifikation mit der benachbarten Grenzregion. Die Identifikation mit Europa wird zwar von der Werteähnlichkeit bzw. Wertpassung mit dem Nachbarland nicht beeinflusst, doch die

---

3 Allein bei Restaurantbesuchen lässt sich ein Einfluss der Wertepassung finden.

Identifikation mit der Region jenseits der Grenze ist abhängig von der Wertepassung mit den Menschen des Nachbarlandes.

Für die Identifikation lässt sich zusätzlich ein Einfluss der übrigen Vergesellschaftungsaspekte unterstellen. Die Kenntnis der Nachbarregion und insbesondere Interaktionen mit den Menschen im Nachbarland müssten Identifikation wahrscheinlicher machen. Bei der EU-weiten Betrachtung der Verbundenheit mit Europa ist die Datenlage aufgrund der Makromessung mit vielen fehlenden Fällen schwierig, entsprechend sind die Ergebnisse mit Vorsicht zu behandeln. Es zeigt sich aber zumindest für die Häufigkeit von Einkäufen ein Einfluss auf die Verbundenheit mit Europa. Grenzpendler haben einen solchen Einfluss nicht. In den drei deutschen Grenzregionen ist die Datenlage mit der Individualmessung günstiger. Während bei der Verbundenheit mit Europa keine Einflüsse zu finden sind, ist die Verbundenheit mit der benachbarten Grenzregion abhängig von der Interaktionshäufigkeit und der Kenntnis der Nachbarregion. Die Identifikation mit der Region jenseits der Grenze wird also neben dem Systemintegrations- und dem Wertekonsensmodell auch durch den Grad der Vergesellschaftung bei den Aspekten Wahrnehmung und Interaktion erklärt.

Grenzübergreifende Vergesellschaftung ist demnach zunächst einmal abhängig von selektiven Vorteilen, die sich bei dem Schritt über die Grenze ergeben. Wohlstandsdifferenzen und die damit in der Regel verbundenen Unterschiede im Lohn- und Preisniveau machen den Weg der Grenzbevölkerung über die Grenze wahrscheinlich. Allein reichen diese Anreize nur bei wenigen Gelegenheiten. Fast immer muss ein Vertrauen in die Menschen des Nachbarlandes hinzukommen. Das Minimalkonsensmodell bewährt sich durchweg für die grenzübergreifenden Interaktionen. Wird der Bevölkerung jenseits der Grenze misstraut, bleiben die Aktivitäten auf das eigene Land ausgerichtet. Doch auch Vertrauen allein reicht zum Teil nicht aus. Ist eine Aktivität mit intensiver Interaktion verbunden, macht eine Passung der Werthaltungen den Weg über die Grenze wahrscheinlicher. Dies gilt nicht für Einkäufe von Produkten oder Dienstleistungen, aber wenn die Menschen langfristig und intensiv miteinander zu tun haben, ist eine gute Wertepassung wichtig. Vergesellschaftung bedeutet aber auch eine kognitive Orientierung aufeinander als Wahrnehmung und Identifikation. In beiden Fällen spielen wiederum Wertepassung, zum Teil auch selektive Vorteile (Identifikation) oder Vertrauen (Wahrnehmung) eine wichtige Rolle. Diese kognitive Orientierung auf das Nachbarland ist es auch, die abhängig ist von der Dauer des europäischen Integrationsprozesses. Während die zielgerichteten Interaktionen sich scheinbar kurzfristig an den Vorteilen des Weges über die Grenze ausrichten, braucht die grenzübergreifende gesellige Interaktion, die Wahrnehmung und die Identifikation Zeit. Sie werden erst im Laufe eines längeren Europäisierungsprozesses wahrscheinlicher.

9.3 Grenzübergreifende Vergesellschaftung in drei deutschen Grenzregionen

In der bisherigen Analyse haben wir uns die zahlreichen Vergesellschaftungsindikatoren jeweils einzeln vorgenommen. Strukturgleichungsmodelle machen es möglich, die Indikatoren gleichzeitig und vor allem mit ihren gegenseitigen Einflüssen aufeinander zu untersuchen.[4]

In Abbildung 9.1 ist das theoretische Modell dargestellt.[5] Die etwas unübersichtliche Abbildung macht bereits die Komplexität der gegenseitigen Einflüsse deutlich. Im oberen Teil finden wir links das laut Minimalkonsensmodell bedeutsame Vertrauen und rechts die Wertepassung, die nach dem Wertekonsensmodell entscheidend ist. Wertepassung und Vertrauen beeinflussen nicht nur die Grundaspekte von Vergesellschaftung (Wahrnehmung, grenzübergreifende Interaktion und grenzübergreifende regionale Identifikation), sondern sie beeinflussen sich auch gegenseitig. Die Wertepassung müsste Einfluss auf das Vertrauen haben. Etwas tiefer in der Abbildung ist die Europäisierungsthese zu finden, die als Individualmessung durch die Wohndauer in der Grenzregion erhoben wurde.

In der Mittelachse der Abbildung finden sich die drei Grundaspekte von Vergesellschaftung. Zuoberst die Wahrnehmung, abgebildet durch das Interesse am Nachbarland und die Kenntnis des Nachbarlandes. Dass zwischen Interesse am Nachbarland und der Kenntnis des Nachbarlandes ein Zusammenhang besteht, war bereits in Kapitel 6.1.3 Thema.

---

4 Wie oben (Kap. 4.5) erläutert, sind Strukturgleichungsmodelle als Analyseverfahren nicht unproblematisch. Sie erfordern eine sehr umfassende Spezifikation der Abhängigkeiten zwischen den betrachteten Variablen, auch über die theoretisch relevanten Bezüge hinaus. Dies im Vorhinein theoretisch abzuleiten, ist kaum möglich. Es empfiehlt sich daher, auch induktiv vorzugehen und plausible Zusammenhänge in das Modell aufzunehmen. Die folgenden Modelle wurden behutsam durch die Berücksichtigung von plausiblen Fehlerkorrelationen ergänzt.

5 Die folgenden Modelle (und alle Modelle im Anhang) orientieren sich an dieser Platzierung der Variablen, um die Lesbarkeit der oft komplizierten Modelle etwas zu erleichtern.

Abbildung 9.1: Zusammenhang der erklärenden Modelle und der Vergesellschaftungsaspekte - theoretisches Modell

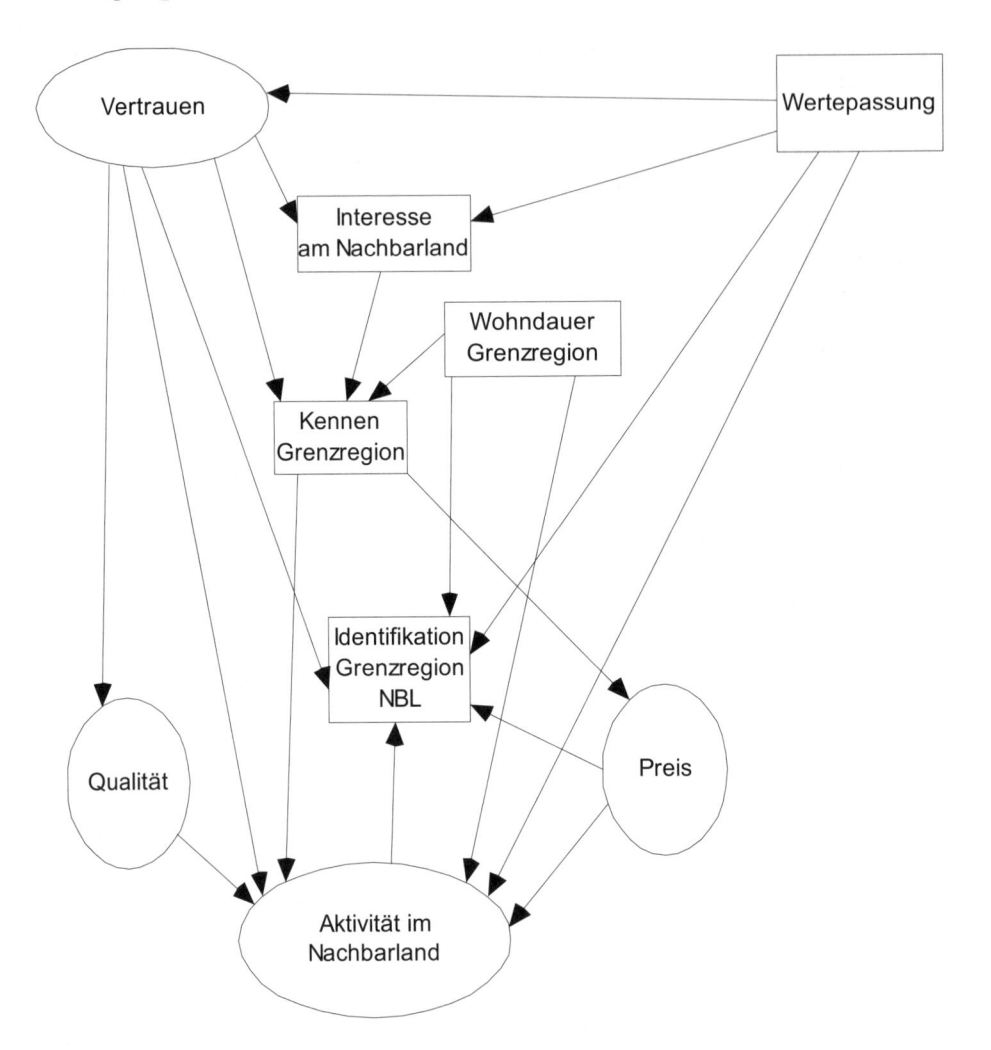

In der Abbildung des theoretischen Modells wird bereits eine Konvention bei der Arbeit mit Strukturgleichungsmodellen aufgenommen. Manifeste, das heißt empirisch gemessene, Variablen werden als Kasten dargestellt, latente Variablen als Ellipse. Kausale Einflüsse werden durch gerade Pfeile abgebildet, während Korrelationen, deren kausale Richtung unklar ist, durch gebogene Doppelpfeile abgebildet werden (siehe unten).

9. Grenzübergreifende Vergesellschaftung an den Binnengrenzen der EU

Die grenzübergreifende Interaktion wird durch die in Kapitel 7.1.3 und 7.2.2 gemessenen Einkäufe und Dienstleistungen abgebildet.[6] Mit der latenten Variable „Aktivität im Nachbarland" geht es nicht um einzelne Handlungen zu bestimmten Zwecken, sondern um eine generelle Orientierung von Aktivitäten in Richtung des Nachbarlandes. Dies soll durch eine Zusammenfassung der Aktivitäten in einer latenten Variable abgebildet werden. Entsprechend der Nutzenannahme müssen dazu Preis- und Qualitätsvorteile berücksichtigt werden, die ebenfalls zu latenten Variablen zusammengezogen werden. Die Einschätzung der Qualität von Produkten wird mit beeinflusst durch das Vertrauen in die Konfliktregelung.

Die Identifikation mit der Grenzregion im Nachbarland schließlich steht am Ende der Argumentationskette (Mitte der Abbildung). Sie wird nach den theoretischen Annahmen beeinflusst durch die Wertepassung und das Vertrauen, aber auch durch grenzübergreifende Interaktion und die Wahrnehmung des Nachbarlandes (Interesse und Kenntnis).

In Abbildung 9.2 ist nun das Strukturgleichungsmodell zu sehen.[7] Durch die Abbildung der Indikatoren und einige Fehlerkorrelationen ist das Bild etwas unübersichtlich, aber die Orientierung an dem theoretischen Modell (Abb. 9.1) kann helfen. Die Passung des Gesamtmodells zu den empirisch gefundenen Korrelationen ist nicht optimal, aber noch im Rahmen.[8]

---

6   Die Vorstellbarkeit von Aktivitäten, also die Vorstellbarkeit, ein Gebrauchtwagen im Nachbarland zu kaufen oder einen Handwerker aus dem Nachbarland zu beschäftigen, bleiben hier unberücksichtigt, weil es sich nicht um Aktivitäten handelt.

7   In diesem Modell sind die Kontrollvariablen (Alter, Einkommen, Bildung, Zugang zu einem Auto) nicht enthalten. Ihre Berücksichtigung verkompliziert das Modell erheblich, bleibt aber in den Schlussfolgerungen identisch. Ein entsprechendes Modell findet sich im Anhang A.10.

8   Die Passung des Gesamtmodells ergibt sich aus dem Vergleich der theoretischen Annahmen mit den gemessenen Korrelationen. Gütekriterien (Fit-Maße) für Strukturgleichungsmodelle sind ausgesprochen vielfältig, und es gibt im Gegensatz zur Regressionsrechnung keine klare Konvention, nach der ein bestimmtes Maß die Güte angibt. Ein Modell wird als akzeptabel angesehen, wenn Folgendes gilt: RMR<.08 (ggf. auch RMR<.10), GFI>.95 (ggf. auch >.90) und AGFI>.90. Diese Fit-Maße bilden unterschiedliche Aspekte der Passung ab und sind als strenge Ausschlusskriterien für Modelle nicht geeignet (Reinecke 2005: 115; Schmidt/ Davidov 2006: 41).

244 9. Grenzübergreifende Vergesellschaftung an den Binnengrenzen der EU

Abbildung 9.2: Grenzübergreifende Vergesellschaftung in drei deutschen Grenzregionen (Strukturgleichungsmodell)

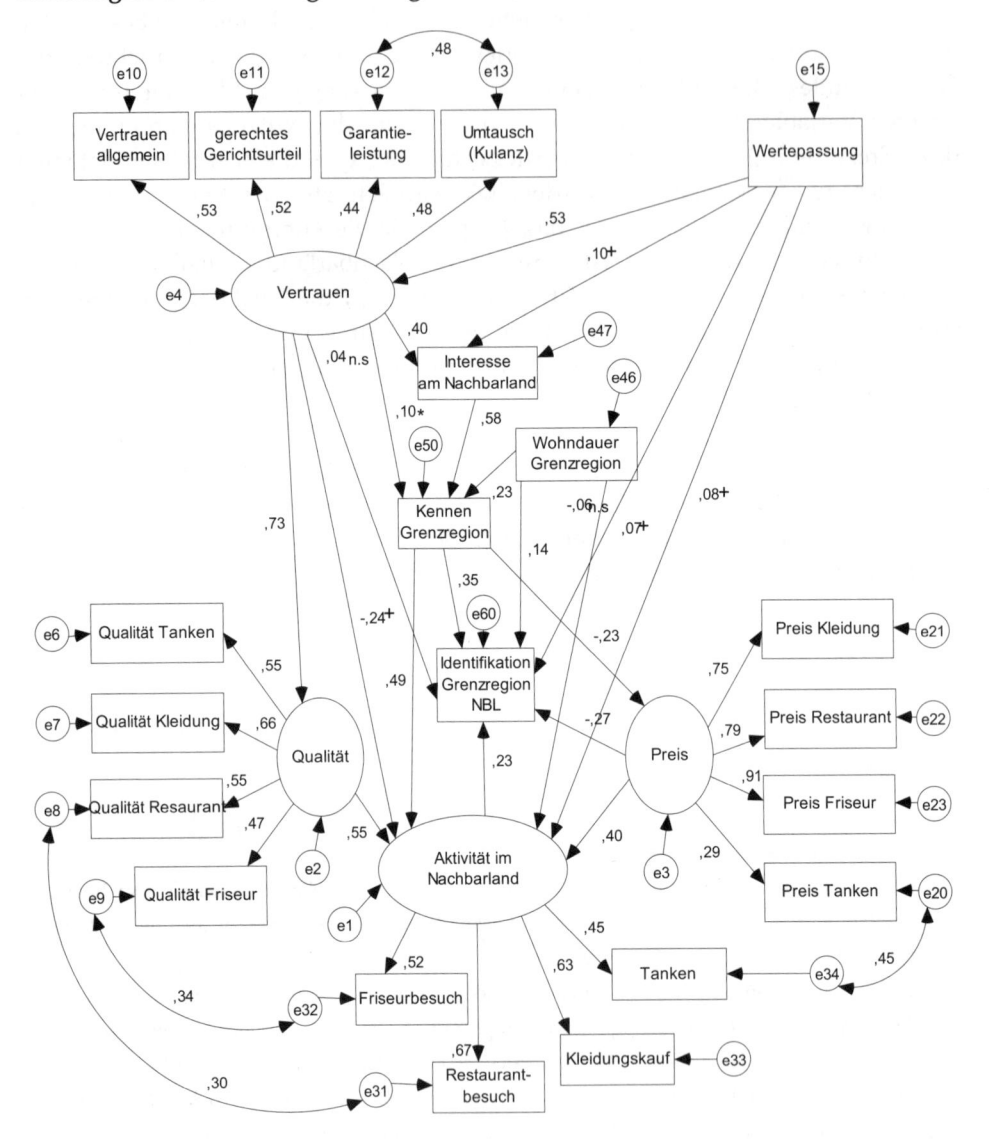

Fit-Maße: X²-Test: p<.001, RMR = .096, RMSEA=.063, GFI=.909, AGFI=.876; N=429 (pairwise missing); alle Werte signifikant auf dem 1%-Niveau, außer: * 5%-Niveau, + 10%-Niveau, n.s. nicht signifikant, einseitiger Test. Quelle: Eigene Befragung.

Die Wahrnehmung des Nachbarlandes ist hier abgebildet durch die Indikatoren Interesse am Nachbarland und Kenntnis des Nachbarlandes. Die Kenntnis hängt sehr stark vom Interesse und zusätzlich von der Wohndauer an der Grenze ab. Das Vertrauen hat nur einen geringen Einfluss auf die Kenntnis, ein Einfluss der Wertepassung wurde hier nicht modelliert, er wäre aber nicht signifikant. Das Interesse am Nachbarland ist deutlich vom Vertrauen beeinflusst. Der direkte Effekt der Wertepassung auf das Interesse am Nachbarland ist gering und nur schwach signifikant. Daraus lässt sich aber nicht ableiten, dass die Wertepassung für das Interesse am Nachbarland kaum eine Rolle spielt. Wir finden stattdessen einen indirekten Effekt der Wertepassung auf das Interesse, denn die Wertepassung beeinflusst das Vertrauen und das Vertrauen wiederum das Interesse.[9]

Die generelle Neigung, Produkte und Dienstleistungen im Nachbarland zu konsumieren, wird erwartungsgemäß beeinflusst von Nutzenvorteilen, also der Einschätzung von Preisen und Qualität. Das Systemintegrationsmodell bewährt sich also gut. Die Wohndauer in der Grenzregion spielt dagegen keine Rolle, was gegen die Europäisierungsthese spricht. Der direkte Effekt des Vertrauens auf die Käufe im Nachbarland ist überraschenderweise negativ (allerdings nur schwach signifikant). Allerdings müssen wir auch die starken indirekten Effekte über die Qualitätseinschätzung und die Kenntnis der benachbarten Grenzregion beachten. Im Ergebnis ergibt sich ein erheblicher positiver Gesamteffekt von .29. Das Minimalkonsensmodell bewährt sich also. Die Wertepassung hat keinen sehr starken direkten Effekt mit .08. Allerdings kommt vor allem mit dem indirekten Effekt über das Vertrauen ebenfalls ein erheblicher Gesamteffekt von .26 zustande. Dieser Wert spricht nur bedingt für das Wertekonsensmodell. Zwar ist die Wertepassung von erheblichem Einfluss, der wesentliche Einfluss entsteht aber über das Vertrauen, was das Minimalkonsensmodell stützt.

Die Identifikation mit der Region jenseits der Grenze, die sich in der unteren Mitte der Grafik findet, ist vor allem direkt abhängig von den Aktivitäten im Nachbarland. Weder das Vertrauen noch die Wertepassung haben einen signifikanten direkten Einfluss. Allerdings kommen nun wieder die indirekten Effekte zum Tragen, denn für die Aktivitäten im Nachbarland waren Vertrauen und Wertepassung durchaus einflussreich. Doch erst wenn sich diese Werthaltungen auch in Aktivitäten niederschlagen, zeigt sich ein positiver Effekt auf die Identifikation mit der Region im Nachbarland.

Ein weiterer Einfluss auf die Identifikation ergibt sich erst induktiv. Je niedriger die Preise im Nachbarland eingeschätzt werden, desto geringer ist die Identifika-

---

9 Der Gesamteffekt der Wertepassung auf das Interesse ergibt sich aus direktem und indirektem Effekt. Der Gesamteffekt beträgt .31 (.10+.53*.40). Zu direkten und indirekten Effekten vgl. Reinecke (2005: 46ff.).

tion mit dem Nachbarland. Hinter diesem Effekt steht der bereits bei der Analyse von Identifikation (Kap. 8) entdeckte Effekt, dass wirtschaftlich weniger wohlhabende Nachbarländer auch weniger attraktiv für eine grenzübergreifende Identifikation sind.

Eine Reihe von Effekten musste zusätzlich angenommen werden, um das Modell den Daten anzupassen. Diese Korrelationen sind plausibel, auch wenn es sich um ad hoc-Hypothesen handelt. Das Vertrauen in den Umtausch von Produkten aus Kulanz und Umtausch von Produkten bei Garantiefällen betreffen ähnliche Konstellationen, die sich von den beiden anderen Indikatoren (Gerichtsverfahren und Vertrauen generell) deutlich unterschieden.[10] Einzelne Aktivitäten werden neben der latenten Variable für die grenzübergreifende Orientierung von Aktivitäten allgemein zusätzlich stark beeinflusst von ihrer jeweiligen Preis- und/oder Qualitätseinschätzung. Bei Restaurant- und Friseurbesuchen ist die konkrete Qualitätseinschätzung besonders wichtig, beim Tanken der Preis.

Die Analyse mit Strukturgleichungsmodellen bestätigt ein Ergebnis, das sich auch schon in den Regressionsrechnungen angedeutet hat. Der Einfluss des Vertrauens ist nicht nur ein direkter, sondern in erheblichem Maße ein indirekter, der vor allem über die Qualitätseinschätzung auf die Wahrscheinlichkeit von zielgerichteten Aktivitäten im Nachbarland wirkt. Noch deutlicher gilt dies für die Wertepassung. Dieser Befund gilt aber vor allem für die zielgerichteten Interaktionen mit geringem Anteil an geselliger Interaktion. Die obigen Analysen zu Arbeitsverhältnissen und Freundschaften über die Grenze (Kap. 7.3 und 7.4) haben den Einfluss der Werteähnlichkeit bzw. Wertepassung auf Interaktionen, bei denen die Menschen intensiv und langfristig miteinander umgehen, deutlich gezeigt.

Das Strukturgleichungsmodell zeigt zudem die Zusammenhänge zwischen den hier untersuchten Grundaspekten von grenzübergreifender Vergesellschaftung auf. Nicht nur können die Erklärungsmodelle (Systemintegrationsmodell, Minimalkonsensmodell und Wertekonsensmodell) die betrachteten Aspekte von Vergesellschaftung (mit unterschiedlicher Einflussstärke) erklären, sondern die drei Aspekte stehen selbst wiederum in einem Zusammenhang, wonach mit stärker Wahrnehmung Aktivitäten im Nachbarland häufiger werden und diese Aktivitäten wiederum die Stärke der Identifikation erhöhen.

---

10 Etwas irritierend ist oftmals die kausale Richtung zwischen latenter Variable (hier Vertrauen in Konfliktregelung) und den Indikatorvariablen. Das Argument für diese Richtung der Kausalität ist, dass die latente Variable ein Konstrukt misst, dass hinter den Indikatoren steht, also die Beantwortung der konkreten Fragen beeinflusst, wenn auch in unterschiedlicher Stärke.

10. Fazit

Was hält Gesellschaften zusammen? Was macht Gesellschaft, gesellschaftliche Ordnung möglich? Die Bedingungen der Integration von Gesellschaften sind ein Zentralthema der Soziologie. Der Vielfalt und Elaboriertheit der theoretischen Argumente steht eine geradezu überraschende empirische Brache gegenüber. Die Integrationstheorien werden als solche kaum empirisch getestet, sie geben allenfalls (oftmals implizit) den Hintergrund ab für Deskriptionen von vermeintlich relevanten Faktoren, wie sozialer Ungleichheit, kultureller Heterogenität, Systemvertrauen und ähnlichem. Da aber die Gültigkeit der zugrundeliegenden Theorien unklar ist, müssen all diese Messungen auf unsicherer Basis argumentieren.

Diese Studie war angetreten, einen empirischen Beitrag zur Integrationstheorie zu leisten. Allerdings hat eine solche empirische Prüfung spezifische Voraussetzungen, sie muss einige Spezifikationen vornehmen.

Die erste erforderliche Spezifikation ist die Klärung, was genau zu erklären ist und wodurch es erklärt werden soll. Was also genau meint Integration? Die Literatur ist zu diesem Punkt uneinheitlich und wenig präzise. Die Fassung von Integration als Vergesellschaftung auf der Individualebene ist nur eine Option, die in der Diskussion angeboten wird. Auch die hier vorgenommene Fokussierung auf Vergesellschaftung in den Formen Wahrnehmung, Interaktion und Identifikation ist eine Entscheidung, die angesichts der Literaturlage prinzipiell anders möglich gewesen wäre.

Zudem ist ein weiteres konzeptionelles Problem zu lösen. Um Integrationstheorien prüfen zu können, muss eine Situation identifiziert werden, in der Gesellschaft nicht integriert ist. Erst im Kontrast von integrierten und nicht-integrierten Gesellschaften lassen sich die Einflussfaktoren testen. Da Menschen als soziale Wesen aber immer in Gesellschaft leben, gibt es den Fall von nicht-integrierter Gesellschaft nicht. Es handelt sich um einen abstrakten Gedanken, nicht um eine empirisch vorfindbare Situation.

Das Konzept der Vergesellschaftung geht an diese Frage anders heran. Nun wird nicht mehr eine integrierte von einer gedachten nicht-integrierten Gesellschaft unterschieden, sondern es lassen sich Grade von intensiver und weniger intensiver Integration ausmachen. Die Frage ist nun nicht mehr, ob Menschen überhaupt integriert sind, sondern in welchem Maße. Integration wird graduell gedacht und damit lassen sich Konstellationen starker Integration mit Konstellationen schwächerer Integration vergleichen.

Die letzte Spezifikation für eine empirische Prüfung der Integrationstheorien ist die Verräumlichung des Konzepts. Die europäische Integration legt eine solche Perspektive nahe. Integration bedeutet dann Integration in räumlich gegliederte soziale Einheiten und Integrationsdichte ist dann Vergesellschaftungsintensität, die sich auf einen bestimmten Raum erstreckt. Die Ausdünnung von Integration lässt sich dann als räumliche Grenze beschreiben und je nach theoretischem Modell auch an bestimmten Grenzen vermuten. Mit diesen Spezifikationen, also der Gradualisierung des Verständnisses von Integration, der Bestimmung als Vergesellschaftung auf Individualebene und der Verräumlichung, wird die Frage nach Integration empirisch bearbeitbar.

Untersucht wurden nun drei Modelle, wovon Integration abhängt. Auch hierbei handelt es sich um eine Verdichtung und Präzisierung von Argumenten in der Diskussion. Während manche Theorien eine gemeinsame politische Struktur oder kulturelle Homogenität selbst als Integration begreifen, werden diese Faktoren hier als Einflüsse auf die Wahrscheinlichkeit von Vergesellschaftung und damit als Erklärung von Integration eingeführt. Die Werteabhängigkeit von Integration ist ein großes Thema der Debatte und stand hier im Vordergrund mit dem Wertekonsensmodell, wonach ein umfassender Konsens über grundlegende Werte Bedingung für Integration ist, und dem Minimalkonsensmodell, wonach ein Konsens über Verfahren der Konfliktregelung ausreicht. Schließlich wurde argumentiert, allein der individuelle Nutzen sei entscheidend für Vergesellschaftung, und es gibt keine weiteren kulturellen Voraussetzungen (Systemintegrationsmodell).

Die im vorhergehenden Kapitel zusammengefassten Ergebnisse (Kap. 9) machen deutlich, dass alle drei Modelle ihre Berechtigung haben, allerdings zu spezifizieren ist, für welche Dimensionen von Integration sie gelten. Versteht man Soziologie mit Max Weber als die Wissenschaft sozialen Handelns (Weber 1980: 1), dann wären Interaktionen die entscheidende Form von Vergesellschaftung. Für die Interaktionen hat sich ein starker Einfluss der konkreten Nutzenüberlegungen gezeigt. Dies wurde von unterschiedlichsten Theorierichtungen auch unterstellt. Die Rational Choice-Theorie formuliert solche Überlegungen für Akteure, die Analysen der Systemtheorie auf der Makroebene lassen sich als Beschreibung von Anreizlogiken verstehen.[1] Doch die Ergebnisse zeigen auch, dass man hier nicht stehen bleiben bzw. Anreize nicht zu eng definieren darf. Je nach Charakter der Interaktion reicht primär wirtschaftlicher Nutzen nicht aus, sondern es kommen kulturelle Voraussetzungen hinzu. Im Fall von zielgerichteten Interaktionen ist es meist Vertrauen in eine angemessene Konfliktregelung, die erforderlich ist. Wenn es um Interaktionen mit längerer zeitlicher Perspektive und intensivem Umgang miteinander geht, dann spielt auch die Werteähnlichkeit eine wesentliche Rolle.

---

[1] Zur Überschneidung dieser Theorierichtungen vgl. Schimank (1988) und Rössel (2008).

10. Fazit

Menschen wählen ihre Interaktionspartner auch nach unterstellten Werthaltungen und damit ist Kultur ein wesentlicher Einfluss auf die Chance von Integration.

Nimmt man die Dimensionen Wahrnehmung und Identifikation hinzu, so wird der kulturelle Einfluss nochmals stärker. Die Intensität der Wahrnehmung von anderen wird durch Vertrauen maßgeblich gestärkt, Identifikation mit einer gemeinsamen Einheit hängt ab von einem unterstellten Wertekonsens.

Diese Befunde gehen zwar aus von einer bestimmten Spezifikation der Integrationsfrage, sie sind aber zunächst einmal empirische Argumente, die in einer sehr alten Kontroverse um die kulturellen Voraussetzungen von Integration die Waage zu einer Seite schwenken lassen: Integration hat kulturelle Voraussetzungen und je intensiver die Formen der Vernetzung sind im Sinne von persönlichem Kontakt, desto bedeutsamer werden Vertrauen und Werteähnlichkeit.

Nun stellt sich die Frage, was aus diesen Ergebnissen konkret folgen kann. Die Integration wird immer wieder auch als politisch relevantes Thema diskutiert. So soll der „Zusammenhalt der Gesellschaft" gewährleistet bleiben, ein „Auseinanderdriften" gilt es zu verhindern. Doch ähnlich wie bei der Theoriedebatte bleibt auch in diesen Diskussionen oft unklar, welches Integrationsverständnis genau vertreten wird. Für Schlussfolgerungen zum Beispiel in Bezug auf anzustrebende Erziehungsziele oder Integrationspolitik gegenüber Migranten ist das angestrebte Niveau von Integration entscheidend. Die Bedeutung eines Wertekonsenses für Integration hängt eben letztlich davon ab, ob man Identifikation mit einer gemeinsamen Einheit für zwingend erforderlich hält und ob eine Vernetzung durch Freundschaften entscheidend ist. Man könnte Integration weniger anspruchsvoll definieren und gelangt damit zu weniger weitreichenden Bedingungen.[2] Dann mag ein Minimalkonsens ausreichen.

Die Zielvorstellung von Integration ist auch die letztlich entscheidende Frage für die Folgerungen, die sich für die Europäische Union (EU) ergeben. Die Zielbestimmung der EU ist mit der Formulierung eines Zusammenwachsens der Völker recht unpräzise. Der Idee einer Wirtschaftsgemeinschaft folgend könnte dieses Zusammenwachsen auf eine Zweckgemeinschaft bezogen bleiben, in der zielgerichtete Interaktionen ermöglicht und begünstigt werden. Dann wäre neben selektiven Vorteilen ein Minimalkonsens mit einem basalen Vertrauen ausreichend. Für ein weitgehendes Integrationsverständnis mit der Ausbildung einer gemeinsamen Identität, relativ enger Handlungsvernetzung und zumindest tendenzieller Sympathie zwischen den Menschen ist ein Wertekonsens eine Bedingung. Wird ein so umfangreiches Integrationsziel angestrebt, dann dürfte die Werteheterogenität Europas ein erhebliches Hindernis darstellen.

---

[2] Zum Beispiel hatte Plessner (1981) ein Plädoyer gegen ein zu weitreichendes Integrationsverständnis im Sinne einer Gemeinschaft gehalten und für die distanziertere Gesellschaft plädiert.

Die EU könnte nun bestrebt sein, Wertehomogenität durch politische Maßnahmen zu fördern. Allerdings ist dies ein ausgesprochen schwieriges Ziel, das sich politisch kaum erreichen lässt. Werte sind bei den Menschen über lange Zeit stabil und wandeln sich in Kulturen nur langfristig. Alternativ zu einem politisch initiierten Wertewandel wäre dreierlei denkbar. Zum einen könnte die EU das Ziel verfolgen, die Wahrnehmung von Werteunterschiedlichkeit zu verändern. Werden die Differenzen als weniger bedeutsam wahrgenommen, müssten Vergesellschaftungen wahrscheinlicher werden. Wie dieses Ziel zu erreichen ist, lässt sich allerdings nicht leicht sagen. Je nach Vorerwartungen können beispielsweise Begegnungen zu einer Abschwächung, durchaus aber auch zu einer Verstärkung wahrgenommener kultureller Unterschiede führen. Denkbar wäre auch ein Versuch, die Kompetenz im Umgang mit kultureller Unterschiedlichkeit zu stärken. So mag die (wahrgenommene) Differenz unverändert bleiben, sie wird aber im Erfolgsfall nicht als Hindernis wahrgenommen, vielleicht sogar als Bereicherung. Ob dies aber eine erfolgversprechende Strategie ist, muss hier offen bleiben. Entsprechende Kompetenzen mögen hilfreich sein, wenn Menschen anderweitig mehr oder minder gezwungen sind, mit kulturell anders Geprägten zu interagieren, wie dies bei Unternehmenskooperationen oder Arbeitsmigranten der Fall sein mag. Ob damit auch die Präferenzen für Freundschaften verändert werden oder die Neigung, sich mit einer gemeinsamen Einheit zu identifizieren, ist damit nicht gesagt.

Alternativ könnte die EU – möglicherweise vorerst – ein weniger anspruchsvolles Konzept von Integration anstreben. So mag zielgerichtete Interaktion, vielleicht in Grenzen auch Wahrnehmung, eine erstrebenswerte Form der Integration sein. Die Wirtschaftsunion könnte für die Menschen eine Alltagsrealität ihres Handelns werden, ohne dass damit gleich Freundschaften oder Identifikation verbunden sind. Nach diesem Konzept kommt vor allem dem Vertrauen eine wichtige Bedeutung zu. Entscheidend wären also Vertrauensbildende Maßnahmen. Auch Vertrauen ist nicht leicht zu erreichen, scheint aber eher möglich als ein gesteuerter Wertewandel.

Schließlich könnte die EU mit variablen Strategien auf die unterschiedlichen Integrationschancen reagieren. Damit würde sie sich für die soziale Integration auf ein „Europa der mehreren Geschwindigkeiten" einlassen. Die vorfindliche Situation entspricht schon einer solchen differenzierten sozialen Integration mit Räumen dichter grenzübergreifender Vergesellschaftung an einigen Grenzen, insbesondere zwischen den Benelux-Staaten, Frankreich, Deutschland und Österreich, zum Teil mit ihren östlichen Nachbarn. Die bisherige, lokal umgesetzte Förderung der Euroregionen kommt diesem Konzept schon recht nahe.

Unabhängig von den kulturellen Voraussetzungen bleiben aber für die Integration der EU die Nutzenvorteile relevant. Mit den Maßnahmen zur Angleichung von Marktchancen und Lebensstandard in der EU nehmen diese Gelegenheiten aber ab. Vorteile durch Preisniveauunterschiede, die in den Grenzregionen vielfach zu grenzübergreifenden Einkäufen führen, werden mit einer Angleichung der Lebensverhältnisse tendenziell abnehmen. Die EU arbeitet also in dieser Dimension gegen ihr eigenes Ziel der Integration. Gleichwohl muss man dieses Argument relativieren. Eine grenzübergreifende Identifikation war wahrscheinlicher bei einem höheren Preisniveau im Nachbarland und dies ließ sich interpretieren als eine Attraktivität des Nachbarlandes in Abhängigkeit vom Wohlstandsniveau. Eine wirtschaftliche Stärkung der ärmeren Länder macht also eine gemeinsame Identifikation wahrscheinlicher. Zudem können auch bei einem gleichen generellen Preisniveau einzelne Produkte und Dienstleistungen unterschiedlich teuer sein und grenzübergreifende Interaktionen anregen.

Schließlich lässt sich die Integrationsfrage in die umgekehrter Richtung stellen, nämlich nach den Rückwirkungen der lokalen Vergesellschaftung in Grenzregionen auf die Bindung der Menschen an den europäischen Einigungsprozess. Die Maßnahmen der Grenzöffnung sind für die Menschen in Grenznähe unmittelbar erfahrbar, doch es ist damit nicht gesagt, dass aus diesen Erlebnissen Konsequenzen resultieren für die Wahrnehmung der EU und ihrer Politik (vgl. auch Schmidberger 1997). Dies führt freilich in andere Fragen, die hier nicht Gegenstand waren. Die Betrachtung der gesamteuropäischen Identifikation macht allerdings misstrauisch, was einen Transfer von einer lokal-transnationalen zu einer gesamteuropäischen Perspektive betrifft. Die Einflüsse, die zu einer stärkeren Identifikation mit einer grenzübergreifenden Region beitragen, blieben in Bezug auf europäische Identifikation ohne Bedeutung (vgl. auch Rippl u.a. 2009). In welcher Weise dies für andere Einstellungen der politischen Unterstützung gilt, kann hier nicht behandelt werden. Doch dieser Befund sensibilisiert für die keineswegs eindeutige Beziehung zwischen politischer Integration und der Vergesellschaftung „von unten". Der Integrationstheorie-Debatte war schon lange klar, dass politische Integration nur eine von mehreren relevanten Dimensionen gesellschaftlicher Integration ist. Es ist wichtig, diesen Gedanken auch in die Europasoziologie einzuführen und die Betrachtung der gesellschaftlichen Dimension einer europäischen Einigung zumindest partiell vom politischen Prozess zu lösen.

Die europäische Einigung ist ein Projekt grundlegenden gesellschaftlichen Wandels, sie ist aber auch eine Lebensrealität für ein bestimmtes Segment der Bevölkerung. Und diese Europäisierung der Lebensrealität ist und bleibt ein soziologisch hoch interessantes Thema – für die Europasoziologie und für die Integrationsforschung.

Literatur

Ajzen, Icek, 1991: The theory of planned behavior. *Organizational Behavior and Human Decision Processes*, 50(2), S. 179-211.

Ajzen, Icek/Fishbein, Martin, 1980: *Understanding Attitudes and Predicting Social Behavior*. Upper Saddle River: Prentice-Hall.

Akerlof, George A./Spence, Michael/Stiglitz, Joseph, 1970: The Market for 'Lemons': Quality Uncertainty and the Market Mechanism. *Quarterly Journal of Economics*, 84(3), S. 488-500.

Alba, Richard/Nee, Victor, 2004: Assimilation und Einwanderung in den USA. In: Klaus Bade/Michael Bommes (Hg.): *Migration – Integration – Bildung. Grundfragen und Problembereiche. IMIS-Beiträge 23.* Osnabrück: Institut für Migrationsforschung und Interkulturelle Studien, S. 21-39.

Albrow, Martin, 1993: Globalization. In: William Outhwaite/Tom Bottomore (Hg.): *The Blackwell Dictionary of Twentieth Century Thought*. Cambridge: Blackwell, S. 248-249.

Alexander, Jeffrey C., 1983: *The Modern Reconstruction of Classical Thought: Talcott Parsons. Theoretical Logic in Sociology, Vol. 4*. Berkeley, Los Angeles: University of California Press.

Alkers, H. R., 1969: A Typology of Ecological Fallacies. In: Mattei Dogan/S. Rokkon (Hg.): *Quantitative Ecological Analysis in the Social Sciences*. Cambridge, Mass.: MIT Press, S. 69-86.

Allport, Gordon W., 1954: *The Nature of Prejudice*. Cambridge: Cambridge University Press.

Alvesson, Mats, 1993: *Cultural Perspectives on Organizations*. Cambridge, New York: Cambridge University Press.

Alvesson, Mats/Berg, Per O., 1992: *Corporate Culture and Organizational Symbolism. An Overview*. Berlin, New York: de Gruyter.

Anderson, Benedict, 1991: *Imagined Communities. Reflection on the Origin and Spread of Nationalism*. London, New York: Verso.

Anderson, Malcolm/Bort, Eberhard (Hg.), 1998: *The Frontiers of Europe*. London, Washington: Pinter.

Appadurai, Arjun, 1996: *Modernity at Large. Cultural Dimensions of Globalization*. Minneapolis: University of Minnesota Press.

Axt, Heinz-Jürgen/Milososki, Antonio/Schwarz, Oliver, 2007: Europäisierung - ein weites Feld. Literaturbericht und Forschungsfragen. *Politische Vierteljahresschrift*, 48(1), S. 136-149.

Bach, Maurizio, 2000a: Die Europäisierung der nationalen Gesellschaft? Problemstellungen und Perspektiven einer Soziologie der europäischen Integration. In: Maurizio Bach (Hg.): *Die Europäisierung nationaler Gesellschaften. Sonderheft 40 der Kölner Zeitschrift für Soziologie und Sozialpsychologie*. Opladen: Westdeutscher Verlag, S. 11-35.

Bach, Maurizio (Hg.), 2000b: *Die Europäisierung nationaler Gesellschaften. Sonderheft 40 der Kölner Zeitschrift für Soziologie*. Opladen: Westdeutscher Verlag.

Bach, Maurizio, 2001: Beiträge der Soziologie zur Analyse der Europäischen Integration. Eine Übersicht über theoretische Konzepte. In: Wilfried Loth/Wolfgang Wessels (Hg.): *Theorien europäischer Integration*. Opladen: Leske+Budrich, S. 147-173.

Bach, Maurizio, 2003: The Europeanization of Cleavages and the Emergence of a European Social Space. *Journal of European Social Policy*, 13(1), S. 50-54.

Bach, Maurizio, 2006: Marktintegration ohne Sozialintegration in der Europäischen Union. Zur Krise des europäischen Gesellschaftsmodells. In: Robert Hettlage/Hans-Peter Müller (Hg.): *Die europäische Gesellschaft*. Konstanz: UVK, S. 175-194.

Bach, Maurizio, 2008: *Europa ohne Gesellschaft. Politische Soziologie der europäischen Integration.* Wiesbaden: VS Verlag für Sozialwissenschaften.

Bachtler, John (Hg.), 1997: *The Coherence of EU Regional Policy. Contrasting Perspectives on the Structural Funds.* London: Kingsley.

Backhaus, Klaus/Erichson, Bernd/Plinke, Wulff u.a., 2000: *Multivariate Analysemethoden. Eine anwendungsorientierte Einführung.* Berlin u.a.: Springer.

Balog, Andreas, 2001: *Neue Entwicklungen in der soziologischen Theorie. Auf dem Weg zu einem gemeinsamen Verständnis der Grundprobleme.* Stuttgart: Lucius & Lucius.

Banse, Christian, 2004: Die nationale Grenze und die soziale Grenze. In: Christian Banse/ Holk Stobbe (Hg.): *Nationale Grenzen in Europa. Wandel der Funktion und Wahrnehmung nationaler Grenzen im Zuge der EU-Erweiterung.* Frankfurt/M.: Peter Lang, S. 15-34.

Bartolini, Stefano, 2005: *Restructuring Europe. Centre formation, system building and political structuring between the nation-state and the European Union.* Oxford: Oxford University Press.

Batten, David/Nijkamp, Peter, 1990: Barriers to communication and spatial interaction. *Annals of Regional Science*, 24(4), S. 233-236.

Bauer, Thomas/Zimmermann, Klaus, 1999: *Assessment of Possible Migration Pressure and its Labour Market Impact Following EU Enlargement to Central and Eastern Europe.* IZA Research Report No. 3. Bonn: IZA.

Becher, Heribert J., 1971: *Georg Simmel. Die Grundlagen seiner Soziologie.* Stuttgart: Ferdinand Enke.

Beck, Ulrich, 1997: *Was ist Globalisierung? Irrtümer des Globalismus - Antworten auf Globalisierung.* Frankfurt/M.: Suhrkamp.

Beck, Ulrich (Hg.), 1998a: *Perspektiven der Weltgesellschaft.* Frankfurt/M.: Suhrkamp.

Beck, Ulrich (Hg.), 1998b: *Politik der Globalisierung.* Frankfurt/M.: Suhrkamp.

Beck, Ulrich/Grande, Edgar, 2004: *Das kosmopolitische Europa.* Frankfurt/M.: Suhrkamp.

Beck, Ulrich/Sopp, Peter (Hg.), 1997: *Individualisierung und Integration.* Opladen: Leske+ Budrich.

Becker, Joachim/Komlosy, Andrea (Hg.), 2004: *Grenzen weltweit. Zonen, Linien, Mauern im historischen Vergleich.* Wien: Promedia.

Beisheim, Marianne/Dreher, Sabine/Walter, Gregor u.a., 1999: *Im Zeitalter der Globalisierung? Thesen und Daten zur gesellschaftlichen und politischen Denationalisierung.* Baden-Baden: Nomos Verlagsgesellschaft.

Blau, Peter M., 1977: *Inequality and Heterogeneity. A Primitive Theory of Social Structure.* New York: Free Press.

Blau, Peter M./Schwartz, J. E., 1984: *Crosscutting Social Circles. Testing A Macrostructural Theory of Intergroup Relations.* New York: Academic Press.

Boli-Bennett, John/Meyer, John W., 1978: The Ideology of Childhood and the State: Rules Distinguishing Children in National Constitutions, 1870-1970. *American Sociological Review*, 43(6), S. 797-812.

Bourdieu, Pierre, 1994: *Die feinen Unterschiede. Kritik der gesellschaftlichen Urteilskraft.* Frankfurt/M.: Suhrkamp.

Boyd, Monica, 1989: Family and Personal Networks in International Migration: Recent Developments and New Agendas. *International Migration Review*, 23(3), S. 638-670.

Braam, Manfred, 1993: Grenznähe und Niederländischunterricht. In: Manfred Pelz (Hg.): *Fremdsprachen für die Zukunft - Nachbarsprachen und Mehrsprachigkeit*. Saarbrücken: Universität des Saarlandes, S. 221-234.

Breen, Richard/Rottmann, David B., 1998: Is the Nation the Appropriate Geographical Unit for Class Analysis? *Sociology*, 32(1), S. 1-21.

Brüggemann, Michael/Sifft, Stefanie/Kleinen von Königslöw, Katharina u.a., 2006: Segmentierte Europäisierung. Trends und Muster der Transnationalisierung von Öffentlichkeit in Europa. In: Michael Latzer/Florian Saurwein (Hg.): *Medialer Wandel und europäische Öffentlichkeit*. Wiesbaden: VS Verlag für Sozialwissenschaften, S. 214-231.

Bruha, Thomas/Seeler, Hans-Joachim (Hg.), 1998: *Die Europäische Union und ihre Sprachen. Interdisziplinäres Symposium zur Vielsprachigkeit als Herausforderung und Problematik des europäischen Einigungsprozesses*. Baden-Baden: Nomos.

Bruter, Michael, 2006: *Citizens of Europe? The emergence of a mass European identity*. Basingstoke: Palgrave Macmillan.

Bucken-Knapp, Gregg/Schack, Michael (Hg.), 2001: *Borders Matter: Transboundary Regions in Contemporary Europe*. Aabenraa: Institut for graenseregionsforskning.

Busse, Gerd/Frietman, Jos, 1998: Grenzüberschreitende Arbeitsmobilität in der Euroregion Rhein-Waal und in der euregio rhein-maas-nord. In: Peter de Gijsel/Hans-Joachim Wenzel (Hg.): *Mobilität und Kooperation auf grenzüberschreitenden Arbeitsmärkten: Deutschland Niederlande*. Osnabrück: Institut für Migrationsforschung und Interkulturelle Studien, S. 37-61.

Calingaert, Michael, 1999: Creating a European Market. In: Laura Cram/Desmond Dinan/ Neill Nugent (Hg.): *Developments in the European Union*. Basingstoke, London: Macmillan, S. 153-173.

Campbell, Karen E., 1990: Networks Past: A 1939 Bloomington Neighborhood. *Social Forces*, 69(1), S. 139-155.

Cappellin, Riccardo/Batey, P. W. J. (Hg.), 1993: *Regional Networks, Border Regions and European Integration*. London: Pion.

Cinnirella, M., 1996: A Social Identity Perspective on European Integration. In: G. Breakwell/E. Lyons (Hg.): *Changing European Identities. Social Psychological Analyses of Social Change*. Oxford: S. 253-274.

Coccossis, Harry/Nijkamp, Peter (Hg.), 1995: *Overcoming Isolation. Information and Transportation Networks in Development Stategies for Peripheral Areas*. Berlin, Heidelberg, New York: Springer.

Conzelmann, Thomas/Knodt, Michele (Hg.), 2002: *Regionales Europa - Europäisierte Regionen*. Frankfurt/M.: Campus.

Coser, Lewis A., 1956: *The Functions of Social Conflict*. London: Routledge & Kegan Paul.

Crouch, Colin, 1999: *Social Change in Western Europe*. Oxford: Oxford University Press.

Dahrendorf, Ralf, 1961: Struktur und Funktion. Talcott Parsons und die Entwicklung der soziologischen Theorie. In: Ralf Dahrendorf (Hg.): *Gesellschaft und Freiheit. Zur soziologischen Analyse der Gegenwart*. München: R. Piper, S. 49-84.

Dahrendorf, Ralf, 1965: Konflikt oder die Sehnsucht nach Synthese. In: Ralf Dahrendorf (Hg.): *Gesellschaft und Demokratie in Deutschland*. München: Piper, S.

Dahrendorf, Ralf, 1967: Zu einer Theorie des sozialen Konflikts. In: Wolfgang Zapf (Hg.): *Theorien des sozialen Wandels*. Köln, Berlin: S. 108-123.

Dahrendorf, Ralf, 1972: *Konflikt und Freiheit. Auf dem Weg zur Dienstklassengesellschaft*. München: Piper.

Dangschat, Jens S., 1994: Segregation - Lebensstile im Konflikt, soziale Ungleichheiten und räumliche Disparitäten. In: Jens S. Dangschat/Jörg Blasius (Hg.): *Lebensstile in den Städten. Konzepte und Methoden*. Opladen: S. 426-445.

Darby, Michael R./Karni, Edi, 1973: Free Competition and the Optimal Amount of Fraud. *Journal of Law & Economics*, 16(1), S. 67-88.

Davidov, Edgar/Schmidt, Peter/Schwartz, Shalom H., 2007: Bringing Values Back In: The Adequacy of the European Social Survey to Measure Values in 20 countries. *Public Opinion Quarterly*, S.

Defrance, Corine (Hg.), 2005: *Der Élysée-Vertrag und die deutsch-französischen Beziehungen 1945 - 1963 - 2003*. Müncehn: Oldenbourg.

Delhey, Jan, 2004a: *European Social Integration. From Convergence of Countries to Transnational Relations Between People. WZB-Discussion Paper SP I 2004-201*. Berlin: Wissenschaftszentrum.

Delhey, Jan, 2004b: Nationales und transnationales Vertrauen in der Europäischen Union. *Leviathan. Zeitschrift für Sozialwissenschaft*, 32(1), S. 15-45.

Delhey, Jan, 2004c: Transnationales Vertrauen in der erweiterten EU. *Aus Politik und Zeitgeschichte*, 54(B38), S. 6-13.

Delhey, Jan, 2005: Das Abenteuer der Europäisierung. Überlegungen zu einem soziologischen Begriff europäischer Integration. *Soziologie*, 34(1), S. 7-27.

Delhey, Jan/Newton, Kenneth, 2003: Who Trusts? The Origins of Trust in Seven Societies. *European Societies*, 5(2), S. 93-137.

Delhey, Jan/Newton, Kenneth, 2005: Predicting Cross-National Levels of Social Trust: Global Pattern or Nordic Exceptionalism. *European Sociological Review*, 21(4), S. 311-327.

Deth, Jan van/Scarbrough, Elinor, 1995: The Concept of Values. In: Jan van Deth/Elinor Scarbrough (Hg.): *The Impact of Values*. Oxford: Oxford University Press, S. 21-47.

Deutsch, Karl W., 1962: *Nationalism and Social Communication*. Cambridge, Mass.: MIT Press.

Dewey, John (Hg.), 1996: *Die Öffentlichkeit und ihre Probleme*. Bodenheim: Philo Verlagsgesellschaft.

Dierkes, Meinolf/Rosenstiel, Lutz von/Steger, Ulrich (Hg.), 1993: *Unternehmenskultur in Theorie und Praxis. Konzepte aus Ökonomie, Psychologie und Ethnologie*. Frankfurt/M.: Campus.

Dijk, Jouke van/Zanen, Teun Jan, 1998: Grenzüberschreitende Zusammenarbeit und Arbeitsmarkt in der Ems-Dollart-Region. In: Peter de Gijsel/Hans-Joachim Wenzel (Hg.): *Mobilität und Kooperation auf grenzüberschreitenden Arbeitsmärkten: Deutschland Niederlande*. Osnabrück: Institut für Migrationsforschung und Interkulturelle Studien, S. 63-76.

Dillman, Don A., 2000: *Mail und Internet Survey. The Tailored Design Method*. New York u.a.: John Wiley & Sons.

Dobbelstein, Jana, 2006: *Sprachenerwerb in Grenznähe. Qualitative Untersuchung zur Motivation der Teilnahme an Polnisch- und Englischkursen Erwachsener an der Kreisvolkshochschule Uecker-Randow. Unveröffentlichte Magisterarbeit*. Leipzig: Institut für Kulturwissenschaften, Universität Leipzig.

Downs, Roger M., 1977: *Maps in Minds*. New York: Harper & Row.

Drunkermühle, Ludger, 1993: Begegnungssprache Niederländisch in den Grundschulen Nordrhein-Westfalns. In: Manfred Pelz (Hg.): *Fremdsprachen für die Zukunft - Nachbarsprachen und Mehrsprachigkeit*. Saarbrücken: Universität des Saarlandes, S. 235-242.

Dubiel, Helmut, 1999: Integration durch Konflikt? In: Jürgen Friedrichs/Wolfgang Jagodzinski (Hg.): *Soziale Integration. Sonderheft 39 der Kölner Zeitschrift für Soziologie und Sozialpsychologie.* Opladen, Wiesbaden: Westdeutscher Verlag, S. 132-143.

Duchesne, Sophie/Frognier, André-Paul, 1995: Is there a European Identity? In: Oskar Niedermayer/Richard Sinnott (Hg.): *Public Opinion and Internationalized Government.* Oxford: Oxford University Press, S. 193-226.

Dunteman, George H., 1993: *Principal Components Analysis.* Newbury Park: Sage.

Dürrschmidt, Jörg, 2002: *Globalisierung.* Bielfeld: transcript.

Eckart, Karl/Kowalke, Hartmut, 1997: *Die Euroregionen im Osten Deutschlands.* Berlin: Duncker & Humblot.

Edelman, Murray, 1964: *The Symbolic Uses of Politics.* Urbana, Ill.: University of Illinois Press.

Eder, Klaus, 2000: Zur Transformation nationalstaatlicher Öffentlichkeit in Europa. Von der Sprachgemeinschaft zur issuespezifischen Kommunikationsgesellschaft. *Berliner Journal für Soziologie,* 10(2), S. 167-184.

Eder, Klaus, 2006: Transnationale Kommunikationsräume und die Entstehung einer europäischen Gesellschaft. In: Robert Hettlage/Hans-Peter Müller (Hg.): *Die europäische Gesellschaft.* Konstanz: UVK, S. 155-173.

Eder, Klaus, 2007: Europa als besonderer Kommunikationsraum. Zur Frage der sozialen Integration einer kulturell heterogenen Gemeinschaft. *Berliner Journal für Soziologie,* 17(1), S. 33-50.

Eder, Klaus/Hellmann, Kai-Uwe/Trenz, Hans-Jörg, 1998: Regieren in Europa jenseits öffentlicher Legitimation? Eine Untersuchung zur Rolle von politischer Öffentlichkeit in Europa. *Politische Vierteljahresschrift, Sonderheft 29,* S. 321-344.

Eder, Klaus/Kantner, Cathleen, 2000: Transnationale Resonanzstrukturen in Europa. Eine Kritik der Rede vom Öffentlichkeitsdefizit. In: Maurizio Bach (Hg.): *Die Europäisierung nationaler Gesellschaften. Sonderheft 40 der Kölner Zeitschrift für Soziologie und Sozialpsychologie.* Opladen: Westdeutscher Verlag, S. 306-331.

Eigmüller, Monika, 2006: Der duale Charakter der Grenze. Bedingungen einer aktuellen Grenztheorie. In: Monika Eigmüller/Georg Vobruba (Hg.): *Grenzsoziologie. Die politische Strukturierung des Raumes.* Wiesbaden: VS Verlag für Sozialwissenschaften, S. 55-73.

Eigmüller, Monika, 2007: *Grenzsicherungspolitik. Funktion und Wirkung der europäischen Außengrenze.* Wiesbaden: VS Verlag für Sozialwissenschaften.

Eigmüller, Monika/Schmidt, Daniel, 2005: Grenzsicherungspolitik und Grenzregime. Aktuelle Tendenzen und Probleme der Migrationspolitik im Kontext der sächsischen Polizei. In: Klemens H. Schrenk (Hg.): *Zuwanderung und Integration.* Rothenburg: Hochschule der Sächsischen Polizei, S.

Eigmüller, Monika/Vobruba, Georg, 2006a: Einleitung: Warum eine Soziologie der Grenze? In: Monika Eigmüller/Georg Vobruba (Hg.): *Grenzsoziologie. Die politische Strukturierung des Raumes.* Wiesbaden: VS Verlag für Sozialwissenschaften, S. 7-11.

Eigmüller, Monika/Vobruba, Georg (Hg.), 2006b: *Grenzsoziologie. Die politische Strukturierung des Raumes.* Wiesbaden: VS Verlag für Sozialwissenschaften.

Ertelt, Bernd-Joachim/Baigger, Dieter, 2002: Evaluation des Europäischen Vermittlungsdienstleistungsangebotes EURES der Bundesanstalt für Arbeit. *Zeitschrift für berufskundliche Information und Dokumentation,* 43(S. 2915-2926.

Eskelinen, Heikki/Liikanen, I./Oksa, J. (Hg.), 1999: *Curtains of Iron and Gold. Reconstructing Borders and Scales of Interaction*. Ashgate: Aldershot.

Esser, Hartmut, 1980: *Aspekte der Wanderungssoziologie. Assimilation und Integration von Wanderern, ethnischen Gruppen und Minderheiten. Eine handlungstheoretische Analyse*. Darmstadt u.a.: Luchterhand.

Esser, Hartmut, 1990: Interethnische Freundschaften. In: Hartmut Esser/Jürgen Friedrichs (Hg.): *Generation und Identität. Theoretische und empirische Beiträge zur Migrationssoziologie*. Opladen: Westdeutscher Verlag, S. 185-205.

Esser, Hartmut, 2001a: *Integration und ethnische Schichtung. Arbeitspapiere Nr. 40*. Mannheim: Mannheimer Zentrum für Europäische Sozialforschung.

Esser, Hartmut, 2001b: Kommentar zu dem Beitrag von Gaetano Romano: Braucht die Gesellschaft eine gemeinsame Kultur? Zur Kritik des Kulturbegriffs der Migrationsforschung. In: Hans-Joachim Hoffmann-Nowotny (Hg.): *Das Fremde in der Schweiz*. Zürich: Seismo-Verlag, S. 259-265.

Esser, Hartmut, 2004: Welche Alternativen zur „Assimilation" gibt es eigentlich? In: Klaus J. Bade/Michael Bommes (Hg.): *Migration – Integration – Bildung. Grundfragen und Problembereiche. IMIS-Beiträge 23*. Osnabrück: Institut für Migrationsforschung und Interkulturelle Studien, S. 41-60.

Europäische Kommission, 2004a: Bericht über die Tätigkeit des EURES-Netzwerks im Zeitraum 2002-2003. KOM(2004)467. http://register.consilium.europa.eu/pdf/de/04/ st11/st11465.de04.pdf.

Europäische Kommission, 2004b: *Mitteilung der Kommission an die Mitgliedstaaten vom 2. September 2004 über die Leitlinien für eine Gemeinschaftsinitiative betreffend die transeuropäische Zusammenarbeit zur Förderung einer harmonischen und ausgewogenen Entwicklung des europäischen Raums INTERREG III. Amtsblatt der Europäischen Union C226*. Brüssel: Europäische Kommission.

Europäische Kommission, 2006: *European and their Languages. Special Eurobarometer 243, Wave 64.3. Full Report*. Brüssel: Europäische Kommission.

Evans, Andrew, 1999: *The EU structural funds*. Oxford: Oxford University Press.

Faist, Thomas, 1997: Migration und der Transfer sozialen Kapitals oder: Warum gibt es relativ wenige internationale Migranten. In: Ludger Pries (Hg.): *Transnationale Migration. Sonderband 12 der Sozialen Welt*. Baden-Baden: Nomos Verlagsgesellschaft, S. 63-83.

Faßmann, Heinz (Hg.), 2002: *Zuwanderung und Segregation. Europäische Metropolen im Vergleich*. Klagenfurt, Celovec: Drava.

Fassmann, Heinz/Hintermann, Christiane, 1997: *Migrationspotential Ostmitteleuropa. Struktur und Motivation potentieller Migranten aus Polen, der Slowakei, Tschechien und Ungarn*. Wien: ISR-Forschungsbericht 15.

Fawcett, James T., 1989: Networks, Linkages, and Migration Systems. *International Migration Review*, 23(3), S. 671-680.

Feix, Ivo, 1999: Phare-CBC an der tschechisch-deutschen Grenze. Die Erfahrungen der tschechischen Seite. In: Michael Casteigts/Hansjörg Drewello/Ewald Eisenberg (Hg.): *Evaluierung grenzüberschreitender und interregionaler Vorhaben in Europa. Herausforderungen, Methoden, praktische Erfahrungen*. Baden-Baden: Nomos Verlag, S. 87-90.

Feld, Scott L., 1981: The Focused Organization of Social Ties. *American Journal of Sociology*, 86(5), S. 1015-1035.

Feld, Scott L., 1982: Social Structural Determinanzs of Similarity among Associates. *American Sociological Review*, 47(6), S. 797-801.

Fligstein, Neil/Mara-Drita, Iona, 1996: How to make a Market: Reflections on the European Union's Single Market Program. *American Journal of Sociology*, 102(1), S. 1-33.

Fligstein, Neil/Stone Sweet, Alec, 2002: Constructing Politics and Markets: An Institutionalist Account of European Integration. *American Journal of Sociology*, 107(5), S. 1206-1243.

Flörkemeier, Holger, 2001: *Globalisierung ohne Grenzen? Die regionale Struktur des Welthandels*. Berlin: Duncker & Humblot.

Flörkemeier, Holger, 2004: Kulturelle Vielfalt, Transaktionskosten und Aussenhandel. In: Gerold Blümle u.a. (Hg.): *Perspektiven einer kulturellen Ökonomik*. Münster: LIT, S. 95-108.

Friedrichs, Jürgen/Jagodzinski, Wolfgang (Hg.), 1999: *Soziale Integration*. Opladen, Wiesbaden: Westdeutscher Verlag.

Frisby, David, 1984: *Georg Simmel*. London, New York: Routledge.

Fryar, Carolyn R., 1991: What's Different About Services Marketing? *Journal of Services Marketing*, 5(4), S. 53-58.

Fuchs, Dieter, 1999: Soziale Integration und politische Institutionen in modernen Gesellschaften. In: Jürgen Friedrichs/Wolfgang Jagodzinski (Hg.): *Soziale Integration. Sonderheft 39 der Kölner Zeitschrift für Soziologie und Sozialpsychologie*. Opladen, Wiesbaden: Westdeutscher Verlag, S. 147-178.

Fuchs, Dieter/Klingemann, Hans-Dieter, 2002: Eastward Enlargement of the European Union and the Identity of Europe. *West European Politics*, 25(2), S. 19-54.

Gabbe, Jens/Malchus, Viktor Freiherr von/Martinos, Haris u.a., 2000: *Praktisches Handbuch zur Grenzübergreifenden Zusammenarbeit*. Gronau: Arbeitsgemeinschaft Europäischer Grenzregionen (AGEG).

Gambetta, Diego (Hg.), 1990: *Trust. Making and Breaking Cooperative Relations*. Oxford u.a.: Blackwell.

Gans, Herbert J., 1997: Toward a Reconciliation of „Assimilation" and „Pluralism": The Interplay of Acculturation and Ethnic Retention. *International Migration Review*, 31(4), S. 875-892.

Garrett, Geoffrey, 2000: The Causes of Globalization. *Comparative Political Studies*, 33(6-7), S. 941-991.

Gellert-Novak, Anne, 1993: *Europäische Sprachenpolitik und Euroregionen. Ergebnisse einer Befragung zur Stellung der englischen und deutschen Sprache in Grenzgebieten*. Tübingen: Gunter Narr Verlag.

Gerhards, Jürgen, 1993: Westeuropäische Integration und die Schwierigkeiten der Entstehung einer europäischen Öffentlichkeit. *Zeitschrift für Soziologie*, 22(2), S. 96-110.

Gerhards, Jürgen, 2000: Europäisierung von Ökonomie und Politik und die Trägheit der Entstehung einer europäischen Öffentlichkeit. In: Maurizio Bach (Hg.): *Die Europäisierung nationaler Gesellschaften. Sonderheft 40 der Kölner Zeitschrift für Soziologie und Sozialpsychologie*. Wiesbaden: Westdeutscher Verlag, S. 277-305.

Gerhards, Jürgen, 2003a: Globalisierung der Alltagkultur zwischen Verwestlichung und Kreolisierung: Das Beispiel Vornamen. *Soziale Welt*, 54(2), S. 145-162.

Gerhards, Jürgen, 2003b: Identifikation mit Europa. Einige begriffliche Vorklärungen. In: Jutta Allmendinger (Hg.): *Entstaatlichung und soziale Sicherheit. Verhandlungen des 31. Kongresses der Deutschen Gesellschaft für Soziologie in Leipzig. Teil 1*. Opladen: Leske+ Budrich, S. 467-474.

Gerhards, Jürgen/Hölscher, Michael, 2005: *Kulturelle Unterschiede in der Europäischen Union. Ein Vergleich zwischen Mitgliedsländern, Beitrittskandidaten und der Türkei*. Wiesbaden: VS Verlag für Sozialwissenschaften.

Gerhards, Jürgen, 2006: Europäische versus nationale Gleichheit. Die Akzeptanz der Freizügigkeitsregel für Arbeitskräfte in den Mitglieds- und Beitrittsländern der Europäischen Union. In: Martin Heidenreich (Hg.): *Die Europäisierung sozialer Ungleichheit. Zur transnationalen Klassen- und Sozialstrukturanalyse.* Frankfurt/M., New York: Campus, S. 253-276.

Gerhards, Jürgen/Lengfeld, Holger/Schupp, Jürgen, 2007: Arbeitsmarkt in Deutschland: Hohe Akzeptanz der Chancengleichheit für europäische Bürger. *DIW Wochenbericht,* 74(4), S. 37-42.

Gerhards, Jürgen/Rössel, Jörg, 1999: Zur Transnationalisierung der Gesellschaft der Bundesrepublik. Entwicklungen, Ursachen und mögliche Folgen für die europäische Integration. *Zeitschrift für Soziologie,* 28(5), S. 325-344.

Giddens, Anthony, 1997: *Konsequenzen der Moderne.* Frankfurt/M.: Suhrkamp.

Gijsel, Peter de/Wenzel, Hans-Joachim, 1998: Einleitung: Mobilität und Entwicklungsprobleme auf grenzüberschreitenden Arbeitsmärkten. In: Peter de Gijsel/Hans-Joachim Wenzel (Hg.): *Mobilität und Kooperation auf grenzüberschreitenden Arbeitsmärkten: Deutschland Niederlande.* Osnabrück: Institut für Migrationsforschung und Interkulturelle Studien, S. 7-13.

Golledge, Reginald G./Stimson, Robert J., 1997: *Spatial Behavior. A Geographic Perspective.* New York, London: Guildford Press.

Gordon, Raymond G. Jr., 2005: Ethnologue: Languages of the World. www.ethnologue.com/.

Görner, Rüdiger/Kirkbright, Suzanne (Hg.), 1999: *Nachdenken über Grenzen.* München: iudicium.

Gotthard, Axel, 2004: *Der Augsburger Religionsfrieden.* Münster: Aschendorff.

Gouldner, Alvin W., 1970: *The Coming Crisis of Western Sociology.* New York: Basic Books.

Greve, Bent/Rydbjerg, Maj, 2003: Cross-Border Commuting in the EU: Obstacles and Barriers. Country Report: The Sønderjylland-Schleswig Region.

Grin, Gilles, 2003: *The Battle of the Single European Market. Achievements and Economic Thought 1985 - 2000.* London: Kegan Paul.

Groß, Bernd/Schmitt-Egner, Peter, 1994: *Europas kooperierende Regionen. Rahmenbedingungen und Praxis transnationaler Zusammenarbeit deutscher Grenzregionen on Europa.* Baden-Baden: Nomos.

Groß, Jürgen, 1993: Die Nachbarsprache Niederländisch im Schulversuch 'Bilinguale Realschulen des Landes NRW'. In: Manfred Pelz (Hg.): *Fremdsprachen für die Zukunft - Nachbarsprachen und Mehrsprachigkeit.* Saarbrücken: Universität des Saarlandes, S. 243-250.

Guarnizo, Luis Eduardo/Smith, Michael Peter, 1998: The Locations of Transnationalism. In: Michael Peter Smith/Luis Eduardo Guarnizo (Hg.): *Transnationalism from Below.* New Brusnwick: Transaction Publishers, S. 3-34.

Haan, Jos de/Uunk, Wilfred, 2001: Kulturelle Ähnlichkeiten zwischen Ehepartnern. Der Einfluss von Partnerwahl, Restriktionen und gegenseitiger Beeinflussung. In: Thomas Klein (Hg.): *Partnerwahl und Heiratsmuster. Sozialstrukturelle Voraussetzungen der Liebe.* Opladen: Leske+Budrich, S. 77-98.

Habermas, Jürgen/Luhmann, Niklas, 1971: *Theorie der Gesellschaft oder Sozialtechnologie. Was leistet die Systemforschung?* Frankfurt/M.: Suhrkamp.

Hahn, Alois, 1983: Konsensfiktion in Kleingruppen. Dargestellt am Beispiel der Ehen. In: Friedhelm Neidhardt (Hg.): *Gruppensoziologie. Perspektiven und Materialien. Sonderheft der Kölner Zeitschrift für Soziologie und Sozialpsychologie.* Opladen: Westdeutscher Verlag, S. 210-232.

Hahn, Alois, 1993: Identität und Nation in Europa. *Berliner Journal für Soziologie,* 3(2), S. 193-203.

Haller, Max, 2002: Theory and Method in the Comparative Study of Values. Critique and Alternative to Inglehart. *European Sociological Review*, 18(2), S. 139-158.

Halm, Dirk/Sauer, Martina, 2006: Parallelgesellschaft und ethnische Schichtung. *Aus Politik und Zeitgeschichte*, 1-2), S.

Han, Petrus, 2005: *Soziologie der Migration*. Stuttgart: Lucius & Lucius.

Hannerz, Ulf, 1996: *Transnational Connections. Culture, People, Places*. London, New York: Routledge.

Hans, Silke, 2006: Die Analyse gepoolter Daten mit Mehrebenenmodellen. Einstellungen zu Zuwanderern im europäischen Vergleich. Berliner Studien zur Soziologie Europas 6. http://www.polsoz.fu-berlin.de/soziologie/arbeitsbereiche/makrosoziologie/arbeitspapiere/pdf/bsse_06.html.

Hansen, Christian/Schack, Michael, 1997: *Grænse-pendling mellem Landesteil Schleswig og Sønderjylland*. Aabenraa: Institut for grænseregionsforskning.

Haug, Sonja, 2000: *Soziales Kapital und Kettenmigration. Italienische Migranten in Deutschland*. Opladen: Leske+Budrich.

Haug, Sonja, 2003: Interethnische Freundschaftsbeziehungen und soziale Integration. Unterschiede in der Ausstattung mit sozialem Kapital bei jungen Deutschen und Immigranten. *Kölner Zeitschrift für Soziologie und Sozialpsychologie*, 55(4), S. 716-736.

Häußermann, Hartmut/Oswald, Margit E. (Hg.), 1997: *Zuwanderung und Stadtentwicklung. Sonderheft 17 des Leviathan*. Opladen: Westdeutscher Verlag.

Heintz, Bettina/Münch, Richard/Tyrell, Hartmann (Hg.), 2005: *Weltgesellschaft. Theoretische Zugänge und empirische Problemlagen. Sonderheft 1 der Zeitschrift für Soziologie*. Stuttgart: Lucius & Lucius.

Heitmeyer, Wilhelm (Hg.), 1997a: *Was hält die Gesellschaft zusammen?* Frankfurt/Main: Suhrkamp.

Heitmeyer, Wilhelm (Hg.), 1997b: *Was treibt die Gesellschaft auseinander?* Frankfurt/Main: Suhrkamp.

Held, David/McGrew, Anthony (Hg.), 2000: *The Global Transformations Reader*. Cambridge: Politiy Press.

Held, David/McGrew, Anthony/Goldblatt, David u.a., 1999: *Global Transformations. Politics, Economics and Culture*. Stanford, California: Stanford University Press.

Herrmann, Richard K./Risse, Thomas/B., Brewer. Marilynn (Hg.), 2004: *Transnational Identities. Becoming European in the European Union*. Lanham: Rowman & Littlefield.

Herzog, Judith, 2003: *Das Migrationspotenzial der EU-Osterweiterung und dessen Folgen für den deutschen Arbeitsmarkt. WIP Occasional Papers Nr. 21*. Tübingen: Eberhard-Karls-Universität.

Hipfl, Brigitte/Strohmaier, Petra, 2002: Identitätsformationen in Grenzräumen. Empirische Befunde aus einem internationalen Forschungsprojekt. In: K. Anderwald/P. Karpf/H. Valentin (Hg.): *Kärntner Jahrbuch für Politik 2002*. Klagenfurt: Kärntner Druck- und Verlagsgesellschaft, S. 152-167.

Hitlin, Steven/Piliavin, Allyn, 2004: Values: Reviving a Dormant Concept. *Annual Review of Sociology*, 30(S. 359-393.

Hitzelsberger, Franz/Reuter, Jochen/Steinle, Wolfgang, 2001: Scientific Report on the Mobility of Crossborder Workers within the EEA. http://www.mkw-gmbh.de/download/summary_migration.pdf.

Hobbes, Thomas, 1966: *Leviathan oder Stoff, Form und Gewalt eines bürgerlichen und kirchlichen Staates*. Neuwied, Berlin: Luchterhand.

Hobsbawm, Eric J., 1991: *Nations and nationalism since 1780. Programme, Myth, Reality*. Cambridge: Cambridge University Press.

Hobsbawm, Eric J./Ranger, T. (Hg.), 1983: *The Invention of Tradition*. Cambridge: Cambridge University Press.

Hofstede, Geert, 1980: *Culture's Consequences. International Differences in Work-Related Values.* Beverly Hills, London, Neu Delhi: Sage.

Holahan, Charles J./Dobrowolny, Mirilia Bonnes, 1978: Cognitive and Behavioral Correlates of the Spatial Environment: An Interactional Analysis. *Environment and Behavior,* 10(3), S. 317-333.

Horn, Eva (Hg.), 2002: *Grenzverletzer. Von Schmugglern, Spionen und anderen subversiven Gestalten.* Berlin: Kulturverlag Kadmos.

Houtum, Henk van, 2000: An Overview of European Geographical Research on Borders and Border Regions. *Journal of Borderlands Studies,* 15(1), S. 57-83.

Houtum, Henk van/Velde, Martin van der, 2004: The Power of Cross-Border Labour Market Immobility. *Tijdschrift voor Economische en Sociale Geografie,* 95(1), S. 100-107.

Hoyle, Rick H. (Hg.), 1995: *Structural Equation Modeling. Concepts, Ideas, and Applications.* Thousand Oaks, London, New Delhi: Sage.

Huber, P. J., 1967: *The Behavior of Maximum Likelihood Estimates Under Non-Standard Conditions.* Proceedings of the Fifth Berkeley Symposium on Mathematical Statistics and Probability, Berkeley, CA.

Huberty, Carl J., 1994: *Applied Discriminant Analysis.* New York u.a.: John Wiley & Sons.

Huget, Holger/Kambas, Chryssoula/Klein, Wolfgang (Hg.), 2005: *Grenzüberschreitungen. Differenz und Identität im Europa der Gegenwart.* Wiesbaden: VS Verlag für Sozialwissenschaften.

Hurrelmann, Klaus, 1999: *Lebensphase Jugend. Eine Einführung in die sozialwissenschaftliche Jugendforschung.* Weinheim, München: Juventa Verlag.

Huston, T. L./Levinger, G., 1978: Interpersonal Attraction and Relationships. *Annual Review of Psychology,* 29(1), S. 115-156.

Immerfall, Stefan, 1995: *Einführung in den europäischen Gesellschaftsvergleich. Ansätze, Problemstellungen, Befunde.* Passau: Wissenschaftsverlag Richard Rothe.

Immerfall, Stefan, 2000: Fragestellungen einer Soziologie der europäischen Integration. In: Maurizio Bach (Hg.): *Die Europäisierung nationaler Gesellschaften.* Wiesbaden: Westdeutscher Verlag, S. 481-503.

Incardonar, Erika, 2002: Die Sprache des Nachbarn als Fremdsprache im frühen Kindesalter - ein Weg zur grenznahen Zusammenarbeit. In: Xuewu Gu (Hg.): *Grenzüberschreitende Zusammenarbeit zwischen den Regionen in Europa.* Baden-Baden: Nomos Verlag, S. 41-49.

Inglehart, Ronald, 1977: *The Silent Revolution. Changing Values and Political Styles.* Princeton, New Jersey: Princeton University Press.

Inglehart, Ronald, 1997: *Modernization and Postmodernization. Cultural, Economic, and Political Change in 43 Societies.* Princeton: Princeton University Press.

Inglehart, Ronald/Reif, Karlheinz, 1991: Analyzing Trends in West European Opinion. The Role of the Eurobarometer Surveys. In: Karlheinz Reif/Ronald Inglehart (Hg.): *Eurobarometer. The Dynamics of European Public Opinion.* London: Macmillan, S. 1-26.

Institut für angewandte Verbraucherforschung (IFAV), 2004: Befragung deutscher Verbraucher am Grenzübergang Frankfurt (Oder).

Jackson, Robert M., 1977: Social Structure and Process in Friendship Choice. In: C. S. Fischer (Hg.): *Networks and Places.* New York, London: The Free Press, S. 59-78.

Janssen, Manfred, 2000a: Arbeitsmärkte im europäischen Integrationsprozeß: Internationale Mobilität und Mobilitätsbereitschaft in Deutschland und den Niederlanden. In: Manfred Janssen/Frank Siborn

(Hg.): *Perspektiven der Europäischen Integration. Soziökonomische, kulturelle und politische Aspekte*. Opladen: Leske+Budrich, S. 55-76.

Janssen, Manfred, 2000b: Borders and Labour-market Dynamics in a Changing Europe. In: Martin van der Velde/Henk van Houtum (Hg.): *Borders, Regions, and People*. London: Pion, S. 47-68.

Janssen, Manfred, 2000c: *Mobilität und regionalökonomisches Entwicklungspotential. Höherqualifizierte Arbeitnehmer und Existenzgründer aus der deutsch-niederländischen Grenzregion*. Opladen: Leske+Budrich.

Janssen, Manfred/Velde, Martin van der, 2003: Cross-Border Commuting int the EU: Obstacles and Barriers. Final Report. http://www.dass.stir.ac.uk/sections/ccrsw/crobocobworkingpapers.php.

Jonas, Klaus, 1998: Die Kontakthypothese: Abbau von Vorurteilen durch Kontakt mit Fremden? In: Margit E. Oswald/Ulrich Steinvorth (Hg.): *Die offene Gesellschaft und ihre Fremden*. Bern et al.: Verlag Hans Huber, S. 129-154.

Jones, Stephen B., 1959: Boundary Concepts in the Setting of Place and Time. *Annals of the Association of American Geographers*, 49(3, Teil 1), S. 241-255.

Jordan, Lothar, 1995: Welche Grenzen? Reflexionen zu einem konstitutiven Element komparatistischer Forschung. In: Lothar Jordan/Bernd Kortländer (Hg.): *Nationale Grenzen und internationaler Austausch. Studien zum Kultur- und Wissenschaftstransfer in Europa*. Tübingen: Max Niemeyer Verlag, S. 34-49.

Kadritzke, Ulf (Hg.), 1997: *"Unternehmenskulturen" unter Druck. Neue Managementkonzepte zwischen Anspruch und Wirklichkeit*. Berlin: edition sigma.

Kaelble, Hartmut, 1987: *Auf dem Weg zu einer europäischen Gesellschaft. Eine Sozialgeschichte Westeuropas 1880 - 1980*. München: C. H. Beck.

Kaelble, Hartmut, 1997: Europäische Vielfalt und der Weg zu einer europäischen Gesellschaft. In: Stefan Hradil/Stefan Immerfall (Hg.): *Die westeuropäischen Gesellschaften im Vergleich*. Opladen: Leske+ Budrich, S. 27-68.

Kaelble, Hartmut, 1998: Die gelebte und gedachte europäische Gesellschaft. In: Hartmut Kaelble/Jürgen Schriewer (Hg.): *Gesellschaften im Vergleich. Forschungen aus Sozial- und Geschichtswissenschaften*. Frankfurt/M., Berlin, u.a.: Peter Lang, S. 343-351.

Kaelble, Hartmut, 2001: *Europäer über Europa. Die Entstehung des europäischen Selbstverständnisses im 19. und 20. Jahrhundert*. Frankfurt/M., New York: Campus.

Kaelble, Hartmut, 2004: Gibt es eine europäische Zivilgesellschaft? In: Dieter Gosewinkel u.a. (Hg.): *Zivilgesellschaft - national und transnational. WZB-Jahrbuch 2003*. Berlin: sigma, S. 267-285.

Kaelble, Hartmut, 2005: Eine europäische Gesellschaft? In: Gunnar Folke Schuppert/Ingolf Pernice/ Ulrich Haltern (Hg.): *Europawissenschaft*. Baden-Baden: Nomos, S. 299-330.

Kaelble, Hartmut/Schriewer, Jürgen (Hg.), 1998: *Gesellschaften im Vergleich. Forschungen aus Sozial- und Geschichtswissenschaften*. Frankfurt/M. u.a.: Peter Lang.

Kallscheuer, Otto, 1996: Zusammenprall der Zivilisationen oder Polytheismus der Werte? Religiöse Identität und europäische Politik. In: Otto Kallscheuer (Hg.): *Das Europa der Religionen. Ein Kontinent zwischen Sökularisierung und Fundamentalismus*. Frankfurt/M.: Fischer, S. 17-38.

Kalmijn, Matthijs, 1991: Status Homogamy in the United States. *American Journal of Sociology*, 97(2), S. 496-523.

Kalmijn, Matthijs, 1998: Intermarriage and Homogamy. Causes, Patterns, Trends. *Annual Review of Sociology*, 24, S. 395-421.

Kantner, Cathleen, 1997: Deweys pragmatistischer Begriff der Öffentlichkeit und seine Renaissance in aktuellen Debatten. *Berliner Debatte Initial*, 8(6), S. 119-129.

Karl, Helmut, 1997: *Transeuropäische Netze. Die infrastrukturpolitischen Aufgaben der EU*. Bonn: Europa Union Verlag.

Karolewski, Ireneusz Pawel/Kaina, Viktoria (Hg.), 2006: *European identity. Theoretical perspectives and empirical insights*. Berlin, Münster: LIT.

Kaufmann, Stefan, 2006: Grenzregimes im Zeitalter globaler Netzwerke. In: Helmuth Berking (Hg.): *Die Macht des Lokalen in einer Welt ohne Grenzen*. Frankfurt/M., New York: Campus, S. 32-65.

Kim, Anna, 2001: *Familie und soziale Netzwerke. Eine komparative Analyse persönlicher Beziehungen in Deutschland und Südkorea*. Opladen: Leske+Budrich.

Kim, Jae-On/Mueller, Charles W., 1991: *Factor Analysis. Statistical Methods and Practical Issues*. Newbury Park: Sage.

Kitchin, Rob/Freundschuh, Scott (Hg.), 2000: *Cognitive Mapping. Past, Present und Future*. London, New York: Routledge.

Klaus, Elisabeth, 2006: Von der Beschränktheit unserer Öffentlichkeitskonzepte im europäischen Kontext. In: Wolfgang R. Langenbucher/Michael Latzer (Hg.): *Europäische Öffentlichkeit und medialer Wandel. Eine transdisziplinäre Perspektive*. Wiesbaden: VS Verlag für Sozialwissenschaften, S. 93-107.

Klecka, William R., 1993: *Discriminant Analysis*. Newbury Park, London, New Delhi,: Sage.

Klein, Markus/Arzheimer, Kai, 1999: Ranking- und Rating-Verfahren zur Messung von Wertorientierungen, untersucht am Beispiel des Inglehart-Index. Empirische Befunde eines Methodenexperiments. *Kölner Zeitschrift für Soziologie und Sozialpsychologie*, 51(3), S. 550-564.

Klein, Markus/Arzheimer, Kai, 2000: Einmal mehr - Ranking oder Rating. Über die adäquate Messung von gesellschaftlichen Wertorientierungen. Eine Erwiderung auf Stefan Sacchi. *Kölner Zeitschrift für Soziologie und Sozialpsychologie*, 52(3), S. 553-563.

Klein, Sabine/Porst, Rolf, 2000: *Mail Surveys. Ein Literaturbericht. ZUMA Technischer Bericht 10*. Mannheim: ZUMA.

Klein, Thomas (Hg.), 2001: *Partnerwahl und Heiratsmuster. Sozialstrukturelle Voraussetzungen der Liebe*. Opladen: Leske+Budrich.

Kluckhohn, Clyde, 1951: Values and Value-Orientations in the Theory of Action. In: Talcott Parsons/Edward A. Shils (Hg.): *Toward a General Theory of Action*. New York: Harper, S. 388-433.

Klueting, Harm, 1989: *Das konfessionelle Zeitalter 1525 - 1648*. Stuttgart: Ulmer.

Kohli, Martin, 2002: Die Entstehung einer europäischen Identität: Konflikte und Potentiale. In: Hartmut Kaelble/Martin Kirsch/Alexander Schmidt-Gernig (Hg.): *Transnationale Öffentlichkeiten und Identitäten im 20. Jahrhundert*. Frankfurt/M., New York: Campus, S. 111-134.

Kohli, Martin/Novak, Mojca, 2001: Introduction. Will Europe Work? In: Martin Kohli/Mojca Novak (Hg.): *Will Europe Work? Integration, Employment and the Social Order*. London, New York: Routledge, S. 1-17.

Konietzka, Dirk, 1995: *Lebensstile im sozialstrukturellen Kontext. Zur Analyse soziokultureller Ungleichheiten*. Opladen: Westdeutscher Verlag.

Koophandel Zuid-Limburg, 2005: Euregionale consument besteedt ruim 1 miljard euro buiten eigen regio. http://www.ikcro.nl/artikelen/limburg220205.html.

Koopmans, Ruud/Erbe, Jessica, 2004: Towards a European public sphere? Vertical and Horizontal Dimensions of Europeanized Political Communication. *Innovation. The European Journal of Social Sciences*, 17(2), S. 97-118.

Koopmans, Ruud/Statham, Paul/Giugni, Marco u.a., 2005: *Contested Citizenship. Immigration and Cultural Diversity in Europe*. Minneapolis, London: University of Minnesota Press.

Kowalke, Hartmut, 1996: Themen und Perspektiven der "neuen" Grenzraumforschung. In: Hans-Joachim Bürkner/Hartmut Kowalke (Hg.): *Geographische Grenzraumforschung im Wandel*. Potsdam: Universität Potsdam, S. 77-82.

Kramsch, Oliver/Hooper, Barbara (Hg.), 2004: *Cross-Border Governance in the European Union*. London, New York: Routledge.

Kritz, Mary M./Zlotnik, Hania, 1992: Global Interactions. Migration Systems, Processes, and Policies. In: Mary M. Kritz/Lin Lean Lim/Hania Zlotnik (Hg.): *International migration systems. A Global Approach*. Oxford: Clarendon Press, S. 1-16.

Kromrey, Helmut, 2001: Evaluation - ein vielschichtiges Konzept. Begriff und Methodik von Evaluierung und Evaluationsforschung. Empfehlungen für die Praxis. *Sozialwissenschaften und Berufspraxis*, 24(1), S. 105-131.

Kuß, Alfred/Tomczak, Torsten, 2004: *Käuferverhalten. Eine marketingorientierte Einführung*. Stuttgart: Lucius & Lucius.

Lahno, Bernd, 2002: *Der Begriff des Vertrauens*. Paderborn: mentis.

Lamla, Jörn, 2005: Die Konflikttheorie als Gesellschaftstheorie. In: Thorsten Bonacker (Hg.): *Sozialwissenschaftliche Konflikttheorien. Eine Einführung*. Wiesbaden: VS Verlag für Sozialwissenschaften, S. 207-229.

Lamont, Michèle, 1992: *Money, Morals and Manners*. Chicago, London: Chicago University Press.

Lamont, Michèle/Fournier, Marcel (Hg.), 1992: *Cultivating Differences. Symbolic Boundaries and the Making of Inequality*. Chicago, London: The University of Chicago Press.

Lamont, Michèle/Molnár, Virág, 2002: The Study of Boundaries in the Social Sciences. *Annual Review of Sociology*, 28(S. 167-195.

Langer, Wolfgang, 2004: *Mehrebenenanalyse. Eine Einführung für Forschung und Praxis*. Wiesbaden: VS Verlag für Sozialwissenschaften.

Lash, Scott, 2007: *Global Culture Industry*. Cambridge: Cambridge University Press.

Laumann, Edward O., 1973: *Bonds of Pluralism. The Form and Substance of Urban Social Networks*. New York: Wiley.

Lazarsfeld, Paul F./Merton, Robert K., 1954: Friendship as a Social Process. A Substantive and Methodological Analysis. In: Morroe Berger/Theodore Abel/Charles Page (Hg.): *Freedom and Control in Modern Society*. New York: Van Nostrand, S. 18-66.

Lee, Everett.S., 1972: Eine Theorie der Wanderung. In: György Széll (Hg.): *Regionale Mobilität*. München: Nymphenburger Verlag, S. 115-129.

Lepsius, M. Rainer, 1999: Die Europäische Union. Ökonomisch-politische Integration und kulturelle Pluralität. In: Reinhold Viehoff/Rien T. Segers (Hg.): *Kultur. Identität. Europa. Über die Schwierigkeiten und Möglichkeiten einer Konstruktion*. Frankfurt/M.: Suhrkamp, S. 201-222.

List, Juliane, 1996: *Grenzüberschreitende Mobilität von Hochschulabsolventen in Europa. Bildungspolitische Rahmenbedingungen und praktische Umsetzung*. Köln: Deutscher Institutsverlag.

Lösch, August, 1944: *Die räumliche Ordnung der Wirtschaft. Eine Untersuchung über Standort, Wirtschaftsgebiete und internationalen Handel*. Jena: G. Fischer.

Loth, Wilfried/Wessels, Wolfgang (Hg.), 2001: *Theorien europäischer Integration*. Opladen: Leske+Budrich.

Lucarelli, Bill, 1999: *The Origins and Evolution of the Single Market in Europe.* Aldershot: Ashgate.

Luhmann, Niklas, 1975: Die Weltgesellschaft. In: Niklas Luhmann (Hg.): *Soziologische Aufklärung 2. Aufsätze zur Theorie der Gesellschaft.* Opladen: Westdeutscher Verlag, S. 51-71.

Luhmann, Niklas, 1979: Identitätsgebrauch in selbstsubstitutiven Ordnungen, besonders Gesellschaften. In: Odo Marquard/Karlheinz Stierle (Hg.): *Identität. Poetik und Hermeneutik, Band 8.* München: Wilhelm Fink Verlag, S. 315-345.

Luhmann, Niklas, 1982: Territorial Borders As System Boundaries. In: Raimondo Strassoldo/Giovanni Delli Zotti (Hg.): *Cooperation and Conflict in Border Areas.* Milano: Franco Angeli Editore, S. 235-244.

Luhmann, Niklas, 1984: *Soziale Systeme. Grundriß einer allgemeinen Theorie.* Frankfurt/M.: Suhrkamp.

Luhmann, Niklas, 1989: *Vertrauen. Ein Mechanismus der Reduktion sozialer Komplexität.* Stuttgart: Friedrich Enke Verlag.

Luhmann, Niklas, 1991: Funktion und Kausalität. In: Niklas Luhmann (Hg.): *Soziologische Aufklärung 1.* Opladen: Westdeutscher Verlag, S. 9-30.

Luhmann, Niklas, 1993: Individuum, Individualität, Individualismus. In: Niklas Luhmann (Hg.): *Gesellschaftsstruktur und Semantik. Studien zur Wissenssoziologie der modernen Gesellschaft. Band 3.* Frankfurt/M.: Suhrkamp, S. 149-258.

Luhmann, Niklas, 1997: *Die Gesellschaft der Gesellschaft.* Frankfurt/M.: Suhrkamp.

Luhmann, Niklas, 2000: *Die Politik der Gesellschaft.* Frankfurt/M.: Suhrkamp.

MacCallum, Robert C., 1995: Model Specification. Procedures, Strategies, and Related Issues. In: Rick H. Hoyle (Hg.): *Structural Equation Modeling. Concepts, Issues, and Applications.* Thousand Oaks u.a.: Sage, S. 16-36.

Machill, Marcel/Beiler, Markus/Fischer, Corinna, 2006: Europe-Topics in Europe's Media. The Debate about the European Public Sphere: A Meta-Analysis of Media Content Analyses. *European Journal of Communication*, 21(1), S. 57-88.

Mau, Steffen, 2004: Transnationale Transfers der EU-Regionalpolitik. Die institutionelle Bearbeitung eines verteilungspolitischen Problems. In: Stefan Liebig/Holger Lengfeld/ Steffen Mau (Hg.): *Verteilungsprobleme und Gerechtigkeit in modernen Gesellschaften.* Frankfurt/M., New York: Campus, S. 331-360.

Mau, Steffen, 2006a: Die Politik der Grenze. Grenzziehung und politische Systembildung in der Europäischen Union. *Berliner Journal für Soziologie*, 16(1), S. 115-132.

Mau, Steffen, 2006b: *Nationalstaatliche Entgrenzung und kosmopolitische Politisierung. WZB Discussion Paper P 2006-012.* Berlin: Wissenschaftszentrum.

Mau, Steffen, 2007: *Transnationale Vergesellschaftung. Die Entgrenzung sozialer Lebenswelten.* Frankfurt/M., New York: Campus.

Mau, Steffen/Mewes, Jan, 2007: Transnationale soziale Beziehungen. Eine Kartographie der deutschen Bevölkerung. *Soziale Welt*, 58(2), S. 207-226.

May, Thomas, 1997: *Organisationskultur. Zur Rekonstruktion und evaluation heterogener Ansätze in der Organisationstheorie.* Opladen: Westdeutscher Verlag.

Mayntz, Renate/Scharpf, Fritz W., 2005: Politische Steuerung - Heute? *Zeitschrift für Soziologie*, 34(3), S. 236-243.

McCallum, John, 1995: National Borders Matter. Canada-U.S. Regional Trade Patterns. *American Economic Review*, 85(3), S. 615-623.

McPherson, Miller/Smith-Lovin, Lynn/Cook, James M., 2001: Birds of a Feather Homophily in Social Networks. *Annual Review of Sociology*, 27, S. 415-444.

Medick, Hans, 2006: Grenzziehungen und die Herstellung des politischen Raumes. Zur Begriffsgeschichte und politischen Sozialgeschichte der Grenzen in der frühen Neuzeit. In: Monika Eigmüller/ Georg Vobruba (Hg.): *Grenzsoziologie. Die politische Strukturierung des Raumes*. Wiesbaden: VS Verlag für Sozialwissenschaften, S. 37-51.

Meffert, Heribert/Bruhn, Manfred, 1997: *Dienstleistungsmarketing. Grundlagen - Konzepte - Methoden*. Wiesbaden: Gabler.

Meinhof, Ulrike (Hg.), 2002: *Living (with) Borders. Identity Discourses on East-West Borders in Europe*. Aldershot: Ashgate.

Meinhof, Ulrike, 2003a: Bordering European Identities. Special Issue on Borders. *Journal of Ethnic and Migration Studies*, 29(5), S.

Meinhof, Ulrike, 2003b: Migrating borders. An Introduction to European Identity Construction in Process. *Journal of Ethnic and Migration Studies*, 29(5), S. 781-796.

Meyer, John W. (Hg.), 2001: *Weltkultur. Wie die westlichen Prinzipien die Welt durchdringen*. Frankfurt/M.: Suhrkamp.

Meyer, John W./Jepperson, Ronald L., 2000: The "Actors" of Modern Society: The Cultural Construction of Social Agency. *Sociological Theory*, 18(1), S. 100-120.

Meyer, Thomas, 2004: *Die Identität Europas. Der EU eine Seele?* Frankfurt/M.: Suhrkamp.

Miosga, Manfred, 1999: *Europäische Regionalpolitik in Grenzregionen. Die Umsetzung der INTERREG-Initiative am Beispiel des nordrhein- westfälisch-niederländischen Grenzraums*. Passau: L.I.S. Verlag.

Mohler, Peter Ph./Wohn, Kathrin, 2005: *Persönliche Wertorientierungen im European Social Survey*. Mannheim: ZUMA.

Mokre, Monika/Bauböck, Rainer (Hg.), 2003: *Europas Identitäten*. Frankfurt/M., New York: Campus.

Mühler, Kurt/Opp, Karl-Dieter, 2006: *Region - Nation - Europa. Die Dynamik regionaler und überregionaler Identifikation*. Wiesbaden: VS Verlag für Sozialwissenschaften.

Mühler, Kurt/Opp, Karl-Dieter/Skrobanek, Jan u.a., 2004: *Region und Nation. Zu den Ursachen und Wirkungen regionaler und überregionaler Identifikation*. Wiesbaden: VS Verlag für Sozialwissenschaften.

Müller-Neumann, Elisabeth/Nuissl, Ekkehard/Sutter, Hannelore (Hg.), 1986: *Motive des Fremdsprachenlernens. Eine Untersuchung der Motivationsstruktur insbesondere jüngerer Teilnehmer an Sprachkursen der Volkshochschule*. Heidelberg: Vorstand der Arbeitsgruppe für Empirische Bildungsforschung e.V.

Müller, Hans-Peter, 2007: Auf dem Weg in eine europäische Gesellschaft? Begriffsproblematik und theoretische Perspektive. *Berliner Journal für Soziologie*, 17(1), S. 7-31.

Müller, Hans-Peter/Hettlage, Robert, 2006: Die europäische Gesellschaft? Probleme, Positionen, Perspektiven. In: Robert Hettlage/Hans-Peter Müller (Hg.): *Die europäische Gesellschaft*. Konstanz: UVK, S. 9-22.

Müller, Klaus, 2002: *Globalisierung*. Bonn: Bundeszentrale für politische Bildung.

Müller, Michael G./Petri, Rolf (Hg.), 2002: *Die Nationalisierung von Grenzen. Zur Konstruktion nationaler Identität in sprachlich gemischten Grenzregionen*. Marburg: Verlag Herder-Institut.

Münch, Richard, 1982: *Theorie des Handelns. Zur Rekonstruktion der Beiträge von Talcott Parsons, Emile Durkheim und Max Weber*. Frankfurt/M.: Suhrkamp.

Münch, Richard, 1993: *Das Projekt Europa. Zwischen Nationalstaat, regionaler Autonomie und Weltgesellschaft*. Frankfurt/M.: Suhrkamp.

Münch, Richard, 1997: Elemente einer Theorie der Integration moderner Gesellschaften. Eine Bestandsaufnahme. *Berliner Journal für Soziologie*, 7(1), S. 5-24.

Münch, Richard, 2001: *Offene Räume. Soziale Integration diesseits und jenseits des Nationalstaats*. Frankfurt/M.: Suhrkamp.

Münch, Richard, 2004: *Soziologische Theorie. Band 3: Gesellschaftstheorie*. Frankfurt/M., New York: Campus.

Münch, Richard, 2008: *Die Konstruktion der europäischen Gesellschaft. Zur Dialektik von transnationaler Integration und nationaler Desintegration*. Frankfurt/M., New York: Campus.

Mytzek, Ralf, 2004: Mobilität von Deutschen in Europa. Der Einfluss von Alter und Bildung auf Migration. *WZB-Mitteilungen*, Heft 103, S. 37-41.

Nedelmann, Brigitta, 1997: Gewaltsoziologie am Scheideweg. Die Auseinandersetzungen in der gegenwärtigen und Wege der künftigen Gewaltforschung. In: Trutz von Trotha (Hg.): *Soziologie der Gewalt. Sonderheft 37 der Kölner Zeitschrift für Soziologie und Sozialpsychologie*. Opladen/Wiesbaden: Westdeutscher Verlag, S. 59-85.

Neidhardt, Friedhelm, 1986: Gewalt. Soziale Bedeutungen und sozialwissenschaftliche Bestimmungen des Begriffs. In: Volker Krey/Friedhelm Neidhardt (Hg.): *Was ist Gewalt? Auseinandersetzung mit einem Begriff*. Wiesbaden: Bundeskriminalamt, S. 109-147.

Nelson, Phillip, 1970: Information and Consumer Behavior. *Journal of Political Economy*, 78(2), S. 311-329.

Nida-Rümelin, Julian/Weidenfeld, Werner (Hg.), 2007: *Europäische Identität: Voraussetzungen und Strategien*. Baden-Baden: Nomos.

Nijkamp, Peter (Hg.), 1993: *Europe on the Move*. Avebury: Aldershot.

Nijkamp, Peter/Rietveld, Piet/Salomon, Ilan, 1990: Barriers in spatial interactions and communications. *Annals of Regional Science*, 24(4), S. 237-252.

Noll, Heinz-Herbert/Scheuer, Angelika, 2006: Kein Herz für Europa. Komparative Indikatoren und Analysen zur europäischen Identität der Bürger. *Informationsdienst Soziale Indikatoren*, Heft 35, S. 1-5.

Nunner-Winkler, Gertrud, 2006: *Integration durch Moral. Moralische Motivation und Ziviltugenden Jugendlicher*. Wiesbaden: VS Verlag für Sozialwissenschaften.

O'Dowd, Liam, 2001: State Borders, Border Regions and the Construction of European Identity. In: Martin Kohli/Mojca Novak (Hg.): *Will Europe Work? Integration, Employment and the Social Order*. London, New York: Routledge, S. 95-110.

Offe, Claus, 2001: Gibt es eine europäische Gesellschaft? Kann es sie geben? *Blätter für deutsche und internationale Politik*, 46(4), S. 423-435.

Oppermann, Detlef (Hg.), 2002: *Sprachen und Grenzräume. Partnersprachen und interkulturelle Kommunikation in europäischen Grenzräumen*. St. Ingbert: Röhrig.

Oppermann, Detlef/Raasch, A., 1988: *Sprachen-Lernen in Grenzräumen. Informationen zur nachbarsprachlichen Erwachsenenbildung in Belgien, Frankreich (Lothringen), Luxemburg der Schweiz und der Bundesrepublik Deutschland*. Saarbrücken: Universität des Saarlands.

Osterhammel, Jürgen, 1995: Kulturelle Grenzen in der Expansion Europas. *Saeculum*, 46, S. 101-138.

Otte, Gunnar, 2004: *Sozialstrukturanalysen mit Lebensstilen. Eine Studie zur theoretischen und methodischen Neuorientierung der Lebensstilforschung*. Wiesbaden: Verlag für Sozialwissenschaften.

Otte, Gunnar, 2005: Hat die Lebensstilforschung eine Zukunft? Eine Auseinandersetzung mit aktuellen Bilanzierungsversuchen. *Kölner Zeitschrift für Soziologie und Sozialpsychologie*, 57(S. 1-31.

Papapanagos, H./Vickerman, R. W., 2000: Borders, Migration, and Labour-market Dynamics in a Changing Europe. In: Martin van der Velde/Henk van Houtum (Hg.): *Borders, Regions, and People*. London: Pion, S. 32-46.

Parkin, Frank, 1983: Strategien sozialer Schließung und Klassenbildung. In: Reinhard Kreckel (Hg.): *Soziale Ungleichheit. Sonderband 2 der Sozialen Welt*. Göttingen: Otto Schwarz & Co, S. 121-135.

Parsons, Talcott, 1952: *The Social System*. London: Tavistock.

Parsons, Talcott, 1961: *The Structure of Social Action. A Study in Social Theory with Special Reference to a Group of Recent European Writers*. New York: Free Press of Glencoe.

Parsons, Talcott, 1966: *Societies*. Englewood Cliffs: Prentice-Hall.

Parsons, Talcott, 1971: *The System of Modern Societies*. Englewood Cliffs, New Jersey: Prentice-Hall.

Parsons, Talcott/Shils, Edward A., 1951: The Social System. In: Talcott Parsons/Edward A. Shils (Hg.): *Toward a General Theory of Action. Theoretical Foundations for the Social Sciences*. Cambridge: Harvard University Press, S. 190-233.

Pelz, Manfred (Hg.), 1989: *Lerne die Sprache des Nachbarn. Grenzüberschreitende Spracharbeit zwischen Deutschland und Frankreich*. Frankfurt/M.: Diesterweg.

Petermann, Franz, 1996: *Psychologie des Vertrauens*. Göttingen: Hogrefe.

Peterson, John/Bomberg, Elizabeth, 1999: *Decision-Making in the European Union*. Basingstoke, London: Macmillan.

Pettigrew, Thomas F., 1998: Intergroup Contact Theory. *Annual Review of Psychology*, 49, S. 65-85.

Pfetsch, Frank, 1998: Die Problematik der europäischen Identität. *Aus Politik und Zeitgeschichte*, 48(B25/26), S. 3-9.

Plessner, Helmuth, 1981: Grenzen der Gemeinschaft. In: Helmuth Plessner (Hg.): *Macht und menschliche Natur. Gesammelte Schriften V*. Frankfurt/M.: Suhrkamp, S. 7-133.

Porst, Rolf, 2001: *Wie man die Rücklaufquote bei postalischen Befragungen erhöht*. Mannheim: ZUMA.

Portes, Alejandro/Guarnizo, Luis E./Landolt, Patricia, 1999: The Study of Transnationalism. Pitfalls and Promise of an Emergent Research Field. *Ethnic & Racial Studies*, 22(2), S. 217-237.

Poulain, Michel, 1992: Migration Flows Between Countries of the European Union: Current Trends. In: Philip Rees u.a. (Hg.): *Population Migration in the European Union*. Chichester: Wiley, S. 51-65.

Pries, Ludger, 1999: Die Transnationalisierung der sozialen Welt und die deutsche Soziologie. *Soziale Welt*, 50(4), S. 383-394.

Pries, Ludger, 2001: The approach of transnational social spaces. In: Ludger Pries (Hg.): *New Transnational Social Spaces. International Migration and Transnational Companies in the Early Twenty-First Century*. London, New York: Routledge, S. 3-33.

Pries, Ludger, 2002: Transnationalisierung der sozialen Welt? *Berliner Journal für Soziologie*, 12(2), S. 263-273.

Quenzel, Gudrun, 2005: *Konstruktionen von Europa. Die europäische Identität und die Kulturpolitik der Europäischen Union*. Bielefeld: transcript.

Rabe-Hesketh, Sophia/Skrondal, Anders, 2005: *Multilevel and Longitudinal Modeling Using Stata*: Stata Press.

Ramirez, Francisco O., 2001: Frauenrechte, Weltgesellschaft und die gesellschaftliche Integration von Frauen. In: Bettina Heintz (Hg.): *Geschlechtersoziologie. Sonderheft 41 der Kölner Zeitschrift für Soziologie und Sozialpsychologie*. Wiesbaden: Westdeutscher Verlag, S. 356-374.

Ramirez, Francisco O./Soysal, Yasemin/Shanahan, Suzanne, 1997: The Changing Logic of Political Citizenship: Cross-National Acquisition of Women's Suffrage Rights, 1890 to 1990. *American Sociological Review*, 62, S. 735-745.

Ratti, Remigio, 1993: How can Existing Barriers and Border Effects be Overcome? A Theoretical Approach. In: Riccardo Cappellin/Peter W. J. Batey (Hg.): *Regional networks, Border Regions and European Integration*. London: Pion, S. 60-69.

Ratti, Remigio/Reichman, Shalom, 1993: Spatial Effects of Borders: An Overview or Traditional and New Approaches to Border Region Development. In: Peter Nijkamp (Hg.): *Europe on the Move. Recent Developments in European Communications and Transport Activity Research*. Aldershot: Ashgate Publishing, S. 115-137.

Ratti, Remigio/Reichmann, Shalom (Hg.), 1993: *Theory and Practice of Transborder Cooperation*. Basel, Frankfurt/M.: Helbing und Lichtenhahn.

Region Sonderjylland, 2004: *Mobilitätshemmnisse für Grenzpendler in der Region Sonderjylland-Schleswig? Ergebnisse der Befragung von Grenzpendlern*. Flensburg: Region Sonderjylland.

Reif, Karlheinz, 1991: Organisatorische Randbedingungen und Probleme empirischer Sozialforschung aus europäischer Perspektive. Das Eurobarometer der EG-Kommission. In: Heinz Sahner (Hg.): *Sozialforschung im vereinten Deutschland und in Europa*. München: Oldenbourg, S. 43-53.

Reinders, Heinz, 2003: Freundschaften im Jugendalter. Beitrag in: Das Online-Familienhandbuch. *Das Online-Familienhandbuch*, www.familienhandbuch.de/cms/Jugendforschung-Freundschaften.pdf.

Reinecke, Jost, 2005: *Strukturgleichungsmodelle in den Sozialwissenschaften*. München, Wien: Oldenbourg.

Riedel, Heiko, 1993: *Wahrnehmung von Grenzen und Grenzräumen. Eine kulturpsychologisch-geographische Untersuchung im saarländisch-lothringischen Raum*. Saarbrücken: Universität des Saarlandes.

Rietveld, Piet, 1993: Transport and Communication Barriers in Europe. In: Riccardo Cappellin/Peter W. J. Batey (Hg.): *Regional networks, Border Regions and European Integration*. London: Pion, S. 47-59.

Rippl, Susanne/Petrat, Anke/Kindervater, Angela u.a., 2009: Zur Bedeutung 'transnationalen Sozialkapitals': Sind Grenzgebiete Laboratorien sozialer Integration? *Berliner Journal für Soziologie*, 19(1), S. 79-103.

Robinson, William S., 1950: Ecological Correlation and the Behavior of Individuals. *American Sociological Review*, 15(3), S. 351-357.

Robyn, Richard (Hg.), 2005: *The Changing Face of European Identity*. London: Routledge.

Rodriguez, Nestor, 2006: Die soziale Konstruktion der US-mexikanischen Grenze. In: Monika Eigmüller/Georg Vobruba (Hg.): *Grenzsoziologie. Die politische Strukturierung des Raumes*. Wiesbaden: VS Verlag für Sozialwissenschaften, S. 89-112.

Rokkan, Stein, 2000: *Staat, Nation und Demokratie in Europa. Die Theorie Stein Rokkans aus seinen gesammelten Werken rekonstruiert und eingeleitet von Peter Flora*. Frankfurt/M.: Suhrkamp.

Roose, Jochen, 2007: Die Identifikation der Bürger mit der EU und ihre Wirkung für die Akzeptanz von Entscheidungen. In: Julian Nida-Rümelin/Werner Weidenfeld (Hg.): *Europäische Identität: Voraussetzungen und Strategien*. Baden-Baden: Nomos, S. 123-149.

Roose, Jochen, 2008: Europäisierte Regionalberichterstattung? Europäische Integration und die Bedeutung von Staatsgrenzen für die Zeitungsberichterstattung. *Zeitschrift für Soziologie*, 37(4), S. 321-341.

Roose, Jochen, 2009: Europasoziologie - neue Blicke auf Gesellschaft, Kultur und Sozialstruktur. Soziologische Revue, 32(2), S. 188-197.

Rösler, Michael (Hg.), 1999: *Frontiers and Borderlands. Anthropological Perspectives.* Frankfurt/M.: Peter Lang.

Rössel, Jörg, 2005: *Plurale Sozialstruktur. Eine handlungstheoretische Rekonstruktion der Grundbegriffe der Sozialstrukturanalyse.* Wiesbaden: Verlag für Sozialwissenschaften.

Rössel, Jörg, 2008: Vom rationalen Akteur zum ‚systemic dope'. Eine Auseinandersetzung mit der Sozialtheorie von Hartmut Esser. *Berliner Journal für Soziologie,* 18(1), S. 158-178.

Ruppenthal, Silvia/Limmer, Ruth/Bonß, Wolfgang, 2006: Literature on Job Mobility in Germany. In: Eric Widmer/Norbert F. Schneider (Hg.): *State-of-the-Art of Mobility Research. A Literature Analysis for Eight Countries.* Mainz: JobMob and FamLives Working Paper (JFW), S. 87-112.

Russell, James A./Ward, Lawrence M., 1982: Environmental Psychology. *Annual Review of Psychology,* 33, S. 651-688.

Sacchi, Stefan, 2000: Messung von Wertorientierungen - Ranking oder Rating? Kritische Anmerkungen zum Beitrag von Klein und Arzheimer. *Kölner Zeitschrift für Soziologie und Sozialpsychologie,* 52(3), S. 541-552.

Sassatelli, M., 2002: Imagined Europe. The Shaping of a European Cultural Identity through EU Cultural Policy. *European Journal of Social Theory,* 5(4), S. 435-451.

Schäfers, Bernhard/Zapf, Wolfgang (Hg.), 1998: *Handwörterbuch der Gesellschaft Deutschlands.* Opladen: Leske+Budrich.

Scharpf, Fritz W., 1999: *Regieren in Europa. Effektiv und demokratisch?* Frankfurt/M., New York: Campus.

Schein, Edgar H., 1991: *Organizational Culture and Leadership.* San Francisco, Oxford: Jossey-Bass Publishers.

Schimank, Uwe, 1988: Gesellschaftliche Teilsysteme als Akteursfiktionen. *Kölner Zeitschrift für Soziologie und Sozialpsychologie,* 40(4), S. 619-639.

Schimank, Uwe, 2005: Weltgesellschaft und Nationalgesellschaften: Funktionen von Staatsgrenzen. In: Bettina Heintz/Richard Münch/Hartmann Tyrell (Hg.): *Weltgesellschaft. Theoretische Zugänge und empirische Problemlagen.* Stuttgart: Lucius & Lucius, S. 394-414.

Schirm, Stefan A (Hg.), 2007: *Globalization. State of the Art and Perspectives.* London u.a.: Routledge.

Schmidberger, Martin, 1997: *Regionen und europäische Legitimität. Der Einfluß des regionalen Umfeldes auf Bevölkerungseinstellungen zur EU.* Frankfurt/M.: Peter Lang.

Schmidberger, Martin, 1998: EU-Akzeptanz und europäische Identität im deutsch-französischen Grenzgebiet. *Aus Politik und Zeitgeschichte,* 48(B25/26), S. 18-25.

Schmidt, Peter/Davidov, Edgar, 2006: *Structural Equation Models: Theory, Applications and Extentions of the Basic Models.* Köln: Zentralarchiv für empirische Sozialforschung. Unveröffentlichtes Manuskript.

Schmidt, Siegmar/Tenscher, Jens/Weber, Andrea, 2003: Mit Herz oder Verstand? Zur Akzeptanz des europäischen Integrationsprozesses in der Südpfalz. In: Frank Brettschneider/Jan van Deth/ Edeltraud Roller (Hg.): *Europäische Integration in der öffentlichen Meinung.* Opladen: Leske+Budrich, S. 83-113.

Schmidt, Torben Dall, 2006: *Hvem er grænspendleren ved den dansk-tyske grænse? Grænspendling fra Tyskland til Sønderjylland 1998-2003.* Aabenraa: Institut for Grænsregionsforskning.

Schmitt-Egner, Peter, 2005: *Handbuch zur Europäischen Regionalismusforschung. Theoretisch-methodische Grundlagen, empirische Erscheinungsformen und strategische Optionen des Transnationalen Regionalismus im 21. Jahrhundert.* Wiesbaden: VS Verlag für Sozialwissenschaften.

Schneider, Friedrich/Holzberger, Michael, 2003: Volkswirtschaftliche Stärken-Schwächen-Analyse der Grenzregion Oberösterreich. Eine empirische Untersuchung im Hinblick auf den EU-Beitritt Tschechiens.

Schreiner, Patrick, 2006: *Staat und Sprache in Europa. Nationalstaatliche Einsprachigkeit und die Mehrsprachenpolitik der Europäischen Union.* Frankfurt/M.: Peter Lang.

Schreyögg, Georg, 1996: *Organisation. Grundlagen moderner Organisationsgestaltung.* Wiesbaden: Gabler.

Schroer, Markus, 2006: *Räume, Orte, Grenzen. Auf dem Weg zu einer Soziologie des Raums.* Frankfurt/M.: Suhrkamp.

Schulze, Hagen, 1994: *Staat und Nation in der europäischen Geschichte.* München: C. H. Beck.

Schuppert, Gunnar Folke/Pernice, Ingolf/Haltern, Ulrich (Hg.), 2005: *Europawissenschaft.* Baden-Baden: Nomos.

Schwab, Oliver, 1998: Zusammenarbeit an der deutsch-polnischen Grenze. Euroregionen, Interreg und Phare-CBC gefangen im Netz. In: Hans Bertram/Wolfgang Kreher/Irene Müller-Hartmann (Hg.): *Systemwechsel zwischen Projekt und Prozeß. Analysen zu den Umbrüchen in Ostdeutschland.* Opladen: Leske+Budrich, S. 663-696.

Schwartz, Michael/Paul, Shuva, 1992: Resource Mobilization versus the Mobilization of People: Why Consensus Movements Cannot Be Instruments of Social Change. In: Carol McClurg Mueller/Aldon D. Morris (Hg.): *Frontiers in Social Movement Theory.* New Haven, London: Yale University Press, S. 205-223.

Schwartz, Shalom H., 1992: Universals in the Content and Structure of Values: Theoretical Advances and Empirical Tests in 20 Countries. *Advances in Experimental Psychology*, 25, S. 1-65.

Schwartz, Shalom H., 1994: Are There Universal Aspects in the Structure and Contents of Human Values? *Journal of Social Issues*, 50(4), S. 19-45.

Schwartz, Shalom H., 2001: Value Hierarchies Across Cultures. Taking a Similarities Perspective. *Journal of Cross-Cultural Psychology*, 32(3), S. 268-290.

Schwartz, Shalom H./Bilsky, Wolfgang, 1987: Toward A Universal Psychological Structure of Human Values. *Journal of Personality and Social Psychology*, 53(3), S. 550-562.

Schwartz, Shalom H./Bilsky, Wolfgang, 1990: Toward a Theory of the Universal Content and Structure of Values. Extensions and Cross-Cultural Replications. *Journal of Personality and Social Psychology*, 58(5), S. 878-891.

Schwartz, Shalom H./Sagie, Galit, 2000: Value Consensus and Importance. A Cross-National Study. *Journal of Cross-Cultural Psychology*, 31(4), S. 465-497.

Schwartz, Shalom H./Sagiv, Lilach, 1995: Identifying Culture-Specifics in the Content and Structure of Values. *Journal of Cross-Cultural Psychology*, 26(1), S. 92-116.

Schwenken, Helen, 2007: *Rechtlos, aber nicht ohne Stimme.* Bielefeld: Transcript.

Schwinn, Thomas, 2001: *Differenzierung ohne Gesellschaft. Umstellung eines soziologischen Konzepts.* Wielerswist: Velbrück.

Seligman, Adam B., 1997: *The Problem of Trust.* Princeton: Princeton University Press.

Sell, Friedrich L., 2004: Vertrauen: Auch eine ökonomische Kategorie. In: Gerold Blümle u.a. (Hg.): *Perspektiven einer kulturellen Ökonomik*. Münster: LIT, S. 399-410.

Serino, Carmencita, 1998: The Personal-Social Interplay: Social-Cognitive Prospects on Identity and Self-Others Comparison. In: Stephen Worchel u.a. (Hg.): *Social Identity. International Perspectives*. London, Thousand Oaks, New Delhi: Sage, S. 24-43.

Siguan, Miquel, 2001: *Die Sprachen im vereinten Europa*. Tübingen: Stauffenburg.

Simmel, Georg, 1984: *Grundfragen der Soziologie*. Berlin: Walter de Gruyter.

Simmel, Georg, 1989a: *Philosophie des Geldes. Gesamtausgabe Band 6*. Frankfurt/M.: Suhrkamp.

Simmel, Georg, 1989b: Über sociale Differenzierung. In: Georg Simmel (Hg.): *Aufsätze 1887 bis 1890, Über sociale Differenzierung, Die Probleme der Gesellschaftsphilosophie. Gesamtausgabe Band 2*. Frankfurt/M.: Suhrkamp, S. 109-295.

Simmel, Georg, 1992: *Soziologie. Untersuchungen über die Formen der Vergesellschaftung. Gesamtausgabe Band 11*. Frankfurt/M.: Suhrkamp.

Simmel, Georg, 1998a: Die Großstädte und das Geistesleben. In: Georg Simmel (Hg.): *Soziologische Ästhetik*. Darmstadt: Wissenschaftliche Buchgesellschaft, S. 119-133.

Simmel, Georg, 1998b: Soziologie der Geselligkeit. In: Georg Simmel (Hg.): *Soziologische Ästhetik*. Darmstadt: Wissenschaftliche Buchgesellschaft, S. 191-205.

Smith, Anthony D., 1979: *Nationalism in the Twentieth Century*. London: Martin Robertson.

Smith, Anthony D., 1991: *National Identity*. London u.a.: Penguin Books.

Smith, Michael Peter/Guarnizo, Luis Eduardo (Hg.), 1998: *Transnationalism from Below*. New Brunswick: Transaction.

Snijders, T. A. B./Bosker, R. J., 1999: *Multilevel analysis. An introduction to basic and advanced multilevel modeling*. London, Thousand Oaks, New Delhi: Sage.

Spates, James L., 1983: The Sociology of Values. *Annual Review of Sociology*, 9, S. 27-49.

Stark, Carsten, 2005: Die Konflikttheorie von Georg Simmel. In: Thorsten Bonacker (Hg.): *Sozialwissenschaftliche Konflikttheorien. Eine Einführung*. Wiesbaden: VS Verlag für Sozialwissenschaften, S. 83-96.

Stichweh, Rudolf, 1995: Zur Theorie der Weltgesellschaft. *Soziale Systeme*, 1(1), S. 29-45.

Stichweh, Rudolf, 2000: *Die Weltgesellschaft. Soziologische Analysen*. Frankfurt/M.: Suhrkamp.

Stockmann, Reinhard, 2000: *Evaluationsforschung. Grundlagen und ausgewählte Forschungsfelder*. Opladen: Leske + Budrich.

Strassoldo, Raimondo, 1982: Boundaries in Sociological Theory: A Reassessment. In: Raimondo Strassoldo/Giovanni Delli Zotti (Hg.): *Cooperation and Conflict in Border Areas*. Milano: Franco Angeli Editore, S. 245-271.

Straubhaar, Thomas, 2001: *Ost-West-Migrationspotential: Wie groß ist es? HWWA Discussion Paper 137*. Hamburg: HWWA.

Swaan, Abram de, 1995: Die soziologische Untersuchung der transnationalen Gesellschaft. *Journal für Sozialforschung*, 35(2), S. 107-120.

Swaan, Abram de, 2001: *Words of the World*. Cambridge u.a.: Polity Press.

Sztompka, Piotr, 1999: *Trust*. Cambridge: Cambridge University Press.

Tajfel, Henri, 1978: *Differentiation Between Social Groups*. London: Academic Press.

Tajfel, Henri/Billig, Michael G./Bundy, R. u.a., 1971: Social categorization and intergroup behaviour. *European Journal of Social Psychology*, 1(1), S. 149-177.

Tajfel, Henri/Turner, Jonathan H., 1979: An Integrative Theory of Intergroup Conflict. In: William G. Austin/Stephen Worchel (Hg.): *The Social Psychology of Intergroup Relations*. Chicago: Nelson-Hall, S. 33-47.

Task Force für Qualifikation und Mobilität, 2001: Qualifikation und Mobilität. Endbericht.

Taylor, Peter J., 1994: The State As Container. Territoriality in the Modern World-System. *Progress in Human Geography*, 18(2), S. 151-162.

Tenbruck, Friedrich H., 1964: Freundschaft. Ein Beitrag zu einer Soziologie der persönlichen Beziehungen. *Kölner Zeitschrift für Soziologie und Sozialpsychologie*, 16(4), S. 431-456.

Tenbruck, Friedrich H., 1989: Emile Durkheim oder die Geburt der Gesellschaft aus dem Geist der Soziologie. In: Friedrich H. Tenbruck (Hg.): *Die kulturellen Grundlagen der Gesellschaft. Der Fall der Moderne*. Opladen: Westdeutscher Verlag, S. 187-211.

Tenscher, Jens/Schmidt, Siegmar, 2003: "So nah und doch so fern". Empirische Befunde zur massenmedialen Beobachtung und Bewertung des europäischen Integrationsprozesses in einer Grenzregion. In: Lutz M. Hagen (Hg.): *Europäische Union und mediale Öffentlichkeit. Theoretische Perspektiven und Befunde zur Rolle der Medien im europäischen Einigungsprozess*. Köln: van Halem, S. 212-237.

Thomas, William Isaac/Thomas, Dorothy Swaine, 1932: *The Child in America*. New York: Knopf.

Thome, Helmut, 2001: Mehr Postmaterialismus, mehr Wertsynthese – oder nur mehr Zufall? Kommentar zu Klein/Pötschke: "Gibt es einen Wertewandel hin zum ‚reinen' Postmaterialismus?". *Zeitschrift für Soziologie*, 30(6), S. 485-488.

Tilly, Charles (Hg.), 1975: *The Formation of National States in Western Europe*. Princeton: Princeton University Press.

Tilly, Charles, 1985: War Making and State Making as Organized Crime. In: Peter Evans/Dietrich Rüschemeyer/Theda Skocpol (Hg.): *Bringing the State Back In*. Cambridge: Cambridge University Press, S. 169-191.

Tönnies, Ferdinand, 1979: *Gemeinschaft und Gesellschaft. Grundbegriffe der reinen Soziologie*. Darmstadt: Wissenschaftliche Buchgesellschaft.

Treibel, Annette, 2003: *Migration in modernen Gesellschaften. Soziale Folgen von Einwanderung, Gastarbeit und Flucht*. Weinheim, München: Juventa.

Trenz, Hans-Jörg, 2005: Soziologische Perspektiven. Auf der Suche nach der europäischen (Zivil-)Gesellschaft. In: Hans-Jürgen Bieling/Marika Lerch (Hg.): *Theorien der europäischen Integration*. Wiesbaden: VS Verlag für Sozialwissenschaften, S. 373-397.

Tyrell, Hartmann, 1994: Max Webers Soziologie. Eine Soziologie ohne 'Gesellschaft'. In: Gerhard Wagner/Heinz Zipprian (Hg.): *Max Webers Wissenschaftslehre. Interpretation und Kritik*. Frankfurt/M.: Suhrkamp, S. 390-414.

Überla, Karl, 1977: *Faktorenanalyse. Eine systematische Einführung für Psychologen, Mediziner, Wirtschafts- und Sozialwissenschaftler*. Berlin: Springer.

Vandenbrande, Tom/Coppin, Laura/Hallen, Peter van der u.a., 2006: Mobility in Europe. Analysis of the 2005 Eurobarometer survey on geographical and labour market mobility. www.eurofound.europa.eu/pubdocs/2006/59/en/1/ef0659en.pdf.

Velde, Martin van der, 2000: Shopping, Space, and Borders. In: Martin van der Velde/Henk van Houtum (Hg.): *Borders, Regions, and People*. London: Pion, S. 166-181.

Velde, Martin van der/Houtum, Henk van (Hg.), 2000: *Borders, Regions, and People*. London: Pion.

Verbrugge, L. M., 1977: The Structure of Adult Friendship Choices. *Social Forces*, 56(2), S. 576-597.

Verwiebe, Roland, 2004: *Transnationale Mobilität innerhalb Europas. Eine Studie zu den sozialstrukturellen Effekten der Europäisierung*. Berlin: edition sigma.

Verwiebe, Roland, 2006: Gelungene Integration in den Arbeitsmarkt? Die flexiblen Biografien transnational mobiler Europäer zu Beginn des 21. Jahrhunderts. *Berliner Journal für Soziologie*, 16(1), S. 95-114.

Viehoff, Reinhold/Segers, Rien T. (Hg.), 1999: *Kultur. Identität. Europa. Über die Schwierigkeiten und Möglichkeiten einer Konstruktion*. Frankfurt/M.: Suhrkamp.

Vobruba, Georg, 1997: Die soziale Dynamik von Wohlstandsgefällen. Prolegomena zur Transnationalisierung der Soziologie. In: Georg Vobruba (Hg.): *Autonomiegewinne. Sozialstaatsdynamik, Moralfreiheit, Transnationalisierung*. Wien: Passagen-Verlag, S. 197-220.

Vobruba, Georg, 1999: Währungsunion, Sozialpolitik und das Problem einer umverteilungsfesten europäischen Identität. *Leviathan*, 27(1), S. 78-102.

Vobruba, Georg, 2005a: *Die Dynamik Europas*. Wiesbaden: VS Verlag für Sozialwissenschaften.

Vobruba, Georg, 2005b: Die Dynamik Europas und der zwanglose Zwang der Türkei-Integration. *Blätter für deutsche und internationale Politik*, 50(7), S. 811-818.

Waack, Christoph, 2000: *Stadträume und Staatsgrenzen. Geteilte Grenzstädte des mittleren und östlichen Europas im Kontext lokaler Alltagswelten, nationaler Politik und supranationaler Anforderungen*. Leipzig: Institut für Länderkunde.

Walkenhorst, Heiko, 1999: *Europäischer Integrationsprozeß und europäische Identität. Die Bedeutung eines sozialpsychologischen Konzepts*. Baden-Baden: Nomos.

Warner, R. Stephen, 1978: Toward a Redifinition of Action Theory. Paying the Cognitive Element its Due. *American Journal of Sociology*, 83(6), S. 1317-1349.

Warren, Mark E. (Hg.), 1999: *Democracy and Trust*. Cambridge: Cambridge University Press.

Waters, Malcolm, 1996: *Globalization*. London, New York: Routledge.

Weber, Eugen, 1976: *Peasants into Frenchmen. The Modernisation of Rural France, 1870-1914*. Stanford: Stanford University Press.

Weber, Max, 1980: *Wirtschaft und Gesellschaft. Grundriß der verstehenden Soziologie*. Tübingen: Mohr.

Weigl, Michael, 2008: *Tschechen und Deutsche als Nachbarn - Spuren der Geschichte in grenzregionalen Identitäten*. Baden-Baden: Nomos.

Weigl, Michael/Zöhrer, Michaela, 2005: *Regionale Selbstverständnisse und gegenseitige Wahrnehmung von Deutschen und Tschechen*. CAP-Analyse 3. München: Centrum für angewandte Politikforschung.

Welzel, Christian, 2003: Irrtümer bei der Interpretation des 'ökologischen Fehlschlusses': Zur Aussagekraft aggregierter Umfragedaten. In: Susanne Pickel u.a. (Hg.): *Vergleichende politikwissenschaftliche Methoden. Neue Entwicklungen und Diskussionen*. Wiesbaden: Westdeutscher Verlag, S. 179-199.

Wenzel, Harald, 2002a: Jenseits des Wertekonsensus. Die revolutionäre Transformation des Paradigmas sozialer Ordnung im Spätwerk von Talcott Parsons. *Berliner Journal für Soziologie*, 12(4), S. 425-443.

Wenzel, Harald, 2002b: Vertrauen und die Integration moderner Gesellschaften. In: Rainer Schmalz-Bruns/Reinhard Zintl (Hg.): *Politisches Vertrauen. Soziale Grundlagen reflexiver Kooperation.* Baden-Baden: Nomos Verlagsgesellschaft, S. 61-76.

Werner, Heinz, 2001: Wirtschaftliche Integration und Arbeitskräftewanderungen in der EU. *Aus Politik und Zeitgeschichte,* 51(B 8), S.

Wesener, Tim Alexander, 2006: *Vertrauen und Marke bei Kaufentscheidungen.* Hamburg: Robert Kovac.

Westle, Bettina, 2003a: Europäische Identifikation im Spannungsfeld regionaler und nationaler Identitäten. Theoretische Überlegungen und empirische Befunde. *Politische Vierteljahresschrift,* 44(4), S. 453-482.

Westle, Bettina, 2003b: Universalismus und Abgrenzung als Komponenten der Identifikation mit der Europäischen Union? In: Frank Brettschneider/Jan van Deth/Edeltraud Roller (Hg.): *Europäische Integration in der öffentlichen Meinung.* Opladen: Leske+Budrich, S. 115-152.

Wilkie, William L., 1986: *Consumer Behavior.* New York u.a.: John Wiley & Sons.

Williams, Peter/Hubbard, Phil/Clark, David u.a., 2001: Consumption, Exclusion and Emotion. The Social Geographies of Shopping. *Social & Cultural Geography,* 2(2), S. 203-220.

Williamson, Oliver E., 1975: *Market and Hierarchies. Analysis and Antitrust Implications.* New York: Free Press.

Willke, Helmut, 2006: *Global Governance.* Bielefeld: transcript.

Wilson, Thomas M./Donnan, Hastings (Hg.), 1998a: *Border identities. Nation and state at international frontiers.* Cambridge: Cambridge University Press.

Wilson, Thomas M./Donnan, Hastings, 1998b: Nation, State and Identity at International Borders. In: Thomas M. Wilson/Hastings Donnan (Hg.): *Border identities. Nation and state at international frontiers.* Cambridge: Cambridge University Press, S. 1-30.

Wilson, Thomas P., 1973: Theorien der Interaktion und Modelle soziologischer Erklärung. In: Arbeitsgruppe Bielefelder Soziologen (Hg.): *Alltagswissen, Interaktion und gesellschaftliche Wirklichkeit, Band 1.* Opladen: Westdeutscher Verlag, S. 54-79.

Wirth, Heike/Lüttinger, Paul, 1998: Klassenspezifische Heiratsbeziehungen im Wandel? Die Klassenzugehörigkeit von Ehepartnern 1970 und 1993. *Kölner Zeitschrift für Soziologie und Sozialpsychologie,* 50(1), S. 47-77.

Wolf, Christof, 1996: *Gleich und gleich gesellt sich gern. Individuelle und strukturelle Einflüsse auf die Entstehung von Freundschaften.* Hamburg: Dr. Kovac.

Wust, Andreas, 2001: Grenzen und Grenzregionen im östlichen Europa. Aktuelle Fragen der Forschung. *Kultursoziologie,* 10(1), S. 115-138.

Zürn, Michael, 1998: *Regieren jenseits des Nationalstaates. Denationalisierung und Globalisierung als Chance.* Frankfurt/M.: Suhrkamp.

Anhang

A.1 Dimensionierung der ESS-Wertefragen nach Schwartz (Hauptkomponentenanalyse mit 10 Komponenten)

Frage – Wertetyp – Wertedimension	1	2	3	4	5	6	7	8	9	10
Spaß – Hedonismus – Offenheit	,825	,108								
Leben genießen – Hedonismus – Offenheit	,780									-,135
Abwechslungsreichtum – Stimulation – Offenheit	,667					,141			,101	
Aufregendes Leben – Stimulation – Offenheit	,646	,305	-,174		,144		,113			
Anerkennung – Erfolg – Selbstverwirklichung	,143	,749		-,216	-,152		,163	,135	-,117	
Authorität – Macht – Selbstverwirklichung		,701	,215				-,187	,137	,366	
Erfolg – Erfolg – Selbstverwirklichung	,313	,640		,119	,190		,203		-,103	
Wohlstand – Macht – Selbstverwirklichung	,304	,524	-,186	,143	-,403			,101		,171
Gehorsam – Konformität – Bewahren		,172	,732							,245
Anständiges Benehmen – Konformität – Bewahren		,121	,659	,332			-,118			,152
Mäßigung – Tradition – Bewahren		-,409	,659	,147						
Nationale Sicherheit – Sicherheit – Bewahren	-,130		,115	,796						,222
Familiäre Sicherheit – Sicherheit – Bewahren	,196	,131	,330	,759					,131	-,103
Hilfsbereitschaft – Wohltätigkeit – Transzendenz		,102		,126	,761	-,118	,218	,356	,155	,108
Loyalität – Wohltätigkeit – Transzendenz				,101	,560	,519	-,130			,106
Toleranz – Vielseitigkeit – Transzendenz		-,109	,331		,370	,225	,331	,234	,294	-,198
Unabhängigkeit – Selbstbestimmung – Offenheit	,148				,110	,889	,171			
Kreativität – Selbstbestimmung – Offenheit	,176	,204			,105	,130	,819		,171	
Gleichheit – Vielseitigkeit – Transzendenz			,152					,874		
Umweltschutz – Vielseitigkeit – Transzendenz				,111	,152		,112	,200	,842	,152
Respekt vor Traditionen – Tradition – Bewahren			,318	,141				,158		,816

A.2 Interesse am Nachbarland (Pfadmodell)

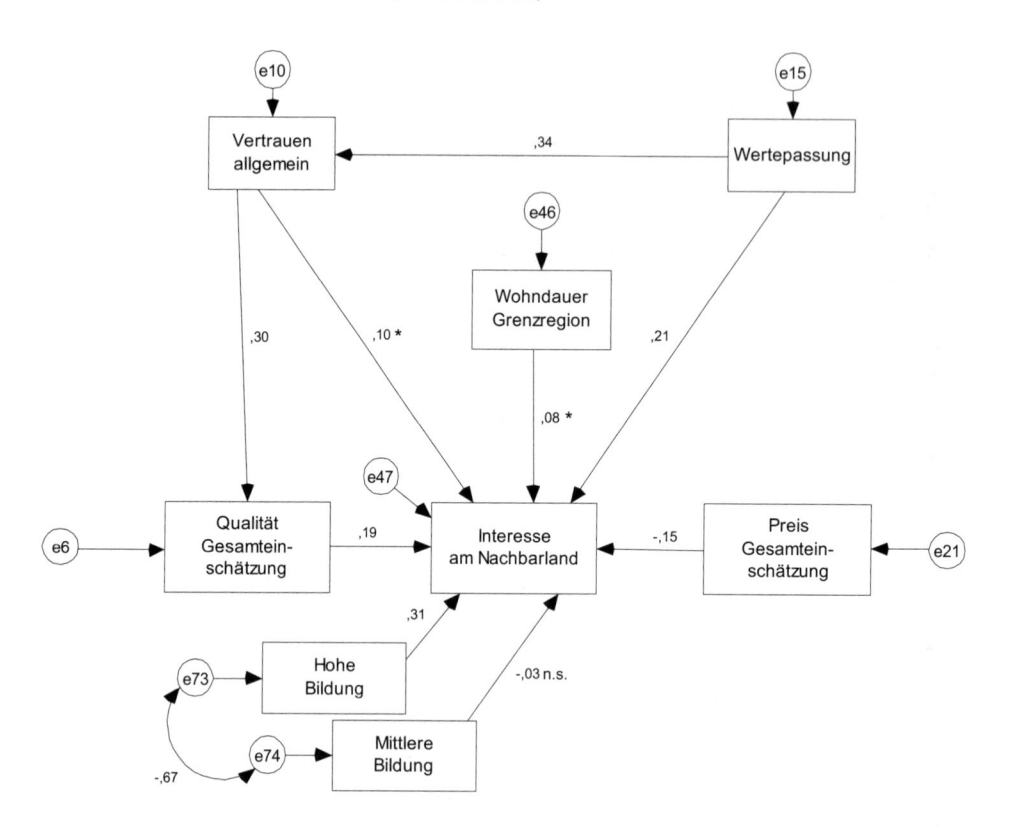

Fit-Maße: X^2-Test: p<.001, RMR = .042, RMSEA=.098, GFI=.967, AGFI=.933; N=349; alle Werte signifikant auf dem 1%-Niveau, außer: * 5%-Niveau, + 10%-Niveau, n.s. nicht signifikant, einseitiger Test. Quelle: Eigene Befragung.

A.3 Kenntnis der benachbarten Grenzregion (Pfadmodell)

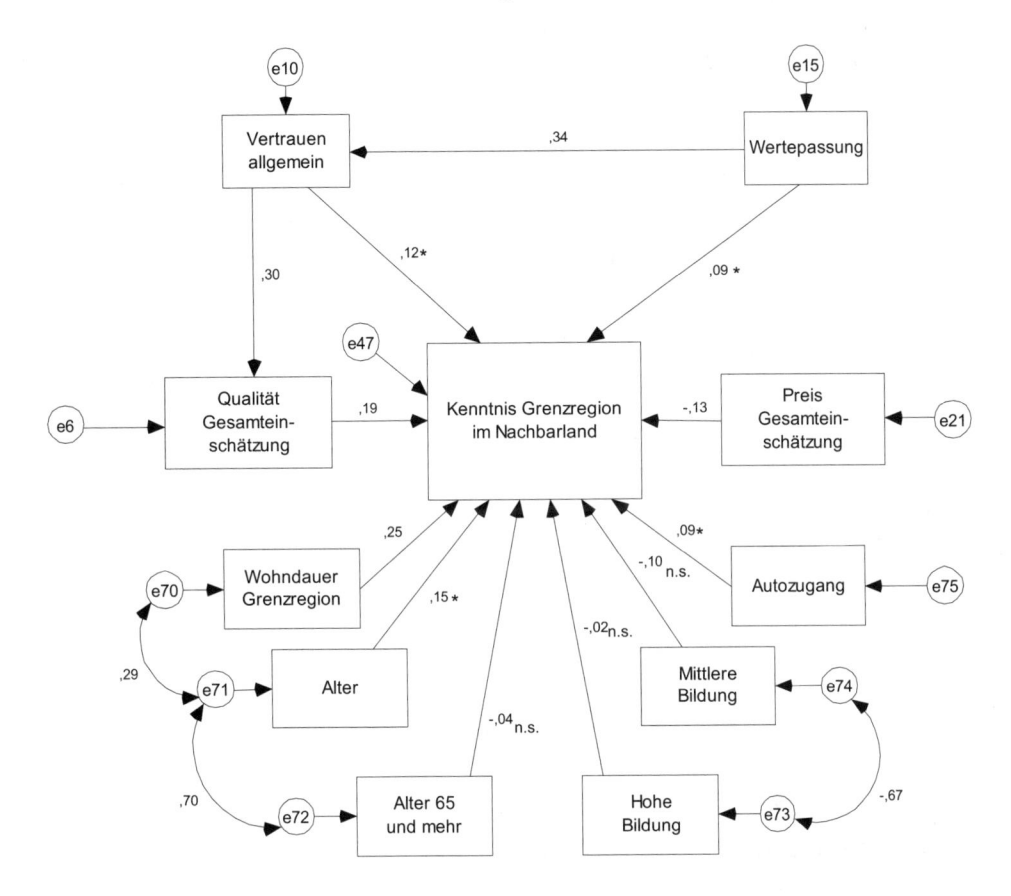

Fit-Maße: X^2-Test: p<.001, RMR = 2.447, RMSEA=.082, GFI=.936, AGFI=.894; N=351; alle Werte signifikant auf dem 1%-Niveau, außer: * 5%-Niveau, + 10%-Niveau, n.s. nicht signifikant, einseitiger Test. Quelle: Eigene Befragung.

A.4 Tanken im Nachbarland (Strukturgleichungsmodell)

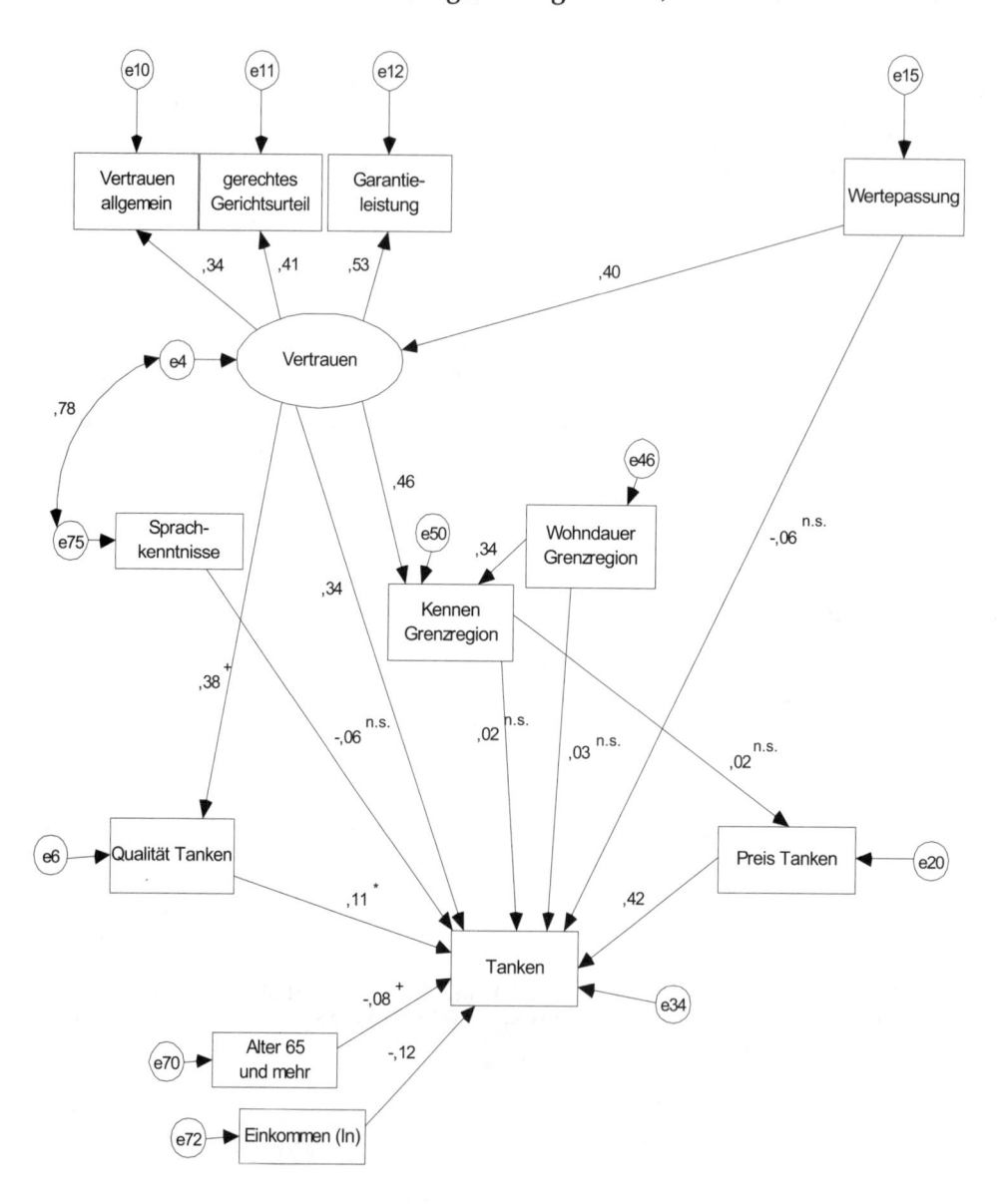

Fit-Maße: X^2-Test: p<.001, RMR = .092, RMSEA=.063, GFI=.946, AGFI=.912; N=282; alle Werte signifikant auf dem 1%-Niveau, außer: * 5%-Niveau, + 10%-Niveau, n.s. nicht signifikant, einseitiger Test. Quelle: Eigene Befragung.

A.5 Kleidungskauf im Nachbarland (Strukturgleichungsmodell)

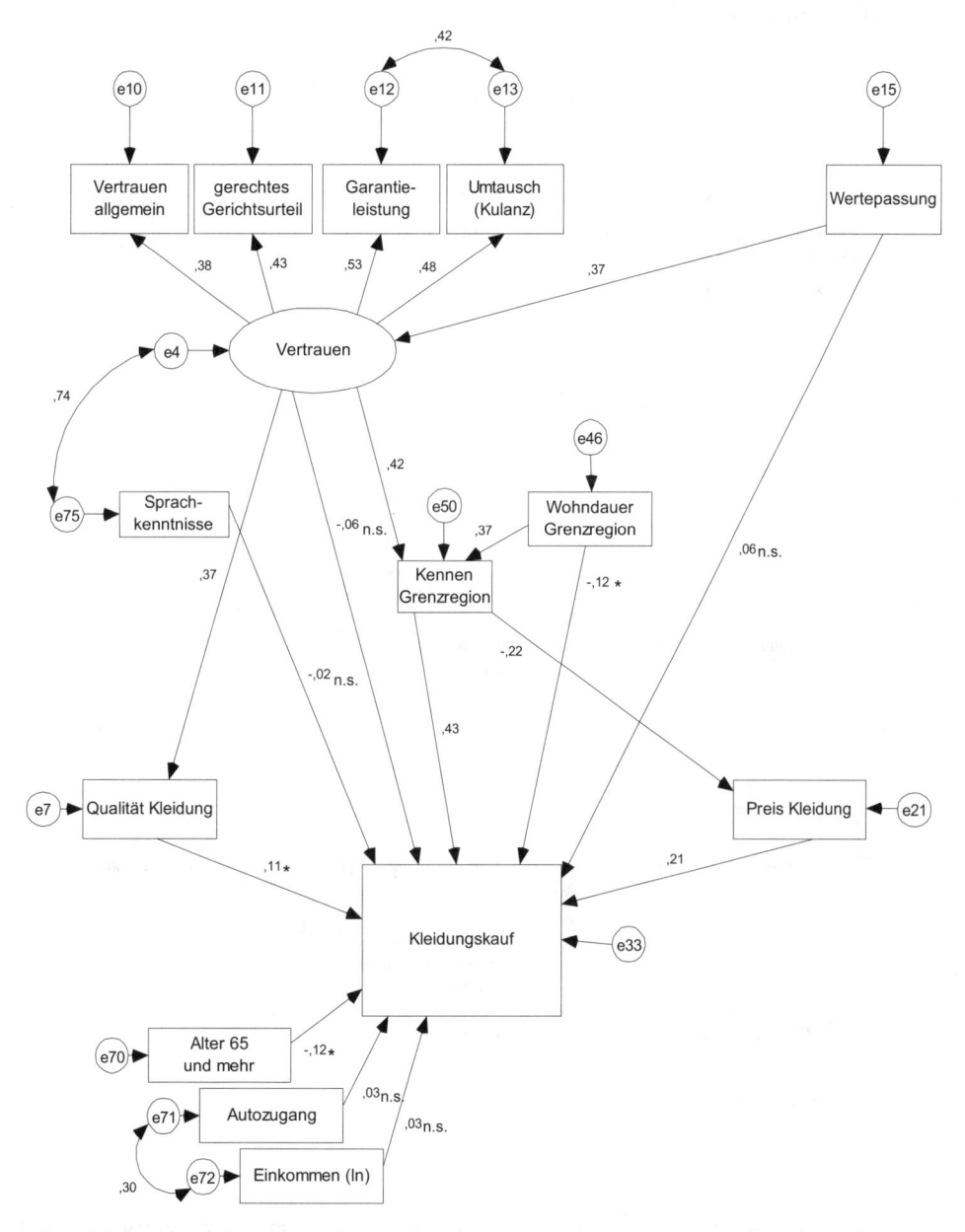

Fit-Maße: X^2-Test: p<.001, RMR = .108, RMSEA=.082, GFI=.914, AGFI=.869; N=302; alle Werte signifikant auf dem 1%-Niveau, außer: * 5%-Niveau, + 10%-Niveau, n.s. nicht signifikant, einseitiger Test. Quelle: Eigene Befragung.

A.6 Vorstellbarkeit eines Gebrauchtwagenkaufs im Nachbarland (Strukturgleichungsmodell)

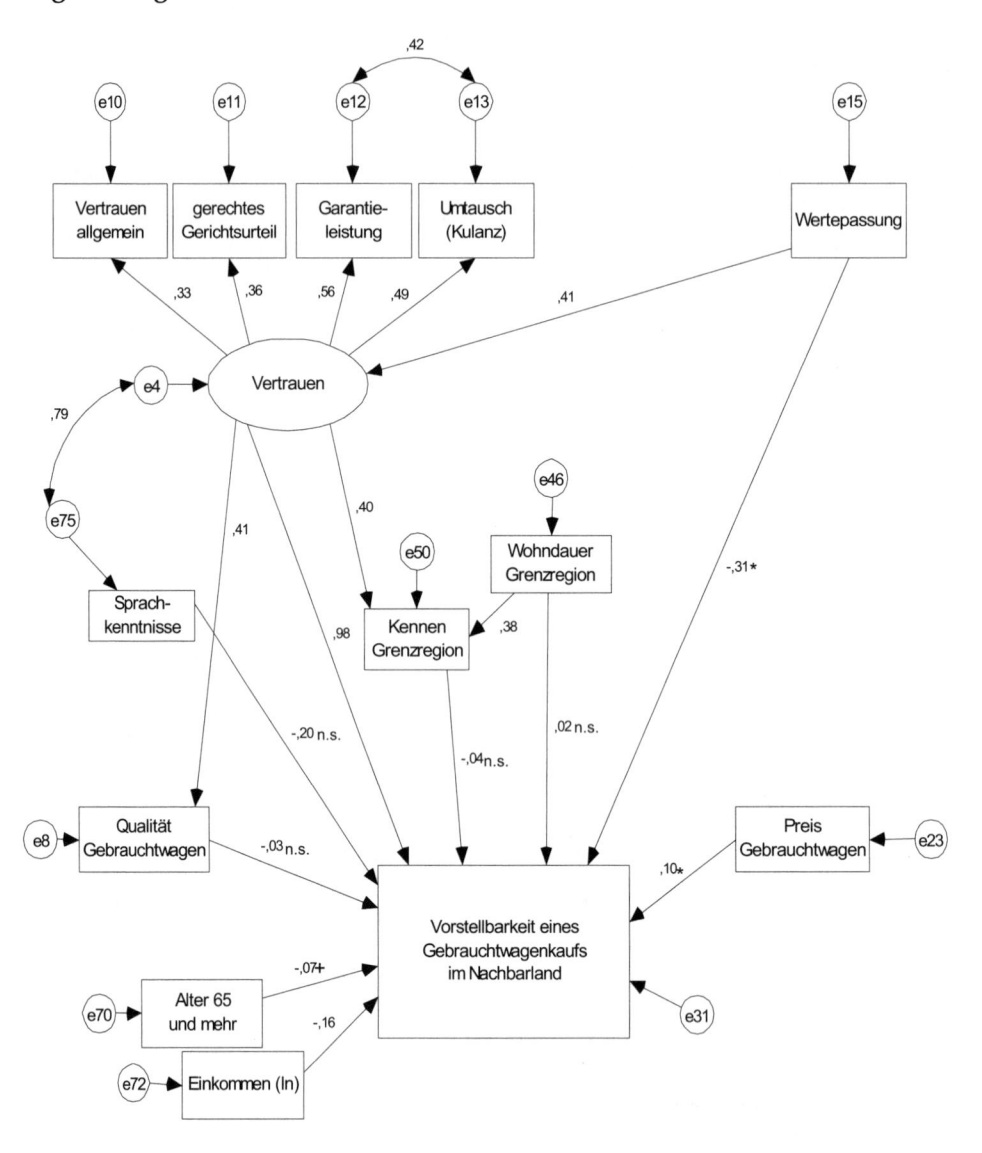

Fit-Maße: X^2-Test: p<.001, RMR = .081, RMSEA=.070, GFI=.933, AGFI=.897; N=302; alle Werte signifikant auf dem 1%-Niveau, außer: * 5%-Niveau, + 10%-Niveau, n.s. nicht signifikant, einseitiger Test. Quelle: Eigene Befragung.

A.7 Friseurbesuch im Nachbarland (Strukturgleichungsmodell)

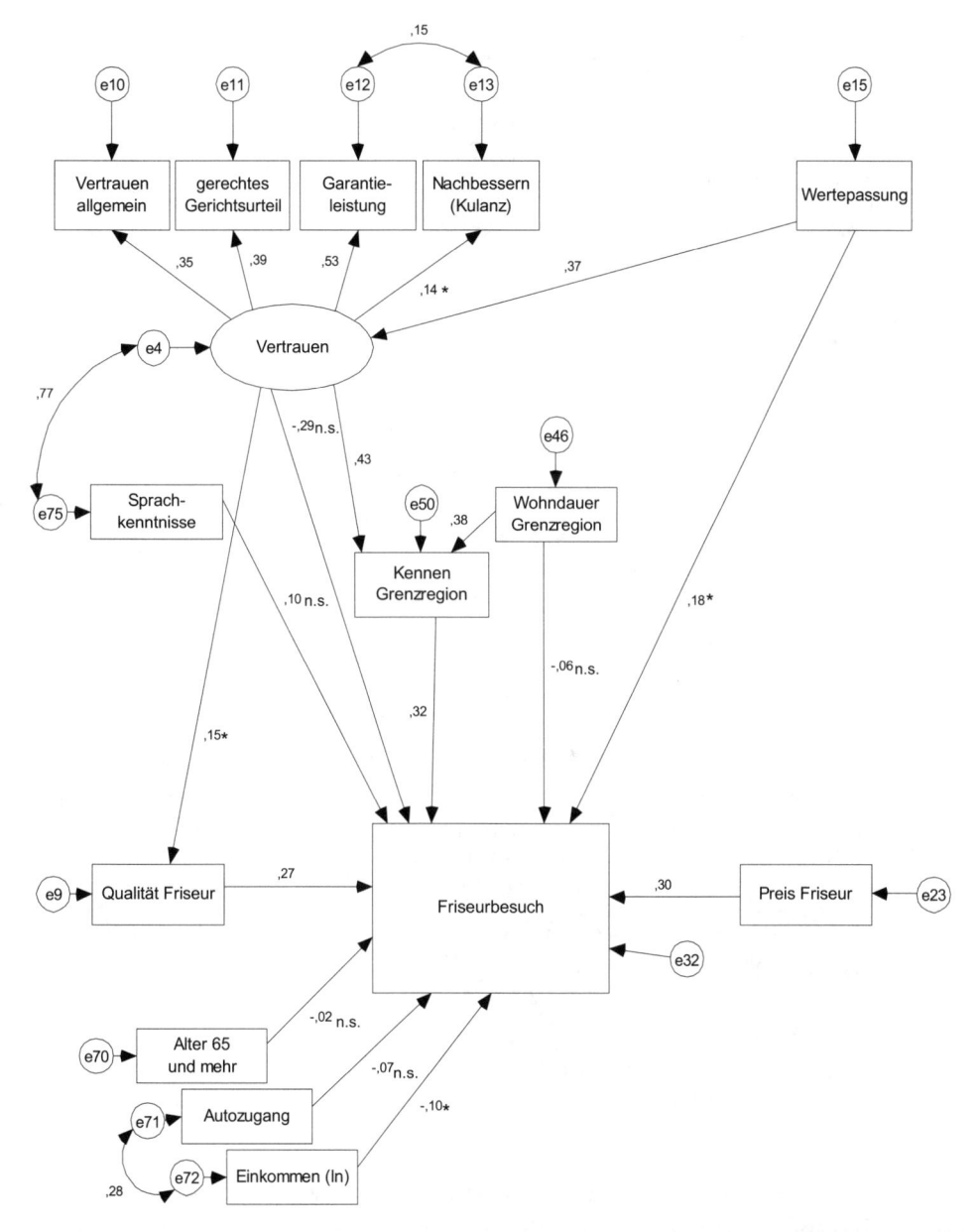

Fit-Maße: X²-Test: p<.001, RMR = .158, RMSEA=.098, GFI=.887, AGFI=.831; N=277; alle Werte signifikant auf dem 1%-Niveau, außer: * 5%-Niveau, + 10%-Niveau, n.s. nicht signifikant, einseitiger Test. Quelle: Eigene Befragung.

A.8 Restaurantbesuch im Nachbarland (Strukturgleichungsmodell)

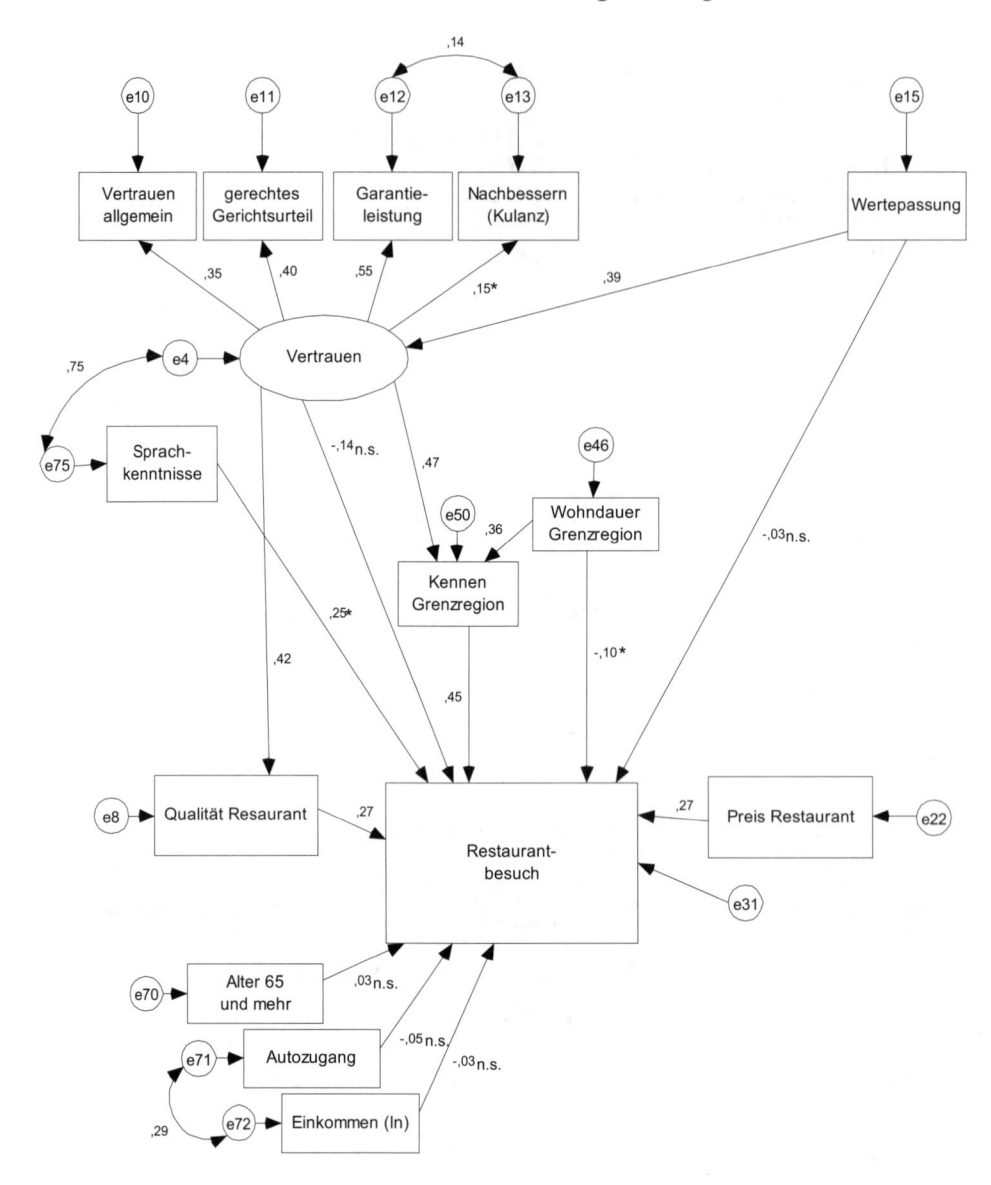

Fit-Maße: X^2-Test: p<.001, RMR = .128, RMSEA=.086, GFI=.902, AGFI=.853; N=277; alle Werte signifikant auf dem 1%-Niveau, außer: * 5%-Niveau, + 10%-Niveau, n.s. nicht signifikant, einseitiger Test. Quelle: Eigene Befragung.

A.9 Vorstellbarkeit von Handwerkerauftrag im Nachbarland (Strukturgleichungsmodell)

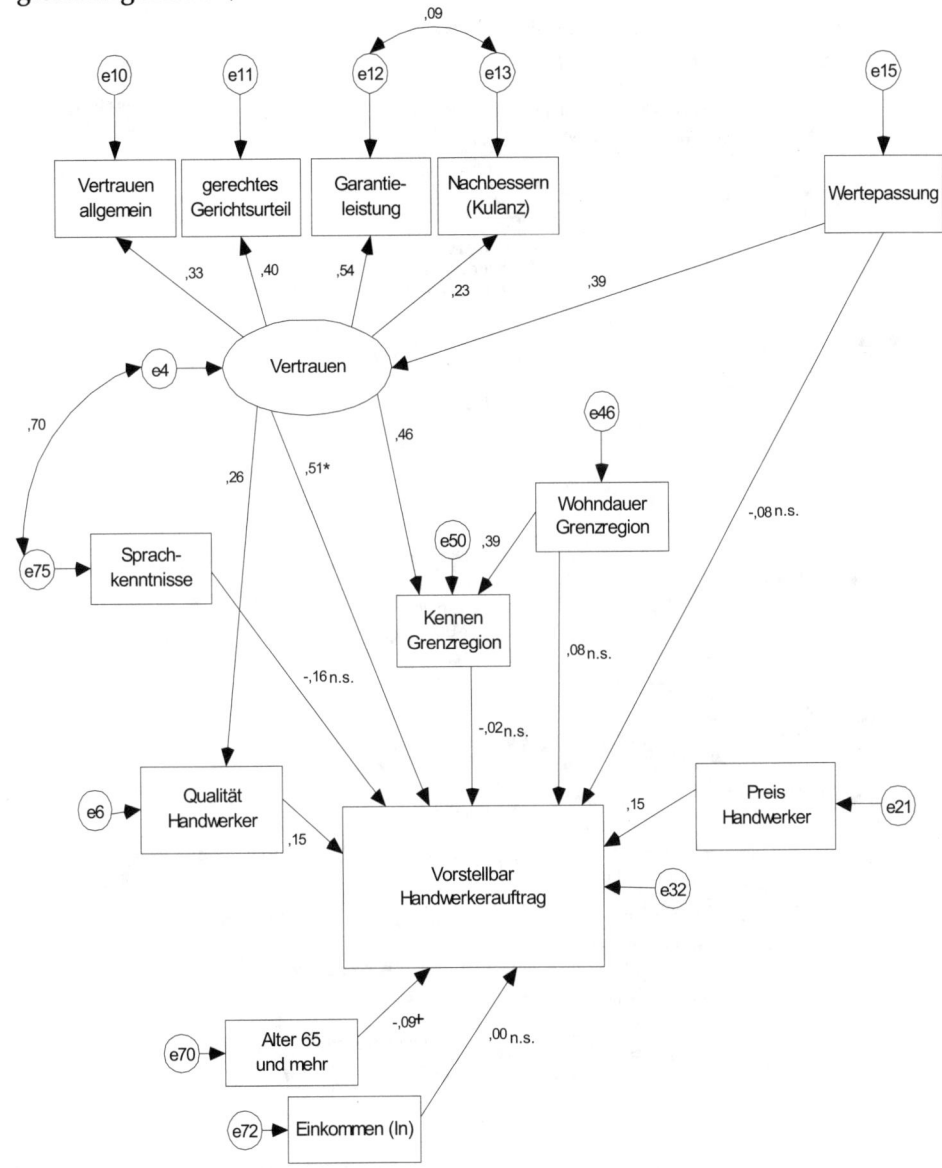

Fit-Maße: X^2-Test: p<.001, RMR = .119, RMSEA=.098, GFI=.887, AGFI=.826; N=294; alle Werte signifikant auf dem 1%-Niveau, außer: * 5%-Niveau, + 10%-Niveau, n.s. nicht signifikant, einseitiger Test. Quelle: Eigene Befragung.

A.10 Grenzübergreifende Vergesellschaftung in drei deutschen Grenzregionen mit Kontrollvariablen (Strukturgleichungsmodell)

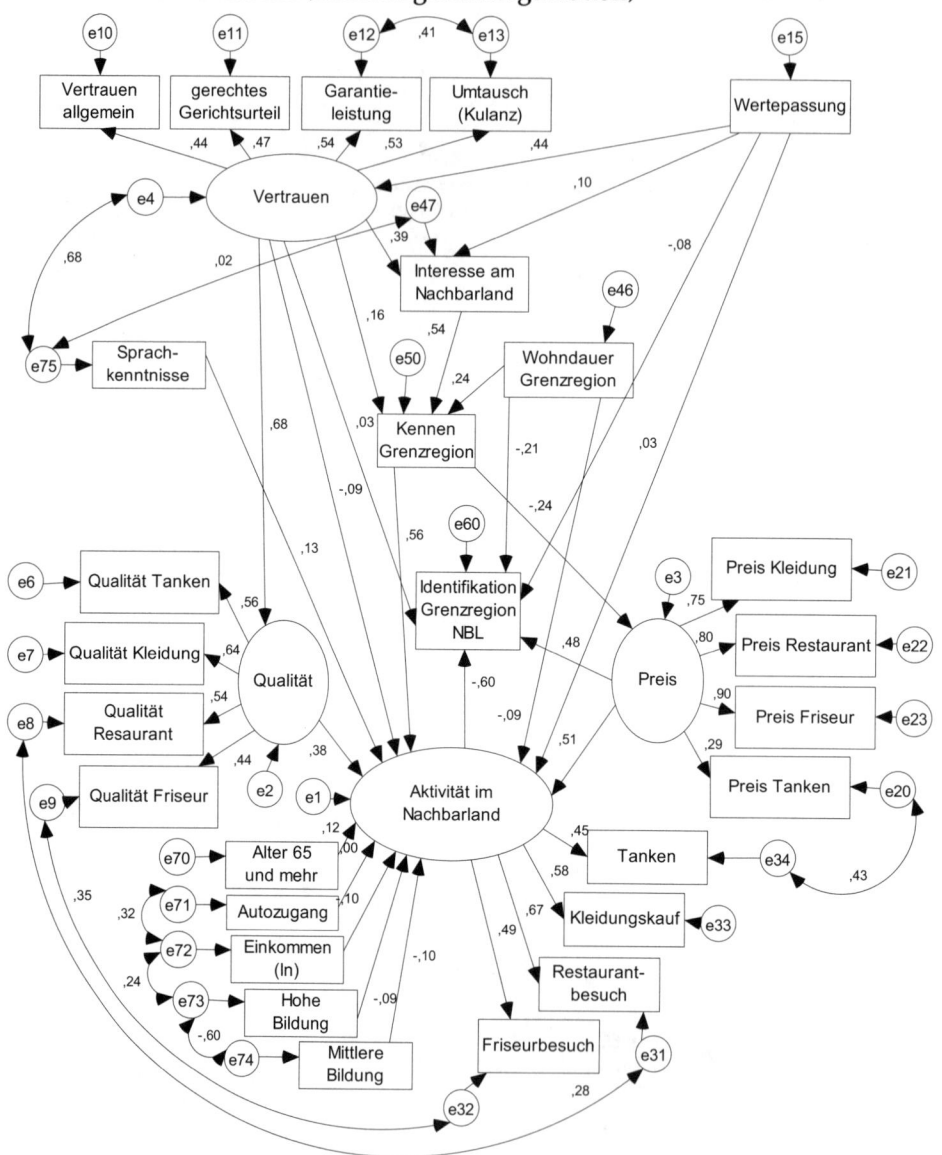

Fit-Maße: X^2-Test: p<.001, RMR = .134, RMSEA=.078, GFI=.846, AGFI=.806; N=429; alle Werte signifikant auf dem 1%-Niveau, außer: Wertepassung→Interesse(*=5%-Niveau), Wertepassung→Aktivität (n.s.=nicht signifikant), Wohndauer→Aktivität (n.s.), Alter über 65 Jahre→Aktivität (*), Vertrauen→Aktivität (n.s.), Sprachkenntnis→ Aktivität (*), Hohe Bildung→Aktivität (n.s.), Mittlere Bildung→Aktivität (n.s.), Autozugang→Aktivität (n.s.), Wertepassung→Identifikation Grenzregion (n.s.), einseitiger Test. Quelle: Eigene Befragung.

A.11 Regionalisierungsmöglichkeit in Eurobarometerumfragen ab EB 62.0

Land	NUTS-Angabe
Österreich	NUTS 2
Belgien	NUTS 2
Tschechien	NUTS 2
Dänemark	NUTS 3
Estland	NUTS 3
Deutschland	NUTS 1
Spanien	NUTS 2
Finnland	NUTS 3
Frankreich	NUTS 2
Großbritannien	NUTS 1
Irland	NUTS 2
Italien	NUTS 2
Litauen	NUTS 3
Luxemburg	genauer unterteilt als NUTS 3
Lettland	NUTS 3
Niederlande	NUTS 2
Polen	NUTS 2
Portugal	NUTS 2
Schweden	NUTS 2
Slowenien	NUTS 3
Slowakei	NUTS 2

Quelle: EB ab 62.0 und http://ec.europa.eu/comm/eurostat/ramon/nuts/overview_maps_en.cfm.

Zur aktuellen Bildungsdebatte

> Zentrale Ursachen für sozial ungleiche Bildungschancen

Rolf Becker /
Wolfgang Lauterbach (Hrsg.)
Bildung als Privileg
Erklärungen und Befunde
zu den Ursachen
der Bildungsungleichheit
3. Aufl. 2008. 440 S. Geb.
EUR 39,90
ISBN 978-3-531-16116-7

Der Inhalt: Elternhaus und Bildungssystem als Ursachen dauerhafter Bildungsungleichheit – Bildungsungleichheit im Primar- und Sekundarbereich – Berufliches Ausbildungssystem und Arbeitsmarkt – Konsequenzen für Politik und Forschung

Im Anschluss an kontroverse Diskussionen über dauerhafte Bildungsungleichheiten stellt das Buch detailliert aus sozialwissenschaftlicher Perspektive zentrale Ursachen für sozial ungleiche Bildungschancen in den Mittelpunkt der Betrachtung. Daher werden der aktuelle Stand empirischer Bildungsforschung diskutiert und neue Analysen vorgelegt.

Ziel ist es, in systematischer Weise soziale Mechanismen aufzuzeigen, die zur Entstehung und Reproduktion von Bildungsungleichheiten beitragen.

Erhältlich im Buchhandel
oder beim Verlag.
Änderungen vorbehalten.
Stand: Juli 2009.

www.vs-verlag.de

VS VERLAG FÜR SOZIALWISSENSCHAFTEN

Abraham-Lincoln-Straße 46
65189 Wiesbaden
Tel. 0611.7878-722
Fax 0611.7878-400